新世纪全国高等中医药院校规划教材

医药企业管理学

（供管理专业用）

主　编　朱文涛（北京中医药大学）
副主编　谢　明（辽宁中医药大学）
　　　　张金莲（江西中医学院）

中国中医药出版社
·北　京·

图书在版编目（CIP）数据

医药企业管理学/朱文涛主编．—北京：中国中医药出版社，2010.1（2024.7 重印）
新世纪全国高等中医药院校规划教材
ISBN 978-7-80231-817-5

Ⅰ.①医… Ⅱ.①朱… Ⅲ.①制药工业-工业企业管理-中医学院-教材
Ⅳ.①F407.7

中国版本图书馆 CIP 数据核字（2009）第 219878 号

中 国 中 医 药 出 版 社 出 版
北京经济技术开发区科创十三街 31 号院二区 8 号楼
邮政编码 100176
传真 010 64405721
北京盛通印刷股份有限公司印刷
各地新华书店经销
*
开本 850×1168 1/16 印张 18.75 字数 430 千字
2010 年 1 月第 1 版 2024 年 7 月第 8 次印刷
书 号 ISBN 978-7-80231-817-5
*
定价 55.00 元
网址 www.cptcm.com

如有印装质量问题请与本社出版部调换（010 64405510）

服务热线 010 64405510
读者服务部电话 010 64065415 010 84042153
书店网址 csln.net/qksd/

全国高等中医药教材建设

专家指导委员会

新世纪全国高等中医药院校规划教材

《医药企业管理学》编委会

主　　编　朱文涛（北京中医药大学）

副 主 编　谢　明（辽宁中医药大学）

　　　　　张金莲（江西中医学院）

编　　委　（按姓氏笔画排序）

　　　　　王　毅（成都中医药大学）

　　　　　闫娟娟（山西中医学院）

　　　　　李大伟（上海中医药大学）

　　　　　何　宁（天津中医药大学）

　　　　　张　雪（辽宁中医药大学）

　　　　　耿冬梅（北京中医药大学）

　　　　　崔友洋（南京中医药大学）

　　　　　曾传红（浙江中医药大学）

　　　　　褚思翔（黑龙江中医药大学）

学术秘书　薛　培（北京中医药大学）

　　　　　张　娜（北京中医药大学）

　　　　　桂德权（北京中医药大学）

前 言

“新世纪全国高等中医药院校管理专业规划教材”是依据教育部有关普通高等教育教材建设与改革的文件精神，在国家中医药管理局的规划指导下，由全国中医药高等教育学会、全国高等中医药教材建设研究会组织，全国高等中医药院校和部分高等医药院校教师联合参加编写，中国中医药出版社出版的高等中医药院校本科系列行业规划教材。

近年来，全国各高等中医药院校陆续开设了管理专业，旨在培养既具有中医药基础理论知识，又能系统掌握中医药卫生事业管理及中医药企事业经营理论、管理技术和方法的高级人才。自全国各高等中医药院校开展管理专业教学以来，由于所用教材大多为自编教材或综合性院校编写的教材，所以一直没有较统一的教学计划，在教学上也难以体现高等中医药教育的特色。教材的问题已成为高等中医药院校管理专业亟待解决的大问题。基于以上现状，在国家中医药管理局的宏观指导下，全国高等中医药教材建设研究会在进行充分调研的基础上，应各高等中医药院校一线教师以及教学主管部门的呼吁，于2006年启动了全国高等中医药院校管理专业规划教材的建设工作。

按照国家中医药管理局关于行业规划教材建设的精神，本套教材的编写组织工作采用了“政府指导，学会主办，院校联办，出版社协办”的运作机制。全国高等中医药教材建设研究会于2006年3月向全国各高等中医药院校教务处和管理学院（或管理系）下发了《关于全国中医药院校管理专业课程规划教材目录的征求意见函》，根据各院校意见反馈，同时结合各院校管理专业课程设置情况，经专家委员会讨论，最终确定了14门新世纪全国高等中医药院校管理专业规划教材，具体书目为：《医院管理学》《医药企业管理学》《卫生统计学》《卫生管理学》《药事管理学》《卫生信息管理》《医院财务管理》《卫生经济学》《卫生法学》《公共关系学》《医药人力资源管理学》《管理学基础》《管理心理学》《医院管理案例》。

本套教材在组织编写过程中，严格贯彻国家中医药管理局提出的“精品战略”精神，从教材规划到教材编写、专家论证、编辑加工、出版，都有计划、有步骤地实施，层层把关，步步加强，使“精品意识”、“质量意识”贯彻全过程。每种教材均经历了编写会、审稿会、定稿会的反复论证，不断完善，注意体现素质教育和创新能力、实践能力的培养，为学生知识、能力、素质协调发展创造条件。同时在编写过程中始终强调突出中医药人才的培养目标，在教材中尽量体现中医药特色。

本套教材从开始论证到最后编写工作的完成，始终得到了全国各高等中医药院校各级领导和教学管理部门的高度重视，各校在人力、物力和财力上均给予了大力支持。广大从事教学的一线教师在这套教材的编写工作中倾注了大量心血，充分体现了扎实的工作作风和严谨的治学态度。在此一并致以诚挚的谢意！

新世纪全国高等中医药院校管理专业规划教材的编写是一项全新的工作，所有参与工作的教师都充分发挥了智慧和能力，通过教材建设工作对教学水平进行总结和提高，并进行了积极的探索。但是，一项创新性的工作难免存在不足之处，希望各位教学人员在使用过程中及时发现问题并提出宝贵意见，以便重印或再版时予以修改和提高，使教材质量不断提高，逐步完善，更好地适应新世纪中医药人才培养的需要。

全国中医药高等教育学会

全国高等中医药教材建设研究会

2009 年 6 月

编写说明

本教材是新世纪全国高等中医药院校管理专业规划教材（第1版）系列之一，由国家中医药管理局统一规划、宏观指导，全国中医药高等教育学会、全国高等中医药教材建设研究会具体负责，全国高等中医药院校联合编写的本科教材。

本教材是根据教育部关于《普通高等教育教材建设与改革意见》的精神，为适应我国高等中医药院校管理专业教育发展的需要，全面推进素质教育，培养21世纪高素质创新人才而编写的。面向的对象是：从事工商管理、医药企业管理专业的教师；该专业本科、辅修、选修的学生；专科补充教材；硕士研究生参考教材等。

本教材力求突出科学性、权威性、时代性、简明性、实用性，以质量意识、精品意识为指导，重视教与学的结合，着重体现素质教育和创新能力与实践能力培养的要求。为保证教材质量和水平，我们组织全国众多高等中医药院校管理专业一线教师进行编写。其中，第一章及第六章由朱文涛编写，第二章由黑龙江中医药大学褚思翔老师编写，第三章由浙江中医药大学曾传红老师编写，第四章由山西中医学院闫娟娟老师编写，第五章由江西中医学院张金莲老师编写，第七章由辽宁中医药大学张雪老师编写，第八章由成都中医药大学王毅老师编写，第九章由南京中医药大学崔友洋老师编写，第十章由辽宁中医药大学谢明老师编写，第十一章由北京中医药大学耿冬梅老师编写，第十二章由天津中医药大学何宁老师编写，第十三章由上海中医药大学李大伟老师编写。我的三位研究生桂德权、薛培、张娜负责相关的秘书工作。编者们结合管理专业的教育特点，吸纳了当今管理学界的最新学术观点以及实践经验，力求图文并茂，并辅以大量的案例，以期通过案例教学，为学生知识、能力、素质的协调发展创造条件。

在此，我对各位编委的辛勤付出表示衷心的感谢；也向我们的编辑们表示由衷的谢意，正是他们的点睛之笔才使我们的教材更臻完善。同时，也希望读者诸君以及同行们给本教材提出宝贵的意见。

朱文涛

2009年5月

目　录

第一章 概 论

企业是市场发展到一定阶段的自然延伸。由于企业管理的对象是企业,所以对企业的了解与认识是学习和从事企业管理的前提。现代企业管理,反映了现代企业生产经营活动的客观要求,具有特殊的性质、职能和特定的任务。

第一节 企业概述

一、企业的本质

在人类社会发展的不同历史时期,由于生产力发展的水平不同,企业被赋予了不同的内涵和外延。企业是市场发展到一定阶段的自然延伸。自法国经济学家古诺 1838 年提出双寡头模型以来,企业理论发展至今已有 100 多年的历史了。目前理论界对其脉络发展比较公认的观点是划分为两个阶段,即新古典企业理论阶段和现代企业理论阶段。新古典主义所谓的企业理论其实很难说是企业理论,它对企业的描述没有考虑它的起源问题,而是一开始就给它一个制度(私有制)不变和经济人假定,也因此新古典经济学的企业理论被称为生产理论。新古典企业理论认为,企只是人的经济理性自然选择的结果,其目标就是在成本约束的条件下实现利润的最大化。新古典经济学对企业理论研究的主要贡献在于:它发现了企业一个最基本的属性,即生产性以及它将遵循怎样的技术性规律。这个学派发现了企业作为一个多种要素联合体且有相当要素密集度的存在原因,即规模经济,以及和它相对应的边际生产力递减规律。1937 年,随着科斯的经典论文《企业的性质》发表,标志着现代企业理论的诞生,第一次从交易角度去认识企业。科斯利用交易成本的概念解释了"企业为什么出现"。科斯从交易费用的角度探讨了企业的起源与边界问题。科斯认为,企业是一个有效率的契约组织,是市场和价格机制的替代物,交易的功能和交易费用的节约是企业性质的根本特征。企业的规模和边界,即"一个企业扩大一笔额外的内部交易成本等于在市场上进行这笔交易的成本"时,企业的边界就确定了。科斯认为,企业和市场是相互替代的,企业的存在就在于它能节约市场的交易成本。20 世纪 80 年代开始,一些经济学家开始不断地完善科斯的理论,他们沿用了有关交易费用的概念,并发展了企业理论的分析方法。现代企业理论学者中,除科斯外还有威廉姆森、张五常、阿尔钦、德姆塞茨和杨小凯等人对企业本质和起源问题有一定的影响。

二、企业的基本概念和特征

一般认为,所谓企业,是一种经济组织形式,是运用生产要素,从事生产经营活动并向社会提供商品和服务，依法自主经营、自负盈亏、自我发展，并具有独立法人资格的基本经济单位。

企业的这一定义包含了以下几个方面的特征：

（一）企业是营利性组织

西方经济学家认为企业是以赢利为目的，向社会提供产品和服务的经济组织。这个定义简单、明确，一语道破企业的基本特征。即，企业是向社会提供产品和服务的经济单位，拥有一定资源（人力、物力、财力、信息、市场等），形成一定的生产经营能力，在社会化大生产的分工中，担负一定产品的生产、流通和服务，是构成社会生产力的基础。在市场经济条件下，企业生产的产品作为商品进入市场，通过销售，从价格与成本的差额中获取利润。

（二）企业是自主经营、自负盈亏的经济主体

企业自主经营、自负盈亏是指企业资产的所有权和经营权相统一，是指经营者可以根据市场的需求，对国家授予其经营管理的财产享有占有、使用和依法处分权利。企业在不违反国家法律法规的前提下，对生产经营确定经营方向，必须实行独立经济核算，并用自己的财产对盈亏负全部责任。企业自主经营是市场机制发挥作用的基础。企业实行自负盈亏，可以使责、权、利统一，有利于发挥企业生产经营的积极性，增强企业的活力。

（三）企业具有“法人”地位

即企业具有一定的组织机构和法定财产权，能以自己的名义进行民事活动，享有法律规定的权利，履行法律规定的义务。法人是相对于自然人而言的。在民法上，法人和自然人一样，是权利主体。法人与自然人的主要区别是：法人是与自然人相对应的民事主体，法人是社会组织，而自然人是个人；法人是在法律上的人格化，而自然人是以生命和血缘为存在特征的个人。我国《民法通则》第三十六条规定：“法人具有民事权利能力和民事行为能力，是依法独立享有民事权利和承担民事义务的组织”。法人是一种法律制度，具有以下法律特征：法人是依法成立的社会组织；法人拥有独立的财产；法人能够独立承担民事责任；法人能够以自己的名义参加民事活动。不是任何社会组织都能取得法人资格，只有那些具备法定的条件，得到国家认可或批准的社会组织，才能取得法人资格。法人只是社会组织，法人代表由自然人充当。

（四）企业应当承担社会责任

企业是构成社会的基本单元之一。企业与社会有着密切的联系，企业不能离开社会而孤立地存在，同时，社会的发展也要依靠企业的发展来推动。随着经济的不断发展，人们对企业的期待也越来越高，认为企业应该是追求经济利益和承担社会利益的统一体。企业社会责任（corporate social responsibility，CSR）作为一个独立的概念是1916年美国学者克拉克提出的。组织的社会责任即组织在追逐自身利益的同时，对社会所需承担的相应义务。企业社会责任的概念和理论历经了一个长期发展的过程。企业社会责任作为全球性的话题，则是20世纪80年代提出的，认为企业社会责任是企业对股东和股东之外的企业利益相关者（包括企业员工）的法律责任和道义责任。在英、美等国，企业的社会责任理念主要针对作为企业的公司，

特别是大型股份有限公司权力的膨胀以及由此所生之道德风险等现实情况而形成的,故“企业的社会责任在这些国家被具体化为公司的社会责任”。1999 年 1 月 31 日,联合国秘书长科菲・安南在达沃斯举行的世界经济论坛上,要求世界企业领导人尽其所能,在其业务范围内就人权、劳工标准和环境问题,“接受和制定”一套普遍原则。当前全人类面临生态环境恶化、自然资源破坏、贫富差距加大、失业等问题的挑战,为推动企业社会责任,联合国前任秘书长安南提出了“全球契约”计划。2002 年,联合国正式推出《联合国全球协约》(UN Global Compact)。在我国,企业社会责任是跨国公司在国内推行 SA8000 标准认证才引起国人的注意。2003 年下半年开始,由于一些跨国公司和发达国家政府不断施加压力,国内舆论开始关注企业的社会责任问题。在这种环境下,企业公民的概念也应运而生,将企业与社会之间的关系定位从单纯的经济层面提升到了法律、伦理、道德、公益等各个层次。因此企业社会责任是一个企业将自身追求经济利益和社会公共利益相统一的价值观。

企业承担社会责任缘于两个重要原则,一是社会契约原则,另一个是附属原则。社会契约原则即企业作为社会组织中一种特定的存在形式,被赋予企业生存和经营的权利,自然理应在法定的权利和义务范围内承担起相应的社会责任。如果拒绝社会责任,则也会被社会所抛弃和拒绝。另外,企业作为在现有的法律框架和社会规范下运行的组织,其接受政府的干预和管理。政府是具有社会责任的,作为接受政府管理和干预的组织,自然应该协助配合政府完成相应的社会责任。另外,如果企业只顾自己的利益,不顾发展的环境,不顾员工的利益,不关心员工的工作环境而一味地通过压榨来获取利润,这样的企业不仅得不到自己员工的支持,同样,也不会得到大多消费者的认同,也会受到政府的谴责。所以,企业社会责任是企业的社会资本投入。一个履行社会责任的企业会赢得在公众心目中的正面形象,可以吸引优秀的员工,可以得到媒体和公众及政府的支持,从企业长期发展的角度来看,多方的支持可以为企业提供更多的发展机会,可以获得长期的利润,是企业合法生存的依据。

三、企业的类型

企业作为社会生产的一种基本组织形式,在其发展过程中,组织结构日益完善,规模逐步扩大,具备了现代企业的种种特征。与此同时,企业的形态随着社会分工和商品经济的发展日益多样化。为了从不同的角度研究企业管理问题,需要根据不同的标准,对企业进行分类。

(一)按所属的经济部门分类

这也是我们经常使用的分类依据,一般可分为以下几类:

1. 农业企业　即指人们利用生物的功能,通过自己的劳动强化或者控制生物生命过程,从事农(包括林、牧、渔)业生产经营活动并提供农副产品(包括其粗加工品)的企业。

2. 工业企业　这是一个庞大的类别,它包括采掘、制造、加工、装配等各种门类的企业,其最终产品是可以运输分销的非农副产品。

3. 建筑企业　即指从事房屋建造、装潢、装饰以及道路、桥梁建设的企业。这类企业流动性大,完成一个或一批产品,往往千里跋涉,换到另一个地方。其特点是,产品不可移动。

4. 商业企业　包括面向国内市场的百货商店(公司)和物资贸易公司,以及面向国外市场的外贸进出口公司。这些企业,从事商品的转手买卖,它本身并不需要这些产品,它购入产品的唯一目的,是想以更高的、有利可图的价格卖出去。

5. 金融企业　即指专门经营货币和信用业务的企业。其业务内容包括吸收存款,发放贷款,发行有价证券,从事保险、投资、信托业务,发行信用流通工具(银行券、支票),办理货币支付、转账结算、国内外汇兑,经营黄金、白银、外汇交易,提供咨询服务及其他金融服务等。

除此之外,还有交通运输企业、物资企业、邮电企业、科技企业等。这些企业形成国民经济的重要部门,它们为国民经济计划与管理提供了基本依据。

(二)按生产要素所占比重分类

按生产要素所占比重划分,企业可分为劳动密集型企业、技术密集型企业、资金密集型企业和知识密集型企业。

1. 劳动密集型企业　即指进行生产主要依靠大量使用劳动力,而对技术和设备的依赖程度低的企业,其产品成本中工资与设备折旧相对研究开发支出所占比重较大。其特点是:投资少,资金周转快,技术装备程度低,手工劳动比重大,需要占用的劳动力多。如服装、皮革、家具、玩具、日用百货、刺绣以及工艺品的生产等。

2. 技术密集型企业　即指技术装备程度比较高,所需劳动力或手工操作的人数比较少的企业。这类企业的技术密集程度与企业的机械化、自动化水平成正比,同企业的手工操作人数成反比。其特点是:产品技术含量高,企业的人员素质普遍很高,大量人员在从事产品开发工作,企业的无形资产占有相当的比重。例如,电脑软件开发公司,高级生化药业公司等。

3. 资金密集型企业　即指产品成本中物化劳动消耗所占比例较大或资金有机构成较高的企业。其特点是:投资大,占用资金多,现代化技术装备程度高,容纳劳动力相对少,劳动生产率高。如钢铁、机械制造、汽车、石油化工等,均属资金密集型企业。

4. 知识密集型企业　即指建立在现代科学技术基础上,生产高、尖、精产品,集中大量科研人员、科研设备先进的企业。其特点是:技术设备复杂,科技人员比重大,操作人员的素质比较高,使用劳动力和消耗原材料较少。如电子企业、信息企业、咨询服务企业等。在知识密集型企业中,科学知识、科研成果、技术开发将转化为现实的生产力。其一般分为研究开发型、高度装备型、高级消费工业、知识产业等4个类型。知识密集型企业的发展程度,往往标志着一个国家现代科学技术发展水平和经济实力的状况。

(三)按企业规模分类

按规模分类,企业可以分为大型企业、中型企业和小型企业。

其划分标志有以下几种:①生产能力;②装机容量和设备数量;③固定资产总值;④职工人数;⑤国民生产总值;⑥资金拥有量。最常用的是固定资产总值和职工人数。

划分企业规模的具体数值和内容重点,随着科学技术水平和生产社会化程度的不断提高以及行业的不同而有所变化。我国是按不同行业和部门,采取不同的标准来划分企业规模。对产品较单一的企业,以产品的生产能力为划分标准;对于产品品种繁多,难以按生产能力划分的,则以固定资产总值为划分标准。

(四)按企业资产构成和法律形式分类

按企业资产构成不同,可将企业分为以下几个类型:

1. 个体独资企业　国外一般称“独资企业”,即指个人出资经营,归个人所有和控制的,资产所有权和经营权完全统一的企业。这种企业在法律上为非法人企业(自然人企业),不具有法人资格,是最古老、最简单的企业形式。

2. 合伙企业　合伙企业是指由两个或两个以上企业主共同出资,共同经营,并共享收益和共担风险的企业。在具体运作时,可以由其中的一个合伙人经营,其他合伙人仅仅出资,并共负盈亏,也可以由所有合伙人按协商一致的原则共同经营。

3. 公司企业　是依法由一个或一个以上股东出资组成,或是由两个及两个以上企业出资联合而成,以营利为目的的,具有法人资格的企业。公司是法人,在法律上具有独立法人资格,这是公司企业与个体独资企业、合伙企业的重要区别。

(五)按组织结构分类

按组织结构分类,企业可以分为以下4类:

1. 单厂企业　是指一个工厂就是一个企业,这种企业一般是由在生产技术上有密切联系的若干生产车间、工段、班组、服务单位和管理部门组成。这种企业实行统一经营、统一核算、统一盈亏、统一对外联系事务。

2. 总厂　是指一个企业由若干个为其生产某种产品或提供某种服务的分厂所组成,下属分厂接受总厂的统一指挥和协调,由几个分厂组成总厂,不仅便于专业化协作,而且便于授权和管理。这种形式比较适宜于规模较大的加工装配行业,如规模较大的汽车厂均由发动机分厂、底盘分厂、冲压分厂、总装分厂等组成汽车总厂。总厂一般都实行统一经营、分级核算,并授予分厂某些处理对外经营事务的权利。

3. 企业集团　是指以一个或若干个实力雄厚的大企业为核心,以产权联接为主要纽带,并以产品、技术、经济、契约等多种纽带,把多个企业、事业单位联接在一起,形成具有多层次结构,以母子公司体制为主体的,在经济上统一控制,法律上各自独立的多法人一体化的经济联合体。企业集团是企业法人联合体,而不是松散的联合体。

集团公司是集团的核心,是整个集团的“神经中枢”。企业集团具有以下特点:

(1)企业组织结构多元化:即企业集团是由多个法人企业联合组成的整体,不是单一的法人经济实体。

(2)企业组织结构多层次:即企业集团的组织结构分为4个层次:核心层、紧密层、半紧密层、松散层。

(3)以资本联接纽带为主:企业集团成员企业间通过资本、资产、契约等纽带把它们联接成一个有机的整体。其中资本纽带是最重要的,它是实现集团公司内部与集团成员企业联接的有效方式。

(4)具备一个实力雄厚、能起主导作用的核心:企业集团的核心层应是实力雄厚、具备法人地位、具有投资中心功能的经济实体,而不是行政性的公司。它具有资产实力、资金实力、技术及产品实力，能统一规划集团的投资活动。只有如此，核心企业才能在集团中真正发挥其主导作用。

（六）按生产资料所有制形式分类

按生产资料所有制形式进行分类，企业可以分为以下5类：

1. 国有企业　即指由政府独家投资并派员经营的企业。其特点是生产资料归国家或全民所有，目标是公共福利，任务在于协调国民经济各部门的关系以发展整个国家经济。国有企业作为独立的或相对独立的经济单位拥有法人财产权，根据市场导向的原则进行自主经营、自负盈亏。

2. 集体所有制企业　即指在一定范围内的劳动群众集体占有生产资料的企业，它是独立的经济单位，自主经营、自负盈亏。在我国目前的集体所有制企业中，又分为城镇集体所有制企业和乡镇集体所有制企业。

3. 私营企业　即指企业资产属于公民私人所有，以雇佣劳动为基础的营利性经济组织。包括所有按国家法律规定注册的私营独资企业、私营合伙企业和私营有限责任公司。

4. 合营企业　即指两个或两个以上不同或相同所有制企业或个人共同投入资金、设备、技术及其他资源，通过协议共同经营的企业。合营的形式有：同一所有制或不同所有制的合营、公私合营、中外合营等。合营企业既可以实行共同经营，统一核算，按各自投资的比例分配利润；也可以实行共同经营，统一核算，分别记账，按不同的所有制形式上缴利润和税金后再进行利润分配。

5. 外资企业　即指外国投资者或企业和其他经济组织与个人，根据我国涉外经济的法律、法规规定以合资、合作和独资的形式在中国境内开办的企业。这些企业就是外资企业。它包括中外合资经营企业、中外合作经营企业和外商独资经营企业3种形式。

随着我国经济的飞速发展和投资元素的多元化，这一分类标准已经不太明确。目前，我国大多数企业都是股份制企业，可能含有多种经济成分，只是存在由谁控股的问题而已。

第二节　企业管理理论基础

一、管理的基本概念及性质

（一）管理的概念

管理作为一项社会实践活动，可谓历史悠久，但对于管理概念的界定，学者们从不同角度对管理有着不同的理解。

法国著名管理学家H·法约尔认为：管理就是计划、组织、指挥、协调和控制。美国管理学家孔茨认为：管理就是引导人力和物质资源进入动态的组织，以达到这些组织的目标，亦即使服务对象获得满意，并且使服务的提供者获得一种高度的士气和成就感。本书对于管理概念的界定为:利用有效的计划、组织、领导、控制,在一定的环境下,实现组织目标的过程(见图1-1)。

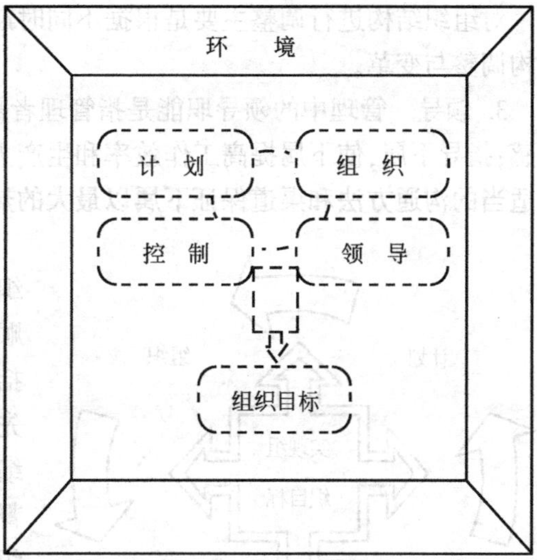

图1-1 管理的概念

(二)管理的性质

管理学是一门综合学科,它同时具有科学性和艺术性。一方面,管理学是一门科学,它是由学者和从事管理工作的管理者经过长期的磨炼、沉淀总结而来的,是理论和实践结合的产物。在实际操作中可以反复应用,不因外在环境改变而改变。另一方面,它还具有艺术性。管理学不同于其他自然科学具有精确性。管理工作作为一门实践科学会面临复杂多变的环境和情况。管理者需要具备较高的技能,在利用管理学原理的基础上结合自己的主动性、创造性、积极性,因时制宜、因地制宜才能够很好地解决实际问题。这决定了管理学具有艺术性。

管理学的科学性和艺术性是互相联系、相互统一、相辅相成的,缺一不可。

二、管理的职能

与对管理学的概念界定相同,在管理学的发展历史上,许多学者和管理者对管理的职能作了界定,其中比较被大众接受的观点是将其概括为4个基本职能,即:计划、组织、领导、控制。

1. 计划 计划是管理的首要职能,管理活动也从此开始。通常情况下,计划工作的程序为:制订活动目标→研究活动条件→制订行动具体计划。

(1)制订活动目标:环境的影响对于组织制订活动目标是至关重要的因素之一,同时组织内部拥有的资源和利用资源的能力也是影响组织目标实现的重要条件。所以在制订活动目标时要首先分析组织所处的外部环境以及环境变化的趋势,同时分析组织内部的资源及利用资源的能力。

(2)研究活动条件:活动条件研究为决策提供了依据。根据对活动条件进行的分析,研究组织的威胁、机会、优势、劣势,为组织决策提供支持。

(3)制订行动的具体计划:制订了活动的目标、详细研究了活动的条件,在此基础上建立合理的行动计划,对每个部门、每个岗位、每个员工提出具体的行动要求。

2. 组织 为了达到活动目标,则需要在进行活动计划的基础上实施有效的组织,这里包括对组织结构的设计、对组织机构人员进行配备、对组织结构进行调整3个方面。

对组织机构进行合理的设计是在详细分析组织结构目标的基础上对组织内部部门、岗位等进行整合;对组织环境进行定位、分析,重新赋予部门职责及部门之间的关系等。

对人员进行配备是指在对组织结构进行合理设计的基础上对不同部门及岗位员工的素质、技能进行重新设计,并在每个岗位上配备合适的员工。

对组织结构进行调整主要是根据不同时期不同活动及其内外部环境的变化，研究组织的结构调整与变革。

3. 领导　管理中的领导职能是指管理者需要用适当的方法激励下属、增强下属的组织归属感；指导下属，使下属提高工作效率和生产力；调节下属之间的关系，增强团队的合作精神；用适当的沟通方法和渠道保证下属以最大的热情和主人翁意识投入到组织活动中去。

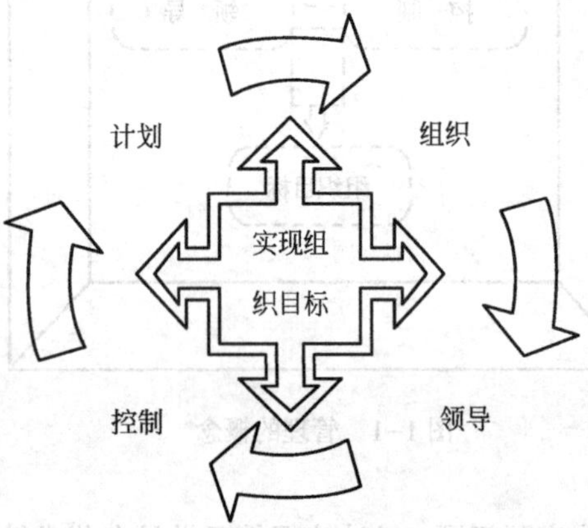

图 1-2　管理的职能

4. 控制　管理的第 4 个职能控制是为了使组织在活动实施的过程中不偏离目标，有序、有效地顺利进行的手段。控制在管理的过程中不仅是包括事后的控制，更注重的是事前的控制——“未病先治”：也即一方面对组织活动进行过程中员工的绩效进行考核，对阶段的活动情况进行检查、监督、总结；另一方面在不同的时期对组织的计划或组织结构等进行调整。

计划、组织、领导、控制 4 个职能是互相渗透、融为一体的，他们分别回答了组织要做什么，如何做，怎样做好，是否做得好的问题。一个组织在实际的运行当中，基本是遵循这 4 个职能的时间顺序依次进行。由此可见，管理的职能是遵照一个周而复始的环状规律进行运行的（见图 1-2）。

三、管理者概述

在组织中进行管理工作的人被称为“管理者”。而作为“管理者”的人，每天的任务则是要管理“人”。那么“管理者”在组织中的角色便成了我们面临的第一个问题。

1. 管理者的角色　20 世纪 70 年代末，加拿大管理学家亨利·明茨伯格在对 5 位总经理的工作进行详细研究的基础上提出了管理者的 10 种角色。此 10 种角色因其虽有不同却高度相关，可进一步整合成为 3 个方面：人际关系、信息传递、决策制订。

（1）人际关系：主要包括组织的名誉领导角色、联络者角色和领导者角色。名誉领导角色即管理者需要代表组织出席各式各类的组织活动；联络者角色主要指管理者需要同组织外的关系网进行沟通、联络；领导者角色指管理者需要在组织内部对组织成员进行激励和调整。

（2）信息联系：主要指管理人员要扮演信息监听者、传播者和组织发言人。监听者指管理者要负责接受和处理信息，了解组织环境；传播者指管理者要将组织的相关信息再传达给组织内部，并将组织内部信息进行传递；发言人指管理者要将组织信息传达给组织外的人。

（3）决策制订：指管理者要扮演企业家、故障处理者、资源分配者和谈判者。企业家要在组织环境的变化中寻求机会、制订方案；故障处理者是在组织遇到危机时采取补救措施；资源分配者要决定组织内部资源的归属和利益的分配；谈判者需要管理者代表组织利益与外部谈判。

以上便是管理者扮演的 10 种角色，这些角色之间有着密切的联系，是一个统一的整体。作为管理者，充分了解并深入思考管理者的角色对于管理者定位自己的工作内容与范围十分重要。

2. 管理者分类

(1)管理者的层次分类:作为组织内部的管理者,根据所处的不同层次,可以将管理者分为高层管理者、中层管理者、基层管理者。在不同的管理层次,管理者的管理职能偏重也有所不同。

作为高层管理者,一般指组织的最高层领导者,主要职责是要对整个组织负责,制订总的、战略性的目标,放眼组织内、外,掌握局势变化,掌控全局。

作为中层管理者,一般是处于高层管理者和基层管理者之间的人,主要职责是执行高层管理者的决定,监督管理基层管理者的工作。中层管理者在组织中是承上启下的作用,更加注重对日常事务的管理。

作为基层管理者,一般是在一线的管理人员,他们面对的是作业人员,主要职责是分配具体的工作,保证部门任务的顺利完成。

综上所述,可以看出,处于不同管理阶层的管理者在管理的职能上有着很大的不同,各有偏重。高层管理者在时间和精力的分配上更注重计划、组织、控制;对应的基层管理者则更注重领导职能。

(2)管理的性质分类:管理人员根据其所从事管理的专业和领域又可以分为综合管理人员和专业管理人员。综合管理人员主要指在组织内部统管各个专业分支的人员;相对于综合管理人员,专业管理人员是指主管自己专业领域的管理人员。

3. 管理者技能　管理者需要具备的技能与前面所提到的管理者在组织中扮演的10种角色高度相关,同样可以概括为3个方面:技术技能、人际技能、概念技能(见图1-3)。

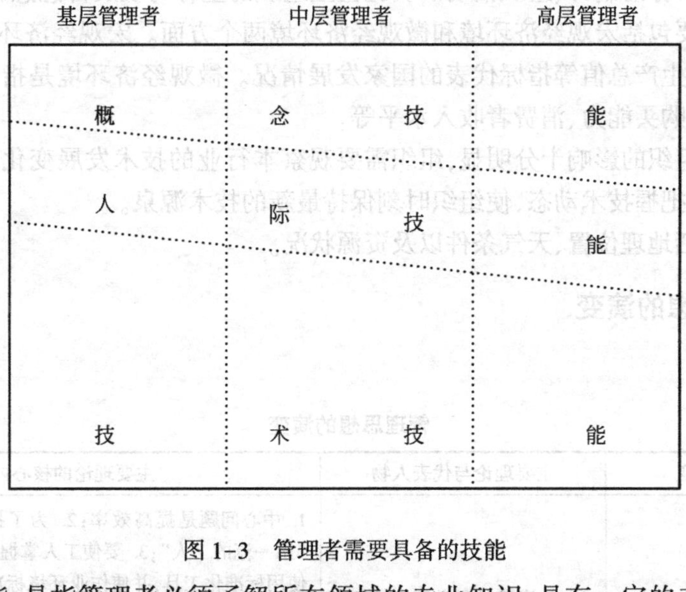

图1-3　管理者需要具备的技能

(1)技术技能:是指管理者必须了解所在领域的专业知识,具有一定的专业素养,只有这样才能把握组织的目标及前进方向,同样也是在组织中具有威信的前提条件。

(2)人际技能:也就是与组织内部和外部进行沟通、交流的能力。管理者要具备人际技能，就必须从他人的角度出发去思考，并很好地表达自己的思想，把握其他人的需要和动机。在组织内部充分调动员工积极性、创造性；在组织外部，代表组织展现组织魅力、为组织争得荣誉和利益。

(3)概念技能：是管理者需要具备的高级技能，它要求管理者能够把握全局，洞察秋毫，将组织作为整体，分析、判断、抽象、概括组织与外界的联系与局势的变化，迅速作出反应并用新观点、新思路进行应对的技能。

上述3种技能是管理者必备的技能，但在组织中作为不同层次的管理者对3种技能的要求是不同的。作为高层管理者，对概念技能（即把握全局的能力、系统思想的意识、创新思维的利用能力）的要求相对较高，而对技术技能的要求则相对较少，一般只需要基本了解即可。作为基层管理者来讲，每天面对的是作业人员，主要解决的是一线问题，需要具备的技术技能也是最多的。3个层次的管理人员，同样都需要具备人际技能，在组织中达到畅通的沟通与交流。

四、组织环境

任何人和事物都不是独立存在的，组织也是一样，它受到各方面环境的影响，包括政治环境、文化环境、经济环境、技术环境、自然环境的影响。

政治环境是指国家的政治制度、政府方针政策、法律法规等。对于一个组织来讲，了解国家的政策、法规对组织的发展至关重要。

社会文化环境是指一个国家或地区的文化氛围、宗教信仰、风俗习惯、价值观念等。社会文化环境与组织目标的制订、组织活动的实施甚至组织的生存与发展都息息相关。

经济环境主要包括宏观经济环境和微观经济环境两个方面。宏观经济环境是指一个国家的国民收入、国民生产总值等指标代表的国家发展情况。微观经济环境是指企业所在地的消费者偏好、消费者购买能力、消费者收入水平等。

技术环境对组织的影响十分明显，组织需要观察本行业的技术发展变化以及国家对技术的重点支持方向，把握技术动态，使组织时刻保持最新的技术源泉。

自然环境包括地理位置、天气条件以及资源状况。

五、管理思想的演变

见表(1-1)。

表1-1　　管理思想的演变

管理思想的演变	主要理论与代表人物	主要理论的核心内容
科学管理理论	泰勒的科学管理	1. 中心问题是提高效率；2. 为了提高生产率，要挑选“第一流的工人”；3. 要使工人掌握标准化的操作方法，使用标准化工具，并使作业环境标准化；4. 实行计件工资制度；5. 在精神上对员工和雇主进行改革；6. 将计划职能同执行职能分开，变经验工作方法为科学工作方法；7. 实行职能工长制；8. 实行例外原则

续表

管理思想的演变	主要理论与代表人物	主要理论的核心内容
古典组织理论	法约尔的一般管理理论	十四原则：分工；权责对等；纪律；统一指挥；统一领导；个人利益服从集体利益；报酬公平；集中化；等级链；秩序；公正；人员稳定；首创精神；团结精神
	韦伯的官僚组织体系	明确的分工；等级原则；正式的规章制度；非人格化；人员的变动与工资；管理权与所有权分离
人际关系学说	梅奥	员工的问题不能用任何单一的因素加以解释，而必须从整体来研究；要把组织作为一个社会系统来看待
	霍桑试验	员工是“社会人”而非“经纪人”；企业中存在非正式组织；要提高员工满意度
现代管理学说	管理过程学说	管理是一种过程和许多相互关联者的职能，强调计划、组织、控制是管理的3项基本职能
	数量学说	以现代自然科学和技术科学成果为手段，结合数学模型来研究管理活动，主要理论内容包括运筹学、系统分析、决策科学等
	行为学说	认为管理中最重要的因素是对人的管理，所以要研究人、尊重人、关心人，满足人的需要以调动其积极性
	系统学说	侧重于用系统的观念来考察组织结构以及管理的基本职能
	权变学说	着重研究有关环境变量与各种管理方式间的关系
	经验学说	通过研究企业管理经验向管理者提供成功经验和科学方法

第三节 企业经营环境

根据斯蒂芬·P·罗宾斯的定义，环境是指对组织绩效起着潜在影响的外部机构或力量；也有些学者将环境定义为影响组织目标实现的各种外部和内部因素的总和。

任何企业都不可能孤立地存在，而是必须以一定的环境为土壤。企业与环境之间有着复杂的联系，它与环境之间不断发生着各种资源与信息的交换。企业的任何经营活动都必须在一定的环境中进行，因而受到环境的影响，同时也影响着环境。环境一方面为企业经营提供了必要的条件，另一方面又对企业经营活动起着制约作用。因此，充分认识企业与环境之间的作用，有针对性地预见环境未来的变化趋势，积极利用环境提供的有利条件，主动避开环境中的威胁，是企业经营者所必须考虑的问题。

一、企业与内外部环境之间的相互影响

企业的经营活动受到外部环境和内部环境的共同作用和影响。企业要生存和发展就必须全面、客观地分析和掌握内外部环境的变化,以此为基础来制定企业经营的重大战略。

企业与其外部客观的经营条件处于一个相互作用、相互联系、不断变化的动态过程之中。这些客观经营条件影响和制约企业经营的成败,且在企业外部非企业所能全部控制。这些客观的经营条件就构成了企业的外部环境。企业必须对这些外部环境进行分析,以找出外部环境为企业所提供的可以利用的发展机会和外部环境对企业发展所构成的威胁,从而以此为依据作出企业发展的重大战略。

外部环境各因素对企业有着不同程度的影响。首先,对于某个特定的企业来说,它总是处于某个产业环境当中,该产业环境就直接影响了企业的生产经营活动。因此,它构成了企业的第一类外部环境。而企业的第二类外部环境对企业经营的影响虽然较为间接,但实际上它与企业的产业环境以及企业的内部环境都是相互联系和相互影响的。一般来说,它包括经济环境、政治法律环境、社会文化环境等。

企业的内部环境通常是指企业能够加以控制的因素。企业要生存和发展不仅要对外部环境加以分析,还要客观地对企业自身所拥有的各类资源、能力和条件加以客观的分析和正确的估计。企业的内部环境是企业经营的基础,是企业在市场竞争中取得胜利的根本。只有对企业内部环境进行客观的分析,才能掌握企业目前的资源、能力状况,明确企业的优势和劣势,进而使企业能最大限度地发挥其优势,同时尽可能避开和克服企业的劣势,最终使企业的经营目标得以实现。

企业的内外部环境都直接或间接地影响着企业的经营活动,企业制订经营目标以及开展经营活动都必须仔细研究内外部环境的现状以及变化发展情况。但同时企业的经营活动也反向影响着企业的环境,企业也必须使其经营活动与内外部环境相适应。具体来说,企业的经营活动与其内外部环境的相互影响可从以下两个方面加以考察。

1. 环境对企业经营的影响

(1)环境对企业经营者的影响:成功的企业经营者必须审时度势,根据环境的特点制订企业经营决策,同时还要不断根据环境的变化及时调整决策。环境对经营者的影响还表现为影响其管理幅度、管理风格和领导方式等。

(2)环境对企业经营活动的影响:环境为企业经营活动提供各种资源和信息,影响着企业获取资源和信息的渠道以及利用方式。此外,环境还影响着企业计划的制订和企业组织结构等。

2. 企业经营对环境的影响　企业的经营活动对环境具有反向作用,这种反作用表现为积极的和消极的两方面。企业合适的经营活动会对环境产生积极的影响,从而使企业与环境之间达到进一步的动态平衡,促进企业更好地发展;而企业的经营活动一旦与环境不相适应时,就会受到环境的威胁,若不加以调整,最终将会被环境所淘汰。

任何企业都存于一定的宏观环境和微观环境中,环境势必对企业产生重大影响。一个企业是与微观环境相互作用、相互依存的系统,同时企业自身以及其微观环境又都与宏观环境密

不可分地联系在一起。可以用图 1-4 表示企业与环境之间的关系。

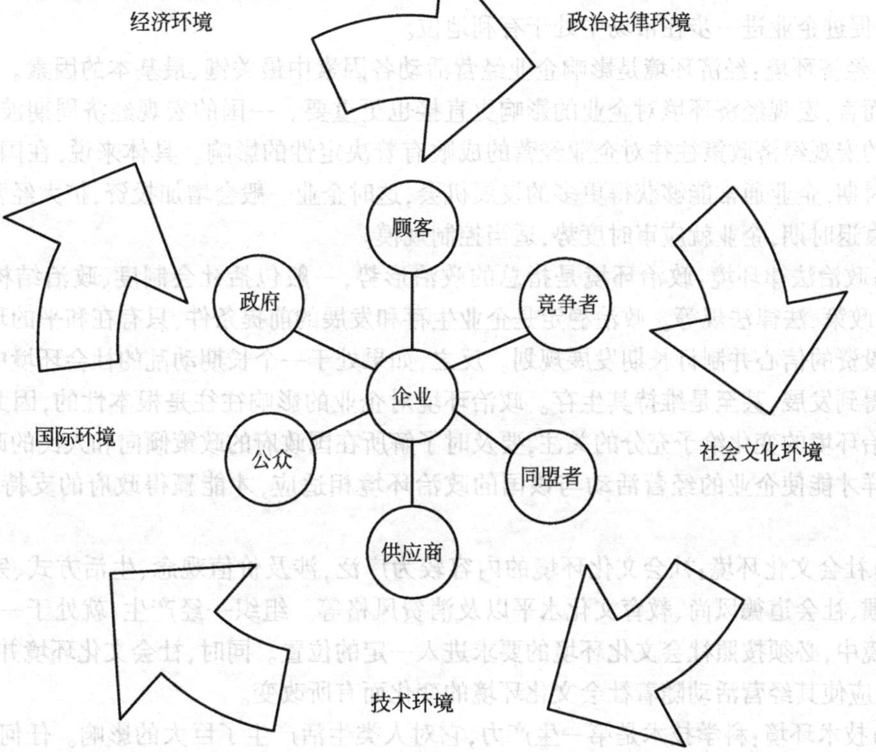

图 1-4 企业与环境之间的关系

环境对企业有着制约作用,企业要生存和发展,就要适应和服从外部环境,但企业对环境的适应并不是被动的、消极的,企业可以通过各种方式对环境加以影响,尤其是企业对微观环境可以发挥较大的影响作用。通过这种相互影响、相互制约的作用,企业与环境之间可以达到平衡状态。企业与环境之间的平衡是指:一方面企业可以积极利用环境提供的各种资源与发展机会,尽可能避免环境所造成的威胁;另一方面,企业本身又能对环境产生良好的反向作用,促进企业与环境之间达到更进一步的和谐。

当然,企业与环境之间的平衡是相对的、动态的平衡。由于企业内外部的环境都是不断变化的,随着环境的变化,企业与环境之间原有的平衡会被打破。因此,企业要不断关注环境的发展变化,根据环境的变化改变经营策略、经营方式等,以便与环境之间达到新的平衡。

二、环境的类型

1. 宏观环境　宏观环境也叫一般环境,它是指在某一特定社会中对组织可能产生影响的各种环境因素的总和。一般包括经济环境、政治法律环境、社会文化环境、技术环境和国际环境等。一般来说，对于宏观环境任何企业都无法加以控制，只能通过采取措施去适应。但是，对于某些宏观环境，企业却可以预测其变化趋势，从而尽早采取有效措施以应对环境变化带来的影响，促进企业进一步在市场中处于有利地位。

(1)经济环境：经济环境是影响企业经营活动各因素中最关键、最基本的因素。相对于其他因素而言，宏观经济环境对企业的影响更直接也更重要。一国的宏观经济周期波动和政府所采取的宏观经济政策往往对企业经营的成败有着决定性的影响。具体来说，在国民经济高速增长时期，企业通常能够获得更多的发展机会，这时企业一般会增加投资，扩大经营规模，而在经济衰退时期，企业就应审时度势，适当控制规模。

(2)政治法律环境：政治环境是指总的政治形势，一般包括社会制度、政治结构、党派关系、政府政策、法律法规等。政治稳定是企业生存和发展的前提条件，只有在和平的环境中，企业才有投资的信心并制订长期发展规划。反之，如果处于一个长期动乱的社会环境中，企业一般很难得到发展，甚至是维持其生存。政治环境对企业的影响往往是根本性的，因此，企业必须对政治环境的变化给予充分的关注，要及时了解所在国政府的政策倾向和人民的政策倾向，只有这样才能使企业的经营活动与该国的政治环境相适应，才能赢得政府的支持和法律的保护。

(3)社会文化环境：社会文化环境的内容较为广泛，涉及价值观念、生活方式、宗教信仰、风俗习惯、社会道德风尚、教育文化水平以及消费风格等。组织一经产生，就处于一定的社会文化环境中，必须按照社会文化环境的要求进入一定的位置。同时，社会文化环境并非固定不变，企业应使其经营活动随着社会文化环境的变化而有所改变。

(4)技术环境：科学技术是第一生产力，它对人类生活产生了巨大的影响。任何企业都与一定的技术存在着稳定的联系。一个企业是否拥有领先的技术，以及是否注重更新和改进技术，对组织的生命力有着重大影响。技术先进的企业往往竞争力较强，这样就容易在市场中占据领先地位。此外，技术革新对企业经营影响较大。一方面，它影响企业经营的手段和方式，另一方面也影响其经营活动的内容。因此，企业应对技术变化保持高度的关注。

(5)国际环境：由于全球经济一体化趋势的迅速发展，国际环境对企业经营活动的影响越来越显得重要。它包括企业所在国以外的所有可能对企业发生影响的因素，如汇率、各种国际组织、国际协定等。事实上，国际环境对企业的影响是多方面的，因为全球一体化不仅表现在经济方面，还表现在政治、文化、科技等多个领域。企业经营要想取得长期的成功，经营者的思维就必须超越国界。

2. 微观环境　宏观环境普遍影响着该环境中的所有企业组织，而对于某一具体的企业组织而言，有些环境因素具有直接的和经常性的影响，这些环境因素就是企业组织的微观环境，也叫具体环境。

微观环境对企业经营者的决策和行动产生直接的影响，并且直接与组织目标的实现相联系。微观环境对于每个企业都是不同的，并随条件的改变而变化。一般包括顾客、供应商、竞争者以及其他的微观环境因素。

(1)顾客：企业所提供的产品和服务必须有顾客来购买。企业经营活动的目的就是满足顾客的需求。没有需求,企业经营就变成毫无意义的活动。因此,企业经营的成败,关键就在于企业能否准确了解顾客的需求,并通过提供合适的产品和服务来满足其需求。

为了满足顾客需求,企业应准确地找到顾客的需求核心,从而准确地进行市场定位和产品定位。当然,顾客的需求是随着社会宏观环境包括经济、政治、文化、科技等的变化而不断改变的,这就要求企业应当根据顾客需求的变化而对其经营活动不断进行调整。

(2)供应商:企业进行各种经营活动,必须投入一定的人力、物力和财力。但是,一般来说,很多企业本身并不具备这些资源。这时,供应商就充当了为企业提供所必需的资金、劳动、原料乃至技术等各种资源的角色。因此,供应商对企业的经营活动具有较大的影响作用。

供应商所提供的各种资源的价格、质量、交货期等直接制约着企业经营的成本、利润、市场份额、营销计划等。所以,企业要慎重地选择供应商,寻求以最可能低的成本来满足进行生产经营活动所必需的投入。企业经营者应当妥善处理好与供应商之间的关系,同时,还要不断拓宽供应渠道,以避免对某一供应商依赖过甚造成其对企业的影响太大。

(3)竞争者:市场内普遍存在着竞争。任何一个企业都不可避免地存在着竞争者。这些竞争者可能是同行业内提供相同产品的其他企业,也可能是其他行业内提供替代品的企业组织。一般来说,企业的竞争者主要有三类,即直接竞争对手、潜在竞争对手以及替代品提供者。这三类竞争者对企业的经营决策都能产生重大影响。

竞争者通过价格、产品形式、营销手段等与企业争夺顾客、市场份额以及资源。因此,企业一方面要对竞争对手进行深入的研究,识别哪些企业是竞争对手以及是什么样的竞争对手;另一方面,企业还应密切关注竞争对手的动态,并时刻准备对此作出反应。

(4)同盟者:企业之间既存在着竞争关系,也存在着合作关系。事实上,随着经济的发展和全球化时代的到来,合作关系较竞争关系甚至要显得更加重要。当今,“蓝海战略”正逐渐取代传统的“红海战略”,成为企业间市场关系的主流。

企业间通过合作,往往更容易达成“双赢”的效果。当然,企业在选择同盟者时同样也需要对其进行深入分析。同时,还须注意的是,随着市场环境以及企业内部环境的变化,即使是同盟者也可能变成竞争者。企业在对待同盟者时必须慎重考虑。

(5)公众:公众是指实际或潜在影响企业经营活动的各类社会组织以及个人。公众直接或间接地影响着企业经营的成败,企业必须努力与公众建立良好的关系。

企业一方面要不断提高和改进产品或服务的质量,赢得公众的信赖和好感,同时,还要履行其社会责任,维护和提高公众的利益,如关注环保事业、注重社会福利的提高等,从而树立良好的公众形象。

(6)政府:政府通过制定有关法律法规来制约和规范企业的经营活动,这些法律法规包括《消费者权益保护法》、《劳动法》、《反不正当竞争法》等,企业的经营活动应当严格遵守这些法律法规的规定。只有这样才能赢得政府的支持和保护。

三、环境的不确定性

无论是宏观环境还是微观环境都是不断变化发展的,而其中大多数变化都是企业经营者无法预测的。这就是环境的不确定性。环境的不确定性包括两个方面，即环境的复杂程度和变化程度。

环境的复杂程度是指环境中要素的数量和种类。企业处于复杂性的环境中，将受到多个外部因素的影响。一般来说，外部因素越少，环境的复杂程度就越低，不确定性程度就越小。在相对复杂的环境中，企业所受到的影响将更为广泛，此时企业经营者在制定决策时就应全面考察各要素的影响。

环境的变化程度是指构成环境的各要素的变动情况。如果环境的各要素经常变动，这种环境就称为动态环境；如果变化较小，相对稳定，则称为稳态环境。在稳态环境中，由于变化较小，确定性较强，企业经营者就容易制订经营决策。但在现实中，企业所面临的环境往往是经常变化的，如宏观经济政策的变化、技术的革新等。因此，企业经营者要以发展的眼光来看待企业所处的环境。

根据环境的复杂程度和变化程度，可以将其分为4种类型：

1. 简单的稳态环境　这种环境要素较少，某些要素有些相似并基本保持不变，通常企业经营者可以预测其变化，因而制定决策时相对较为容易。如家具制造商和啤酒经销商就处于这种不确定性程度很低的环境中。

2. 复杂的稳态环境　环境要素较多，且要素间不相似，但各要素变化较小，一般来说，这种环境也是可以预测的，对经营者的要求也相对较低。如学校、医院等就处于这种环境中。

3. 简单的动态环境　这类环境拥有的要素较少，但各要素经常变化，使得不确定性程度大大提高，因而难以预测。这类环境对经营者的要求较高。如玩具制造商、电影制片商等就处于这种环境中。

4. 复杂的动态环境　这种环境的不确定性程度最高，对企业经营者的挑战也最大。处于这种环境中的企业要面对众多的且连续变化的环境要素，这些变化往往不可预测，企业经营者在制定决策时难度较大。如电子行业、计算机软件公司等就处于这种环境中。

第四节　医药企业概述

医药企业分为医药工业企业和医药商业企业。医药工业企业又包括制药工业（中药制药工业、化学制剂工业、生物制药工业）、器械制剂业（医疗器械、制药机械）、相关制造业（卫生材料、药用包装材料）。医药商业企业包括医药零售企业和医药批发企业。制药工业起源于19世纪初的西欧，经过一个多世纪的发展已经成为世界工业的重要组成部分。全球制药行业的总规模从20世纪中后期开始持续高速增长，总产值从1970年的218亿美元增加到2005年的6 020亿美元。尽管全球医药行业呈现高速增长，但是地区之间的发展很不平衡。美国无论是从市场总量方面还是从增长率方面始终处于第一的位置，欧盟排列第二，日本排列第三。这三个市场在2005年占全球医药市场的90%左右。全球医药市场被少数化学专利药巨头所垄断。

新中国成立以来，我国的民族医药工业极其薄弱。改革开放以来，我国医药行业一直保持较快的增长速度。全国医药工业由1998年的1 371亿元上升到2007年的6 679亿元。经济运行质量与效益不断提高。

1. 医药行业是一个特殊行业,是朝阳行业　医药行业与化工、机械、农业等领域密切相关,但又存在其特殊性,是一个高附加值、高投入、高风险、高回报的产业。高附加值是指医药行业涉及多领域、多学科,技术含量高。高投入表现在企业对新产品研究开发的投入高。高风险与高回报相伴同生,即首先制药企业通过GMP投入较高,同时企业还要生产适销对路的产品,且根据产品的生产周期价值理论企业还要在适当的时候以新产品补充市场。药品作为特殊的商品其注册审批周期长,风险高,投入大,且一旦一个企业开发、注册新产品的过程中某一个环节出现差错则有可能全盘皆输。因此,新药研究开发的风险高、成功率较低。美国约为1/5 000,日本约为1/4 000。这就是企业在研究开发过程中所表现出的高风险。另外,高风险还表现在,从药品生产和销售环节来看,必须严格按照药品质量管理规范的要求进行操作,任何一个环节出现批漏均有可能导致与生命安全有关的安全事件。当然,高风险也必然伴随高回报。一旦一个创新药物推出市场则会为企业带来持续可观的销售收入。

医药企业是按国际标准划分的15类国际化产业之一,是一个典型的国际性产业,具有良好的发展前景。医药的发展与人民健康水平密切相关。从1986年至今,我国医药制造业工业总产值占国内生产总值的比重逐年提高。在我国,医疗消费水平增长幅度明显高于居民生活水平增长速度。全球人口的持续增长和人口老龄化趋势加快成为推动全球医药制造行业需求持续增长的强劲动力。同时,随着我国及全球发展中国家经济的迅猛增长,人民对于医药产品的需求日益提升,自我保健意识不断增强,不同类别的药物及相应的产业将在这些地区得到迅速发展。制药企业是永不衰落的朝阳产业,具有良好的发展前景。

2. 医药企业的特殊企业文化应向社会传达积极、健康的理念　医药企业应具有鲜明的与众不同的企业文化。医药行业是一个特殊行业,这个领域提供给消费者的商品具有特殊的使用价值,医药企业肩负着人类健康的特殊使命,人们对医药行业及企业有一种特殊的期待。因此,医药企业展示给公众、媒体的应该是一个健康、积极、进取、勇于为人类健康承担社会责任的形象,并能通过其产品传达给消费者,使消费者能够在对企业产生信任的基础上使用商品。例如,同仁堂的企业精神是"同修仁德,济世养生"。同仁堂的堂训传达给公众的是:"同修仁德,亲和敬业;共献仁术,济世养生"、"求珍品,品味虽贵必不敢减物力;讲堂誉,炮制虽繁必不敢省人工"等积极向上、济世养生、报国为民的理念。天士力集团以"追求天人合一,提高生命质量"为企业理念。我们可以发现,大多数医药企业通过其企业愿景、理念、品牌、包装等企业形象识别系统将企业的乐观、向上、进取、责任感和使命感传达给公众。在经济飞速发展的今天,我国医药企业如雨后春笋层出不穷,不断壮大,大量同类产品及替代品出现,市场竞争不断加剧,人们在消费产品的使用价值的同时,更加注意形式产品的价值及企业所能提供给消费者的附加价值。企业文化通过形式产品、附加产品提供给消费者,是企业赢得品牌忠诚度以及社会信誉的最重要、最有效的竞争手段。由于企业文化不易轻易被模仿,因此,构建特色的医药企业文化,是赢得核心竞争力的基础。

3. 医药企业应当承担特殊的社会责任　医药企业最首要的社会责任是生产和销售高质量的产品,这是由医药企业生产产品的特殊性决定的。药品是特殊商品,它直接用于人体,其安全性是第一要求。另外,医药企业在生产药品这一维护人的身体健康的特殊产品的同时,也要向员工及社会宣扬其健康及公益的理念,即医药企业在生产销售产品的同时也生产和为社会提供健康和公益。医药企业在生产销售产品过程中不仅要充分体现出其研究、生产、经营的合法性,倡导社会公认的商业道德和行为准则,还要体现出对雇员、顾客和股东的负责以及对环境的负责,同时还要体现出对困难群体和个人所承担的责任,成为真正销售、传达健康,为股东、为员工、为消费者、为社会创造经济价值和社会利益,保护环境,"达则兼济天下"的新型企业。

4. 医药行业竞争环境进一步优化　近年来,政府出台多项政策推动我国医药行业健康发展。《药品管理法》的颁布是我国医药领域法制化管理的标志,与药品研发、生产、经营、评价相关的一系列法规的实施是我国医药行业从研发到经营规范化的开始,此法规在使用过程中正在逐步完善。2008年,我国医药行业竞争环境进一步得到优化。2008年医药管理部门职责的调整标志着我国卫生事业的管理机制进一步理顺;《中国的药品安全监管状况》白皮书的发布彰显了我国保障药品安全的决心;《制药工业水污染物排放标准》的实施表明了我国医药行业承担社会责任的决心;"重大新药创制"专项的启动释放了该项目受政策扶持的信号。政府和药品监管部门对行业政策的制定开始转向营造公正的竞争环境,为主流企业的长远发展提供保障。

5. 我国医药企业规模小、数量多,产品低水平重复普遍的现象有望改善　我国医药企业规模普遍较小。据统计,目前我国5 000多家医药生产企业中,几乎90%为小型企业。据中国医药商业协会统计,年销售额过50亿元的医药企业只有2家,过20亿的有10家,过10亿的有23家,过亿元的有250家左右。国家500强大型企业中中医药企业只有20余家。另外,我国医药企业数量较多,产品低水平重复多。在我国5 000多家医药生产企业中,品种雷同的现象非常普遍。"一药多名"成为我国医药市场上的常景:最常见的治疗感冒用的复方氨酚烷胺就有十几个名称的同种药品;一种用于预防和治疗心绞痛的药——单硝酸异山梨酯,就有二十多个名称。这种现状导致企业之间出现不良竞争。另外,我国医药企业还存在"三低"现象。三低是指医药企业技术含量低、研发投入低、管理能力及经济效益低。巨大的利润空间需要依靠企业对市场的准确把握及研究开发的持续投入才能获得。医药企业巨头通常是靠创新药物带来巨大的利润空间,创新药物大多申请了专利,依靠技术优势迅速占领市场,价格高,竞争压力小。西方发达国家的开发主体通常是企业,研究开发一个新药历时多年,耗资5亿~10亿美元,约占其销售收入的15%~20%;而我国用于新药研发的资金每年只有1 000万~2 000万人民币,有的企业干脆多年没有研发投入。因此,我国的大部分化学药品企业几乎没有创新药物,约97%为仿制药。自1980年日本大冢制药落户中国以来,我国制药业中的"三资企业"到目前为止已发展近1 800余家,世界上最大的25家跨国公司已有20家在我国建立三资企业。药品市场上,外资企业与国内企业竞相逐利,同一种药品生产厂家众多,产品同质化现象非常严重,这两种现状导致市场竞争环境进一步恶化,使我国更加难以跻身制药强国的地位。另外,更为严重的是,一些资源消耗大、对环境污染严重的原料生产企业开始向我国及印度这样的发展中国家转移,这就意味着我国制药业的未来发展一部分将以资源及环境为代价。

不过,随着我国药品监督管理机制的不断完善与健全,以上现象有望得到改善。我国医药市场开始有向少数大企业集中的趋势,且这种集中表现得越来越明显。在原料药方面,环保成本上升导致原料药生产进入门槛提高;在成品药生产方面,市场的逐步规范化将使小企业运营成本上升,大企业出现明显的规模优势;在医药流通领域,批发环节的规模效应较为明显;在零售环节,具有实力的企业也将展开并购扩张。中国医药行业集中度提高的趋势已经不可阻挡。

本章案例:

腾飞中的"天士力"

天士力集团1994年5月成立于解放军第254医院,1998年移交天津市,1999年进行全面股份制改制,2002年8月集团核心企业——天津天士力制药股份有限公司上市。

十多年来,天士力始终坚持"以科技为核心、以市场为导向、以营销为动力、以质量为保障"的经营方针,走高新技术产业化的发展道路。员工由创业初期的十几人发展到现在的6 632人;资产由1 200万元发展到现在的85亿元,累计上缴利税44亿元,形成了以大健康产业为主线,以制药业为中心,涵盖现代中药、化学药、生物药、特色医疗、保健品、化妆品等领域的高科技企业集团。企业连续两年被评为"全国精神文明建设先进单位"、"全国构建和谐劳动关系企业"、"全国创建学习型组织先进单位"等荣誉称号。

天士力何以能在短短十多年内,实现跨越发展?这得益于天士力人始终坚持"一个目标"和"六个创新"。

坚持"一个目标":创建初期,董事长闫希军就提出了"高科技、高起点、高速度、新思维"的发展思路,规划了"百年企业、百年育人、百年品牌"的宏伟蓝图,确立了"创造健康、人人共享"的伟大目标。

坚持"六个创新":

1. 着力在机制创新上求突破　天士力抓住企业与军队脱钩的契机,在天津市委、市政府的领导和支持下,于1999年建立了产权清晰、投资主体多元的现代企业制度,确立了以资产为纽带、使知识经济复合型人才成为企业创新主体的用人理念,先后建立了"持股机制、分配机制、创业机制、激励机制、培训机制",新机制吸引了一大批国内外高科技人才加盟天士力。

2. 着力在科研创新上求突破　天士力坚持"推到围墙办企业",着力建设"没有围墙的研究院",实施"大病种、大品种、系列化"的研发思路,首创"现代中药"新概念,建立了国内最大的组分中药数据库,为建立全新的中药研究方法和全面国际化奠定了基础。企业研究院先后承担了国家863、973、中药现代化重大专项等国家重大项目40余项,是"国家级企业技术中心"和"博士后科研工作站"。2008年7月,天士力集团还被授予首批"国家创新型企业"。

3. 着力在标准创新上求突破　1998年,天士力在国内建立了第一个符合"中药材种植生产质量管理规范(GAP)"的药源基地;率先提出"中药提取生产质量管理规范(GEP)"的新概念、新标准,解决了中药材有效成分萃取,毒性成分、重金属等的纯化处理问题;天士力的生产体系全部通过国家GMP和澳大利亚TGA认证,成为国内第一家整合质量、环境、安全健康三大管理体系为一体的国际标准化企业。

4. 着力在技术创新上求突破　天士力致力于打造现代中药先进制造技术平台,以信息化带动工业化,在国内实现现代中药生产,全程计算机在线控制、生产过程智能化组合、关键工艺参数在线检测、连续采集程序化等国际标准的先进制造；完成了国家“十五”科技攻关重大项目“指纹图谱示范研究”，使现代中药数字化的表示方法与国际接轨。

5. 着力在市场创新上求突破　天士力坚持基础市场在国内，目标市场在国际的营销策略。国内营销建立了珠三角、长三角、环渤海、东北、中南西北5个区域，8个分公司，26个大区，254个办事处的营销体系，构筑了“横向到边，纵向到底”信息化管理的市场网络，主打产品——复方丹参滴丸连续10年销售额突破10亿元，位居中成药单品种年销售额排行榜首位。国际市场坚持以直销带分销，在东南亚和非洲两大区域已覆盖20多个国家，经销商人数达到45万，为现代中药进军国际主流医药市场奠定了坚实基础。

6. 着力在文化创新上求突破　天士力以打造核心竞争力为载体，积极探索传统文化与现代文化的有机融合，着力构建创新型的企业文化体系。确立了“追求天人合一、提高生命质量”的企业理念，形成了以“三个人”为核心的企业文化体系：即以“继承与创新”为核心的祖先文化，以“诚信与服务”为核心的消费者文化，以“责任与价值”为核心的员工文化。企业的竞争力、凝聚力、创新力不断增强，十多年来，企业从未发生过一起重大刑事案件和恶性事故，没有一人参加“法轮功”等非法组织，没有一人参加非法游行、静坐、上访等。实践使我们深深认识到，自主创新是一个企业的灵魂和生命线，而先进的企业文化则是企业赖以生存和发展的动力源泉。

（资料来源：天士力集团提供）

思考题

1.“天士力”何以能在短短十多年内，实现跨越发展？

2.“天士力”是如何实现传统文化与现代文化有机融合的？

参考文献

1. 环建芬，胡志民，周建平．民法学原理．上海：上海交通大学出版社，2004. 36.
2. 彼得·德鲁克．管理：任务、责任、实践．北京：中国社会科学出版社，1987. 81-82.
3. 卢代富．企业社会责任的经济学与法学分析．北京：法律出版社，2002. 97.
4. 沈四宝，程华儿．经济全球化与我国企业社会责任制剂的构建．法学杂志，2008(3)：29.
5. 石培哲．论企业的社会责任．经济师，2002(1)：22.
6. 李建民，王丽霞．企业的社会责任问题与中国经济的伦理化．当代经济研究，2005(1).
7. 王振平，中国食品药品监管第十一期：43.
8. 李秀娟，钟素艳．中美制药企业广告支出与研发支出比较．中国药业，2008，17(8)：21.
9. 王海洋．医药寡头经济来临企业集中趋势日益明显．医药经济报，2008-12-04/14：00.
10. 穆庆贵等．新编企业管理．第3版．上海：立信会计出版社，2000.
11. 丁仁忠等．现代企业管理基础．上海：立信会计出版社，2000.
12. 张体勋．现代企业管理．北京：中国纺织出版社，2002.
13. 韩福荣．现代企业管理教程．北京：北京工业大学出版社，1999.
14. 郭鹏．现代工业企业管理．西安：西北工业大学出版社，2000.

15. 杨洁．工业企业管理学．北京：经济管理出版社，1998.
16. 丁栋虹．企业的起源．北京：中国经济出版社，2003.
17. 张曾芳等．21 世纪初国有企业的制度创新．南京：南京师范大学出版社，2002.
18. 唐焕良．企业的社会责任．北京：团结出版社，1990.
19. 马俊驹．法人制度通论．武汉：武汉大学出版社，1988.
20. 孙剑华．现代企业管理学新编．北京：北京科学技术出版社，1992.
21. 马山水，孙养学，牛旬等．现代企业管理学．西安：陕西科技出版社，1998.
22. 葛素洁，杨洁．现代企业管理学．北京：经济管理出版社，2001.
23. 许兆祥．现代企业管理概论．天津：天津人民出版社，1996.
24. 宋文献，傅利平．社会主义市场经济学．天津：天津大学出版社，1994.
25. 胡宇辰．企业管理学．北京：经济管理出版社，1997.
26. 唐兴华．企业管理概论．武汉：武汉测绘科技大学出版社，1998.
27. 杨锡怀等．企业战略管理．第 2 版．北京：高等教育出版社，2004. 47-48.
28. 赵涛等．管理学．天津：天津大学出版社，2004. 48-56.
29. 刘兴倍等．管理学原理．北京：清华大学出版社，2004. 135-140.
30. 吴照云等．管理学．第 4 版．北京：经济管理出版社，2002. 111-112.

第二章 医药企业组织与组织制度

医药企业作为众多类型企业中的一种，其组织既具有普通企业的一般特征，又有医药行业的特殊性。各医药企业应当结合本企业的实际情况及所处的发展阶段来构建适合自身的组织结构。随着经济全球化和信息化的进程不断加快，医药企业应当尽快完善现代企业制度，引入公司治理机制，进行流程再造，使这些医药企业成长为能与国际医药企业巨头竞争与共存的市场主体。

第一节 企业组织的概述

一、组织与企业组织

1. 组织的概念及特征　组织(orgnaization)是管理学、社会学、组织行为学和管理心理学等学科中的常用名词。任何管理工作都是在某一特定组织中进行的，组织是管理的主体。关于组织的概念，许多学者提出了自己的看法。在现代管理学领域，切斯特·巴纳德(Chester Irving Barnard)可以说是首屈一指的大师级人物。他认为："组织是一个有意识的协调两人以上的活动或力量的合作体系。"罗纳德·科斯(Ronald Coase)认为，经济组织规模发展到一定程度的时候，当依靠市场交易的外部交易成本逐渐增大，并大于组织行政管理机制所产生的管理成本的时候，企业组织就产生了。管理心理学家孟尼仁·D(Mooney)和雷列·A(Crdiel)则认为："组织是为达成共同目的的人所组合的形式。一个组织群体，如果想有效地达成其目标，就必须在协调合作的原则下，各人做各人的事。"等等。

上述学术界提出的各种"组织"概念，强调了组织某一方面的特性和功能，但均不够全面。综合上述学者提出的有关组织的观点，组织的概念可以这样表述：组织是两个或两个以上的人为实现某一特定目标或一系列目标，而按照一定系统性的结构组成的有机体。

一般来说，组织的特征有4个：①由人组成，即每一个组织都是由人组织的；②既定目标，即组织成员一致努力以求达成的共同目标；③既定分工，即组织成员通过分工而专门从事某项职能工作；④既定秩序，即通过有关的规则所形成的成员之间的正式关系。

2. 企业组织　现代组织概念把企业组织看成一个开放的社会-技术系统，即企业组织不断地与外部环境开放式地进行资源与信息的交换，它是由技术子系统和包含心理、管理等方面的社会子系统等组成的整合系统。可以说企业组织是动态的组织活动过程和相对静态的社会构造实体的统一。把人员、技术、体制、战略等建立在各个子系统的相互依存之上，使所有投入的各类资源有效地为实现企业组织的目标服务。

本书研究的是医药企业组织，它是众多组织中的一个重要类型。医药企业组织是由两个或两个以上的个人（包括法人）在相互影响与相互作用的情况下，为完成医药企业共同的目标而组合起来从事经营性活动的医药经济单位。

二、医药企业组织设计的基本原则

辩证法认为，结构对于系统功能的决定作用最为直接和根本。不同性质的企业组织要求其有不同的功能，而要具备独特的医药企业应该具有的功能，必然要求建立其独特的企业组织结构。因此，建立命令统一、分工负责、权责对等、目标明确、管理可控、宽度适宜、结构扁平、气氛和谐、机动灵活的组织是实现医药企业现代化的基本要求。而探讨医药企业组织设计原则对于建立现代的医药企业组织结构有着非常重要的意义。

组织设计原则可分为两类：一类是古典组织设计原则。其具有责任明确、指挥统一、权责对等、专业分工等优点，但存在着制约人的主观能动性、压抑个性、应变能力差、权力过分集中、信息传递速度慢等缺点。尽管古典组织设计原则已经使用了六七十年，社会环境也发生了很大的变化，但我们至今还是觉得这些原则很有用处。随着现代组织理论研究的深入和发展，管理学界的专家和学者对古典组织设计原则有了新的认识，并对其局限性进行了分析和扬弃，提出另一类组织设计原则即现代组织设计原则。现代组织理论为解决古典组织理论存在的问题提供了科学依据。本章综合了古典组织设计原则和现代组织设计原则各自的优势，从劳动分工、统一指挥、职权与职责、管理跨度、部门化几个方面阐述了医院组织设计的基本原则。

1. 劳动分工 任何一项生产都由许多环节构成，由一个人完成所有工作是不太现实的。劳动分工是社会化大生产的必然要求，劳动分工是指将工作划分成若干步骤，由一个人单独完成其中的某一个步骤，也就是说一个人专门从事某一部分活动而不是全部活动。从事某一部分活动的个人可以积累起丰富的经验，大大提高工作效率，这也正是我们进行劳动分工的原因。在劳动分工中，有些工作对技术、技巧、知识要求高，就需要配备素质高的人手，简单工作只需配备一般人手就可以完成。正确利用劳动分工不但可以提高劳动效率，还可以有效利用人力资源，做到人尽其才。在以前进行劳动分工时往往将工作分得很细，与没有分工相比确能提高效率，但是随着分工越来越细、时间越长，效率反而下降。这是劳动者士气低落、厌恶工作的结果。行为科学理论科学地解释了这一现象，这是由劳动分工产生的人员非经济性（可由疲劳、压力、怠工、次品等表现出来）超过了专业化经济性造成的。如在手术中通过分工，使每个医师在该流程熟练程度大大提高，从而提高了手术效果，随着这样的分工再细化或长时间重复这项工作，医师会产生厌烦情绪，出现手术中注意力不集中或故意延迟时间等问题，造成手术效果下降。

在知识经济时代，虽然人们追求自由全面的发展，但劳动分工的原则仍然在组织中具有生命力。要寻求专业化经济影响与人员非经济影响的平衡点，可通过扩大医药企业员工的工作范围、轮换工作岗位等途径减少人员的非经济影响，使平衡点向右移动。

2. 统一指挥 统一指挥原则是指每个下属应当而且只能向一个上级主管直接负责，没有人应该向两个或者更多的上司汇报工作，否则，这个下属可能会收到两个相互冲突的命令。传统的观点认为，对每一个活动都应该进行明确的分工，让一位主管人员分管这一项工作，如医药企业的员工招聘和培训、医药产品的销售和原材料采购等工作分别由一位副总经理负责。当组织结构简单、规模较小时，这个原则能够得到很好的贯彻，当任务比较复杂，需要多项专业技术指导时就不可避免地冲淡统一指挥原则。如研发部是医药企业的基本业务单位，既要承担技术研发任务，还要承担技术培训工作，与财务、采购及人事管理等部门也息息相关，可见虽然要完成主要工作，但其他工作与之也是密不可分的，因此必然引起统一指挥的矛盾。还有一些工作具有个性化特征，如基础科研工作、新型技术应用等，统一指挥也会造成工作不适应，妨碍整体绩效。尽管统一指挥原则受到各方面冲击，但在大多数情况下仍是一个很好的警示，如果没有统一指挥的思想，必然导致组织混乱。在运用统一指挥原则时应对工作区分主次，通过沟通弥补不足。

3. 职权与职责　职责是某个人在一定职位上应该担负的责任。职权是为了担负责任所应该具有的权力。为了能够完成任务，又不至于滥用权力，要求职权与职责对等，这是职权与职责的基本原则。

一个组织的最高领导具有最大的职责和最大的权力，随着组织的增大，领导会将部分工作委托给下属完成，同时将权力也一起授予下属，这是下属完成任务的必要条件，同时也是职权与职责对等原则在下属工作中的体现。作为领导者将责任和权力授予下属的同时不能将最终责任一起授予下属，领导者必须保留对最后结果负责的责任。例如：总经理将医疗产品质量管理的责任委托给业务副总经理，同时也应将与之相应的技术人员调动权、购置设备权等权力授予他。授权太大，易造成权力滥用；授权太小，又无法保证业务副总经理完成任务。副总经理要对医疗产品质量方面的问题承担责任，当出现医疗产品质量事故时，业务副总经理固然要承担责任，但总经理作为日常业务的最高执行者还是要对董事会承担最终责任的。我们经常所说的"授权不授责"中的责是指最终责任。

我们在考虑职权时，也要正确区分直线职权和参谋职权。直线职权是管理者指挥其下属工作的权力，直接贡献于组织目标的实现，直线职权相连构成组织的指挥链。参谋职权是为了组织目标的实现而给管理者提供咨询、支持、协助的权力。二者不能相混淆，直线职权削弱会造成指挥不通畅，参谋职权削弱会造成直线职权的盲目性，过强则会出现"宦官当权"的局面。正确处理好二者的关系有助于政令畅通、决策风险减低。

我们还要对权力有一个新的认识，传统观点把职权作为影响力的唯一源泉，现代观点认为一个人不是管理者同样具有影响力，职权只是影响力中的一个因素。权力(power)是指一个人影响决策的能力，可分为职位上的权力和非职位上的权力，职位上的权力包括强制权、奖赏权、合法权；非职位上的权力有专家权力和感召权力。职位上的权力固然对完成目标有着重要作用，但非职位上的权力越来越发挥着重要作用。作为一个管理者应注意培养自己非职位上的影响力。

4. 管理跨度　管理跨度是指一应管理者能够有效指挥的下属个数。影响管理跨度的因素主要有：工作任务的复杂程度、下属的成熟程度、工作任务的相似程度、信息沟通量的大小、下属工作地点的相似性、使用标准程序的程度。管理跨度决定着组织层次的多少，对于组织效率及成本控制也是非常重要的。传统的观点认为组织应该采用窄小的跨度，通常不超过6人，以便对下属进行紧密控制。随着组织规模的扩大,组织结构就变成了高耸的模式,带来了许多问题,如层次太多,影响了信息的沟通和决策的执行,造成组织适应性降低。

现代观点认为管理跨度应该适当扩大,这是信息技术发展和人员素质提高的结果。管理跨度扩大,使组织结构扁平化,可以增强组织的应变能力。实际上,目前许多大型公司都在采用扁平化的组织设计。因此,医药企业在应用这一原则时,应选择合适的管理跨度,既要避免跨度太窄造成组织层次过多,也不能盲目扩大管理跨度造成管理失控。

5. 部门化　将劳动分工后相同或相似的工作组合起来就形成了部门化,部门化有利于协调工作。部门化可以分成职能部门化、产品部门化、顾客部门化、地区部门化和过程部门化。

值得注意的是,近些年顾客部门化越来越受到高度重视,这也是管理者越来越关注细分市场的表现。大型综合性医药企业投入大量人力物力重点去研发系列医药产品,目的就是为了吸引同类疾病的病患。新开的医药企业一般会选择开展专门的产品和服务,目的也是想吸引同类顾客。

组织实行部门化的目的是为了实现组织目标,不管何种部门化都是组织内部员工的重新组合,都会出现僵化的矛盾,团队和任务小组形式的出现可以有效地克服组织结构僵化的矛盾。如医疗保险需要医院有相应的部门处理与之相关的工作,这些工作涉及医疗质量、服务项目、收费标准、药品控制、信息反馈等多个方面,如果按传统的方法由某一个部门承担这项任务,就会出现互相推诿、责任不清等问题,如果由与这些任务有关系的部门指定专门人员组成一个医疗保险任务小组,就可以有效解决这方面的问题。

三、医药企业组织结构的主要形式

组织结构,是指有机体内各要素的构成方式及其功能的总和。组织结构就是表现组织各个部分排列顺序、空间位置、聚集状态、联系方式以及各要素之间相互关系的一种模式,它是执行管理和经营任务的体制。组织结构是企业的组织意义和组织机制赖以生存的基础,是企业的构成形式。它将企业的目标分解到职位,并把职位综合到部门,由众多的部门组成垂直的权利系统和水平协作系统的一个有机整体。组织结构是战略实施的基本支撑和保证,在某种程度上讲组织结构是企业宗旨和战略相互关系的载体与表现。

随着企业的产生和发展及领导体制的演变,企业组织结构形式也经历了一个发展变化的过程。组织结构直接决定了组织中正式的指挥系统和沟通网络的效率,影响着个人的心理和组织的社会功能。因此在通用的组织模式中,如何从实际出发选择更为科学有效的组织设计,对于提高组织效能,有效地实现组织目标,将具有至关重要的意义。迄今,企业组织结构的主要形式有:直线制、职能制、直线-职能制、事业部制、模拟分权制、矩阵制等。

1. 直线制　直线制是一种最早也是最简单的组织形式。它的特点是企业各级行政单位从上到下实行垂直领导,下属部门只接受一个上级的指令,各级主管负责人对所属单位的一切问题负责。厂部不另设职能机构(可设职能人员协助主管人工作),一切管理职能基本上都由行政主管自己执行。其结构如图 2-1 所示。

直线制组织结构的优点是:结构比较简单,责任分明,命令统一。缺点是:它要求行政负责人通晓多种知识和技能,亲自处理各种业务。这在业务比较复杂、企业规模比较大的情况下,

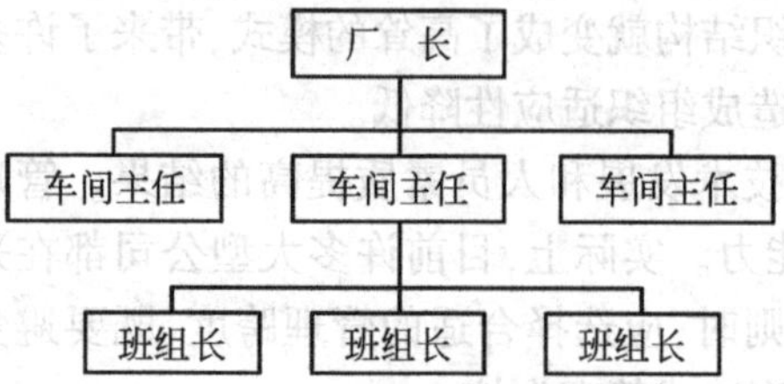

图 2-1 直线制结构示意图

把所有管理职能都集中到最高主管一人身上，显然是难以胜任的。因此，直线制只适用于规模较小，生产技术比较简单的医药企业，对生产技术和经营管理比较复杂的医药企业并不适宜。

2. 职能制 职能制组织结构，是各级行政单位除主管负责人外，还相应地设立一些职能机构。如在厂长下面设立职能机构和人员，协助厂长从事职能管理工作。这种结构要求行政主管把相应的管理职责和权力交给相关的职能机构，各职能机构就有权在自己的业务范围内向下级行政单位发号施令。因此，下级行政负责人除了接受上级行，政主管人指挥外，还必须接受上级各职能机构的领导。其结构形式如图 2-2 所示。

职能制的优点是：能适应现代化工业企业生产技术比较复杂，管理工作比较精细的特点；能充分发挥职能机构的专业管理作用，减轻直线领导人员的工作负担。但缺点也很明显：它妨碍了必要的集中领导和统一指挥，形成了多头领导；不利于建立和健全各级行政负责人和职能科室的责任制，在中间管理层往往会出现“有功大家抢，有过大家推”的现象；另外，在上级行政领导和职能机构的指导和命令发生矛盾时，下级就无所适从，影响工作的正常进行，容易造成纪律松弛，生产管理秩序混乱。由于这种组织结构形式的明显缺陷，现代医药企业一般都不采用职能制。

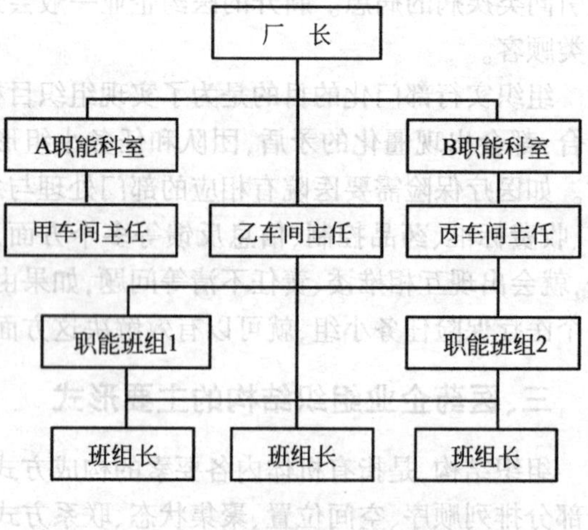

图 2-2 职能制结构示意图

3. 直线-职能制 直线-职能制，也叫生产区域制，或直线参谋制。它是在直线制和职能制的基础上，取长补短，吸取这两种形式的优点而建立起来的。目前，我们绝大多数企业都采用这种组织结构形式。这种组织结构形式是把企业管理机构和人员分为两类：一类是直线领导机构和人员，按命令统一原则对各级组织行使指挥权；另一类是职能机构和人员，按专业化原则，从事组织的各项职能管理工作。直线领导机构和人员在自己的职责范围内有一定的决定权和对所属下级的指挥权，并对自己部门的工作负全部责任。而职能机构和人员，则是直线指挥人员的参谋，不能对直接部门：发号施令，只能进行业务指导。直线-职能制组织结构如图 2-3 所示。

直线-职能制的优点是：既保证了企业管理体系的集中统一，又可以在各级行政负责人的领导下，充分发挥各专业管理机构的作用。其缺点是：职能部门之间的协作和配合性较差，职能部门的许多工作要直接向上层领导报告请示才能处理，这一方面加重了上层领导的工作负担；另一方面也造成办事效率低。为了克服这些缺点，可以设立各种综合委员会，或建立各种会议制度，以协调各方面的工作，起到沟通作用，帮助高层领导出谋划策。

4. 事业部制 事业部制最早是由美国通用汽车公司总裁斯隆于 1924 年提出的，故有“斯隆模型”之称，也叫“联邦分权化”，是一种高度（层）集权下的分权管理体制。它适用于规模庞大，品种繁多，技术复杂的大型企业，是国外较大的联合公司所采用的一种组织形式，近几年我国一些大型企业集团或公司也引进了这种组织结构形式。事业部制是分级管理、分级核算、自负盈亏的一种形式，即一个公司按地区或按产品类别分成若干个事业部，从产品的设计、原料采购、成本核算、产品制造，一直到产品销售，均由事业部及所属工厂负责，实行单独核算、独立经营，公司总部只保留人事决策、预算控制和监督大权，并通过利润等指标对事业部进行控制。也有的事业部只负责指挥和组织生产，不负责采购和销售，实行生产和供销分离，但这种事业部正在被产品事业部所取代。还有的事业部则按区域来划分。这里就产品事业部制和区域事业部制做些简单的介绍。

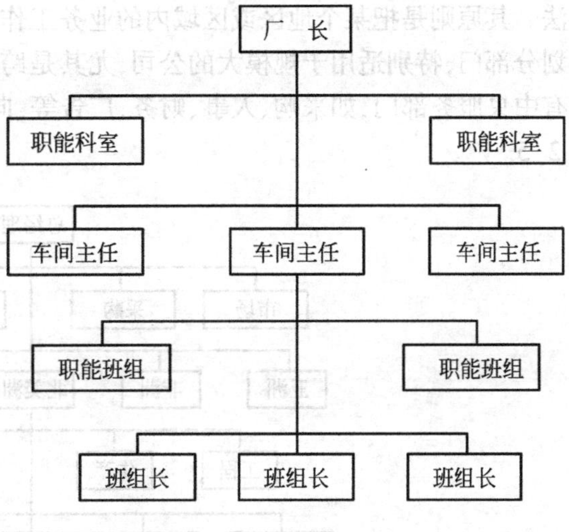

图 2-3 直线-职能制结构示意

(1)产品事业部制 按照产品或产品系列组织业务活动，在经营多种产品的大型企业中早已显得日益重要。产品部门化主要是以企业所生产的产品为基础，将生产某一产品有关的活动，完全置于同一产品部门内，再在产品部门内细分职能部门，进行生产该产品的工作。这种结构形态，在设计中往往将一些共用的职能集中，由上级委派以辅导各产品部门，做到资源共享。其组织结构见图 2-4。

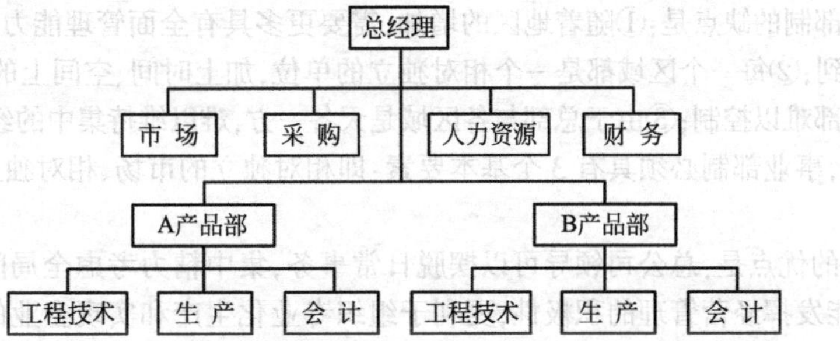

图 2-4 产品事业部制结构示意

产品事业部制的优点是：①有利于采用专业化设备，并能使个人的技术和专业化知识得到最大限度的发挥；②每一个产品部都是一个利润中心，部门经理承担利润责任，这有利于总经理评价各部门的政绩；③在同一产品部门内有关的职能活动协调比较容易，比完全采用职能部门管理来得更有弹性；④容易适应企业的扩展与业务多元化要求。

产品事业部制的缺点是：①需要更多的具有全面管理才能的人才，而这类人才往往不易得到；②每一个产品分部都有一定的独立权力，高层管理人员有时会难以控制；③对总部的各职能部门，例如人事、财务等，产品分部往往不会善加利用，以至总部一些服务不能获得充分的利用。

(2)区域事业部制 对于在地理上分散的企业来说，按地区划分部门是一种比较普遍的方法。其原则是把某个地区或区域内的业务工作集中起来,委派一位经理来主管其事。按地区划分部门,特别适用于规模大的公司,尤其是跨国公司。这种组织结构形态,在设计上往往设有中央服务部门,如采购、人事、财务、广告等,向各区域提供专业性的服务,这种组织结构见图 2-5。

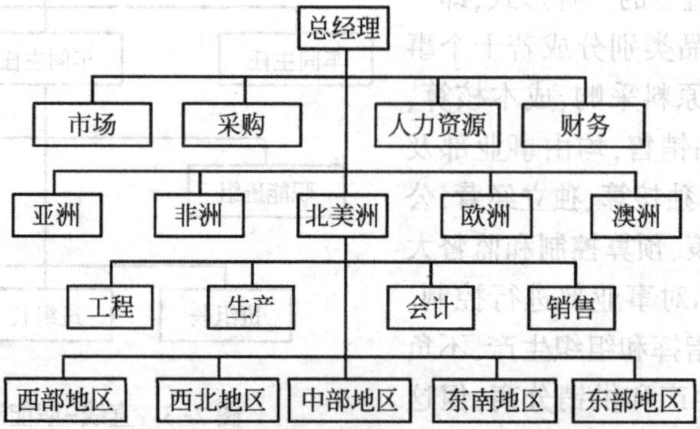

图 2-5 区域事业部制结构示意

区域事业部制的优点是:①责任到区域,每一个区域都是一个利润中心,每一区域部门的主管都要负责该地区的业务盈亏;②放权到区域,每一个区域有其特殊的市场需求与问题,总部放手让区域人员处理,会比较妥善、实际;③有利于地区内部协调;④对区域内顾客比较了解,有利于服务与沟通;⑤每一个区域主管,都要担负一切管理职能的活动,这对培养通才管理人员大有好处。

区域事业部制的缺点是:①随着地区的增加,需要更多具有全面管理能力的人员,而这类人员往往不易得到;②每一个区域都是一个相对独立的单位,加上时间、空间上的限制,往往是“天高皇帝远”,总部难以控制;③由于总部与各区域是天各一方,难以维持集中的经济服务工作。

总体来说,事业部制必须具有 3 个基本要素:即相对独立的市场、相对独立的利益、相对独立的自主权。

事业部制的优点是:总公司领导可以摆脱日常事务,集中精力考虑全局问题;事业部实行独立核算,更能发挥经营管理的积极性,更利于组织专业化生产和实现企业的内部协作;各事业部之间有比较,有竞争,这种比较和竞争有利于企业的发展;事业部内部的供、产、销之间容易协调,不像在直线职能制下需要高层管理部门过问;事业部制经理要从事业部整体来考虑问题,这有利于培养和训练管理人才。

事业部制的缺点是:公司与事业部的职能机构重叠,构成管理人员浪费;事业部实行独立核算,各事业部只考虑自身的利益,影响事业部之间的协作,一些业务联系与沟通往往也被经济关系所替代,甚至连总部的职能机构为事业部提供决策咨询服务时,也要事业部支付咨询服务费。

5. 模拟分权制 这是一种介于直线职能制和事业部制之间的结构形式。这种组织结构如图 2-6 所示。

有许多大型企业,如连续生产的钢铁、化工企业由于产品品种或生产工艺过程所限,难以分解成几个独立的事业部。又由于企业的规模庞大,以致高层管理者感到采用其他组织形态

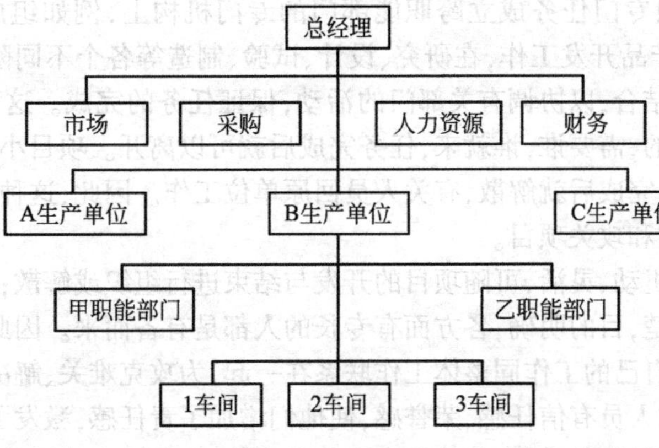

图 2-6　模拟分权制结构示意图

都不容易管理，这时就出现了模拟分权组织结构形式。所谓模拟，就是要模拟事业部制的独立经营、单独核算，而不是真正的事业部，实际上是一个个“生产单位”。这些生产单位有自己的职能机构，享有尽可能大的自主权，负有“模拟性”的盈亏责任，目的是要调动他们的生产经营积极性，达到改善企业生产经营管理的目的。需要指出的是，各生产单位由于生产上的连续性，很难将它们截然分开，就以连续生产的石油化工为例，甲单位生产出来的“产品”直接就成为乙生产单位的原料，这当中无需停顿和中转。因此，它们之间的经济核算，只能依据企业内部的价格，而不是市场价格，也就是说这些生产单位没有自己独立的外部市场，这也是与事业部的差别所在。

模拟分权制的优点除了调动各生产单位的积极性外，就是解决企业规模过大不易管理的问题。高层管理人员将部分权力分给生产单位，减少了自己的行政事务，从而把精力集中到战略问题上来。其缺点是，不易为模拟的生产单位明确任务，造成考核上的困难；各生产单位领导人不易了解企业的全貌，在信息沟通和决策权力方面也存在着明显的缺陷。

6. 矩阵制　在组织结构上，把既有按职能划分的垂直领导系统，又有按产品（项目）划分的横向领导关系的结构，称为矩阵制，如图 2-7 所示。

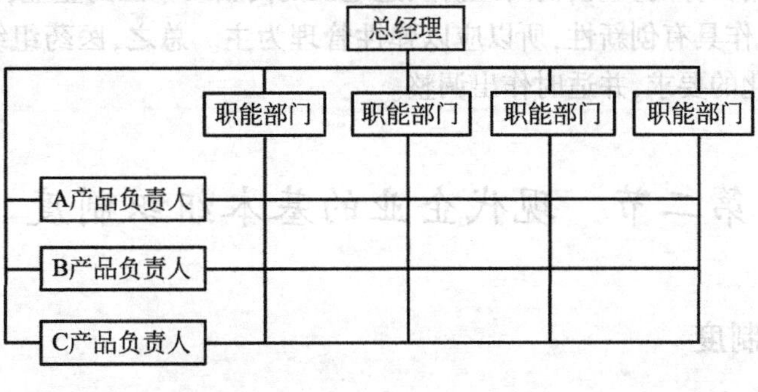

图 2-7　矩阵制示意图

矩阵制是为了改进直线职能制横向联系差，缺乏弹性的缺点而形成的一种组织形式。它的特点体现在围绕某项专门任务成立跨职能部门的专门机构上，例如组成一个专门的产品（项目）小组去从事新产品开发工作，在研究、设计、试验、制造等各个不同阶段，由有关部门派人参加，力图做到条块结合，以协调有关部门的活动，保证任务的完成。这种组织结构形式是固定的，人员却是变动的，需要谁，谁就来，任务完成后就可以离开。项目小组和负责人也是临时组织和委任的。任务完成后就解散，有关人员回原单位工作。因此，这种组织结构非常适用于医药企业内横向协作和攻关项目。

矩阵制的优点是：机动、灵活，可随项目的开发与结束进行组织或解散；由于这种结构是根据项目组织的，任务清楚，目的明确，各方面有专长的人都是有备而来。因此，在新的工作小组里，能沟通、融合，能把自己的工作同整体工作联系在一起，为攻克难关、解决问题而献计献策。由于从各方面抽调来的人员有信任感、荣誉感，使他们增加了责任感，激发了工作热情，促进了项目的实现；它还加强了不同部门之间的配合和信息交流，克服了直线职能结构中各部门互相脱节的现象。

矩阵制的缺点是：项目负责人的责任大于权力。因为参加项目的人员都来自不同部门，隶属关系仍在原单位，只是为"会战"而来，所以项目负责人对他们管理困难，没有足够的激励手段与惩治手段。这种人员上的双重管理是矩阵制的先天缺陷。由于项目组成人员来自各个职能部门，当任务完成以后，仍要回原单位，因而容易产生临时观念，对工作有一定影响。

矩阵制适用于一些重大攻关项目。企业可用来完成涉及面广的、临时性的、复杂的重大工程项目或管理改革任务。特别适用于以开发与实验为主的单位，例如科学研究，尤其是应用性研究单位等。任务小组结构是一种临时性结构，用来达成某种特定的、明确规定的复杂任务。它涉及许多组织单位人员的介入，可以看做是临时性矩阵的一种简版。任务小组的成员一直服务到目标达成为止。然后，小组解散，其成员转换到另一任务小组，直到回到他们永久隶属的职能部门或离开组织。

综上所述，一个医药企业选择怎样的组织结构取决于多个因素的综合影响。既不能照搬美日企业的管理模式和组织结构，也不能笼统地认为学习欧美国家的管理风格更为有效，而是应根据上述因素作出综合判断。如对处在不发达地区、职工收入水平较低和文化素质较差，以装配为主并试图通过低成本战略打开市场的成长期医药企业，应通过加强管理、严格岗位责任制和集权来保证战略目标的实现；而对经济发达地区的高新技术医药企业，由于员工的收入和文化素质提高，且工作具有创新性，所以应以弹性管理为主。总之，医药组织的结构及管理模式必须适应环境变化的要求，并适时作出调整。

第二节　现代企业的基本组织制度

一、现代企业制度

（一）现代企业制度及其内涵

现代企业制度是现代市场经济中企业组建、管理、运营的规范制度形式。现代企业制度是指以法人企业为中心,以股份有限公司为重点,包括各种组织形式的企业在内的企业制度。它是市场经济发展的最佳选择,是适应现代化大生产要求的企业制度,是我国企业尽快成为市场经济主体,走向现代化、国际化的企业制度。现代企业制度的实质是处理现代企业基本经济关系的规则。现代企业所涉及的基本经济关系就是出资者、经营者、员工、企业整体、企业债权人以及与企业有关的其他民事主体这6个利益主体之间的相互责任、权力及利益关系。

现代企业制度的内涵有狭义、广义之分。狭义的现代企业制度即现代市场经济的企业组织制度;广义的现代企业制度则指涉及现代企业组建、运营、管理等一系列行为和关系的制度体系。目前我们所讲的建立现代企业制度,即是针对后者而言的,其内涵如下:

1. 现代企业制度是一种企业体制,或称微观经济体制,是一种制度体系,涉及企业外部环境和内部机制的各个方面 这个制度体系明确企业的性质、地位、作用和行为方式,规范企业与出资者、企业与债权人、企业与政府、企业与市场、企业与社会、企业与企业、企业与消费者以及企业与职工等方面的基本关系。

2. 现代企业制度是社会主义市场经济体制的基础,是一种开放体系,是经济体系的子系统。

3. 现代企业制度是具有中国特色的一种企业制度 我们讲的现代企业制度,是既具有中国特色,又体现了发达国家企业制度的某些基本特征,把我国企业改革的成功经验和创新做法与国际惯例和通行的做法结合起来的一种企业制度。

4. 现代企业制度是各类不同所有制性质企业改革的方面 建立现代企业制度重点是现有的国有企业,但不是特指国有企业而言的。所有的企业都要向这个方向努力。国有企业通过建立现代企业制度,有的就变成不同经济成分的出资者共同投资的企业。

5. 现代企业制度的企业组织形式是多样化的,公司制是建立现代企业制度的一种典型的组织形式,但不是唯一的形式。

(二)现代企业制度的基本特征

要注意区分现代企业制度与现代企业经营管理制度。现代企业经营是十分复杂的活动,为保证其效率,需要一整套经营管理制度加以规范。现代企业制度既包括涉及基本经济关系的产权制度、领导制度等,也包括处理企业内各部门、各成员之间经济关系的制度。现代企业制度具有以下几方面的基本特征:

1. 具有典型的"自主经营"、"自负盈亏"、"自我发展"、"自我约束"的企业机构和企业特征 它是自己一切行为的主宰,是决策者、支配者、负责任者。在现代市场经济中,尽管具体的企业制度形式不同,但真正的企业都是自主运营的经济主体。

2. 具有明晰的产权关系和确定的产权制度 在现代市场经济中,无论是什么具体制度形式的企业,其产权关系都是十分清楚的。有的企业所有者直接是经营者,有的企业终极所有权和经营权是相对分离的,但所有者很明确,产权关系很清楚。这一点保证了企业各方面关系的制度化,保证了企业发展的内在动力,保证了企业具有顽强的生命力和充分的自主经营权。

3. 形成了科学的行之有效的相互制衡的领导体制和企业内部治理结构 在企业内部,所有者、劳动者、经营者等各方利益主体,权责分明、关系明确、利益分配合理,各方权、责、利既相互制衡,又协同一致,使企业拥有充分的活力。现代企业制度还具有一套严格、科学、系统的组织管理制度,是一个包括企业财务制度、分配制度、劳动用工制度等企业内部各方面管理制度的制度体系,这使现代企业要素整体具有更大的生产能力,使生产力更迅速地发展。

4. 规范化、法制化、制度化　现代企业制度还有一个突出的特点是,无论任何具体形式的企业,其组建、运营、终结等行为都规范化、法制化。企业和企业的关系,企业和政府的关系也都规范化、制度化。

了解现代企业制度的基本特征,目的在于明确建立现代企业制度不是一律的公司化,形式单一化,而在于在多样化中体现现代企业制度的基本特征,使我们的企业制度真正地从根本上发生变革,真正地有利于社会主义市场经济的发展。

(三)现代企业制度的基本框架

我国所要建立的现代企业制度是适应市场经济要求,产权清晰、权责明确、政企分开、管理科学的企业制度。其基本框架如下:

1. 新的企业产权制度　市场经济体制要求产权主体多元化,企业要有独立的法律地位和独立财产。现代企业产权治理结构的最大特征是企业所有权与控制权相分离。企业产权受到法律保护,"国家解除对企业承担的无限责任"。所有权制度具有3项重要内容:一是产权归属明确;二是产权支配自由;三是产权交易简便。这3项内容是同商品经济的历史发展相关联的。

市场经济条件下形成的企业所有权制度,在解决产权归属的问题上,一方面确定了静态下的产权归属者,另一方面促进了产权的流动,并能够在产权的运动中保持产权的清晰和明确,这是现代产权制度的一个重要特征。产权分离成股权和法人财产支配权之后,前者需要对后者实施监督,以保证其利益不受损失,后者也要对其所支配的实际资产运营状况进行监督,以保证其利益最大化。在现代企业产权制度下,这两种监督都是通过社会监督体系下形成的企业财务制度来实现的。

2. 确立企业法人制度　企业依法拥有包括国家在内的出资者投资形成的全部法人财产权,成为享有民事权利、承担民事责任的法人实体,对出资者承担资产保值增值的责任。企业不再按所有制形式,而是按财产组织形式和承担责任形式划分,不再套用行政级别。所有企业在市场经济中独立核算、自主经营、自负盈亏、照章纳税,实现平等竞争,不再有预算内企业概念。其中法人破产与有限责任制度是最重要的。

(1)公司破产制度:公司经营存在风险,加上经营管理不善,可能出现企业到期还不起债的情况。当公司不能清偿到期债务。就可申请破产,通过拍卖公司财产抵偿债务。这样首先保护了债权人的合法权益,维护社会信用关系;其次,公司必须承担决策失误的风险,可以推动公司改善经营管理。最后,债务人在破产程序结束之后,可以摆脱债务约束,获得另图宏业,东山再起的机会。公司破产制度是现代企业制度的重要内容,我国《公司法》对企业破产清算作了具体规定。

(2)有限责任制度:为此各国在制定破产法律制度以保护债权人利益的同时,规定法人企业实行有限责任制度,即公司(有限责任公司、股份有限公司)以其全部资产(实际全部法人财产)承担债务责任;而出资者即股东以出资额为限对公司承担责任;这样既能分散投资风险以保护出资者积极性,又符合责权相称原则。既然出资者只享受与其出资额相称的权利,自然也只应承担与其出资额相对应的责任。至于企业法人,除了能支配出资者让渡的法人财产,并不能支配出资者的其他财产,因此也只能承担有限责任。

3. 新型的政企关系和国有产权经营制度 取消企业同政府的隶属关系,改变政府管理企业的方式,要逐步通过市场中介组织、行业管理组织来进行管理,动用利率、税率、汇率等经济杠杆来强化宏观调控。同时,还要取消企业的行政级别,积极造就企业家队伍。放开企业工资总额,改革企业劳动用工制度等有关方面的内容。

政府通过授权或结合机构改革,新组建或明确国有产权运营机构。其基本职责是,从价值形态上管理产权,运营国有资产并使其不断增值。国有产权运营主体依法对企业行使出资者权利,享有投资收益,决定国有产权的变动和重组,委托或推荐产权代表通过法定程序进入企业权力机构,按法定形式行使权力。国有产权运营机构与企业法人没有行政隶属关系,对企业不行使任何政府管理职能。

4. 完善的企业组织制度 在社会主义市场经济中,从经营性质着眼划分,主要的经济成分大体有三大部分,即国有国营、国有民营和民有民营(此外,还有外资独资和合资企业,但这些并不构成国内企业的主体)。

“国营”即由国家指定或委派经营者代表国家经营,贯彻国家的经营意志和目的。国有的企业包括国有国营和国有民营两大类。所谓国有国营,就是企业的所有权归属国家,其经营权由纯国家性质的企业或其他机构来享有,即对企业资产享有占有、使用、收益和依法处分权利的经营方式。民有民营的概念很清楚,内涵很丰富,非国有即是民有,非国营即是民营。民有包括目前各种非国有的所有制形式,如私有制、集体所有制、股份合作制等。民有还包括一些由国有转化而来的民有和国家参股而不控股的股份公司。“民有”一般都采取民营的方式。

国家独资拥有的企业所占比例将会很少,只限于一些社会公用事业和一些特殊行业,如电讯、电力、航空、军工、科研、居民供水、供电、供气等。国家独资拥有的目的在于以国家雄厚的财务保障这些行业和部门经营的稳定性和高效性。这些国有企业的经营方式具有一定的行政组织色彩和一定的企业经营特点,其经营好坏的判断标准也不是单一的经济效益,更主要的则是社会效益。

国家控股和参股的企业在数目上将占相当大的比重。国家控股一般适应于那些既要体现国家经营意图,同时又需国家以一定资本量推动更多的资本实现自己的产业政策和发展目标的行业和企业。国家参股的企业是民营经济的范畴,国有资产在这里的主要目的是实现其保值和增值,国家对于企业拥有一般股东的权利和义务,而不能支配企业的经营与发展。

对于众多的中小型企业,国家可将其拍卖出去,收回资金,转为其他投资,或用于发展社会保障事业。

5. 新型的企业领导体制和民主管理制度 企业应依法建立完善股东会、董事会、监事会和经理层组成的领导管理体制,使权力机构、经营机构、监督机构相互分离、相互制衡、权责明确,各司其职。企业中的党组织要发挥政治核心作用,工会与职工代表大会要组织职工参与民主管理。

为了落实投资者及企业法人各自的权利，也为了促成出资者、经营者及员工的稳定合作，必须科学地设立公司的治理结构，规定企业领导机构的组成，以及决策、行政管理、监督等各项重要权力的分配，这就是公司领导制度的基本内容。我国《公司法》规定，股东会是企业的权力机构，决定董事和监事人选，并决定公司最重要的事项；董事会是经营决策机构；监事会是监督机构；总经理由董事会任免，负责企业日常经营管理；工会代表员工参与某些涉及员工切身利益的决策；公司领导制度为形成企业内部的激励机制和约束机制奠定了法律基础，是现代企业制度正常运行的基本保证，因此它是现代企业制度的核心内容之一。

6. 通行的企业财会制度　2004 年 12 月 15 日，上海证券交易所、深圳证券交易所和中国证券登记结算有限责任公司公布了《上市公司非流通股股份转让业务办理规则》，2004 年 12 月 31 日又公布了《上市公司非流通股股份转让业务办理实施细则》(以下简称《两则》)。按照《两则》规定，健全企业的财会制度，完善企业财务管理。与政企职责分开、产权关系明晰、自主经营、自负盈亏等现代企业制度的基本特征相适应，现代企业的财会制度具有以下特点：

(1)统一规范：为满足企业公平竞争、资本多元化、经营范围多样化以及对外开放的需要，现代企业的财会制度实现了"四个统一"和"一个衔接"，即：全民、集体、私人、外资等不同所有制企业财会制度统一；股份有限公司、有限责任公司、独股公司等不同组织形式的企业财会制度统一；承包、租赁等不同经营方式的企业财会制度统一；不同行业财会制度相统一；尽可能与国际财会惯例相衔接。

(2)把微观理财自主权还给企业：目前企业有了以下自主权：资金筹集权，企业可以根据需要采用多种灵活的方式从多种渠道筹集资金，而不受所有制性质的限制；取消了专项基金的专户专存，各种资金可以灵活变通使用；企业可以在国家规定的弹性区间内自主确定折旧费、坏账准备金、业务活动费等项的提取率和开支额。企业有了权力同时也有了责任和压力，对财会人员参与经营管理提出了更高的要求。

(3)产权关系清晰，利益界限分明：企业所有者(股东)、债权人、企业职工以及以国家行政身份出现的政府这四方面的产权、利益关系明确区分开来。例如，政府只能照章收税，而由国有资产管理部门充当国有资产的代表获得资本收益(股息、分红)；税后利润属于所有者的权益，劳动者不能再从中分取奖金和福利，奖金和福利一律纳入成本；资产的盘亏、毁损、报废、转让等发生的损失，不能冲减资本金，以保证资本的完整性。

(4)成本、利润真实可靠：把应该进入成本、费用的开支一律纳入成本、费用，使税后利润真正成为可供所有者分配或追加投资或弥补往年亏损的利润。

(5)体现企业经营风险：实行"稳健性原则"，该原则就是：确认一切可能的损失，避免预计可能的收益。例如，企业的销售货款有不能收回的可能性，为了预计和分散这种事情发生所带来的损失，允许企业按销售额的一定比例提取"坏账准备金"打入成本。

(6)财会监督机制健全，利于企业合法经营：企业的资产负债状况、赢利水平以及财务变动状况不仅要接受政府监督，还要接受企业监事会、股东和社会中介机构(会计师事务所、审计事务所)的监督，以保障各方面的权益不受侵犯。

7. 新的以劳动人事分配为主体的企业内部经营管理制度　打破企业内部管理人员和工人界限，实行全员劳动合同制，按照效率优先、兼顾公平的原则，制订不同的分配办法。企业自主决定工资奖金分配,自主设置内部机构,健全市场营销、科技开发、质量管理等各项制度。随着现代企业制度的建立,企业劳动制度将发生根本性的变化。这种变化主要体现在:

(1)用工主体由国家转向企业:在市场经济体制下,企业是市场的主体,是自主经营、自负盈亏的独立法人实体,自然应当居于用工主体地位,享有充分的劳动用工自主权。职工将由"国家职工"变为"企业职工"。

(2)劳动关系的建立由行政分配转向在双方自愿的基础上签订劳动合同:这种变化的根源在于劳动力资源配置方式的变化,即由传统的计划配置劳动力资源方式转向通过市场配置劳动力资源,发挥市场机制在劳动力资源配置中的基础性作用。在劳动力市场中,企业和劳动者是两个平等的供求主体,劳动关系必须通过签订劳动合同来确立,以法律手段保障劳动关系双方的合法权益。

(3)职工之间的身份界限将逐步淡化以致逐步取消,劳动力可以在不同单位之间自主流动:概括地说,企业自主用工,劳动者自主择业,企业和劳动者通过签订劳动合同的方式确立劳动关系,通过劳动关系双方的自我调节和政府的适当干预保持劳动关系的协调,职工身份一律平等,劳动力可以自主流动,这些就构成了现代企业劳动制度的基本内容。

现代企业制度下,企业作为独立的法人,享有充分的经营自主权,在工资制度上应当实行完整意义上的自主分配,国家不直接干预医药企业的工资分配,而是进行立法、指导和宏观调控。基于上述分析,现代企业工资制的目标模式是:建立市场机制决定工资水平,企业自主分配,政府进行立法、监督和调控的新型工资制度。现代企业工资制的基本内涵是:市场机制在工资决定中起基础性作用。通过劳动力供求双方的公平竞争,形成均衡工资率;工资水平的增长,依据劳动生产率增长、劳动力供求变化、职工生活费用价格指数等因素,通过行业或企业的集体谈判确定;企业作为独立的法人,享有完整意义上的分配自主权;政府主要运用法律、经济手段(必要时采取行政手段)控制工资总水平,合理调整社会收入分配关系,实现社会公平。

二、公司治理

公司治理(corporate governance)要解决的就是在这种多边契约存在的情况下,以效率和公平为基础,对各相关利益方的责、权、利进行相互制衡的一种制度安排与设计。从公司治理问题的产生与发展来看,可以从狭义和广义两方面去理解。狭义的公司治理是指所有者(主要是股东)对经营者的一种监控与制衡机制,即通过一种制度安排,来合理配置所有者与经营者之间的权力与责任关系。公司治理的目标是保证股东利益的最大化,防止经营者对所有者利益的背离。其主要特点是通过股东大会、董事会、监事会及管理层所构成的公司治理结构的内部治理。广义的公司治理则不局限于股东对经营者的制衡,而是涉及广泛的利益相关者,包括股东、债权人、供应商、雇员、政府和社区等与公司有利益关系的集团。此时公司已不仅仅是股东的公司,它是一个利益共同体,公司的治理机制也不仅限于以治理结构为基础的内部治理,而是利益相关者通过一系列的内部、外部机制来实施共同治理。公司治理的目标不仅是股东利益的最大化,而是要保证公司决策的科学性,企业财富创造的最大化,从而保证公司各方面利益相关者的利益最大化。

公司治理通过一套包括正式或非正式的、内部的和外部的制度或机制来协调公司与所有利益相关者之间的利益关系,以保证公司决策的科学化,从而最终维护公司各方面的利益。一般而言,公司治理包括公司治理结构和公司治理机制两大部分。公司治理结构由公司治理主体、公司治理范围和公司治理客体所构成,而公司治理主体作用于公司治理客体就形成公司治理机制。

从最基本的概念上看,"结构"和"机制"是有区别的。"结构"是指事物各个组成部分的搭配和排列,强调的是事物包括哪些构件以及各个构件的不同地位和不同作用。而"机制"是指事物各个组成部分之间相互作用的过程和方式,强调的是相互之间的制约过程。结构往往需要依靠一定的机制才能产生互动和绩效,相同的结构有时候并不一定能产生相同的机制。从这个意义上说,治理结构往往可以"克隆",但治理机制是不能轻易"克隆"的,甚至模仿起来都十分困难。这就不难解释为什么中国有很多企业按照国外的某种公司治理结构改制了,却迟迟收不到治理绩效。显然,建立治理机制的任务更为艰巨。换一个角度来看,治理机制也需要治理结构作为平台,治理机制发挥作用的大小在很大程度上也依赖于这个平台的高度。但总的来看,公司治理机制无疑是"灵魂",而治理结构只是一个"壳"而已。因此,一个企业在借鉴其他公司的治理经验时,尤其要认真研究其公司的治理机制,找到可以借鉴和参考的部分来构造自己企业公司治理的"灵魂",最终形成有效的公司治理结构。

(一)公司治理结构

公司治理结构是一种对公司进行管理和控制的体系。它不仅规定了公司的各个参与者,例如,董事会、经理层、股东和其他利害相关者的责任和权利分布,而且明确了决策公司事务时所应遵循的规则和程序。公司治理的核心是在所有权和经营权分离的条件下,由于所有者和经营者的利益不一致而产生的委托-代理关系。公司治理的目标是降低代理成本,使所有者不干预公司的日常经营,同时又保证经理层能以股东的利益和公司的利润最大化为目标。

1. 公司治理主体　正如前文的分析,公司治理的主体不仅只限于股东,还应包括债权人、雇员等在内的多元利益主体。作为所有者,股东处于公司治理主体的核心。债权人如银行,尽管不一定是公司的资产所有者,但它向公司发放贷款后,出于对防范自身风险的考虑,要求对债务人的资本经营进行监督或参与治理,这种权利来自债权。根据产权内涵的逻辑延伸,仅具有人力资本的劳动者也应是产权主体,所以公司雇员通过提供人力资本而拥有了参与公司治理的权利。此外,由于消费者、供应商等其他利益相关者与公司之间存在程度不同的利益关系,这就为他们参与或影响公司治理提供了可能,但这种可能性变成现实还需要其他条件,如利益关系的专用性、企业的制度环境等。

2. 公司治理范围　公司治理范围指的是公司权力、责任以及治理活动的范围及程度。对于不依赖于任何其他公司而独立存在的公司实体而言,每个公司都有独立的董事会行使公司的决策权,同时公司也作为一个独立的法人承担整个公司的权利和义务。其公司决策意志范围被限定在法人边界内,也就是说公司的权力、责任的配置以及治理活动不能超越其法人边界。所以从这个意义上说,一个独立的公司,其公司治理范围和法人边界是一致的。

但是,对于企业集团来说,集团成员之间、公司与其利益相关者之间的权责关系更加复杂化,公司的经营行为也日益复杂化,从而导致公司的法人结构与现实的权责结构不一致。某些情况下,公司法人仅仅是覆盖于其上的一层面纱,公司形式和有限责任原则也常常被滥用。处于支配地位的母公司对子公司或者在某种程度上依赖于母公司的其他关联性公司具有不同程度的控制权,在许多情况下,这些依赖性公司的董事会流于形式,没有实际的决策权。因此,对于集团公司而言,无论是母公司、子公司还是关联性公司,反映其真实权责关系的决策结构都与独立的单个公司不同,从而也就不能用独立公司的治理边界来说明公司集团的治理边界。对于集团子公司的治理边界,南开大学的李维安教授将其概括为财务控制型、人事控制型、议会式等多种形式。

对公司治理内容的探讨主要是基于对公司利益相关者的保护。公司治理一旦超出公司的法人边界,就会涉及较为复杂的问题。公司治理边界的意义不仅仅是理论上的探讨,而在很大程度上是基于现实的需要。在中国的公司治理实践中,企业集团的治理与治理边界问题仍然是一个尚未引起重视的问题。尤其是近年来随着中国企业集团的迅速发展,这一问题越来越显现出来。企业集团是一个由多个独立法人组成的经济联合体,内部存在着错综复杂的利益关系,特别是由内部关联交易引起的利益关系。因此有关公司边界和公司治理边界的问题已不是一个可有可无的问题。随着国有企业改革的深入,以资本为纽带,以资产重组、兼并、联合等形式形成的跨地区、跨行业、跨所有制的大型企业集团将不断涌现。在有关企业集团中如何理顺控制性公司与从属性公司之间的利益关系,如何防止关系失衡,如何保护债权人、中小股东、雇员以及国家利益等都是公司治理在理论上和实践上值得深入研究的问题。

3. 公司治理客体　公司治理客体指的是公司治理的对象。追溯公司的产生,其主要根源在于因委托-代理而形成的一组契约关系,问题的关键在于这种契约关系具有不完备性与信息的不对称性。所以公司治理的实质在于股东等治理主体对公司经营者的监控与制衡,以解决因信息的不对称而产生的逆向选择和道德风险问题。在现实中所要具体解决的问题就是决定公司是否被恰当的决策与经营管理。从这个意义上讲,公司治理的对象有两重含义:第一是经营者。对其治理来自董事会,目标在于公司经营管理是否恰当,判断标准是公司的经营业绩。第二是董事会。对其治理来自股东及其他利益相关者,目标在于公司的重大战略决策是否恰当,判断标准是股东及其他利益相关者投资的回报率。

(二)公司治理机制

公司治理机制可以理解成是一个交互的、多方面利益相互制衡的系统。目前各个国家在公司治理实践中采用的治理机制大体可以分为两类:一是以英美为代表的外部控制型,二是以欧洲大陆、日本为代表的内部控制型。

1. 内部控制型机制　内部控制型机制是指公司治理主要依赖于内部力量而不是市场力量对管理当局进行监控,表现为股权较为集中。

(1)内部治理的激励机制:激励机制是解决委托人与代理人之间关系的动力问题,即委托人如何通过一套激励机制促使代理人采取适当的行为,最大限度地增加委托人的效用。基于公司治理结构的内部激励机制主要有以下几个方面:

①报酬激励机制:对经营者的报酬激励主要由固定薪金、股票与股票期权、退休金计划等构成。其中,固定薪金的优点在于它是稳定可靠的收入,没有风险,起到基本的保障作用,但缺

乏足够的灵活性和高度的刺激性。奖金与其经营业绩紧密相关,有一定的风险,也有较强的激励作用,但容易引发经理的短期化行为。股票和股票期权对经理的激励作用很大,但风险也大。这种激励机制有利于激励经营者的长期化行为。退休金计划可以解除其后顾之忧,也有助于激励经营者的长期行为。经营者报酬结构确定的理论基础是激励与风险分担的最优替代。最优报酬激励机制的设计与选择应根据公司情况和行业特点进行优化组合。

②剩余控制权激励机制:如果一个契约能产生最大化剩余或者产生最大化效率,那么这样的契约无疑是一种最优化的选择。如果公司得到的剩余控制权越是接近于企业家对常规性的挖掘和开创性的努力,则激励效果越好。如果一个企业没有剩余控制权或只有很少剩余控制权,这种最大化效率一般不会产生激励。剩余控制权除了表现为剩余决策权外,还表现为经营者具有职位特权享受职位消费,对经营者带来正规报酬激励以外的物质利益满足。因为经营者的效用除了货币物品外,还有非货币物品。非货币买卖的物品是指那些通常不以货币进行的买卖,但能与以货币买卖的物品一样可以给消费者带来效用的消费项目,如豪华的办公室与到风景胜地公务旅行等。

③声誉激励机制:对于公司高层经营者而言,一般非常注重自己长期职业生涯的声誉。一方面,声誉激励使经营者获得社会的赞誉,从而产生成就感和心理满足感。声誉、荣誉及地位是激励经营者努力工作的重要因素。另一方面,声誉、荣誉及地位等意味着未来的货币收入。经营者追求货币收入最大化是一种长期的行为,现期货币收入和声誉之间有着替代关系。经理人员过去的良好声誉可能使他获得较高的现期或未来收入,差的声誉则可能使他获得较低的未来收入。

④聘用与解雇激励机制:聘用和解雇对经营者行为的激励可以通过内部董事会来实现,也可以通过经理市场竞争来实现。资本所有者可以比较自由地对经理人选进行选择。对于已经被聘用的经理不仅面临外部经理市场的竞争,而且面临公司内部下级的竞争,这种竞争使已被聘用的经理面临解雇的潜在威胁。聘用和解雇对经理行为的激励作用是通过经理人员自身声誉而实现的。声誉是经理被聘用和解雇的重要条件。经营者对声誉越重视,聘用和解雇作为激励手段的作用就越大。

(2)内部治理的决策机制:就公司内部治理机制来说,设计一系列激励与监督机制的目的,就是要促使经营者努力经营,科学决策,从而实现委托人预期收益最大化。因此,公司内部治理不仅要建立有效的激励与约束机制,而且要建立起一套科学的决策机制:第一层级是股东大会的决策,是公司的最高权力机构的决策;第二层级是董事会决策,是公司常设决策机构的决策,经理层是董事会决策的贯彻者。

①股东大会的决策机制:股东大会作为最高权力机构,拥有选择经营者、重大经营管理和资产受益等决策权力。股东大会选择经营者的决策权表现为选举、罢免董事和监事。重大经营管理决策权表现在:审议关于公司章程、出卖部分或全部财产的建议和财务报告,对公司合并和分立及解散等行使投票权,对公司的经营方向、投资方案等进行决策。股东大会行使其决策权,是通过不同种类的股东大会来实现的。公司股东大会主要分为普通年会和特别会议两类。此外,还有股东法定会议和各类别股东会议。股东普通年会是指公司一年一次必须召开的股东大会。股东特别会议是指在两次年会之间不定期召开的讨论决定公司重大决策问题的

股东会议。股东在股东大会上采取什么方式来进行表决,构成了股东对公司行使控制与决策权力的关键。股东表决的基础就是按资本份额,每股一票。股东大会的表决方式一般有直接投票、累积投票、分类投票、偶尔投票和不按比例投票等5种。

②董事会的决策机制:在股东大会闭会期间,董事会是公司的最高决策机构,是公司的法定代表。除股东大会拥有或授予其他机构拥有的权利以外,公司的一切权利由董事会行使或授权行使。如果董事会的决议与股东大会的决议发生冲突,应以股东大会的决议为准。股东大会有权否决董事会决议甚至改造董事会。

(3)内部治理的监督机制:监督是建立一种实施控制的行为方式。所谓监督机制是指公司治理的利益相关者或相关的市场对公司经营者的经营结果、行为或决策所进行的一系列客观而及时的审核、监察与督导的行动,因而公司治理的监督机制包括内部监督机制与外部监督机制。

①股东大会的监督机制:股东对经理人员的监督有"用手投票"和"用脚投票"两种方式,即通过股东大会和股票市场这两种途径行使自己的监督权。表现在:第一,集中投票权。替换不称职的或对现有亏损承担责任的董事会成员,进而促使经理人员的更换。第二,在预期收益下将时,能及时抛售股票。股东大会是公司最高权力机构,对公司内部高层经营管理人员和重大经营活动的监督表现在:选举和罢免董事与监事的权力;对玩忽职守,未能尽到受托责任的董事的起诉权;知情权和监察权。股东对公司董事会与经理人员的经营活动有关的账目文件具有阅览权,以及了解和监督公司经营;通过公司监事会对经营管理者进行监督。股东大会的监督是公司最高权力机关的监督,具有最高权威性和最具约束性。但股东大会是非常设机构,其监督权一般交给专职监督机关——监事会行使,或董事会行使,但股东大会仍保留对结果的审查和决定权力。

②董事会的监督机制:董事会对经理人员的监督表现在动用其职责,聘任和解雇经理人员,或通过制定重大和长期战略来监督经理的行为。董事会对执行机构的监督是为了要监督其决策是否被贯彻执行以及经理人员能否胜任。董事会对经理人员的监督表现为一种制衡关系。但由于董事只是股东的受托人,有些董事本身是股东,而有些董事不是股东,而且由于董事会和经理人员分享经营权,因此也可能存在偷懒的问题,或存在董事与经理合谋勾结掠夺股东利益问题。因此,董事会对经理的监督是有限度的。

③监事会的监督机制:监事会是公司内部专职监督机构,是出资者监督权的主体。监事会对股东大会负责,以出资人代表的身份行使监督权力,其监督具有如下特点:监事会具有较强的独立性。监事会一经授权,就完全独立地行使监督权而不受其他机构的干预。董事、经理人员不得兼任监事;监事个人行使监督职权具有平等性。所有监事对公司的业务和账册均享有平等的无差别的监督权;监事会的基本职能是监督公司的一切经营活动,以董事会和总经理为监督对象,在监督过程中,可以随时要求董事会和经理人员纠正违反公司章程的越权行为。

(4)企业家选聘机制:企业决策的制订和实施、多元利益主体利益的增加、企业发展目标的实现等,都与企业家的行为目标选择和行为方式密切相关。他将企业的人和事、各种要素所有者的利益维系在己身,是人际关系的结点和人与事的连接点,更是各种利益的交汇点和矛盾的焦点。一般来说,公司绩效由经营者的能力、努力程度和他所掌握的资源决定。对于一个特定的企业,努力程度是激励机制的函数,而经营者的能力是选聘机制的结果。那么,怎样才能充分发挥企业家选聘机制的作用,促进企业绩效的提升呢?其实重要的是要明确企业家的选聘主体、企业家的素质,公开选聘的程序与方法,了解企业家的成长规律。其中选择企业家的主体及其权力是企业家选聘各环节中的核心和关键,它决定了企业家选择的标准、方式和程序。

理论上讲,企业是谁的,就应该由谁来选择企业家,这似乎是天经地义、不言自明的事。在产权明确、资本市场和经理人才市场健全的经济环境中,企业家是由企业所有者委托董事会,主要根据资本和商品等外部市场反映出来的企业家业绩和企业绩效选择企业家,对企业家业绩评定和监督都是与企业所有者所希望的目标相一致的,企业家的薪酬标准就是对企业家的贡献和业绩最直接、最明确的论定,实践中也是这样做的。并且《公司法》也明确规定,股东大会选举和更换董事。董事会聘任或者解聘公司经理,根据经理的提名,聘任或者解聘公司副经理、财务负责人,决定其报酬事项。

2. 外部控制型机制 外部控制型机制,其表现为以外部力量对管理层实施控制,它的典型特点是股权较为分散,流动性强,公司融资较少依赖于银行。外部控制型公司治理模式的主要目标是股东权益最大化,该模式需要外界对股东有强大的法律保护,信息披露机制也较为完善,在公司监控方面,外部力量将起到主导作用。

(1)基于市场的市场治理机制

①公司控制权的市场兼并与接管机制:大股东在公司治理中的监控机制主要有内部监控和外部监控。内部监控主要是通过股东大会选举和罢免董事与监事来影响公司的重大决策与经营。当公司拥有几个大股东时,通过内部监控无法解决利益冲突,此外,一旦公司外的其他公司收购该公司,就会产生公司控制权的争夺与接管。

②大债权人——银行治理机制:债权契约是解决代理人问题的一个重要机制。债权虽然只是资本流动的一个特殊形式,但它实际上是一种控制能力。债权契约的基本特征是:如果债务人违反契约或不能支付,企业资产的部分控制权将由债务人转向债权人。债权人的权利相对股权来说更加清晰,对债权的违反在法庭上也容易证实。与股权不同,债权即使不被集中也比较刚性化。而股权分散时,个体分散股东不能得到任何偿还股本的承诺。如果被大债权人持有债务,并且债务人拖欠债务,与这些债权人重新谈判极其困难,企业可能被迫破产。因此,大债权人治理是一种刚性治理机制。大债权人治理的主要机构是银行。银行能够对企业的银行账户采取实质性控制,来保证债权的实现。银行在其债务偿还之前拥有巨大的控制权。银行对企业的控制主要有两种:距离型控制与相机性控制。距离型控制主要是英美银行采取的控制机制,而相机性控制则是日德银行采取的控制机制。

③产品市场、股票市场、经理市场等的激励与约束机制:在公平而充分的市场竞争中,由于企业面临的约束是硬的,经营好的企业就发展,经营不好的企业就要倒闭关门。而一个企业经营的好与不好终究要在产品市场、股票市场反映出来,从而对公司和经营者的行为起到激励与约束作用。在股票市场上,股东"用脚投票"机制也对经理人员形成巨大的激励与约束效应。

(2)基于社会环境的社会治理机制

①法律法规:公司治理与生存离不开社会这个大环境。法律制度、政治因素和社会文化因

素等变量对其产生了越来越大的影响。法律法规通过对中小股东、股权结构以及债权人的保护来影响公司治理，其中公司法、证券法和破产法对公司治理影响相对要大一些。

②伦理道德：现代企业理论认为企业是一系列不完全契约的有机组合，是人们之间交易产权的一种方式。从而企业行为是所有企业成员及企业与企业之间博弈的结果。这里，企业成员的目标函数都是约束条件下的个人效用最大化，因此那些明确代表关键利益相关者的人应该进入董事会参与公司的治理。鉴于合约的不完全性，有必要对合约外的情形予以安排。这里，很重要的一个方面便是伦理道德建设。伦理道德从根植于人们心灵深处的价值观念着手，从而影响人们的思想行为。伦理道德建设是完善公司治理的重要途径。如果说制度、法律、政策等是公司治理的"刚性"约束测伦理道德、文化可谓是"柔性约束"，刚柔并济，才能完善公司的治理结构。

第三节　医药企业流程再造

21世纪是信息的时代，经济竞争全球化，知识日益显示出其强大的作用，信息技术日趋深入到社会的各个角落，医药企业组织也发生了巨大的变革。企业组织只有不断地进行调整和变革，才能适应外界环境的变化，在竞争中获得竞争优势。信息技术的应用是医药企业面对新的竞争环境的必然选择，而组织结构的变革则是企业充分发挥信息技术力量，提高企业竞争力的有效途径。我国的医药企业如何利用信息技术的影响，重构企业组织结构，将信息技术与企业的组织结构有效结合，提高信息技术对企业需求的有效满足程度，将成为我国医药企业组织管理的重点突破领域。

一、企业流程再造理论兴起的原因

企业流程再造是20世纪90年代初期在美国兴起的又一管理变革浪潮。根据它的创始者迈克尔·哈默(Michael Hammer)和詹姆斯·钱皮(James Champy)的论述，企业流程再造乃是"对组织的作业流程进行根本的再思考和彻底的再设计，以求在成本、质量、服务和速度等各项当今至关重要的绩效标准上取得显著的改善。"再造是指对企业流程进行基本的再思考和再设计，以期取得在成本、质量、服务、速度等关键绩效上的重大改进。企业流程再造(business process reengineering)是一个根本设想，就是以首尾相接、完整的整合性过程来取代以往的被各部门割裂的、不易看见也难于管理的支离破碎的过程。企业流程再造理论的产生主要基于以下几个方面：

1. 企业面临的巨大挑战　20世纪60~70年代以来，信息技术革命使企业的经营环境和运作方式发生了巨大的变化，从而使企业面临着巨大的挑战，这些挑战主要来自3个方面：顾客(customer)、竞争(competition)和变化(change)。由于这3个词的英语单词都以字母C开头，所以又称为"3C"。

(1)来自顾客的挑战：20世纪80年代以来，由于生产技术的不断发展，劳动生产率不断提高，产品的大量生产已使市场逐渐饱和，大部分的产品市场都成为买方市场。买卖双方关系中的主导权转到了顾客一方。随着生活水平的不断提高，顾客对各种产品和服务也有了更高的要求。

(2)来自竞争的挑战：除了面对顾客的挑剔，企业还必须应对同行之间的竞争。在市场中，竞争无时无刻不存在，但今天的竞争与以往相比，则更为激烈和残酷：竞争范围空前扩大；竞争手段越来越多；竞争结果空前残酷。

(3)来自变化的挑战：计算机技术和通讯技术的发展，把我们的工作和生活推向了一个崭新的时代。新产品的开发周期不断缩短，产品的生命周期也不断缩短。同时市场的全球化，使各国的市场再也不是一个封闭的市场。市场变化的影响因素完全在想象和控制之外。市场变得越来越变幻莫测。信息社会的到来，不仅使周围的环境发生了质的变化，同时也要求我们的内部组织结构必须有质的改变。信息技术的发展，要求利用这种技术，最大限度地为本企业创利。这就向以往的组织机构形式提出了挑战。

2. 企业现行经营管理模式的不适应性企业现行经营管理模式源于18世纪亚当·斯密(Smith)的"劳动分工原理"。自从亚当·斯密在《国民财富的性质和原因的分析》(即《国富论》)中首次提出劳动分工的原理以来，这套商业规则指导企业的运行与发展长达两个多世纪。进入20世纪80年代，基于这种理论的经营管理模式日益显露出弊端，企业家和管理学家认为它主要存在以下几个问题：

(1)分工过细，对市场反应迟缓：传统的企业组织结构是基于过去的社会分工和市场不断扩大的现实与理论而产生的。随着生产专业化程度的提高和生产规模的扩大，企业管理分工也不断发展，管理层次逐渐增多。管理层次的增多，将导致指挥链的延长，信息传导与沟通的成本急剧上升，甚至可能会造成信息在传递过程中失真。企业管理存在层次重叠、冗员多、成本高、浪费大、对市场反应迟缓等缺陷，从而阻碍了企业的进一步发展。

(2)无人负责整个经营过程，缺乏全心全意为顾客服务的意识：各个部门按照专业职能划分，每个部门犹如"铁路警察"，各管一段。结果是各部门只关心本部门的工作，并以达到上级满意为准。"顾客就是上帝"只是营销人员的信条，企业的其他员工并不关心生产或提供的服务是否能真正满足顾客的需求。执行任务时，各部门都从本部门的实际利益出发，这就不可避免地存在本位主义和相互推诿现象，这些都是不增值的环节，造成了经营过程运作成本的居高不下。

(3)员工技能单一，适应性差：过细的分工增加了员工工作的单调性，无法学到新的知识，没有刺激，致使工作和服务质量下降，员工缺乏积极性、主动性，责任感差。

(4)资源闲置和重复劳动现象大量存在：信息分散在不同的领导、部门和业务人员的手中，由于内部信息纵向和横向沟通不够，经常是此人急需的情报正保存在彼人的文件夹中，此部门的"机密计划"早就被彼部门做过多次，同样的工作，被不同的人重复着。传统的企业组织结构在过去那种竞争环境下还能够存在，而在今天高科技环境中，就显得软弱无力。面对这些挑战，企业只有在更高水平上进行一场根本性的改革与创新，才能增强自身的竞争力。在这种背景下，1993年迈克尔·哈默和詹姆斯·钱皮出版了《再造企业——工商管理革命宣言》一书。1995年，钱皮又出版了《再造管理》。哈默与钱皮提出应在新的企业运行空间条件下，改造原来的工作流程，以使企业更适应未来的生存发展空间。这一全新的思想震动了管理学界，一时间“企业再造”、“流程再造”成为大家谈论的热门话题，哈默和钱皮的著作以极快的速度被大量翻译、传播。与此相关的各种刊物、演讲会也盛行一时，在短短的时间里该理论便成为全世界企业以及学术界研究的热点。

二、企业流程再造的基本原则

1. 以流程为核心　企业再造不同于以往的任何企业变革。再造不仅是机构调整，不仅是减员增效，甚至也不是单纯的重新设计建造企业流程。企业再造的最终目标是将企业由过去的职能导向型转变为流程导向型。一个以流程为中心的企业中，企业的基本组成单位是不同的流程。在企业业务再造过程中，应根据发展思路对机构进行战略性调整。把原来的职能管理资源进行整合，将这些专业化的流程体系连接起来，以客户需求为中心进行流程梳理。

2. 坚持以人为本的团队式管理　坚持以人为本的团队式管理，是由组织所担负的任务所决定的。传统企业所面临的是相对静止的市场环境，这决定了细致分工的任务型管理是高效率的，传统企业中除了领导人以外，其他人思考的出发点是如何完成本职工作，衡量一个职员称职与否的标准也是他工作是否努力、是否能完成本职的工作。在这样的企业里每个人都不关心自己工作所属流程的进展，一个工人就是每天按照交给他的生产任务加工规定数量的零件，至于仓库里这种零件已经堆积如山那就不是他关心的事了，而一个产品开发工程师只需要关注他的图纸，至于顾客会有什么反映、市场前景如何，那是别人的事情。而在激烈变动和竞争中挣扎的现代企业，必须以流程为中心组建工作团队，在这样的企业里，每个人都关心整个流程的运转情况。

3. 顾客满意为导向　从顾客满意做起，是企业再造的一大特征。顾客开始起决定性的作用，如果不了解这一重大变化，企业在激烈的市场竞争中必然失败。因此，再造工程强调以顾客的需求来决定公司业务的内容，对业务流程彻底更新，通过调整、信息反馈、全员参与等持续性改善为企业带来了新的生机，这正是再造工程的核心内容。

三、企业流程再造的主要程序

1. 业务流程诊断　流程再造建立在对原有流程的认识基础上。对原有流程的认识不同，可能就会导出不同的方案。流程再造对原有流程进行全面的功能和效率分析，发现其存在的问题。影响企业运行效率的主要因素往往是产品质量不合格、制造或管理成本太高、流程周期太长等，这些问题都存在于具体的流程之中。企业在查出流程中的问题之后，还要针对具体问题，分析病因。流程的问题既可能是由于流程本身内部的混乱造成的，也可能是由于流程之间的关系不协调造成的。企业的各种流程存在着相互联系、相互制约的关系。因此，企业应该特别重视流程之间的相互作用和匹配，不仅要对单项流程进行合理的整合，更应加强流程网络的总体规划，使流程之间彼此协调，减少摩擦和阻力，降低系统内耗。

2. 业务流程改造策略　企业再造的核心是对企业业务流程的再造，尤其是关键的业务流程直接面对顾客，为顾客提供有价值的产出，所以，他们是企业再造的中心环节。企业再造是将原来按职能划分进行的管理方式，转变为以业务流程和具体任务为中心来重新整合。企业再造是从设计一个或数个基本的业务流程开始的，业务流程改造的基本原则是：执行流程时，

插手的人越少越好;在流程服务对象(顾客)看来,越简便越好。根据这一原则的要求,可以采取下面一些改造策略:

(1)将几道工序合并,归一人完成:企业可以凭借信息技术的支持,把被分割成许多工序或工作的流程按其自然形态组装回去。美国最大的国内电话服务公司就运用"一人包办"的思路,对其维修流程进行改造。

(2)完成几道工序的人员组合成小组或团队共同工作,构造新流程:通过这种策略,可以减少交接手续,共享信息,从而大幅度提高了效率。以团队方式开展流程中的工作,将是多数企业改造流程的重要策略。

(3)将连续和(或)平行式流程改为同步工程:所谓同步工程,是指多道工序在互动的情况下同时进行。所谓连续式流程是指流程中的某一工序只有在前道工序完成的情况下才能进行,即所有工序都按先后顺序进行。所谓平行式流程,就是将流程中的所有工序分开,同时独立地进行,最后将各工序的半成品或部件进行汇总和组装。连续式流程和平行式流程的共同特点是慢,即流程周期长。传统的产品开发流程都是连续和(或)平行式流程。同步工程的最大特点是各工序之间随时都可以交流,可以互动。

3. 流程设计　在完成以上两项工作之后,流程再造进入实质性阶段——流程设计。流程设计应充分集思广益,充分考虑设定的目标,以及流程设计所必须达到的输出要求,将目标和一些想法、建议通过工作流程加以实现,同时还应考虑到本企业的实际情况,设计出与流程改进方案相配套的组织结构、人力资源配置、企业文化方面的保证体系。只有以流程改进为核心形成系统的企业再造方案,才能达到预期的目的。

(1)组织结构的再造:流程再造必然会引起组织结构的变革。流程再造从根本上改变了组织设计的思路和理论基础,原来按照分工原则设立的层级组织结构必然会因为流程的变革而变革。另一方面,组织结构变革也是流程完整和高效运行的保证,通过组织结构的变革,可以改变流程割裂和运行效率低下的现象。流程再造之后,组织的基本工作单位将由职能部门转化为流程工作团队。这种工作团队式的组织结构权力下放,分散决策,提高了员工的自主性,进而提高了企业的反应速度。当然,并非所有的流程都可以由团队来完成。事实上,任何组织都不能极端地强调某一种组织原则。团队与原有组织机构是相互补充的,而不是彼此对立的关系。流程再造之后,应当合理地设计组织的基本单元,正确处理职能与团队的关系。

(2)人力资源的重新配置:现在的组织中,人的因素越来越受到广泛的重视。一个组织的成功与否,取决于是否能充分发挥人的作用。对人力资源的再造主要从两个方面进行。首先,是对各种不同性格特点的人才的优化组合。一个好的人才再造策略应该充分考虑到人才之间的性格和能力的互补,这样组合起来的团队作用会大大超过个体之和。反之只会对企业的高效运行起破坏作用;其次,是对员工进行培训。实行流程再造后,要求职工具有多方面的知识技能和创新能力。企业必须将员工的学习活动贯穿于企业再造的整个过程,下大力量抓好职工的系统培训。通过对新的工作方法、行为方式和所需知识、技能的培训,全面提高员工的学习能力、应变能力和创造能力,增强员工对新工作环境的适应能力和自信心。

(3)企业文化的重塑:企业文化主要指企业的理念、宗旨、目标、价值观、职员行为规范、经营管理制度、企业环境等。其在企业发展中起到导向、维持和约束的作用。企业在业务流程再造时如果没有在企业文化中注入再造思想，员工还是依照原有的价值观和思维模式来关注再造的全过程，再造就必然遭到极大的阻挠，以至于不能贯彻到底，最终半途而废。企业在流程再造时要关注企业文化的阻碍因素，不断向员工输入新的思想和理念，把员工的价值取向和行为动机上升到新的高度。只有得到员工的普遍理解和大力支持，流程再造才能达到满意的效果。企业再造要使广大员工明确变革的动机、行动方案和远景目标、组织的新使命、新价值观和新远景，特别要使全体员工认识到，再造工程是针对原有的、已不适合当前技术水平和市场竞争的工作方式，并不是单纯的机构重组或裁员行动。企业必须有条理地、全面地着手文化的变革。企业不能坐等文化自行发生变化，企业文化也不是经过一些努力就可在短期内完成变革的。企业文化的变革应成为企业的一种主动的、有计划的行为。

4. 组织实施与持续改善　流程设计完成之后，首先，是将流程加以实施。实施企业再造方案，必然会触及原有的利益格局。因此，必须精心组织，谨慎推进。既要态度坚定，克服阻力，又要积极宣传，达成共识，以保证企业再造的顺利进行；其次，是通过实践进一步完善这个流程。企业再造方案的实施并不意味着企业再造的终结。在社会发展日益加快的今天，企业总是不断面临新的挑战，这就需要对企业再造方案不断地进行改进，以适应新形势的需要。

参考文献

1. 程延江. 管理学教程. 哈尔滨:哈尔滨工业大学出版社,2003.
2. 斯蒂芬·P·罗宾斯. 组织行为学. 李建敏等译. 北京:中国人民大学出版社,1997.
3. 理查德 L·达夫特. 组织理论与设计精要. 北京:机械工业出版社,2000.
4. 林泽炎. 组织设计与人类资源战略管理. 广州:广东经济出版社,2003.
5. 周三多,邹统钎. 战略管理思想史. 上海:复旦大学出版社,2003.
6. 乌家培. 网络经济及其多经济理论的影响. 学术研究,2000(1):5-11.
7. 李维安等. 网络组织——组织发展的新趋势. 北京:经济科学出版社,2003.
8. 彼得·德鲁克. 大变革时代的管理. 上海:上海译文出版社,1999.
9. 孙健. 海尔的管理模式. 北京:企业管理出版社,2002.
10. 韩梅,李忠霞. 谈现代企业制度. 农业与技术,2006(1):159-161.
11. 金占明. 企业组织结构和管理模式的选择. 中国工业经济,1996(1).
12. 李桂艳. 浅析企业流程再造. 科技与管理,2005(4):55-57.
13. 蒋景楠,朱姝,郑和. 企业组织结构的发展与变化. 石油化工技术经济,2002(6):42-49.

第三章 医药企业战略管理

战略管理是企业高层管理人员为了企业长期的生存和发展，在充分分析企业内外部环境的基础上，确定和选择达到目标的有效战略，并将战略付诸实施、控制和评价的一个动态管理过程。当今，企业环境越来越复杂多变、竞争越来越激烈，战略管理作为企业高层管理人员的活动内容，越来越显示出它在企业管理中的重要性。

第一节 医药企业战略管理概述

一、企业战略的概念

"战略"一词来自希腊 Strategos，其含义是"将军指挥军队的艺术"。战略一词与企业经营管理联系在一起并得到广泛应用的时间并不长，最初出现在美国管理学家切斯特·巴纳德(C. I. Barnard)的名著《经理的职能》一书中，该书作者为说明企业决策机制，从有关企业的各种要素中产生了"战略"因素的构想，但该词并未得到广泛应用。企业战略一词自 1965 年美国经济学家安索夫(H. I. Ansoff)所著《企业战略论》一书问世后才开始广泛应用，而且从那时起，"战略"一词还广泛应用于社会、经济、文化、教育和科技等领域。

目前国外学者对什么是企业战略有各种不同的见解，国内学者也有不同的看法。综合国内外各位学者的见解，结合我国企业的具体情况，作者对企业战略的定义为：企业战略(enterprise strategy)是企业根据外部环境及企业内部资源和能力状况，为求得企业生存和长期稳定的发展，为了不断地获得新的竞争优势，对企业发展目标、达到目标的途径和手段的总体谋划。

二、企业战略的作用

(一)企业战略可以保证企业有计划地实现其战略目标

所谓战略目标是指企业在一定时期内生产经营活动的方向和要达到的水平。企业根据自己的战略思想，为达到战略目标，为企业的发展方向、途径、范围、实施步骤、阶段目标进行科学的规划。每个企业都应根据外部环境的变化和企业的特点，提出具有自己特殊风格的方针，企业只要按着总体规划所规定的时间、进度和要求，按期达到阶段目标，就能实现其战略总目标，实现质的飞跃，促进企业的发展。比如，通用电气在 20 世纪 80 年代明确公司的战略是"在公司进入的每一项业务上，占有第一或第二的市场份额，成为全球最具竞争力的公司"。这一战略规划，推动通用电气取得了辉煌的成就。

（二）企业战略使企业经营决策科学化、制度化、系统化

搞好企业经营管理的关键在于决策。决策贯穿于企业生产经营的全过程，是企业领导的基本职能，是现代管理的核心。正确的决策能获得良好的经济效果，推动企业的发展；错误的决策会导致经营失败，影响企业生存。企业战略管理通过战略制定、战略执行、战略评价和控制，使企业经营决策科学化、制度化、系统化，真正建立起信息系统、参谋系统、决策系统、执行系统和反馈系统，使其各自具有不同的特点和功能，构成一个完整的有机体，适应企业外部环境的变化。

（三）企业战略可以有效地利用资源，实现系统的最优化目标

企业战略要充分研究企业的内部条件和外部环境，在对企业所拥有的各种经营资源进行有效配置的同时，亦要对外部环境资源进行有效地利用。根据系统分析的原理，运用定性与定量的方法，构造企业总体目标的优化模型，通过多方案比较论证，最后决定系统的最优化模型，以谋求企业的长远发展和系统的最优化目标。

（四）企业战略可以增强企业的市场竞争能力

企业战略以战略观念为指导，在市场经济下集中表现为质量观念、效果观念、竞争观念和开拓创新观念。国外用三句话概括战略观念，即用户是生，质量是命，时间是钱。战略管理通过信息反馈系统，可以及时地把握市场信息，通过企业外部环境的判断和内部条件的分析，及时调整经营对策，修订经营目标，改变竞争手段，提高应变能力，保持企业对环境的动态适应性和相对稳定性，使企业立足当前，求胜长远。比如蒙牛企业在其发展初期，就明确了“创内蒙古乳业第二品牌”的战略，从而使企业在竞争中得到不断壮大。

综上所述，企业战略在企业经营管理中占有十分重要的地位。一个明智的、有胆有谋的企业领导必须重视企业战略问题，不能把企业战略规划的制订当成“大而无用”、“可有可无”或“不切实际”的空想或幻想，应该把主要精力迅速从企业的内部转向外部，从研究“如何做”的问题转变为研究“做什么”的问题。因此，企业战略规划的制订必须是基于现实并超出现实，然而又要控制在计划时段内力所能及的范围，这种基于实际的可行性是企业制订战略规划时必须准确把握的尺度，基于实际又不失先进性的战略决策才是企业的最佳选择，只有这样才能使企业在市场竞争中立于不败之地。

三、企业战略的层次体系

对于一个跨行业经营、从事多种业务的大型企业来说，其战略可以划分为典型的 3 个层次，即公司级战略、事业部级战略、职能级战略，如图 3-1 所示。

1. 公司级战略（corporate-level strategy）　这是企业总体的、最高层次的战略，它主要从企业全局出发，根据企业的外部环境与内部条件，选择经营范围与领域，并在各个不同的事业单位之间进行合理的资源分配，以达到公司总体的战略目标。在这个层次上的战略应重点关注

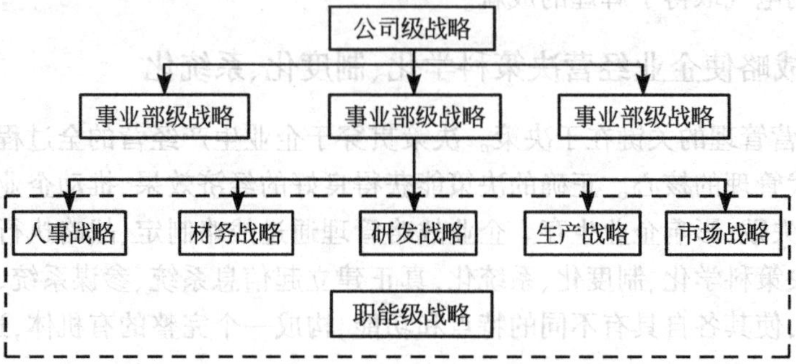

图 3-1　企业战略层次体系

3 个问题:公司应该从事哪些业务？每种业务的目标是什么？为了达到这些目标如何合理地分配资源？

2. 事业部级战略(business-level strategy)　这是企业第二层次的战略,它主要围绕的是一个事业部门的利益和运作,即在选定的业务范围内指导事业部如何与外部竞争对手进行竞争并取得超越对手的竞争优势。它主要解决的问题有:事业部门如何在它的市场范围内竞争？应该提供什么样的产品和服务？需要为哪些顾客服务？企业内的资源如何分配？等等。

事业部级战略通常是由战略经营单位(strategic business unit,SBU)来规划和负责。战略经营单位是大型企业内部的一种相对独立的单位,它为同一市场或相关的市场提供过某种产品或服务,拥有自己的经营范围与内部相应的控制权限。但是,SBU 的独立性是相对的,对于重要的资源(如资金、关键设备技术),仍需要由总公司控制和调配。

3. 职能级战略(functional-level strategy)　它是为了贯彻、实施和支持公司级战略与事业部级战略而在企业特定的职能管理领域由职能管理人员制订的短期目标和规划。职能级战略通常包括市场战略、生产战略、研发战略、财务战略和人力资源战略等。公司级战略和事业部级战略强调"做正确的事情"(Do the right things),而职能级战略则侧重于"正确地做事"(Do the things right)。它直接处理如提高生产效率、提升服务质量等业务层次的问题,力图有效利用生产、营销、研究开发、财务、人力资源等方面的经营职能,以保证企业战略目标的实现。

如果企业只从事一项业务时,其公司级战略与事业部级战略相重叠,战略体系也相应缩减为两个层次。当一个企业属于跨行业经营、从事多项业务时,其战略层次则呈现出图 3-1 中典型的结构形式。3 种层次的战略构成了一个企业的战略体系。它们相互作用,紧密联系,有机地结合在一起。其中,每一层次的战略构成下一层次的战略环境,下一层次的战略为高一层的战略目标的实现提供保障和支持,如图 3-2 所示。

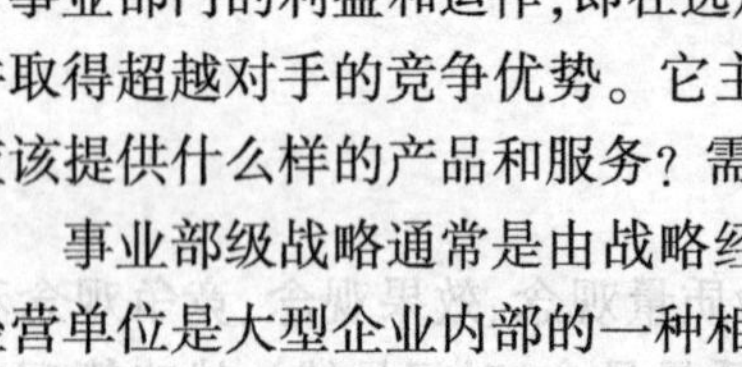

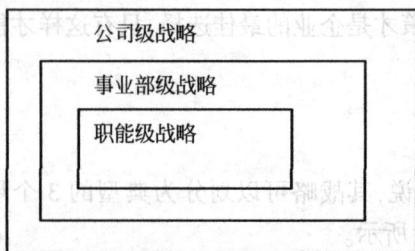

图 3-2　企业中不同层次战略的关系

四、企业战略制定的程序

企业战略管理是为一个企业的未来发展方向，制定决策及实施所制订的决策的动态管理过程，它为企业提供了认识自身运作环境和采取相应措施的方法。通常一个完整、全面的企业战略管理过程可以大体分为3个阶段，即战略分析阶段、战略选择及评价阶段与战略实施及控制阶段。如图3-3所示，企业战略管理过程是一个闭环的反馈系统，需要依据系统与组织环境的信息及时地进行调整(图中虚线表示信息影响的方向)。

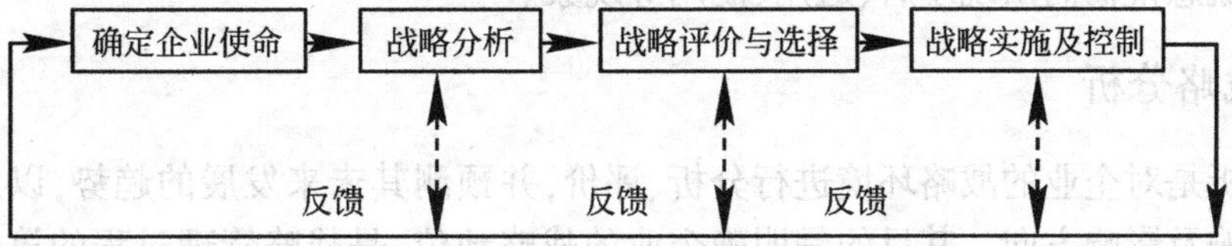

图3-3　战略管理过程

(一)确定企业使命与愿景

企业使命(mission)的思想建立在彼得·德鲁克(Peter Drucker)在20世纪70年代中提出的一些原则基础上。企业使命是要说明企业的根本性质与存在的理由，说明企业的宗旨、哲学、信念、原则，根据企业服务对象的性质揭示企业长远发展的前景，为企业战略目标的确定与战略制定提供依据。企业愿景(vision)是根据企业使命，在汇集企业每个员工个人心愿的基础上形成的全体员工共同心愿的美好愿景，它能激发出强大的力量，使每个员工都渴望能够归属于一项重要的任务和事业，它是企业战略的重要组成部分。

企业使命与愿景的区别与联系：企业使命回答的是"什么是我们的业务"，而企业愿景回答的是"我们想成为什么"；企业使命说明的是企业的根本性质和存在的理由，而企业愿景说明的是在这种企业使命下企业如何做才能做得最好，或者说，企业应该怎样做才能实现企业的使命；企业使命是比较抽象而长期的，而企业愿景是比较具体的，其期限必须与战略期限相一致；企业使命决定了企业的愿景，而企业愿景又决定了企业战略，先有使命，才有愿景，再有战略。因此可以说，企业愿景是以企业使命为基础的，企业愿景同时又是企业战略的纲领性文件。

企业使命与愿景对战略管理来讲十分重要，其作用为：明确了企业的发展方向与业务领域；是协调企业内外部矛盾的依据，也为配置企业资源提供标准或根据；可以帮助企业建立客户导向的思想。

以微软为例，我们可以看到使命随着企业的发展和规模扩大而逐步显现的过程：在微软公司创办之初，比尔·盖茨曾这样来陈述微软的使命："让每张桌面上和每个家庭里都有一台电脑。"日后，在回答记者时，盖茨说："我们坚定不移地致力于这一使命，自1975年公司创立以来始终关注于此。这个使命已经引发了一场革命，使得全世界人都改变了做生意的方式。这个使命也在塑造着未来。"2000年前后，随着企业的成熟和规模的发展，微软公司重新也是精确地表达了自己的使命:在微软,我们的使命是“创造优秀的软件,不仅使人们的工作更有效益,而且使人们的生活更有乐趣”。

又比如,中药行业著名的老字号北京同仁堂,在三百多年的历史长河中,秉承“同修仁德,济世养生”的宗旨,恪守“炮制虽繁必不敢省人工,品味虽贵必不敢减物力”的经营哲学,确保了侗仁堂金字招牌的长盛不衰,并享誉海内外。

目前,越来越多的企业都意识到且开始重视文化理念、企业使命与愿景在企业发展、经营管理、企业文化建设中不可缺少的导向、激励等积极作用。但是,仍普遍存在着因企业愿景和企业使命等概念模糊而出现矛盾、通用、混用等现象。

(二)战略分析

战略分析是对企业的战略环境进行分析、评价,并预测其未来发展的趋势,以及可能对企业造成的影响及影响方向。其目的是明确企业的战略地位,是战略管理过程的第一步。我们要通过战略分析理解组织的环境正在发生什么变化,它们对组织的行为有何影响,组织在应付环境变化中的实力和弱点是什么,组织的各有关人员的愿望是什么以及他们对企业未来发生何种程度的影响等。战略分析大体上包括环境分析、资源分析和价值观分析3类。

1. 环境分析　社会化的企业,从社会上获得资源,又为社会而生产产品或提供服务,其生存完全依赖社会是否接受其产品。因此,社会的政治、经济、文化以及技术、生态等因素无不对企业的生存发展构成巨大影响。这些因素是如此复杂,以至于没有任何办法可以列举全部可能的影响因素并全面把握影响的形式和程度。管理者非常有必要掌握感知,识别关键环境因素的分析方法。该分析方法的核心是运用结构性竞争环境理论,找到影响企业生存及发展的竞争力量来源,并进而把握环境因素发挥作用的方式。这些因素最终会给企业带来机会或威胁,而确定出关键的机会和威胁正是环境分析的任务。

2. 资源分析　企业之所以能在复杂多变的环境下生存和发展,是因为企业自身亦有发展和应变的能力,这就是企业拥有的资源。资源包括人力、物力、财力以及企业的历史、经验、形象、声誉、社会关系、商标、牌号等无形资源。企业资源分析的最终目的是理解企业在市场竞争中的优势和弱点。为此需要一些比较分析和企业成长的理论,进而理解企业的性质和特点。

3. 价值观分析　由于世界的多样化,摆在企业面前的战略必定丰富多彩,任何一个战略都有有利的一面,同时也有不利的一面。而不同的个人和不同的群体其目标各异,对战略的看法也必然存在分歧。企业文化作为组织全体共同持有的信仰,也必然对企业战略的形成有重要作用。价值观分析的目的就在于弄清上述文化因素及群体期望等对战略形成的影响以及在战略决策中必须要考虑的社会力量,从而使战略制定立足于坚实的文化背景中,使之成为世俗的而非虚妄的、实际的而非空想的决策行为。

(三)战略评价与选择

战略评价及选择过程实质就是战略决策过程,即对战略进行探索、制定、评价以及选择。通常,对于一个跨行业经营的企业来说,它的战略选择应当解决以下两个基本的战略问题:一是企业的经营范围或战略经营领域,即规定企业从事生产经营活动的行业,明确企业的性质和所从事的事业，确定企业以什么样的产品或服务来满足哪一类顾客的需求；二是企业在某一特定经营领域的竞争优势，即要确定企业提供的产品或服务，要在什么基础上取得超过竞争对手的优势。

一个企业可能会制订出达成战略目标的多种战略方案，这就需要对每种方案进行鉴别和评价，以选择出适合企业自身发展的最佳方案。而一个战略的优点和缺点往往不是黑白分明、一清二楚的，优缺点会相伴而生。最后决策的评价和选择是一项十分艰巨的任务。

战略评价的内容主要从以下几方面来衡量：①战略是否与企业的内外部环境相一致；②企业资源是否足以支持该战略的实行；③战略涉及的风险程度是否可以接受；④战略实施的时间和进度是否恰当；⑤战略是否可行。

关于企业战略选择的决定因素的分析，管理学家和战略管理学家曾从不同的角度加以分析，总体来看可以分为两种角度：一是从外部环境（特别是产业结构）的视角探讨企业战略选择的决定因素；二是从内部资源和能力的角度研究企业战略选择的决定因素。

1956 年，美国哈佛大学教授贝恩（Bain）提出了“结构-行为-绩效的分析模型”（structure-conduct-performance model，简称 SCP 模型），指出企业绩效依赖于企业行为，后者又依赖于市场结构。

1962 年，钱德勒（Chandler）的《战略与结构——美国工业企业史的考证》一书则把贝恩教授的 SCP 模型具体应用于战略决策的分析之中。在钱德勒看来，战略决策首先要以企业未来的发展为出发点来决定企业的基本目标和与此紧密相关的经营目标和经营方针；然后是为实现经营目标和方针对企业所拥有的资源进行分配和调整的决策行动。钱德勒的理论开创了从外部环境（特别是产业结构）的视角研究战略选择决定因素之先河，并为安索夫（Ansoff，1965）的计划学派和安德鲁斯（Andrews，1965）的设计学派继承和发展。20 世纪 80 年代，以 SCP 模型为基础，波特（Porter，1980，1985）提出了竞争定位理论，成为企业战略选择的主导理论。波特认为产业结构决定了产业内的竞争状态，进而决定企业的战略选择行为，并最终决定企业的绩效。

在波特的理论被广泛应用之际，鲁默尔特（Rumelt，1991）提醒人们注意“产业内的利润差异甚至比产业间的差异还要大”，而且，过分强调市场的作用，往往会诱导一些企业进入利润很高但缺乏经验或与自身优势毫不相关的产业。于是，学者们重新思索美国管理学家切斯特·巴纳德（Chester I. Barnard，1938）的观点：企业组织生存和发展的必要条件取决于企业对外部各种机会的利用能力和企业自身调动职工积极性的能力两个方面。基于巴纳德的理论逻辑发展了两大理论流派，即资源学派和能力学派。

资源学派的核心思想是：企业竞争优势是建立在企业所拥有的独特资源及它在特定的竞争环境中配置这些资源的方式基础之上的，如果一个企业拥有异质性的有价值的资源，那么这个企业在资源占有上就具备了一种类似于“垄断”的市场地位，由此而产生持久的竞争优势，获取长期的超额利润。资源学派强调要素市场的不完全性，认为不可模仿、难以复制、非完全转移的独特的资源是企业可持续竞争优势的源泉（Wemeifelt，1984；Barney，1991，1996）。以普拉哈拉德和哈默尔（Prahalad 和 Hamel，1990）为代表的能力学派认为，企业竞争优势的根源在于组织内部的能力（组织内部的技能和集体学习及对组织的管理技能），能力的差异是企业持续竞争优势的源泉。

能力学派强调以企业生产、经营过程中的特有能力为出发点，来制定和实施企业竞争战略。

综上所述，按照竞争优势的来源可以将战略选择的决定因素分成两类：一是外界环境，外界环境的机遇与威胁以及产业结构是企业战略选择的关键因素；二是内部资源和能力，强调企业战略就是合理配置企业内部独特资源、整合企业内部各种能力适应环境的变化，这样才能获取可持续的竞争优势。

（四）战略实施及控制

一个企业的战略方案确定后，必须通过具体化的实际行动，才能实现战略及战略目标。

战略实施是一个自上而下的动态管理过程。所谓“自上而下”主要是指，战略目标在公司高层达成一致后，再向中下层传达，并在各项工作中得以分解、落实。所谓“动态”主要是指战略实施的过程中，常常需要在“分析-决策-执行-反馈-再分析-再决策-再执行”的不断循环中达成战略目标。

经营战略在尚未实施之前只是纸面上的或人们头脑中的东西，而企业战略的实施是战略管理过程的行动阶段，它决定了一个好的战略方案最终能否实现，因而尤为重要。在实施企业战略过程中，有4个相互联系的阶段。

1. 战略发动阶段　在这一阶段，企业的领导人要研究如何将企业战略的理想变为企业大多数员工的实际行动，调动起大多数员工实现新战略的积极性和主动性。这就要求对企业管理人员和员工进行培训，向他们灌输新的思想、新的观念，提出新的口号和新的概念，消除一些不利于战略实施的旧观念和旧思想，以使大多数人逐步接受新的战略。对于一个新的战略，在开始实施时相当多的人会产生各种疑虑，而一个新战略往往要将人们引入一个全新的境界，如果员工们对新战略没有充分的认识和理解，它就不会得到大多数员工的充分拥护和支持。因此，战略的实施是一个发动广大员工的过程，要向广大员工讲清楚企业内外环境的变化给企业带来的机遇和挑战，旧战略存在的各种弊病，新战略的优点以及存在的风险等，使大多数员工能够认清形势，认识到实施战略的必要性和迫切性，树立信心，打消疑虑，为实现新战略的美好前途而努力奋斗。在发动员工的过程中应重点争取战略的关键执行人员的理解和支持，企业的领导人要考虑机构和人员的协调问题，扫清战略实施的障碍。

2. 战略计划阶段　将经营战略分解为几个战略实施阶段，每个战略实施阶段都有分阶段的目标，相应的有每个阶段的政策措施、部门策略以及相应的方针等。要定出分阶段目标的时间表，要对各分阶段目标进行统筹规划、全面安排，并注意各个阶段之间的衔接，对于远期阶段的目标方针可以概括一些，但是对于近期阶段的目标方针则应该尽量详细一些。对战略实施的第一阶段更应该注重新战略与旧战略有很好的衔接，以减少阻力和摩擦，且该阶段的目标及计划应该更加具体化和可操作性，应该制订年度目标、部门策略、方针与沟通措施等，使战略最大限度地具体化，变成企业各个部门可以具体操作的业务。

3. 战略运作阶段　企业战略的实施运作主要与下面6项因素有关，即各级领导人员的素质和价值观念、企业的组织机构、企业文化、资源结构与分配、信息沟通、控制及激励制度。通过这6项因素使战略真正进入到企业的日常生产经营活动中去,成为制度化的工作内容。

4. 战略的控制与评估阶段　战略是在变化的环境中实践的,企业只有加强对战略执行过程的控制与评价,才能适应环境的变化,完成战略任务。这一阶段主要包括建立控制系统、监控绩效和评估偏差、控制及纠正偏差3个方面。

第二节　医药企业战略分析

企业战略分析包括两个方面:环境分析和企业内部资源分析。

一、环境分析

(一)环境影响因素分析

作为出发点,首先应考虑哪些环境因素对企业很重要,并且考虑这些因素对未来企业和竞争者的影响程度,这种分析方法成为环境因素分析法。表3-1将有关在环境中发挥作用的关键影响因素的问题进行了总结,以帮助我们对这些因素进行评价和估计。

表3-1　环境影响因素表

1. 哪些环境因素正在影响组织? 2. 在当前,哪个因素的影响最重要?未来几年呢?	
政治的/法律的 垄断法律;环境保护法;税法;对外贸易规定;劳动法;政治稳定性 社会文化的 人口统计;收入分配;社会稳定;生活方式的变化;对工作和休闲的态度;教育水平;消费	经济的 经济周期;GNP趋势;利率;货币供给;通货膨胀;失业率;可支配收入;能源适用性;成本 技术的 政府对研究的投入;政府和行业对技术的重视;新技术的发明和进展;技术传播速度;折旧和报废速度

(二)产业分析

产业分析即外部因素评价矩阵(external factor evaluation matrix,EFE),可帮助战略家归纳和评价政治、经济、社会、文化、环境、技术等方面的信息。建立EFE矩阵的5个步骤如下:

1. 列出在外部分析过程中确认的外部因素　因素总数在10~20个之间。因素包括影响企业和其所在产业的各种机会与威胁。首先列举机会,然后列举威胁。要尽量具体,可能时要采用百分比、比率和对比数字。

2. 赋予每个因素以权重　其数值由0.0(不重要)到1.0(非常重要)。权重是该因素对于企业在产业取得成功的影响的相对大小。确定恰当权重的方法包括对成功的竞争者和不成功的竞争者进行比较,以及通过集体讨论而达成共识。所有因素的权重总和必须等于1。

3. 按照企业现行战略对各关键因素的有效反应程度为各关键因素进行评分　范围为1~

4 分:“4”代表反应很好,“3”代表反应超过平均水平,“2”代表反应为平均水平,而“1”则代表反应很差。评分反映了企业战略的有效性,因此它是以公司为基准的,而步骤 2 中的权重则是以产业为基准的。

4. 用每个因素的权重乘以它的评分 即得到每个因素的加权分数。

5. 将所有因素的加权分数相加 即得到企业的总加权分数。

无论 EFE 矩阵所包含的关键机会与威胁数量有多少,一个企业所能得到的加权分数最高为 4.0,最低为 1.0,平均总加权分数为 2.5,总加权分数为 4.0,反映企业在整个产业中对现有机会与威胁作出了最出色的反应。换言之,企业的战略有效地利用了现有机会并将外部威胁的潜在不利影响降至最小。而总加权分数为 1.0,则说明公司的战略不能利用外部机会或回避外部威胁。

(三)竞争态势矩阵

竞争态势矩阵(competitive profile matrix,CPM)用于确认企业的主要竞争者和相对于该企业的战略地位以及这些主要竞争者的特定优势与弱势。CPM 与 EFE 中的权重和总加权分数涵义相同。但是,CPM 中的因素包括内部和外部两方面,评分则表示优势与劣势。EFE 与 CPM 之间存在一些重要的区别:首先,CPM 中的关键因素更为笼统,它们不包括具体的或实际的数据,而且可能集中于内部问题;其次,CPM 中的因素不像 EFE 中的那样被分为机会与威胁两类;再次,在 CPM 中,竞争公司的评分和总加权分数可以与被分析公司的相应指标相比较,这一比较分析可提供重要的内部战略信息。

表 3-2 是一个竞争态势矩阵的实例。在这一实例中,财务状况被当作最重要的关键因素,正如其权重 0.4 所显示的在财务状况这一关键因素的评价当中,评分 1 反映了竞争者 1 的财务状况很差,总加权分数 2.8 显示了竞争者 2 是总体竞争力最强的公司。

表 3-2 竞争态势矩阵

		被分析公司		竞争者 1		竞争者 2	
关键因素	权重	评分	加权分数	评分	加权分数	评分	加权分数
市场份额	0.2	3	0.6	2	0.4	2	0.4
价格竞争力	0.2	1	0.2	4	0.8	1	0.2
财务状况	0.4	2	0.8	1	0.4	4	1.6
产品质量	0.1	4	0.4	3	0.3	3	0.3
用户忠诚度	0.1	3	0.3	3	0.3	3	0.3
总　计	1		2.3		2.2		2.8

注:①评分值含义为:1=弱,2=次弱,3=次强,4=强;②为了简化,这里只包括了 5 个关键因素,这比实际矩阵中的因素要少得多。

需要说明的是:不能仅仅因为在竞争态势矩阵中一家公司总得分为 2.3 而另一家公司总得分为 2.8,便认为第一家公司比第二家公司强 20%。数值仅反映了公司的相对优势,它只能用来辅助我们决策,而不能作为决策的唯一依据。

二、内部资源分析

资源分析的要点是通过分析，确认关键问题。在进行内部资源分析时，首先应该对企业本身的经营活动进行检测。波特教授的价值链分析为企业检测自身的经营活动提供了基本的方法。

（一）价值链分析法

所谓价值链，是企业从事设计、生产、营销、交货以及对产品起辅助作用的各种价值活动的集合。

企业的基本活动被分为5个主要领域：内部后勤、生产运营、外部后勤、市场营销、服务（如图3-4）。

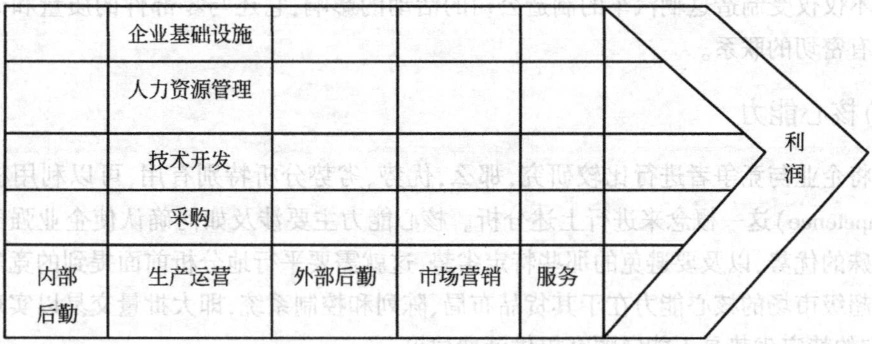

图3-4 企业价值链

1. 内部后勤 包括接收、存储和分配产品的投入活动，如原材料搬运、仓储、库存管理、车辆调度和向供货商退货等。

2. 生产运营 是将各种输入要素转化成最终的产品和服务的活动，如机械加工、包装、组装、设备维修、测试和房屋设备管理等。

3. 外部后勤 包括集中、存储和把产品分销给客户的活动，如产品库存、原材料搬运、送货车辆管理、订单处理和进度安排。

4. 市场营销 是有关提供一种客户可以持续购买产品和吸引他们购买的手段的活动，如广告、促销、推销队伍、报价、销售渠道选择、销售渠道联系和定价等。

5. 服务 包括所有能够使产品实现价值或促使其价值增值的活动，如安装、维修、培训、零配件供应和产品调整等。

每一组基本活动都与辅助活动相关。辅助活动可分为4个方面：采购、技术开发、人力资源管理、企业基础设施。

1. 采购 是指购买企业各种投入资源的活动过程（不是输入资源本身）。一项特定的采购活动通常与它所支持的一项具体的价值活动或它所辅助的若干活动相联系。

2. 技术开发 每项价值活动都包含着“技术”，无论是技术诀窍、程序，还是在工程设备中所包含着的技术。企业运用技术的范围是很广的,大多数价值活动都与运用技术有关。

3. 人力资源管理　由各类人员的招聘、雇佣、培训、开发和报酬所包括的活动组成。人力资源管理决定了雇员的技能高低和积极性以及招聘和培训费用的多少等,这些都构成了企业竞争优势的一部分。

4. 企业的基础设施　由全面管理、计划、财务、会计、法律和质量管理等一系列活动组成。企业的基础设施时常只被看成是间接费用,但它也能成为竞争优势的一种有力来源。例如,企业内部建立良好的信息管理系统有利于企业成本的降低。

大多数行业的一个主要特点就是很少有一个组织完全单独承担从产品设计到销售给客户的全部价值活动,通常都要进行专业分工,任何一个组织都是创造产品或服务的价值系统的一部分。要了解价值是怎样产生的,只观察一个组织的活动是不够的。许多价值是在供给和销售链上产生的,这就需要对整个过程进行分析和了解。例如,当到达最终购买者手中时,汽车的质量已不仅仅受制造这辆汽车的制造公司的活动的影响,它还与零部件的质量和分销商的经营活动有密切的联系。

(二)核心能力

如果将企业与竞争者进行比较研究,那么,优势、劣势分析特别有用,可以利用核心能力(core competence)这一概念来进行上述分析。核心能力主要涉及如何确认使企业强于竞争者的那些特殊的优势,以及要避免的那些特定劣势,这就需要平行地分析前面提到的竞争者的资源状况。超级市场的核心能力在于其货品布局、陈列和控制系统,即大批量交易以实现成本的最小化,它的特定劣势是不能向顾客提供消费建议。

价值链分析是了解和分析企业核心能力的一种十分有用的方法,尤其是与竞争者进行价值链比较时更是如此。

在资源分析过程中,通过下面 4 个问题测试企业核心能力的战略重要性:

1. 谁拥有核心能力　例如,在专业服务性企业中,职业技能和知识是个人而非公司拥有的,所以能被竞争公司"抢走"。

2. 竞争力的持久性怎样　如果技术革新很快,或者产品生命周期很短,那么,决定竞争优势的来源也就寿命很短。这种情况下技术的快速革新可以帮助小公司与行业中的大公司抗衡,虽然他们没有能力购买新技术,但技术革新的加速又给那些灵活而又能具体选择的公司带来了新机会,这常常是小公司的核心能力。

3. 竞争力的可转移情况如何　竞争者获得类似竞争力的能力各不相同,有些资源如材料很容易转移,而商标或商誉却不那么容易转移。

4. 竞争力的可仿造性怎样　这要分析竞争者是否能开发(而不是购买)类似的资源库——即分析仿造的威胁。

例如:佳能公司利用其光学镜片成像技术和微处理技术方面的核心竞争力,成功地进入了复印机、激光打印机、照相机、扫描仪以及传真机等二十多个产品领域;本田公司的核心专长是引擎设计和制造,这支撑了小汽车、摩托车、割草机和方程式赛车的制造。

（三）波士顿矩阵

波士顿矩阵（BCG Matrix）又称市场增长率-相对市场份额矩阵、波士顿咨询集团法、四象限分析法、产品系列结构管理法等。

该方法是由波士顿咨询集团（Boston Consulting Group，BCG）在20世纪70年代初开发的。BCG矩阵将组织的每一个战略事业单位（strategic business unit，SBU）标在一个2维的矩阵图上，从而表示哪个SBU提供高额的潜在收益，以及哪个SBU是组织资源的漏斗。BGG矩阵的发明者、波士顿公司的创立者布鲁斯认为“公司若要取得成功，就必须拥有增长率和市场份额各不相同的产品组合。组合的构成取决于现金流量的平衡。”如此看来，BCG的实质是为了通过业务的优化组合实现企业的现金流量平衡。

BCG矩阵区分出4种业务组合，如图3-5所示。

1. 问题型业务（question marks）　指高增长、低市场份额。处在这个领域中的是一些投机性产品，带有较大的风险。这些产品可能利润率很高，但占有的市场份额很小。这往往是一个公司的新业务，为发展问题型业务，公司必须建立工厂，增加设备和人员，以便跟上迅速发展的市场，并超过竞争对手，这些意味着大量的资金投入。“问题”非常贴切地描述了公司对待这类业务的态度，因为这时公司必须慎重回答“是否继续投资，发展该业务？”这个问题。只有那些符合企业发展长远目标、企业具有资源优势、能够增强企业核心竞争力的业务才得到肯定的回答。得到肯定回答的问题型业务适合于采用战略框架中提到的增长战略，目的是扩大SBU的市场份额，甚至不惜放弃近期收入来达到这一目标。因为问题型业务要发展成为明星型业务，其市场份额必须有较大的增长。得到否定回答的问题型业务则适合采用收缩战略。

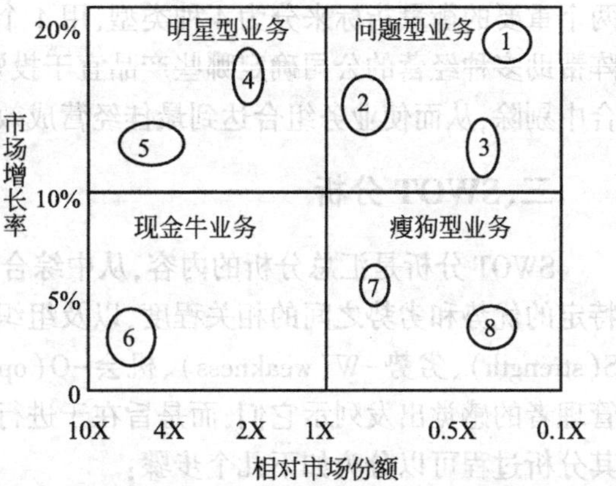

图3-5　波士顿矩阵（BCG Matrix）

2. 明星型业务（stars）　指高增长、高市场份额。这个领域中的产品处于快速增长的市场中，并且占有支配地位的市场份额，但也许会或也许不会产生正现金流量，这取决于新工厂、设备和产品开发对投资的需要量。明星型业务是由问题型业务继续投资发展起来的，可以视为高速成长市场中的领导者，它将成为公司未来的现金牛业务。但这并不意味着明星业务一定可以给企业带来源源不断的现金流，因为市场还在高速成长，企业必须继续投资，以保持与市场同步增长，并击退竞争对手。企业如果没有明星业务，就失去了希望，但群星闪烁也可能会闪花企业高层管理者的眼睛，导致做出错误的决策。这时必须具备识别行星和恒星的能力，将企业有限的资源投入在能够发展成为现金牛的恒星上。同样的，明星型业务要发展成为现金牛业务适合采用增长战略。

3. 现金牛业务（cash cows）　指低增长、高市场份额。处在这个领域中的产品产生大量的现金，但未来的增长前景是有限的。这是成熟市场中的领导者，它是企业现金的来源。由于市场已经成熟,企业不必大量投资来扩展市场规模,同时作为市场中的领导者,该业务享有规模经济和高边际利润的优势,因而给企业带来大量现金流。企业往往用现金牛业务来支付账款并支持其他3种需大量现金的业务。现金牛业务适合采用稳定战略,目的是保持SBU的市场份额。

4. 瘦狗型业务(dogs) 指低增长、低市场份额。这个剩下的领域中的产品既不能产生大量的现金,也不需要投入大量现金,这些产品没有希望改进其绩效。一般情况下,这类业务常常是微利甚至是亏损的,瘦狗型业务存在的原因更多的是由于感情上的因素,虽然一直微利经营,但像人养了多年的狗一样恋恋不舍而不忍放弃。其实,瘦狗型业务通常要占用很多资源,如资金、管理部门的时间等,多数时候是得不偿失的。瘦狗型业务适合采用收缩战略,目的在于出售或清算业务,以便把资源转移到更有利的领域。

BCG矩阵的精髓在于把战略规划和资本预算紧密结合了起来,把一个复杂的企业行为用两个重要的衡量指标来分为4种类型,用4个相对简单的分析来应对复杂的战略问题。该矩阵帮助多种经营的公司确定哪些产品宜于投资,哪些宜于操纵以获取利润,哪些宜于从业务组合中剔除,从而使业务组合达到最佳经营成效。

三、SWOT分析

SWOT分析是汇总分析的内容,从中综合出关键问题,其目的是确认组织的当前战略与其特定的优势和劣势之间的相关程度,以及组织处理和应付环境变化的能力。SWOT代表优势-S(strength)、劣势-W(weakness)、机会-O(opportunity)和威胁-T(threat),但这并不仅仅是从管理者的感觉出发列示它们,而是旨在于进行综合分析,以便找到有助于制定战略的新发现。其分析过程可以分为如下几个步骤:

1. 确认企业当前执行的战略 这种战略并不一定是被倡导或公开的战略,而是企业已实现的战略。它本身可能是有问题的,因为管理人员并不重视或赞同他的正在执行的战略,因此这种争论经常是很重要的。

2. 确认组织企业环境的关键变化 虽然没有固定的数目,但以不超过7或8个关键点为宜。然后,应根据企业的资源组合,确认企业的优势和劣势。分析的资源最好保持总数不超过8个,以避免分析过于一般化。同时,分析中要尽量体现关键点,例如,"很不好的管理"这样的语句就没有什么意义,而应列出管理的各种状态,对每一种状态进行分析,分析师将每一状态按顺序接在左边一栏,然后根据关键环境问题对其打分,或者为+(严重为++)或者为-(严重力--),如下所示:

(1)对企业有积极影响,即如果满足下列条件,则画+:①企业能利用优势或者能处理由环境变化引起的各类问题;②企业的劣势能通过环境变化来弥补。

(2)如果对企业有负面影响,即如果遇到以下情况,则画-:①环境变化将削弱企业的优势;②企业的劣势将阻隔解决与环境变化相关或者能被环境变化强化的问题。

完成这一程序以后,它更直观和清晰地反映了环境变化和影响给组织(在现有战略和组织能力下)带来的机会和威胁。

案例：

云南白药公司是我国知名中成药生产企业，是中国中成药生产企业五十强之一。其核心产品云南白药胶囊、散剂为国家一级中药保护品种。产品畅销国内市场及东南亚一带，并逐渐进入日本、欧美等发达国家市场。

表 3-3　　云南白药公司 SWOT 矩阵分析

	优势——S 1. 公司有上市公司的参与背景，资金充裕 2. 公司在医药市场扎根多年，具有一定的知名度和美誉度 3. 云南白药系列由于其产品的独特性、品牌价值和上游资源的瓶颈，及其部分产品属保护品种得以实现垄断性经营等原因 4. 子公司云南省医药公司是云南省销售规模最大的医药商业企业之一，占据了云南省 40% 以上的医药市场份额	劣势——W 1. 产品系列相对单一，过于依赖云南白药系列 2. 各子部门间协调力不足，缺乏凝聚力，不利于竞争 3. 总体管理和服务的理念、方法和水平尚有待提高 4. 科研投入和新产品储备仍略显薄弱 5. 海外销售份额较小 6. 产能不足
机会——O 1. 全球人口老龄化加剧及其医疗费用比例的不断增长 2. 以基因工程为标志的现代生物技术的突飞猛进 3. 加入 WTO 后，国外企业、财团的技术、产品、资金、先进管理方法的引进，推动了医药产业的发展 4. 云南省对医药产业的大力扶持和重视为行业内企业营造了一个良好的环境 5. 云南与东南亚毗邻，加上东南亚国家对中药的认同程度相对欧美国家高得多，市场壁垒较小	SO 战略 1. "稳中央突两翼"的战略，在稳定制药业主体的同时，努力发展透皮剂和保健消费品两翼业务 2. 建立国内自有销售网络及销传终端，做好品牌维护和建设 3. 加大对省商业公司投入，扩大在云南省内的领先优势 4. 建立种植基地	WO 战略 1. 调整人力资源结构，培育创新性企业文化 2. 整合内外部资源，拓宽市场渠道 3. 理顺产品研发和引进渠道，打造核心产品与品牌 4. 创建学习型组织，提高企业全面竞争能力 5. 积极开拓国际市场，特别是东南亚市场 6. 通过与科研单位合作以及外购等方式，获取新的产品 7. 生产基地整体搬迁，扩大生产能力
威胁——T 1. 原材料价格的上涨和竞争环境的日趋激烈可能压缩公司的利润空间 2. 研发经费与能力的不足削弱了我国医药企业的竞争力 3. 相对于国外产品的大量涌入，我国产品流出渠道不畅，世界市场占有率极低，竞争力差 4. 国家对医药行业监管力度的加大，各项法律法规和医疗体制改革的完善、医药产品持续的强制降价、招标采购的实施	ST 战略 1. 与有实力的外部合作伙伴结成战略联盟，共同抵御市场风险 2. 完善管理体系，培养企业的柔性竞争能力 3. 结合地缘优势，开发和拓展边贸业务 4. 有序提高产品销售价格，提升企业盈利能力	WT 战略 1. 强调业绩管理，强化以发展战略为核心的激励体制 2. 围绕核心能力的培养，调整资源配置 3. 提高经营管理手段，增强信息化管理程度

第三节 医药企业战略的选择

一、企业总体战略类型

企业总体战略也就是公司级战略，它主要是确定经营范围和在不同经营单位之间分配公司资源，对企业的发展影响十分深远。企业总体战略可以分为稳定型战略、增长型战略和紧缩型战略3种。

（一）稳定型战略

稳定型战略（stability strategy）是指限于企业现阶段的经营状态和内部调节，企业在战略期所期望达到的经营状况基本保持在战略起点的范围和水平上的战略。所谓战略起点，是指企业制定新战略时关键战略变量的现实状况，其中最主要的是企业当时所遵循的经营方向及其正在从事经营的产品和所面向的市场，企业在其经营范围内所达到的产销规模和市场地位。所谓经营状况基本保持在战略起点的范围和水平上，是指企业在战略期基本维持原有经营领域或略有调整，保持现有的市场地位和水平，或仅有少量的增减变化。

稳定型战略具有如下特点：①企业满足于过去的经济效益水平，决定继续追求与过去相同或相似的经济效益目标；②企业准备继续用基本相同的产品或劳务为原有的顾客服务；③在战略期内，每年所期望取得的成就按大体相同的比率增长。这里的增长是常规性的增长，而不是大规模、迅猛的增长，只是为争取保持现有的市场占有率和产销规模或者在此基础上实现小幅度增长，稳定和巩固企业现有的竞争地位。

稳定型战略的实施可以避免因战略改变而引起的企业在资源分配、组织结构、管理技能等方面的变动，保持战略的连续性，维持企业的平稳发展，风险较小。如苏宁电器经历多年高速发展，近年来主动放缓扩张步伐，实行了稳定的战略，进行了物流平台、信息平台、人力资源平台的建设，从而坚实了公司持续性发展的基础。

（二）增长型战略

增长型战略（growth strategy）又称发展战略，是一种使企业在现有的基础水平上向更高一级的目标发展的战略。该战略以发展为导向，引导企业不断地开发新的产品，开拓新的市场，采用新的生产方式和管理方式，以扩大企业的产销规模，提高企业的竞争地位，增强企业的竞争实力。

采用增长型战略的企业立足于创新，总是定期地开发新产品、新市场、新工艺及老产品的新用途，往往可以获得高于行业平均利润率的收益。这类企业倾向于采用非价格竞争的手段与对手抗衡，它们并不是简单地适应外界环境的变化，而是试图通过创造以前并不存在的需求使得外部环境来适应企业自身。

常用的增长型战略可以划分为3类，即密集性增长战略、一体化战略和多样化战略。

1. 密集性增长战略 密集性增长战略具体分为市场渗透战略、市场发展战略和产品开发战略3种类型。

(1)市场渗透战略:市场渗透战略是指企业在利用现有产品和市场的基础上,通过改善产品和服务等经营手段、方法,逐步扩大销售,以占领尽可能多的市场份额。这种战略的核心就是提高现有产品品种在现有市场的市场占有率,主要用于处于成长期或刚刚进入成熟期的产品。

实施市场渗透战略的具体途径主要有:扩大产品使用者的数量,如努力发掘潜在的顾客,把竞争者的顾客吸引过来,使之购买企业的产品等;扩大产品使用者的使用频率,如增加使用次数,增加使用量,增加产品的新用途等;改进产品的特性,使其能吸引新用户和增加原有用户的使用量,如提高产品质量,增加产品的特点,改进产品的式样和包装等。另外,还可以在销售价格、销售渠道、促销手段、销售服务等营销组合方面加以改进,以扩大现有产品的销售量。

(2)市场发展战略:市场发展战略是指企业利用原有产品争取新客户从而开拓新市场的一种战略,其核心是为现有产品寻找新用户和新市场,主要适用于成熟期的产品。

实施市场发展战略的方法主要有:市场开发,即将本企业原有的产品打入别人的市场上,如"王老吉"凉茶一百多年来都偏安于华南市场,2003年开始逐渐走向全国;在市场中寻找新的潜在市场,如计算机,开始主要销售给科研院所、大专院校、企业等单位,后来逐步进入一般家庭等;增加新的销售渠道,如从单靠中间商销售转为中间商和直销并重等。

(3)产品开发战略:产品开发战略是对企业现有的市场投放新产品或增加产品品种,以扩大市场份额、增加销售收入为目标的发展战略。与前两种战略不同,产品开发战略的重点不是在于市场的渗透和拓展,而是企业自身产品的开发与改进,是企业创新的一个基本战略。这种战略主要用于成熟后期和衰退期的产品。比如云南白药打破仅有传统单一散剂的格局,先后开发出了胶囊、气雾剂、创可贴、白药酊、白药牙膏等多个白药系列产品以及宫血宁、舒列安等其他天然药物产品,其中胶囊、散剂、气雾剂、药膏销售均过亿元。

2. 一体化战略 一体化战略是从企业经营业务的角度出发,将若干个部分有机地结合在一起组成一个整体的战略。他往往是企业在实行密集型增长战略的基础上产生的,这是因为企业实行密集型增长战略后,市场占有率越来越大,企业实力有所增强,这时企业就需要考虑如何扩展企业、向何种方向发展的问题,于是一体化战略便应运而生。一体化战略可以分为纵向一体化战略和横向一体化战略。

(1)纵向一体化战略:纵向一体化战略又称垂直一体化战略,是将生产与原材料供应结合(后向一体化战略)或者生产与销售联合在一起(前向一体化战略)的战略形式。纵向一体化的战略目标是巩固企业的市场地位,提高企业竞争优势,增强企业实力。

采用纵向一体化战略,企业可以加强对所有原材料的成本、质量以及可获得性或者销售与分配渠道的控制权,有利于企业控制成本、稳定经营、增加利润等,还可以获得规模经济的优势,在某一市场或行业中达到一定程度的垄断。但是,这种战略也会耗费企业大量的投资,增加企业的退出成本,给企业的管理与内部平衡带来巨大的挑战与压力,有可能引发一系列的问题。

(2)横向一体化战略:横向一体化战略也叫水平一体化战略,是指企业通过购买同一产业的其他企业或者与之联合来扩大经营,获得更大利润的发展战略。此种战略的目标是扩大本企业的实力范围,提高其竞争能力。

通过实施横向一体化战略,企业能够减少竞争对手,获得被购并企业的技术与管理等方面的经验,取得规模经济效益,形成更强的实力与对手竞争。横向一体化的劣势在于,由于历史背景、企业文化、管理体制等方面的差异,购并以后重新组织的企业面临着严峻的管理协调问题,而政府法规对行业垄断的限制也有可能给企业实施战略带来一定的困难。

3. 多样化战略　多样化战略最初是由美国著名的战略学家安索夫在20世纪50年代提出来的,并于20世纪70年代风靡一时。它可以分为同心多样化战略和复合多样化战略。

(1)同心多样化战略:同心多样化战略是指企业以现有的设备和技术能力为基础,增加或产生与现有产品或服务相类似的新产品或服务。只有新增加的产品或服务能够利用企业在技术、产品线、销售分配渠道或顾客基础等方面所具有的特殊知识和经验时,才可以将这种战略视为同心多样化战略。

采用这种发展战略、企业可以保持经营业务在生产技术上的同一性,充分利用生产技术、原材料、生产设备的类似性,获得生产技术上的协同效应,同时又可以将经营风险分散到多种产品上去。然而,由于新产品在分销渠道、促销策略等方面与原有产品的要求会有所不同,在市场竞争中有可能会处于不利的地位,而同心多样化战略也可能使得企业在规模发展越来越大时,往往会无力同时兼顾多个方面。

(2)复合多样化战略:复合多样化战略是指企业增加与现有产品或服务、技术或市场都没有直接或间接联系的新产品或服务的一种战略。通用电气公司(GE)是世界上最大的多元化服务性公司,业务范围从飞机发动机、发电设备到金融服务,从医疗造影、电视节目到塑料,通过多项领域的协同效应打造其竞争优势。

复合多样化战略能够为企业分散经营风险,充分利用企业在管理、营销、生产、研发等方面的资源,产生协同效应;对企业内各个经营单位进行平衡,并逐步向具有更优经济特征的行业转移,改善企业的整体赢利能力和灵活性。这种战略最大的劣势就是带来企业规模的膨胀以及由此产生的管理复杂化,同时随之而来的大量投资需要企业有较强的资金筹措能力。过多的领域也有可能使得企业在任何一个市场上都无法获得领先优势。

(三)紧缩型战略

紧缩型战略(retrenchment strategy)也称防御战略。与发展战略不同,它不是寻求企业规模的扩张,而是通过调整来缩减企业的经营规模,是企业从目前的战略经营领域和基础水平收缩和撤退的一种经营战略。它包括抽资转向战略、调整战略、放弃战略和清算战略等。

1. 抽资转向战略　抽资转向战略是指当企业现有经营领域的市场吸引力减弱、失去发展活力而趋向衰退,企业市场占有率受到侵蚀,经营活动发生困难,或者发现了更好的发展领域和机会时,为了从原有领域脱身、转移阵地而另辟新道路所实行的收缩。它往往通过在原有经营领域内采取减少投资、压缩支出、降低费用、削减人员的办法,逐步收回资金和抽出资源用以发展新的经营领域,在新的事业中找到出路,从而推动企业更快地发展。

2. 调整战略 调整战略是通过对企业经营管理的调整,试图扭转企业财务状况欠佳的局面,提高运营效率,使企业渡过危机以图将来再发展的一种战略。

3. 放弃战略 当抽资转向战略或调整战略失效时,企业往往采用放弃战略。放弃是只将企业的一个主要部门转让、出卖或者停止经营,这个部门可以是一个经营单位、一条生产线或者一个事业部。放弃战略的目的的是去掉经营赘瘤,收回资金,集中资源,加强其他部门的经营实力;或者利用腾出的资源发展新的事业领域;或者用来改善企业的经营素质,伺机抓住更大的发展机会。

4. 清算战略 清算战略是指企业受到全面威胁、濒于破产时,通过将来企业的资源转让、出卖或者停止全部经营业务来结束企业生命的一种战略。毫无疑问,对任何一个企业的管理者来说,通常只有在其他战略全部失效时企业才会采用这种战略。

企业的发展战略不仅是要适应环境,更重要的是要能影响环境。

二、企业战略的选择

(一)影响战略选择的行为

备选战略提出之后,就要进行战略的选择。战略决策者经常面临多个可行方案,往往很难做出决断。在这种情况下,影响战略的选择的行为因素很多。其中,较为重要的有:

1. 过去战略的影响 过去战略的效果对现行战略的最终选择有极大的影响。现在的战略决策者往往也是过去战略的缔造者。由于他们对过去战略投入了大量的时间、资源和精力,会自然地倾向于选择与过去战略相似的战略或增量战略。这种选择与过去战略相似的战略和沿袭过去战略的倾向已渗透到企业组织之中。

2. 企业对外界的依赖程度 在战略选择中,企业必然要面对供应商、顾客、政府、竞争者及其联盟等外部环境因素。如果企业高度依赖于其中一个或多个因素,其最终选择的战略方案就不能不迁就这些因素。企业对外界的依赖程度越大,其战略选择的范围和灵活性就越小。

3. 对待风险的态度 企业如果对风险持欢迎态度,战略选择的范围和多样性便会得到拓展,风险大的战略也能被人接受。反之,企业对风险持畏惧、反对态度,选择的范围就会受到限制,风险型战略方案就会受到排斥。冒险型管理人员喜欢进攻性的战略,保守型管理人员喜欢防守性的战略。

4. 时间因素 时间因素主要从以下几个方面影响战略选择:第一,外部的时间制约对管理部门的战略决策影响很大;第二,做出战略决策必须掌握时机;第三,战略选择所需超前时间同管理部门考虑中的前景时间是相关联的。

5. 竞争者的反应 在进行战略的选择时,高层管理人员往往要全面考虑竞争者对不同选择可能做出的反应。如果选择的是直接向某一主要竞争对手挑战的进攻性战略,该对手很可能用反攻性战略进行反击。

(二)战略选择矩阵

战略选择矩阵是一种指导企业进行战略管理的模型。企业应结合自身的优劣势和内外部

资源的运用状况,选择合适的战略。该战略矩阵如图 3-6 所示:

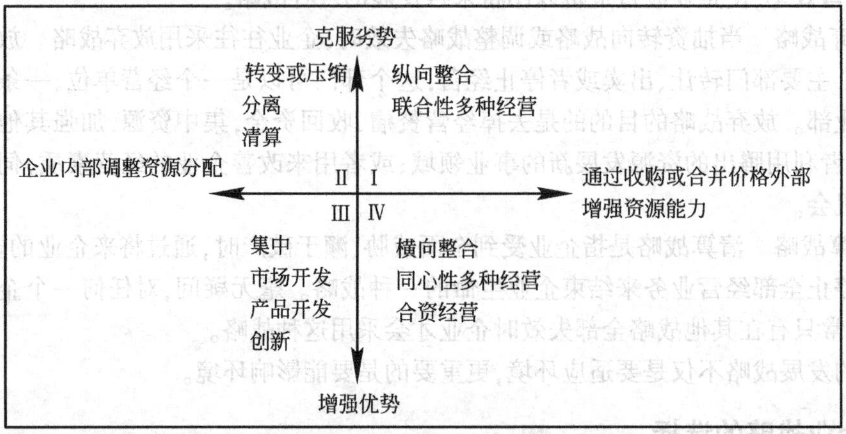

图 3-6 战略选择矩阵

在象限Ⅰ中,企业会认为自己当前的生产经营业务的增长机会有限或风险太大,可以采用纵向整合战略来减少原材料或顾客渠道方面的不确定性所带来的风险。企业也可以采用联合性多种经营战略,既能投资获利,又不用转移对原有经营业务的注意力。

在象限Ⅱ中,企业常采用较为保守的克服劣势的办法。在保持基本使命不变的情况下,企业在内部将一种经营业务转向另一种经营业务,加强有竞争优势的经营业务的发展。企业可以采用压缩战略,精简现有业务。实际上,压缩也是起着一种转变作用的战略,即从提高工作效率,消除浪费中获得新的优势。如果某种业务已经是成功的重大障碍,或者克服劣势所需费用巨大,或者成本效益太低,就必须考虑采取分离战略,把这种业务分离出去,同时获得补偿。当经营业务已经徒然耗费组织资源,有导致破产的危险时,就可以考虑清算战略。

在象限Ⅲ中,企业如果认为能利用这 4 种战略,建立获利能力并希望从内部增强竞争优势,就可以进行选择。集中既市场渗透,全力倾注于现有的产品和市场,力求通过再投入资源,增强优势以巩固自己的地位。市场开发和产品开发都是要扩展业务,前者适用于预先有产品拥有新顾客群的情况,后者适用于现有顾客对企业现有产品的相关产品感兴趣的情况。产品开发也适用于拥有专门技术或其他竞争优势的条件。

在象限Ⅳ中,企业通过积极扩大业务范围来增强竞争优势,这需要选用一种注重外部的战略。横向整合可以使企业迅速增加产出能力。同心性多种经营业务与新业务密切相关,可以使企业平稳而协调的发展。合资经营也是从外部增加资源能力的战略,可以使企业将优势拓展到原来不敢独自进入的竞争领域。合作者的生产、技术、资金或营销能力可以大大减少金融投资风险,并增加企业获利的可能性。

(三)大战略矩阵

这是由市场增长率和企业竞争地位两个坐标所组成一种模型,在市场增长率和企业竞争地位不同组合情况下，指导企业进行战略选择的一种指导性模型，它是由小汤普森（A. A. Thompson. Jr.）与斯特里克兰（A. J. Strickland）根据波士顿矩阵修改而成。

大战略矩阵（grand strategy matrix）是一种常用的制定备选战略的工具。它的优点是可以将各种企业的战略地位都置于大战略矩阵的4个战略象限中，并加以分析和选择。公司的各分部也可按此方式被定位。大战略矩阵基于两个评价数值：横轴代表竞争地位的强弱，纵轴代表市场增长程度。位于同一象限的企业可以采取很多战略，图3-7列举了适用于不同象限的多种战略选择，其中各战略是按其相对吸引力的大小而分列于各象限中的。

位于大战略矩阵第一象限的公司处于极佳的战略地位。对这类公司，继续集中经营于当前的市场（市场渗透和市场开发）和产品（产品开发）是适当的战略。第一象限公司大幅度偏离已建立的竞争优势是不明智的。当第一象限公司拥有过剩资源时，后向一体化、前向一体化和横向一体化可能是有效的战略。当第一象限公司过分偏重于某单一产品时，集中化多元经营战略可能会降低过于狭窄的产品线所带来的风险。第一象限公司有能力利用众多领域中的外部机会，必要时它们可以冒险进取。

位于第二象限的公司需要认真地评价其当前的参与市场竞争的方法。尽管其所在产业正在增长，但它们不能有效地进行竞争。这类公司需要分析企业当前的竞争方法为何无效，企业又应如何变革而提高其竞争能力。由于第二象限公司处于高速增长产业，加强型战略（与一体化或多元化经营战略相反）通常是它们的首选战略。然而，如果企业缺乏独特的生产能力或竞争优势，横向一体化往往是理想的战略选择。为此，可考虑将战略次要地位的业务剥离或结业清算，从而为公司提供收购其他企业或买回股票所需要的资金。

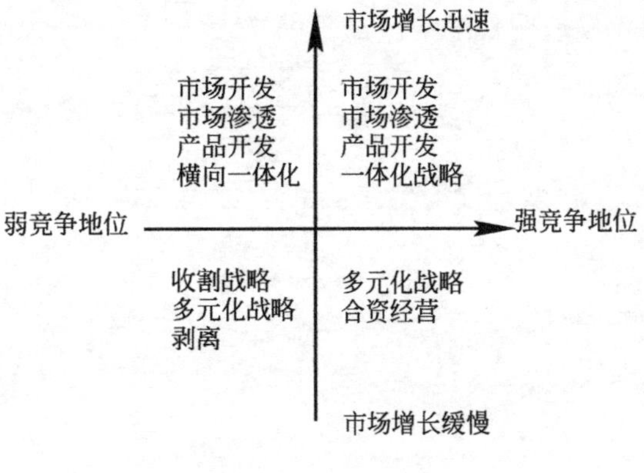

图3-7　大战略矩阵

位于第三象限的公司处于产业增长缓慢和相对竞争能力不足的双重劣势下。在确定产业正处于永久性衰退前沿的前提下，这类公司必须着手实施收割战略。首先应大幅度地减少成本或投入，另外可将资源从现有业务领域逐渐转向其他业务领域。最后便是以剥离或结业清算战略迅速撤离该产业。

位于第四象限的公司其产业增长缓慢，但却处于相对有利的竞争地位。这类公司有能力在有发展前景的领域中进行多元经营。这是因为第四象限公司具有较大的现金流量，并对资金的需求有限，有足够的能力和资源实施集中多元化或混合式多元化战略。同时，这类公司应在原产业中求得与竞争对手合作与妥协，横向合并或进行合资经营都是较好的选择。

2. 根据三九集团的案例，说明企业该如何确保成功实现多元化战略？

参考文献

1. 刘冀生．企业经营战略．北京：清华大学出版社，1995.
2. 杨锡怀．企业战略管理．北京：高等教育出版社，2004.
3. 张秀玉．企业战略管理．北京：北京大学出版社，2005.
4. 徐二明．企业战略管理．北京：中国经济出版社，2002.
5. 邹昭晞．企业战略分析．第3版．北京：首都经贸大学出版社，2008.
6. MBA智库网站 http://www.mbalib.com/

第四章 医药企业新产品开发管理

产品是医药企业开展经营活动的基本要素。与其说，医药企业是在应对社会、科技和环境的发展变化，不如说是企业所生产的医药产品在迎接市场竞争者的挑战。没有一种医药产品是经久不衰、永远获利的，从投入市场到从市场中消退是医药产品发展的必经途径。医药企业必须清楚地认识产品生命周期的发展规律，研究一代，开发一代，储备一代，具备不断开发新产品的创新意识，根据本企业所处的宏观、微观环境，制定适宜的新产品开发战略。

第一节　产品生命周期与产品开发战略

一、产品与新产品的概念

产品是企业面向社会、面向市场开展经营活动最基本的要素，是企业赖以生存和发展的基础。产品作为企业满足顾客需求和欲望的载体，起着连通企业、市场和消费者，架构市场经济循环脉络的重要作用。随着全球经济一体化和"入世"后我国市场的不断开放，市场竞争日趋激烈，产品差异化战略成为提升企业核心竞争力的重要手段。企业愈来愈依赖于新产品开发和推广，使自己的产品区别于同类企业的产品而建立竞争优势，以期不断满足顾客新的需要。

（一）产品及医药产品的概念

1. 产品的概念　产品（product）的传统定义是由劳动创造，具有使用价值，能满足顾客需求的具有某种特定物质形状和用途的物品，如计算机、电视、药品、食品等都是产品。这一定义更侧重的是产品的物质属性。随着现代市场营销学的进一步发展，产品概念的内涵和外延在其理论和实践中不断地被剖析、发展和创新。所谓产品，是能提供给市场的，用于满足人们某种需求和欲望的任何东西，包括实物、服务、组织、场所、思想、创意等。它更强调其满足顾客需求和欲望的属性。

2. 医药产品的概念　医药产品主要包括药品、保健食品、医疗器械等产品。

（1）药品　药品（drug）是指用于预防、治疗、诊断人的疾病，有目的的调节人的生理功能并规定适应证或者功能主治、用法和用量的物质，包括中药材、中药饮片、中成药、化学原料药及其制剂、抗生素、生化药品、放射性药品、血清、疫苗、血液制品和诊断药品等。

（2）保健食品　保健食品（health food）是指声称具有特定保健功能或者以补充维生素、矿物质为目的的食品，即适宜于特定人群食用，具有调节机体功能，不以治疗疾病为目的，并且对人体不产生任何急性、亚急性或者慢性危害的食品。

(3)医疗器械　医疗器械(medical instrument)是指单独或者组合使用于人体的仪器、设备、器具、材料或者其他物品,包括所需要的软件;其用于人体体表及体内的作用不是用药理学、免疫学或者代谢的手段获得,但是可能有这些手段参与并起一定的辅助作用;其使用旨在达到下列预期目的:①对疾病的预防、诊断、治疗、监护、缓解;②对损伤或者残疾的诊断、治疗、监护、缓解、补偿;③对解剖或者生理过程的研究、替代、调节;④妊娠控制。

(二)新产品的概念

由于利益相关主体分析的角度和讨论问题的范围不同,对新产品定义的界定也不同。从技术发展的角度讲,新产品是随着科学技术的新突破,应用新发明、新原理、新技术、新构思、新原料等研制的产品,与老产品相比具有新性能、新功能等特征;从企业的角度讲,第一次生产销售的产品就是新产品;从市场的角度讲,从未在市场上出现的产品才是新产品。

产品的整体概念认为,产品是多维的。产品核心利益的实现往往借助质量、规格、价格、包装、品牌、特点、技术水平、服务水平等。从市场营销学的角度讲,新产品的界定更注重消费者的感受和认同,其涵义更为广泛。新产品(new product)是指产品整体概念中任一层次出现全部或局部的创新和变革,使产品有了新的结构、功能、品种或服务,能满足顾客新的效用和需求的产品。因此,新产品是一个相对的概念。根据新产品的创新程度,可以分为:

1. 全新型新产品　全新型新产品是指应用新技术、新原理、新工艺、新材料等研制的从未在市场上出现的产品。此类产品的诞生,往往伴随着科学技术的新发明创造。研制此类产品需要投入大量的资金、耗费相当长的时间、拥有雄厚的技术基础、承担较大的市场风险,但是研制成功后可以为企业带来长期的、巨大的经济效益。如电话、电视机、计算机、塑料、飞机、抗生素、降血脂药等刚投入市场时就是全新型新产品。它占新产品的比例为10%左右。

2. 换代型新产品　换代型新产品是指在原有产品的基础上,采用或者部分采用新技术、新原理、新材料等而制造出来的新产品。与老产品相比,产品性能得到较大提高,满足顾客新的需求,产品的功能逐渐增多。如降血脂药物从第一代到第二代、第三代,就是换代产品,因为第三代降血脂药物非诺贝特不仅能调节血脂至正常,而且比第二代药品吉非贝齐、洛伐他汀能更有效地预防和减少冠心病的发病率。

3. 改进型新产品　改进型新产品是指从原有产品的结构、质量、品牌、包装、规格等方面进行某些改进的新产品。如对上市药品改变剂型、改变给药途径、改变包装等都属于改进型新产品的范畴。

4. 仿制型新产品　仿制型新产品是指在研究市场上已存在的产品的基础上,企业加以仿制的产品。如制药企业模仿国家食品药品监督管理局已批准上市的已有国家标准的药品而生产的药品,就是仿制型新产品。

二、产品生命周期理论

(一)产品生命周期理论的发展

产品生命周期(product lifecycle)理论最早出现在经济管理领域,用于通过研究产品进入市场后的销售变化规律来制定产品的市场战略,并将其划分为推广、成长、成熟和衰亡4个阶段。后来,同一词汇被经济学家用来释义以产品国内外循环所表征的国际经济技术交往关系的演变。20世纪80年代,并行工程的提出,将产品生命周期的概念从经济领域扩展到工程领域,从市场阶段扩展到研制阶段,提出了覆盖从产品需求分析、概念设计、详细设计、制造、销售、守候服务,直到产品报废回收全过程的产品生命周期的概念。因此,"产品生命周期"是一个多义的理论概念,它反映了随着人们认识的升华而日趋完善的产品观和发展观。

1957年,美国波兹(Booz)、阿隆(Allen)和海米尔通(Hamilton)管理咨询公司出版的《新产品管理》一书,提出产品生命周期依其进入市场后不同时期销售的变化,可分为投入期、成长期、成熟期和衰退期,并作了图解。以后,英国的戈珀兹等人,参考某类产品的原型或国内外类似产品的销售统计记录,用数学的方法或类比的方法,把研究产品生命周期与研究生物老化现象的规律(成长曲线)结合起来,提出了戈珀兹曲线和其他曲线的数学模型。这样,从定性研究发展到定量研究,逐步形成了描述产品市场销售规律与竞争力的产品生命周期理论并得到广泛应用。企业在开发新产品、规划产品的更新换代、分析市场形势以及制定产品市场营销策略和经营决策中,常用它作为预测、分析、比较研究、资本运筹和调控的重要工具。本书中主要研究的是经济管理领域中的产品生命周期理论。

(二)产品生命周期的概念

1. 产品生命周期的概念　新产品从试销成功到被淘汰,如同任何生物一样,有一个发生、发展、成熟和衰亡的过程。市场营销学认为,产品生命周期是指产品的市场寿命或经济寿命,即从产品试制成功投入市场到被市场淘汰的全过程。它是相对于产品的物质寿命或使用寿命而言的。产品使用寿命,是指产品从投入使用到损坏为止所经历的时间,反映产品实体物质形态消耗的变化过程,受到使用时间、强度、磨损程度、维修保养等的影响。市场寿命则反映商品的经济价值在市场上的变化过程,受到市场需求、消费者行为、市场竞争情况、销售渠道选择等的影响。产品在市场上运动的发展变化轨迹可以用一条曲线来描述,这条曲线就称为产品生命周期曲线。根据产品进入市场后不同时期销售额或量的变化规律,产品生命周期可分为投入期、成长期、成熟期和衰退期,呈一条近似S型的曲线,如图4-1所示。

2. 产品生命周期曲线的确定方法　经营者只有正确判断本企业产品所处生命周期的不同阶段,制定适宜的营销策略,保证新产品及时开发,才能确保企业持续、稳定的发展。而产品生命周期受到各方面因素的影响,各阶段的划分并没有一定的标准,常用的确定方法有:

(1)定性分析法

①特征分析:根据产品上市之后在不同的周期阶段中的一般特征,同企业当今市场上的产品比较,以此认定此种产品大致处于其生命周期的哪个阶段,如根据销售额和利润在不同时期

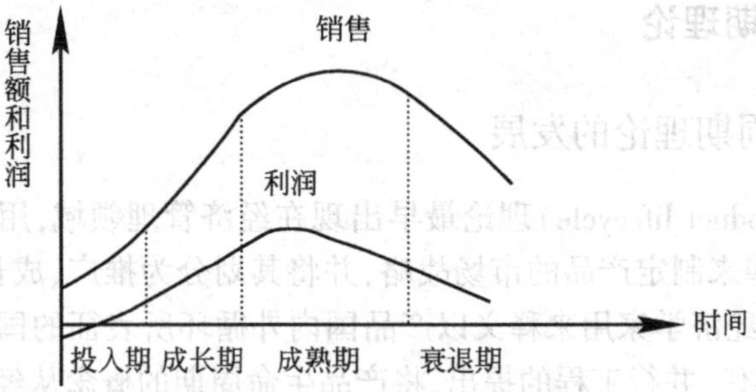

图 4-1　产品生命周期曲线

的变化规律来判断所处阶段。

②类比法：比照已经走完生命周期全过程的其他产品，来分析判断类似产品的生命周期。如参照黑白电视机的市场销售变化规律判断彩色电视机的发展趋势。

(2)定量分析法

①销售增长率判断法：产品销售增长率小于10%为导入期，大于10%为成长期，在0-10%之间为成熟期，小于0，即为负数时，则是衰退期。

②普及率判断法：产品普及率小于5%的为引入期，普及率5%～50%的为成长期，普及率50%～90%的为成熟期，普及率达90%以上的为衰退期。

③曲线模型判断法：企业运用产品生命周期曲线模型，如龚柏兹人口增长率曲线、利润的多项式回归曲线，在对市场信息深入调查研究的基础上，科学预测产品所处不同阶段的分界点。

④模糊数学识别法：有的学者以企业产品在市场上的销售量、市场占有率和利润率为企业产品生命周期阶段识别的指标，应用模糊数学的有关原理，分别建立这些指标在不同阶段的隶属函数，计算和综合各指标在不同模糊区间上的隶属度，根据最大隶属度原则，识别企业产品生命周期阶段的方法。

(三)产品生命周期各阶段的特点

产品的生命是有限的。面对激烈的市场竞争，企业必须保持持续的竞争优势，这就离不开新产品的开发和创新。一个新产品从进入市场开始，会经历产品生命周期的不同阶段。各个阶段在产品性能、生产成本、市场占有率、市场竞争程度、销售量等方面所具有的不同特点，对经营者也提出了不同的挑战。企业为了延长产品生命周期和扩大利润，需要根据产品生命周期各个阶段的特点制定适宜的营销、财务、品牌、广告、渠道等策略。

1. 投入期　新产品刚投入市场，消费者对产品不了解，产品销量少，市场占有率低，销售缓慢增长，利润较低甚至亏损。

2. 成长期　消费者的购买需求不断被挖掘，购买者逐渐接受新产品，市场需求增加，市场占有率持续扩大，销售额迅速上升，利润也随销量的增加显著增长，吸引了大量竞争者进入，市场上同类产品开始出现，竞争逐渐加剧。

3. 成熟期 产品已被消费者接受，市场需求逐渐饱和，消费者开始尝试购买新的产品，销售增长速度减缓甚至缓慢下降，利润稳定却开始逐渐下降，市场竞争激烈。

4. 衰退期 市场基本饱和，生产能力过剩，消费需求出现转移，同行业削价竞争加剧，市场占有率缩小，销售量呈现持续显著的衰退现象，利润也大幅度的滑落，一些不具有竞争优势的企业被纷纷淘汰出局。

（四）产品生命周期曲线的其他形式

产品生命周期呈现的近S型正态分布曲线，是一条理论曲线，只是说明在市场发展变化的正常情况下的规律性，没有反映由于特殊因素所造成的其他变化和发展情况。在现实经济生活中，并不是所有产品的生命历程都完全符合这种理论形态。由于产品品种不同，消费者需求不同，企业采取的营销策略不同，市场竞争情况不同等其他因素，产品生命周期曲线也会各异。目前研究人员确定了6~17种不同的产品生命周期曲线。常见的生命周期曲线形态如图4-2所示：

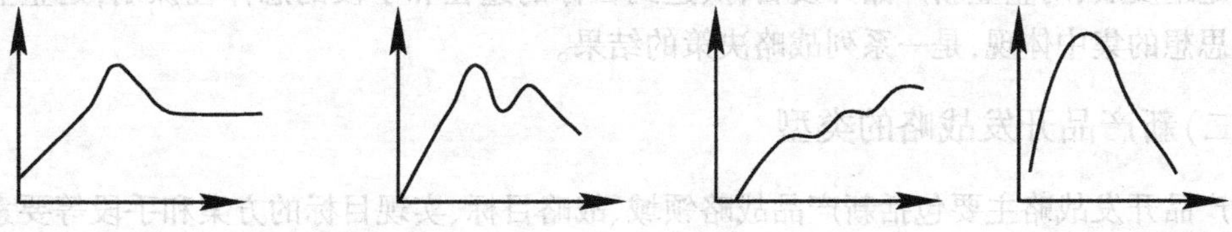

图4-2 生命周期曲线的其他常见形态

1."成长-衰退-成熟" 这种产品刚刚进入市场就销量迅速上升，然后销量下降到稳定的水平并一直保持下去。如电动剃须刀在首次引入时销售量增长迅速，然后跌落到"僵化"的水平，这个水平因不断有晚期采用者首次购买产品和早期采用者更新产品而得以维持，如图4-2a所示。

2."循环-再循环" 这种产品经历了第一个周期后，销量下降，进入衰退期，通过对产品二次开发进入第二个周期。如制药公司积极促销新药，进入第一个生命周期，销量出现下降，对药品改变剂型、改变给药途径、改换包装或二次促销，形成了第二个周期，如图4-2b所示。

3."扇形" 这种产品进入成熟期后，厂商制定和实施正确的营销策略，使产品销量不断达到高潮，如图4-2c所示。

4."成长-衰退" 这类产品具有迅速的渗透能力，需求增长很快，投入期很短，甚至无投入期直接进入成长期。由于这类产品大多属于时尚潮流产品，很快进入衰退期。如魔方、飞盘等潮流型娱乐品，如图4-2d所示。

（五）产品生命周期理论的重要意义

产品生命周期理论揭示任何产品和生物一样，有一个诞生-成长-成熟-衰亡的过程，也就是说任何一种产品不可能无限期地延续下去，都会经历诞生到衰亡的过程，迟早会被市场淘汰。企业应该树立危机意识，不断开发新产品，实行多品种经营策略，做好新老产品交替，形成最优的产品组合策略。一个企业如果不能经常不断地向市场推出技术先进、顾客满意的新产品,那么它就无法长期生存,更谈不上发展。

三、新产品开发战略

随着市场竞争的激烈,持续进行产品开发是使企业不断获得新的竞争优势的重要手段,新产品竞争已经成为企业竞争的核心领域之一。快速、成功地进行产品开发,能为企业带来巨大的成功和经济利益,对企业的生存与发展至关重要。然而,新产品开发风险极大,一旦失败将会使企业蒙受巨大的经济损失。为了使企业在新产品开发中把握正确的方向,降低新产品开发的失败率,提高新产品开发的成功率,企业必须制定适宜的新产品开发战略。

(一)新产品开发战略的概念

新产品开发战略是企业在市场条件下,根据企业所处环境及可利用资源的情况,为了企业长期稳定地发展,对企业新产品开发目标、达到目标的途径和手段的总体性谋划,是企业新产品开发思想的集中体现,是一系列战略决策的结果。

(二)新产品开发战略的类型

新产品开发战略主要包括新产品战略领域、战略目标、实现目标的方案和手段等要素。企业可以根据各自资源和环境情况,选择组合各项要素,制定适合本企业的新产品开发战略。常见的新产品开发战略开发角度不同,分类依据不同,形成不同的新产品开发战略。

1. 依据开发主体的不同可分为

(1)独立开发:即企业完全依靠自身的技术力量和优势独立进行新产品的全部研究开发工作。对于医药企业,新药研究开发的步骤主要包括基础研究、应用研究与开发研究。也就是说,制药企业从基础理论研究,到应用研究,再到开发研究,都不依靠外界的力量,完全由本企业的研发部门承担。这种研发策略适合于经济力量雄厚、技术先进的国际大型制药企业。虽然企业可以完全控制新药研发的进程,以及知识产权和商业秘密不被侵犯,但是需要企业在人、财、物和技术等方面具有相当的实力,而且如果研发失败,企业必须独自承担经济损失。全球每年上市新药中仅有20%左右通过制药企业自主研发完成。

(2)合作开发:即由企业与科研院所、高等院校通过委托研究、联合开发等形式,或者与其他企业通过组建合资机构、控股并购以及合作开发等形式,发挥各自在经济、资金和技术方面的优势,共同开发新产品。这种研发策略提高了研究和开发速度、降低了开发成本,实现利益最大化,但是企业对研发过程和结果缺乏有效控制。随着新药研究开发成本日益增长、竞争日益激烈,制药企业通过将新药产品开发、临床前试验及临床试验、数据管理、新药申请等技术服务委托给合同研究组织,降低研发成本,加快新药研发速度。

(3)技术引进:即企业通过引进国内外新技术、购买专利、技术转让等手段开发新产品。这种研发策略缩短研发时间,迅速缩小与国内外先进水平的差距,降低失败风险,加速新产品的上市销售,比较适合于产品开发能力弱,而生产能力强的企业。但是引进的技术大多是别人已经采用的技术,而且需要为新技术支付高昂的费用。即便是拥有高素质科研人员、充足的研发费用和先进技术的大型跨国制药企业,自主研发的项目只占全部在研项目的1/3,其余项目都依靠外部技术引进。通过技术引进成熟项目不仅可以缩短新药开发时间、降低风险,更节约了开发成本。对于中国医药企业来说,引进国外专利产品与技术是我们实施全球化战略的有效途径之一。

2. 依据企业资源和所处竞争地位可分为

(1)领先型战略:即企业利用自身资金、技术等优势,在市场需求调查的基础上,率先研究开发新产品,抢先投入市场,使企业在同行业中处于技术领先和产品领先地位。企业开发的新产品处于产品生命周期的投入期,没有来自竞争者的威胁,可以利用高定价策略和申请专利保护的手段使企业获得巨额利润。但由于没有其他企业开发此类产品的经验借鉴,投入成本高,一旦失败,将承受巨大的损失。

(2)紧跟型战略:即企业针对刚投入市场上具有发展潜力的产品,进行仿制或对其结构、功能等进行改进,并迅速投入市场。企业必须密切关注市场动态,对市场上出现的新产品具有敏锐的观察力,拥有较强的研发能力和生产能力,能在吸收新成果的基础上快速仿制并予以生产。但由于市场上已经有前期进入市场的新产品,而且采取紧跟战略开发新产品的企业也不止一家,市场竞争激烈,企业必须具有与市场上其他产品的竞争优势,才能把产品顺利推入市场。

(3)逐步扩大型战略:即企业根据市场需求变化,在自己原有产品的基础上,应用新技术、新材料优化设计,提高性能,增加功能,对产品进行更新换代、系列开发,不断拓展市场。如制药企业对自有药品品种开发新适应证、改变剂型、改变给药途径、改变剂量和包装、开发复方制剂等形成系列产品,拓宽产品组合深度。

第二节　医药企业药物研究与开发的程序

就医药企业而讲,新产品开发主要是指新药的研究与开发。新药研发是制药企业长期健康发展的重要因素,也是获得竞争优势的有效途径。

一、新药的概念和分类

(一)新药的概念

2002年由国家食品药品监督管理局批准实施的《药品管理办法实施条例》,对新药(new drug)的定义为:“新药,是指未曾在中国境内上市销售的药品。”

(二)新药的分类

依据2007年10月1日起施行的《药品注册管理办法》,国家食品药品监督管理局根据药品注册申请人的申请,依照法定程序,对拟上市销售药品的安全性、有效性、质量可控性等进行审查,并决定是否同意其申请,我们把这一审批过程称之为药品注册。药品注册申请包括新药申请、仿制药申请、进口药品申请及其补充申请和再注册申请。《药品注册管理办法》分别对中药和天然药物、化学药品、生物制品的药品注册进行分类。因此，我们可以根据药品注册中关于未曾在中国境内上市销售的药品的注册分类对新药进行分类。

1. 中药和天然药物　中药和天然药物的注册分类如下：第一类，未在国内上市销售的从植物、动物、矿物等物质中提取的有效成分及其制剂；第二类，新发现的药材及其制剂；第三类，新的中药材代用品；第四类，药材新的药用部位及其制剂；第五类，未在国内上市销售的从植物、动物、矿物等物质中提取的有效部位及其制剂；第六类，未在国内上市销售的中药、天然药物复方制剂；第七类，改变国内已上市销售中药、天然药物给药途径的制剂；第八类，改变国内已上市销售中药、天然药物剂型的制剂；第九类，仿制药。

注册分类第一类至第六类的品种为新药，注册分类第七类、第八类按新药申请程序申报。注册分类第九类的品种为仿制药。

2. 化学药品　化学药品的注册分类如下：第一类，未在国内外上市销售的药品；第二类，改变给药途径且尚未在国内外上市销售的制剂；第三类，已在国外上市销售但尚未在国内上市销售的药品；第四类，改变已上市销售盐类药物的酸根、碱基(或者金属元素)，但不改变其药理作用的原料药及其制剂；第五类，改变国内已上市销售药品的剂型，但不改变给药途径的制剂；第六类，已有国家药品标准的原料药或者制剂。

注册分类第一类至第四类的品种为新药，注册分类第五类按新药申请程序申报，注册分类第六类的品种为仿制药。

二、新药研究开发的特点

众所周知，新药研发是一项多学科、跨行业、投资高、周期长、风险大、回报丰厚的技术密集型系统工程。将一个全新的化合物开发成为具有一定治疗作用的新药并将其市场化为企业带来巨额利润，需要经历漫长的时间，花费大量的金钱，同时也涉及多种学科，如化学合成、分析化学、制药学、药理学等。随着新药研究开发的难度越来越大，其在为企业带来高收益的同时也伴随着很大的失败风险。

(一)多学科协同配合

新药研究开发主要包括药物的研究发明和药物的开发及商业化过程，是一项涉及多学科、多环节的系统工程。生命科学前沿技术如基因组、功能基因组、蛋白质组和生物信息学等与药物研究紧密结合，一些新兴学科如药物基因学、遗传基因学等越来越多地参与到新药开发和前期研究之中。化学、物理学、计算机和信息科学等与药物研究的交叉、渗透与融合日益加剧。新药研究成果的市场化运作成功与否，成为企业科研成果利益最大化的关键环节。而市场化的运作就离不开我们运用经济学、管理学、市场营销学等相关知识。因此，新药研发需要化学、生物学、医学、药学、信息学等多门学科的科学家、技术人员协同配合，同时还需要营销和管理人员参与到新药研究成果的市场化过程。

(二)新药研发的费用和风险越来越大

据美国药品研究和生产协会调查显示，美国新药研究 1980 年投入 20 亿美元，2000 年投入260亿美元,2007年投入445亿美元。在过去二十多年,美国新药研发投入费用快速增长。据Tufts药物开发研究中心的市场调查,以2005年为例,每一种新药开发的投资费用平均高达13亿美元,其中国际临床实验部分的费用就高达2亿美元左右。一种新药从构想到实验性产品最终获得批准上市,在药物筛选、临床前研究及临床研究过程中,一批研发药物会因药物的疗效和安全性问题被淘汰,即使已被批准上市的新药也还可能因为出现严重不良反应而被撤出市场。据统计,每5 000~10 000个化合物,才有5个进入临床实验,最终只有1个通过FDA的批准。上市后的品种并非100%盈利,盈利的仅为30%,其中能以高价独占市场的就更少。随着时间的推移,新药研发的步伐逐渐变得艰难起来。2006年底,辉瑞公司宣告中止降胆固醇药物torcetrapib的临床研究,而该公司在此项目上投入了10亿美元。2006年1月,辉瑞公司斥资13亿美元从赛诺菲-安万特购得吸入性胰岛素(exubera)的全球合作营销权,于2006年中期投放市场,并花费重金做了大量宣传,但销售业绩仅仅为400万美元,为扭转销售颓废之势,辉瑞停止该药的全球销售,但也使其公司税前损失达到28亿美元。

(三)新药带来的利润巨大

新药研发一旦成功就会给制药企业带来巨大的经济回报,以弥补研发过程中的资金投入。跨国制药巨头依靠开发专利药,采取垄断经营,获取高额利润,“重磅炸弹”药物成为企业的销售收入的主要部分。数据显示,全球品牌药的处方量虽然只有50%,但销售额却占了80%。以辉瑞为例,治疗心脑血管疾病的立普妥2005年销售收入129亿美元,占其总销售收入的27%。在不侵犯他人专利权的前提下,对创新药物进行工艺改进、质量完善、成本控制,开发仿创药物,也就是“Me-too”药,也会为企业带来不菲的经济收入。如盐酸雷尼替丁和萘普生的全球销售额,都远远超过其原型西咪替丁和布洛芬。新药的丰厚利润和可观的世界市场占有率,吸引世界各大制药企业纷纷投入巨资持续不断地研发新药,以求更大的利益回报。

(四)新药联合开发趋势明显

由于新药的开发和研制越来越困难,而且投入与回报风险越来越大,越来越多的企业选择对药物进行联合开发。从1963年以来,美国FDA所批准的全新化学实体药物(NCE)中有38%都是通过这种合作研究的形式开发成功的。据统计,1997-1999年间,战略联盟的95%是技术联盟,其中50%的联盟侧重于跨国研究与开发。在制药业,特别是生物制药业,这一趋势更加明显。

三、新药研究开发的程序

新药研究与开发是多学科、高技术、长周期、高风险、高回报的风险产业。新药研发是医药产业发展的动力,是企业的主要利润来源和发展的推动力,有利于企业塑造良好的企业形象和提升品牌竞争力,促进企业长期稳定发展。按照科学的研发流程进行新药研究开发工作才能降低其风险,促进新药更快更早的上市。

新药研究开发的每一阶段是以新药研发的目标为指导,着眼于促使新药开发成功,由来自企业内不同职能部门的员工组成团队进行信息的收集、实验研究以降低新药研发的风险。在相邻的两个阶段之间有一个决策控制点，对前一阶段的工作进行决策，以决定是否进入下一阶段的研究，并保证新药研究开发顺利进行。新药研究开发程序的阶段主要有：创意生成阶段、项目范围确定阶段、新药项目立项阶段、新药发明阶段、新药的临床前研究阶段、新药的临床试验阶段、新药的上市开发阶段。由于药品的质量关系到人民的生命健康，国家相关药品管理部门需要对药品是否进入临床试验研究及是否批准上市进行事前审批，并由其决定能否进入下一阶段。新药研发流程见图 4-3。

（一）创意生成阶段

新药的创意生成是新药研究开发的起始阶段，是满足消费者治疗疾病需求的新想法和新构思。创意可以来自于对竞争对手产品的改进，也可以来自于消费者显性和潜在需求的关注，创意的生成可以是企业整体战略导向的要求，也可以是药学技术进步的推进。一个更容易演变成实体药品的优秀创意，不仅局限于某一方面的需求，更多的是来自于企业整体战略、市场信息、科学技术进步等几个方面共同促进的结果。新药的创意来源可以是与药品有关的研究、生产、流通、使用、监督等任一环节或者多种环节。因此创意的来源有顾客、竞争对手、科研人员、企业的销售人员和经销商、企业高层管理人员、市场咨询公司、广告代理商、专利代理人等。

寻求创意的方法主要有：

1. 属性列举法　将现有某种药品品种的属性，如有效性、安全性、经济性、合理性、方便性等一一列举出来，然后寻求改进每一种属性的方法，从而改良现有药品品种。

2. 顾客问题分析法　首先调查顾客在使用某种药品时所发现的问题或值得改进的地方，然后对这些意见进行综合分析整理，转化为创意。

3. 头脑风暴法　企业管理人员召集若干某一问题方面的人员和专家一起座谈，组织者必须事先准备好相关资料，以明确的方式向所有参与者阐明问题，说明会议的规则，尽力创造融洽轻松的会议气氛，一般不发表意见，由专家们“自由”提出尽可能多的创意。

4. 群辩法　企业的主管人员挑选若干性格、专长各异的人员座谈，自由交换看法，无拘无束地讨论，以发展新的构想，产生更多好的创意。

创意产生后，要对创意进行初步审查。这一阶段的审查主要是粗略考察项目可行性、战略一致性、企业资源能力、市场开拓的潜力等，而暂不考虑财务能力。

（二）项目范围确定阶段

这一阶段的目标是在国家政策法规指导下，确定新药研发项目的技术和市场优势，主要包括前期市场评估、技术评估和政策环境分析。前期市场评估主要是确定新药的市场吸引力、市场竞争力、市场主要竞争对手情况、市场规模、市场接受程度等。信息的主要来源是疾病流行病学、药品品种市场销售的统计数据、患者和医师的用药特点等。前期技术筛选主要是在考察国内外技术发展趋势的基础上，从企业的角度，评价拟采用该技术方案的可行性和先进性。政策环境的分析主要是知识产权情况和国家相关政策法规，信息主要来源于专利信息、国家新药申报审批情况、国家产业政策、中药品种保护政策等。

项目范围的筛选，主要是指对创意进行项目筛选的过程，企业要结合企业自身的产品开发

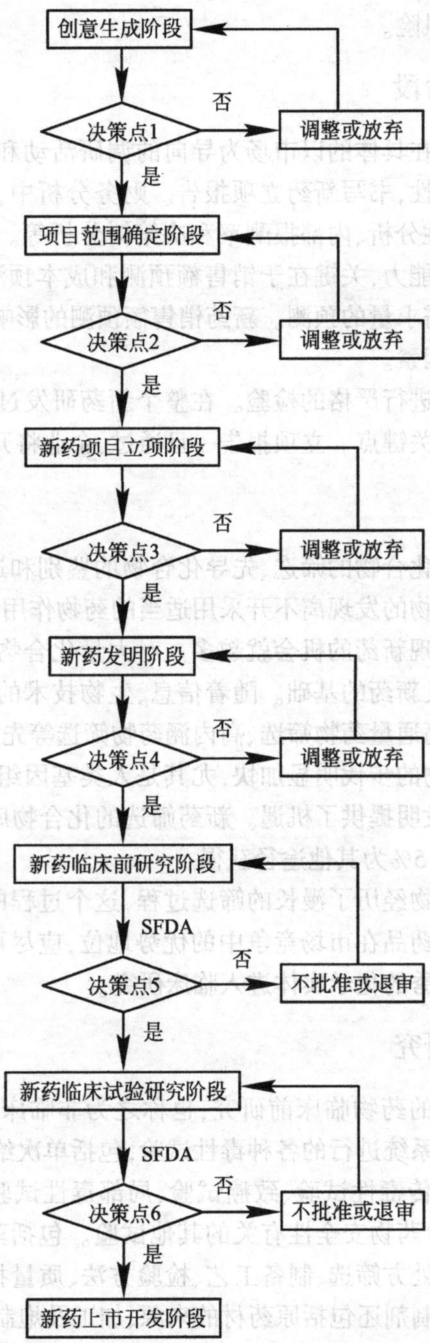

图 4-3　新药研究开发过程

战略、企业资源状况，更重要的是要考虑企业的财务能力，判断能否承担此新药创意的进一步研发。企业要避免抛弃未认识到发展潜力的创意，或者将没有发展劲头的创意继续进行开发，这样都会给企业带来巨大的损失。只有经过严格的筛选，符合条件的优秀的创意才能进入下一过程，以减少新药研发的风险。

（三）新药项目立项阶段

这一阶段的主要目标是在具体的以市场为导向的调研活动和财务分析活动的基础上，更为细致的分析该项目的可行性，书写新药立项报告。财务分析中，要采用一些更复杂、全面的方式，如基于净现值的敏感性分析、内部报酬率和决策树分析等。在此阶段，最重要的内容是评价最终新药上市后的获利能力，关键在于销售额预测和成本预测。销售额预测是在特定的一系列条件下，对未来预期需求量的预测。新药销售额预测的影响因素有消费者行为、竞争行为、企业行为和一般环境等因素。

企业要对新药立项报告进行严格的检验。在整个新药研发过程中，它是作为通向下一步成本巨大的实际研发过程的关键点。立项报告一旦通过，企业将开始新药的实验研究。

（四）新药发明阶段

新药发明阶段包括活性化合物的筛选、先导化合物的鉴别和通过对先导化合物优化产生备选药物3个阶段。创新药物的发现离不开采用适当的药物作用靶点对大量化合物样品进行筛选，而且筛选规模越大，发现新药的机会就越多。对大量化合物进行筛选，发现具有生物活性的先导化合物，是研究开发新药的基础。随着信息、生物技术的快速发展，以此技术为基础的组合化学、药物设计以及高通量药物筛选、高内涵药物筛选等先进的新药开发技术也随之不断发展，寻找新的先导化合物的步伐明显加快，尤其是人类基因组计划的完成，潜在药物靶点不断被发现，为创新药物的发明提供了机遇。新药筛选的化合物库中有70%左右为有机化学产物，约25%为植物成分，约5%为其他途径获得。

从活性化合物到备选药物经历了漫长的筛选过程，这个过程的基本思想是为了减少临床研究的巨大风险和保证未来药品在市场竞争中的优势地位，应尽可能的寻找在化学、药理、药代和毒理4个方面都是最优秀的化学实体进入临床研究。

（五）新药的临床前研究

为申请药品注册而进行的药物临床前研究，也称之为非临床研究，系指为评价药物安全性，在实验室条件下，用实验系统进行的各种毒性试验，包括单次给药的毒性试验、反复给药的毒性试验、生殖毒性试验、遗传毒性试验、致癌试验、局部毒性试验、免疫原性试验、依赖性试验、毒代动力学试验及与评价药物安全性有关的其他试验。包括药物的合成工艺、提取方法、理化性质及纯度、剂型选择、处方筛选、制备工艺、检验方法、质量指标、稳定性、药理、毒理、动物药代动力学研究等。中药制剂还包括原药材的来源、加工及炮制等的研究；生物制品还包括菌毒种、细胞株、生物组织等起始原材料的来源、质量标准、保存条件、生物学特性、遗传稳定性及免疫学的研究等。

从事药物非临床安全性评价研究机构必须遵循《药物非临床研究质量管理规范》（简称GLP），并配备与试验研究项目相适应的组织机构、人员、实验设施、仪器设备、实验材料，按照标准操作规程进行实验研究。所用试验动物、试剂和原材料应符合国家有关规定和要求，并应当保证所有试验数据和资料的真实性。

新药临床前研究结束后，申请人应当填写《药品注册申请表》，向省级药品监督管理部门如实报送相关材料，尤其在规定的时限内将审查意见、核查报告及申报资料送交国家食品药品监督管理局药品审评中心，并通知申请人。国家食品药品监督管理局药品审评中心收到申报资料后，应在规定的时间内组织药学、医学及其他技术人员对申报资料进行技术审评，必要时可以要求申请人补充资料，并说明理由。完成技术审评后，提出技术审评意见，连同有关资料报送国家食品药品监督管理局。国家食品药品监督管理局依据技术审评意见作出审批决定。符合规定的，发给《药物临床试验批件》；不符合规定的，发给《审批意见通知件》，并说明理由。

（六）新药的临床试验阶段

药物的临床试验（包括生物等效性试验），必须经过国家食品药品监督管理局批准，且必须执行《药物临床试验质量管理规范》（简称 GCP）。药物临床试验批准后，应当由具有药物临床试验资格的机构承担药物临床试验。生物等效性试验，是指用生物利用度研究的方法，以药代动力学参数为指标，比较同一种药物的相同或者不同剂型的制剂，在相同的试验条件下，其活性成分吸收程度和速度有无统计学差异的人体试验。

临床试验分为Ⅰ、Ⅰ、Ⅲ、Ⅳ期。新药批准上市前，应当进行Ⅰ、Ⅱ、Ⅲ期临床实验。经 SFDA 批准后，有些情况下仅进行Ⅱ和Ⅲ期临床试验或者仅进行Ⅲ期临床实验。

Ⅰ期临床试验：初步的临床药理学及人体安全性评价试验。观察人体对于新药的耐受程度和药代动力学，为制定给药方案提供依据。

Ⅱ期临床试验：治疗作用初步评价阶段。其目的是初步评价药物对目标适应证患者的治疗作用和安全性，也包括为Ⅲ期临床试验研究设计和给药剂量方案的确定提供依据。此阶段的研究设计可以根据具体的研究目的，采用多种形式，包括随机盲法对照临床试验。

Ⅲ期临床试验：治疗作用确证阶段。其目的是进一步验证药物对目标适应证患者的治疗作用和安全性，评价利益与风险关系，最终为药物注册申请的审查提供充分的依据。试验一般应为具有足够样本量的随机盲法对照试验。

Ⅳ期临床试验：新药上市后应用研究阶段。其目的是考察在广泛使用条件下的药物的疗效和不良反应，评价在普通或者特殊人群中使用的利益与风险关系以及改进给药剂量等。

药物临床试验的受试例数应当符合临床试验的目的和相关统计学的要求，并且不得少于《药品注册管理办法》规定的最低临床试验病例数。罕见病、特殊病种等情况，要求减少临床试验病例数或者免做临床试验的，应当在申请临床试验时提出，并经国家食品药品监督管理局审查批准。

新药临床试验完成后，申请人应当填写《药品注册申请表》，向所在地省、自治区、直辖市药品监督管理部门报送申请生产的申报资料，并同时向中国药品生物制品检定所报送制备标准品的原材料及有关标准物质的研究资料。省、自治区、直辖市药品监督管理部门对申报资料进行形式审查，符合要求的，出具药品注册申请受理通知书；不符合要求的，出具药品注册申请不予受理通知书，并说明理由。然后在规定的时限内将审查意见、核查报告及申报资料送交国家食品药品监督管理局药品审评中心，并通知申请人。国家食品药品监督管理局药品审评中心收到申报资料后，应当在规定的时间内组织药学、医学及其他技术人员对申报资料进行审评，必要时可以要求申请人补充资料，并说明理由。经审评符合规定的，国家食品药品监督管理局药品审评中心通知申请人申请生产现场检查，并告知国家食品药品监督管理局药品认证管理中心；经审评不符合规定的，国家食品药品监督管理局药品审评中心将审评意见和有关资料报送国家食品药品监督管理局，国家食品药品监督管理局依据技术审评意见，作出不予批准的决定，发给《审批意见通知件》，并说明理由。国家食品药品监督管理局药品审评中心依据技术审评意见、样品生产现场检查报告和样品检验结果，形成综合意见，连同有关资料报送国家食品药品监督管理局。国家食品药品监督管理局依据综合意见，作出审批决定。符合规定的，发给新药证书，申请人已持有《药品生产许可证》并具备生产条件的，同时发给药品批准文号；不符合规定的，发给《审批意见通知件》，并说明理由。改变剂型但不改变给药途径，以及增加新适应证的注册申请获得批准后不发给新药证书；靶向制剂、缓释、控释制剂等特殊剂型除外。

国家食品药品监督管理局对下列申请可以实行特殊审批：第一类，未在国内上市销售的从植物、动物、矿物等物质中提取的有效成分及其制剂，新发现的药材及其制剂；第二类，未在国内外获准上市的化学原料药及其制剂、生物制品；第三类，治疗艾滋病、恶性肿瘤、罕见病等疾病且具有明显临床治疗优势的新药；第四类，治疗尚无有效治疗手段的疾病的新药。主治病证未在国家批准的中成药功能主治中收载的新药，可以视为尚无有效治疗手段的疾病的新药。属于第一、二类的，药品注册申请人（以下简称申请人）可以在提交新药临床试验申请时提出特殊审批的申请。属于第三、四类的，申请人在申报生产时方可提出特殊审批的申请。

（七）新药上市开发阶段

当新药研究取得新药证书和生产批件后，只有将新药研究成果实现产业化并在市场上成功营销为开发者带来经济效益，把新药研究开发中的投资收回来，才达到了新药研究的真正目的。新药研究开发的投入和上市后实现商业化产生经济利润的能力是互相促进、互相依存的。只有这样才能激励开发者提取经济利润中的一定比例投入到下一轮新药的研发，产生良性循环，提升制药企业的竞争力。

四、我国药物研究与开发的现状与方向

（一）我国新药研发的现状

1. 新药研发以仿制药为主　美国及国际等跨国制药企业之所以能取得巨大的经济回报，关键在于其产品是以专利药为主体。尽管我国医药市场近年来一直保持稳定高速增长，但是我国药企新药研究开发技术及其手段远远落后于发达国家，长期以来以仿制国外药物为主，97.4%以上的化学药、90%以上的生物制药都是仿制的，很少有自己的创新药物。截至2001年，我国自主研发并获得国际承认的创新药物只有2个——青蒿素和二巯基丁二酸钠。

2007年，美国FDA共批准了16个新分子实体、2个新疫苗以及4个新生物技术药物，获

批数量低于近几年的平均水平。同年,我国药品监督管理部门批准新药 176 个,仿制药 776 个。在我国,所谓的新药中,一部分是“抢仿药”,也就是仿制已在国外上市而国内没有上市的药物。由于“抢仿药”的研发费用及研发周期都远远低于创新药物,而其转让价格和市场价值又远远高于单纯仿制药,因此,成为国内众多制药企业研究的热点。

目前,我国医药行业发展依托的粗放式的仿制发展模式,处于产业链的低端环节。仿制药因为其进入门槛较低,“一个药物,多家仿制”的情况层出不穷,进入的厂家较多,处于一种过度竞争的状态,行业盈利空间大大萎缩。截至 2005 年底,注册生产一类新药加替沙星的企业已达 77 家,而其 2004 年的全国市场销售额仅为 3.9 亿元,平均每家生产企业仅取得 500 万元的销售额。

2. 新药研发投入不足 2005 年我国医药行业新药研发总投入在 70 亿元左右,仅为美国辉瑞公司研发投入的 1/8。而美国 2005 年新药研发的总投资为 244 亿美元。2005 年我国整体医药行业研发投入占销售收入比重平均仅为 1.02%,除个别企业在 5%以上外,大部分企业的研发投入比重都处于非常低的水平。2005 年美国研究制药工业协会会员和非会员公司在生物医药上的研发总投入高达 513 亿美元,是中国的 94 倍。众多美国制药企业每年的研发投入平均占销售额的 15%~20%,如辉瑞公司的年度研发投入就占到全年销售额的 17.99%。

3. 新药研制开发主体错位 在国外,新药研发的主体是各大制药企业,它的研发目标更为明确,就是以市场为最终目标,因而往往具有较好的经济收益,大学、研究所则主要着重基础研究。如 Merck 公司有近 5 000 名专家在全球 7 个国家 8 个研究所从事新药研发,使公司做到“生产一代、开发一代、研究一代、构思一代”,保证了其在制药行业的霸主地位。我国的情况却恰恰相反,在长期的计划经济体制下,新药研发的主体是研究院所和大专院校,新药研发学术化,医药企业往往没有自己独立的研发部门。由于科研部门远离市场,往往出现研发与市场脱节的现象。尽管目前已经有国内的制药企业介入科研机构的新药研发,但是多数都只在药品进入临床研究后才开始投入,因此绝大部分的风险还是由研究机构承担。而且制药企业支持的大多是一些“短平快”的项目,一些需要花费长时间研究开发的新药很难获得企业的支持。

4. 中药新药创新性不足,缺乏新药研发理论体系指导 在我国,已经批准的近 3 000 个中药新药中,普遍存在重复开发现象,缺少疗效好、剂型先进、质量易控制、具有独立知识产权、被国际医药界所接受的高水平中药新药。由于中药是在中医药基础理论指导下用药,具有长期的临床实践,因此其研发模式有别于化学药物,不是从实验室走向临床,而是从临床到实验室再到临床。随着现代医药技术的发展,如何把传统中医药理论和现代科学技术相结合,并有效指导中药新药的研发,还存在很大分歧。因此,目前中药新药研发还缺乏公认的理论体系的指导。

(二)我国新药研发的方向

1. 由“以仿为主”转向“仿创结合”,开发 Me-too 药物 目前,国际上新药研发大约分为 5 种模式:全新化合物筛选、模仿性创新、新制剂开发、增加新适应证、复方创新药物(协同药物组合)。据统计,1998-2002 年间,美国共有 415 种药品获得批准。其中,仅有 133 种(32%)

为新分子实体,其他的则是在原创新药物基础上改进的品种,效果显著优于原药。在全新化合物研发日益困难的背景下,鉴于我国目前制药行业的整体状况,要想实现从制药大国走向制药强国,研发具有自主知识产权的新药,必须走模仿性创新的道路。随着我国加入 WTO,原来的仿制模式越来越难行得通。我国新药研发逐渐转向仿中有创,仿创结合,开发 Me-too 药物。Me-too 药物就是以别人的专利药物为先导化合物,在其基础上进行结构改造及优化、设计开发具有相似化学结构及作用机制,而又在原专利保护范围之外的药物。

2. 发挥我国天然药物资源优势　与国际成熟的化学新药研发体系相比,我国的基础研究薄弱,研发投入力度小,因此,在化学药研发创新上很难超越欧美发达国家。但是,我国有传承数千年的中药,经历了长期和大量的人群实践,是我国人民在现代医疗技术兴起之前的健康保障。据不完全统计,从 1981-2002 年,全世界研发的新药,来源于天然产物的占了约 60% 以上。在欧美国家,至少有 60 种申报新药是从天然药物中提取出来的,如麻黄素、三尖杉酯碱、紫杉醇等。我国有 11 000 多种药用植物,这是我们的优势。从天然化合物中寻找活性化合物,对其靶点进行研究和结构改造,从而获得高效、高特异性的化合物是创新药物研发的重要方向。

3. 建立以市场为导向的新药研发体系　新药研发的最终目的不仅仅是获得生产批文,更重要的是最大限度地开发和占有市场以获取经济效益。新药研发应满足人们个性化和多样性消费的需求,顺应人类医疗服务模式向预防保健模式的转变,针对当前多发病开发疗效确切的药品。在新药选题时必须进行充分的市场调研,分析所选病种的发病率、当前上市药物的品种、临床用药状况、各个品种的特点和目前市场占有率,根据拟选新药的优势和特点,预测新药上市后可能的市场占有率和市场前景。

4. 加快中药复方的研发　中药在中医辨证论治理论指导下的用药特点是多药同用。中药新药开发的来源可以是中药有效成分或有效部位,也可以是久经考验的安全有效的经典良方及古方。中药的优势是以中医理论为指导,并且拥有经过几千年的临床配伍经验证明行之有效的数量众多的中药复方。我们应该借鉴国外开发天然药物的思路及步骤,充分利用自身优势,突破国外从试验到临床的研发模式,对疗效确切的经方、验方进行科学研究。

第三节　医药产品知识产权保护

一、医药知识产权的定义及特征

(一)医药知识产权的定义

医药知识产权是指一切与医药行业有关的发明创造或者智力劳动成果的财产权,是一种无形财产。

(二)医药知识产权的特征

1. 专有性 知识产权的专有性是指权力人依法享有的独占使用智力成果的权力,排除他人未经权力人许可不得使用其智力成果。

2. 时间性 知识产权的时间性是指依法产生的知识产权只在法律规定的期限内有效,超出期限后,就成为公共财富,任何人都可以无偿使用。

3. 地域性 知识产权的地域性是指除签订有关知识产权的国际公约或双边互惠协议外,经一国法律所保护的某项知识产权只在该国领域内有效,对其他国家不发生法律效力,不受他国法律的保护。

4. 无形性 知识产权的无形性是指受法律保护的客体不是有形的财产或物体,而是人类脑力劳动而产生的智力成果,它不像物体一样占有一定的空间,是一种无形的财产和利益。

二、医药知识产权的保护手段

根据保护对象和保护措施的不同,医药知识产权保护手段可以分为法律保护手段和行政保护手段。

(一)法律保护手段

1. 专利 专利是国家按专利法授予申请人在一定时间内对其发明创造成果所享有的独占、使用和处分的权利,包括发明专利、实用新型专利及外观设计专利等。专利是保护医药发明创造最有效的手段,凡具有新颖性、创造性、实用性的医药新化合物、新有效部位、新中药复方、药物组合物、新用途、新给药途径、新微生物、新生产工艺、新质量控制方法、新制药设备、医疗器械、新的内外包装等都可以授予专利。药品的专利保护包括作为药物活性成分的药物化合物、生物制品和药物组合物依法获得的产品专利;制备药品的方法;药品的用途专利。医药专利的特点有三:①必须公开发明;②有时间限制,发明专利保护期限自申请日起20年,实用新型和外观设计专利保护期限自申请日起10年,专利期满,谁都可以无偿使用;③地域性。

2. 商业秘密 商业秘密,是指不为公众所知悉、能为权利人带来经济利益,具有实用性并经权利人采取保密措施的设计资料、程序、产品配方、制作工艺、制作方法、管理诀窍、客户名单、货源情报、产销策略等技术信息和经营信息。技术秘密是商业秘密的一种。

3. 商标 商标是医药产品和医药服务的标记,它是药品生产者、经营者、服务提供者为了使自己生产、销售的药品或提供的服务,在市场上与其他药品或服务相区别而使用的一种标记,主要包括医药企业已注册的标记。

4. 著作权 著作权是指与医药相关的专著、文献、百科全书、论文、资料、产品说明书、产品设计、计算机软件、网络系统等。

5. 植物新品种保护 植物新品种保护也叫“植物育种者权利”,完成育种的单位或者个人对其授权品种享有排他的独占权,是与中药植物新品种保护密切相关的知识产权。

(二)行政保护手段

1. 中药品种保护　中药品种保护是保护中药知识产权的一种有效的手段,是采用行政方式保护中药品种的技术秘密。与专利相比,具有审批速度快、保密性强的优点,但仅保护中药品种,不保护生产方法、专用器械等,而且不具有排他性。

2. 药品行政保护　药品行政保护是我国药品生产经营主管部门对外国企业所生产的符合行政保护条件的药品给予一项特殊保护的措施,获得这一行政保护权的外国企业在中国市场上享有对某一药品的独占权。

医药知识产权涉及的范围,不局限于某一新产品、新技术、新用途、新外观设计,也不局限于采取单一形式的知识产权保护,如以专利或商标的形式对同一新药进行保护。因此,医药知识产权保护是一个完整的体系,是相互联系、相互作用、相互影响的。

三、医药知识产权战略

新药的研究开发同其他行业的新产品开发相比,开发难度越来越大,新药的数量越来越少,但是新药一旦成功开发,不仅可为保障人类健康和治疗疾病作出贡献,而且还可为开发成功的科研院所和制药企业带来巨额利润。这种巨额利润的回报,主要依靠知识产权制度的垄断保护。西方国家许多大型跨国制药公司之所以能取得巨大成就,原因之一就是特别注意新药研发、有效利用知识产权,全方位实施知识产权战略。因此,医药企业必须重视知识产权战略在企业战略中的重要性。

(一)医药知识产权战略的定义

医药知识产权战略是指医药企业根据本企业的整体战略目标,运用知识产权保护制度,为充分地维护自己的合法权益,获得与保持竞争优势并遏制竞争对手,谋求最佳经济效益而实施的一系列策略和手段。

(二)医药知识产权战略的分类

1. 根据知识产权权力内容分类　根据所实施的知识产权权力内容,医药知识产权战略可以分为专利战略、商标战略、商业秘密战略、著作权战略等。

2. 根据运用知识产权所实现的市场目标分类

(1)抢先型战略:抢先型战略,是指医药企业利用自身技术优势和经济实力,积极主动的进行发明创造,并对智力劳动成果及时申请知识产权保护,防止竞争对手进入市场,从而抢占和控制市场的战略,获取超额利润。实施这一战略的重心是技术领先,争时间、抢速度、抢在竞争对手之前申请知识产权保护。如果能成功实施这一战略,可以使医药企业占据主动性,牵制竞争对手,取得竞争优势。但并非所有的企业都适合使用此战略。只有拥有较强的技术研究和市场开发能力以及雄厚的经济实力;密切关注技术发展动态,能正确预测市场走向;能及时利用知识产权战略提高市场竞争力的企业才能使用此战略。因此,一些经济实力强、技术优势大的跨国制药企业常通过抢先对其发明创造申请知识产权保护,排挤竞争对手。

(2)防守型战略:以专利战略为例,防守型战略是医药企业在自身的基本专利战略周围设置许多相关的专利组成专利网,抵制他人对该基本专利的进攻;或者在他人的基本专利周围设置相关的专利,遏制竞争对手的控制权。如制药企业就一种药物申请十余项专利。专利除了涉及生产方法、工艺、用途、使用方法、化合物、组合物之外,还关于片剂的大小、颜色、形状等。因此,制药企业就通过专利保护措施编织了专利网来防御竞争者仿制。此战略适合于在竞争中经营活动受到其他企业威胁的企业。这类企业竞争实力、技术力量较弱,目的是为了保护自身利益,打破市场垄断格局,改善自身被动的地位。

总之,医药知识产权战略属于医药企业经营发展战略的一部分,其目标的实施与企业其他战略往往是相互包含、相互交错的。企业制定何种知识产权战略要依据企业的整体战略而制定。同时要随着市场信息的不断变化、竞争对手的不同情况,针对企业不同产品,制定与市场营销战略、广告宣传战略、市场竞争战略、企业形象战略等紧密相关的知识产权战略。

参考文献

1. 任君卿,周根然,张明宝. 新产品开发. 北京:科学出版社,2005.
2. 王永贵. 产品开发与管理. 北京:清华大学出版社,2007.
3. 保罗·特罗特. 创新管理与新产品开发. 北京:人民大学出版社,2005.
4. 科特勒. 营销管理. 北京:人民大学出版社,2005.
5. 顾海. 医药市场营销学. 北京:人民卫生出版社,2006.
6. 杨文章. 医药市场营销. 北京:化学工业出版社,2006.
7. 季骅. 医药市场营销. 上海:上海交通大学出版社,2007.
8. 彭智海. 医药市场营销学. 北京:科学出版社,2005.
9. 王明旭,刘家全,秦正. 医药知识产权战略研究. 北京:军事医科出版社,2004.
10. 茅宁莹. 试析国际新药开发的新趋势. 中国药业. 2005,14(10):4-5.
11. 陈新辉,乔忠. 产品生命周期的模糊识别模型. 中国农业大学学报. 2001,6(4):1-6.
12. 希林. 技术创新的战略管理. 北京:清华大学出版社,2005.
13. John Sutton. Technology and Market Structure, massachusetts: massachusetts institute of technology Cambridge press,2001.

第五章 医药企业生产与运作管理

医药企业管理工作可分为企业经营管理和企业生产运作管理两大部分。企业经营管理是对企业经营活动的管理,主要解决企业的经济活动问题,使企业同外部环境取得动态平衡;而企业生产管理是对企业生产系统的管理,主要是解决医药企业内部的人、财、物等各种资源的最优组合问题。医药企业经营管理是医药企业生产管理的先导,医药企业生产管理是企业经营管理的基础。

第一节 医药企业生产与运作管理概述

一、医药企业生产与运作管理的概念

企业生产与运作管理是指对企业生产与企业运作过程所进行的规划、设计、组织和控制的活动。医药企业生产与运作过程就是医药企业将它的输入转化为输出的过程,即医药企业投入一定的资源,经过一系列的变换,最终以某种形式的产出满足社会需要的过程。输入是由输出决定的,生产怎样的医药产品或提供怎样的服务,决定了需要怎样的输入。输入需要通过转换过程才能变为输出,转换是通过人在生产运作系统中的劳动来实现的,输入到输出中间的转换过程,也就是劳动过程、价值增值过程,即运作过程。如果以 x_i 表示资源的投入,以 y_i 表示产出,那么这一过程既要求

$$\sum y_i \geqslant \sum x_i$$

同时要求谋求最优:

$$y=f(x)$$

医药企业的生产与运作系统是由人和机器构成的,在一定的生产经营战略前提下将一定输入转化为特定输出的有机整体。由产品设计、设施选址与布置、工艺设计、劳动组织等生产技术准备过程,加工、制造等基本生产过程,原材料采购、保管、运输等生产服务过程,动力生产、设备维护维修等辅助生产过程4个部分组成。

二、医药企业生产与运作的特点

按照产品的形式来分,药品生产企业可以分为原料药生产企业和制剂生产企业。药物制剂,也就是通常意义上我们所说的药品,直接供医师和患者使用。而原料药作为药物制剂的主要成分,是指具有一定药理活性,用作生产制剂的物质。原料药的生产工艺千差万别,同一种

制剂生产工艺虽然大致相同，但具有很大的复杂性，故所需的设备和物料也可能不相同。而药品又是一种特殊的商品，直接关系到人类的健康，因此对产品质量要求高，法律控制严格。医药企业生产与运作具有以下特点：

（一）原辅料品种多、数量大

无论是中药饮片、中成药，还是化学原料药、化学药制剂、生物制品、抗生素原料药、抗生素制剂、生化药品、诊断药品，从总体上看，投入原料、辅料的种类大大超过了其他轻工业产品的生产。其范围从无机物到有机物、从植物到动物到矿物，几乎是无所不及。有些药品生产过程中所需投入原料、辅料的数量大，得率低。有时一吨原料只能产出数公斤甚至数克药品。另一方面药品生产过程中产出的废气、废液、废渣相当多，导致“三废”处理投入大。

（二）机械化、自动化程度高

设备是生产要素之一，制药企业要实现产品的规模化，必须以制药设备为支撑。根据GMP的要求，制药设备正逐渐向着密闭生产、高效、多功能、连续化和自动化方向发展。在医药生产企业中成套的生产设备、动力设备、动力传导装置，以及各种仪表、仪器、电子技术、生物技术和自动控制设备都被广泛应用。由于药品的品种多，生产工艺复杂多样，产品质量要求高。因此，还对设备功能要求较高，如设备要便于清洁，密封性能好，采用不与药品发生化学物理变化的材质等。

（三）生产的复杂性、综合性

药品品种多，同一品种具有多种剂型和不同规格，其生产工艺也复杂多样，在生产过程中除涉及药学专业知识外还需采用化学、生物学、医学、化学工程、电子等领域的最新成果，药品生产过程中出现的许多问题，都必须综合运用各学科的知识来解决。现代制药工业的发展，很大程度取决于科学技术的运用程度。

（四）卫生要求严格

《药品生产质量管理规范（GMP）》中对环境、生产工艺、人员都有严格的卫生要求。药品生产卫生要求包括环境卫生要求、生产工艺卫生要求、人员卫生要求等。GMP规定药品生产企业应有防止污染的措施，厂区、路面及运输等不得对药品的生产造成污染，生产人员、设备及药品的包装物等均不得对药品造成污染。除规定对厂房、设备、容器等都需要清洁外，特别强调设备的清洁要足以防止因清洁不当而引起的交叉污染。此外，对药品生产人员及工作服都有详细的规定，以防止对药品产生污染。如建立生产人员的健康档案，进行定期体检，有伤口和传染病或皮肤病的患者不得从事直接接触药品的生产。不同洁净级别工作服不得混用，需分开定期洗涤、灭菌。生产人员不得化妆和佩戴手表，不得裸手接触药品等。

（五）产品质量要求严格、品种规格多、更新换代快

药品与人类的生命安危、健康长寿有密切的关系，故对药品的质量要求特别严格。世界各

国政府都制定了本国的药品生产质量标准,以及管理药品质量的法律、法规,使药品的生产经营活动处于国家的严格监管之下。

随着医药学的不断发展,药品品种规格日益增多,以及人体疾病的复杂多变,人们对高效、特效、速效、毒副作用小、有效期长、价格低的药品的需求不断增长,促使药品不断更新换代。

(六)管理法制化

由于药品的安全与否与人类生命健康息息相关,政府为规范药品生产,确保用药安全有效,制定了相关的法律法规,以加强药品的生产管理。我国《中华人民共和国药品管理法》规定,对药品生产实行许可证制度,进行准入控制。全面推行 GMP,对药品生产各环节的质量控制作出明确、严格的规定。

三、医药企业生产计划的编制

医药企业生产与运作计划是企业计划工作的重要组成部分,是医药企业进行生产与运作管理的重要依据。通过生产计划对企业计划期内的生产任务做出统筹安排,具体规定企业生产药品的品种、数量、质量和进度,把企业生产和市场紧密结合起来,更好地利用企业所具有的资源,充分发挥企业生产能力,实现企业预期的目标。

(一)医药企业生产计划分类

系统上看,生产计划是一个包括需求计划、主生产计划、生产作业计划、材料计划、设备计划、能力计划、新产品开发计划等相关计划职能,并与生产控制信息的迅速反馈连接构成的复杂系统。目的就是要充分利用企业的生产能力和资源,保证按期、按质、按量完成药品订货合同,满足市场需求,尽可能增加企业的利润。

企业生产计划不仅可以从时限上把生产计划分成长期、中期、短期计划 3 种类型,而且还可以从组织结构的对应关系上,将生产计划分成战略层计划、管理层计划和作业层计划 3 个层次,每一层次都有特定的内容。

1. 长期生产计划　长期生产计划是企业对生产、技术、财务等重大问题方面的规划,提出企业的长远发展目标以及为实现目标所制定的战略计划。是由企业最高决策层制订的计划,计划期一般为 3~5 年。它的主要任务是进行产品决策、生产能力决策及确立何种竞争优势的决策。企业根据经营发展战略的要求,对有关产品发展方向、生产发展规模、技术发展水平、生产能力水平、新设施的建造和生产组织结构的改革等方面做出规划与决策。

2. 中期生产计划　中期生产计划又称为年度生产计划,是由药品生产企业的中层管理部门制订的计划,计划期一般为 1 年。其主要任务就是在正确预测市场需求的基础上,对企业在计划年度内的生产任务做出统筹安排。根据企业的经营目标、利润计划、销售计划的要求,确定在现有条件下在计划年度内需要实现的生产目标,如品种、产量、产值、质量、利润、交货期等。中期计划主要包括两种计划:生产计划大纲和产品出产进度计划。

生产计划大纲规定企业在计划年度内的生产目标,通常用产品的品种、质量、产量和产值等指标来表示应达到的水平。

产品出产进度计划是将生产计划大纲具体化的计划，将计划大纲细分为具体的产品、品种、规格的年度进度安排，并在此基础上确定规定时间段内的生产数量。产品出产计划是联结生产计划大纲和生产作业计划的计划，有时也称为主生产计划。

3. 短期生产计划　短期生产计划，计划期长度在6个月以下，常表现为月度生产计划，是年度生产计划的继续和具体化。由执行部门（生产部门）编制的作业计划，也称为生产作业计划，主要是确定日常生产运作活动的具体安排。其主要任务是依据订单，合理地安排生产活动的每一个细节，使之紧密衔接，以确保要求的质量、数量和交货期。它包括物料需求计划、生产能力需求计划、总装配计划（短期作业计划）以及在这些计划实施过程中的车间内的作业进度计划和控制工作。

在药品生产企业中，短期生产计划与长期、中期计划不同（见表5-1），往往体现为月度生产计划，这是由市场和药品的有效期特性所决定的。《中华人民共和国药品管理法》第四十九条规定：禁止生产、销售劣药。药品超过有效期，则按劣药论处。药品有效期短的只有几个月，较长者也不过三五年。为了避免出现库存和市场积压超过有效期的药品，生产部门必须根据库存状况和销售状况每月进行生产计划的安排，形成月度生产计划。根据月度生产计划，再形成周生产计划、日生产计划等。这些由生产部门制订的计划又称为生产作业计划。

表5-1　药品生产企业各类生产计划的主要特点

特点	长期生产计划	中期生产计划	短期生产计划
管理层次	高层	中层	基层
时间周期	3~5年	1年	≤6个月（一般每月）
计划任务	制订总目标，获取所需资源	有效利用现有资源，满足市场需求	最适当地配置生产能力，执行中期计划
详细程度	非常概略	概略	具体、详细
不确定程度	高	中	低
决策变量	产品线 企业规模与厂址设备选择 供应渠道 员工培训 生产与库存管理系统类型选择	工厂工作时间 生产人员数量 库存水平 外包量 生产速率	生产什么 生产多少 生产顺序 何时生产 何地生产 物料库存控制方式

综上所述，在药品生产企业中，长期生产计划往往是和公司整体战略保持一致的，一旦长期生产计划形成，则会直接影响公司的资源配置。中期生产计划是公司生产计划的战略实施，直接反映长期生产计划是否可行，方向是否正确，资源配置是否到位。而短期生产计划，则是以上两种生产计划的具体实施，直接受年度生产计划的影响。同时，短期生产计划完成的好坏也直接影响中期生产计划的完成，从而最终影响长期生产计划。

（二）生产计划的主要指标

企业生产计划的主要指标从不同的侧面反映了企业对生产产品的要求，一般分为以下

5类：

1. 品种指标　产品品种指标规定了企业在计划期内生产的产品名称、规格和品种数，确定品种指标是解决“生产什么”的决策。品种指标能够在一定程度上反映企业适应市场的能力，一般来说，品种越多，越能满足不同的需求，但是，过多的品种会分散企业生产能力，难以形成规模优势。

2. 质量指标　产品质量指标，是指企业在计划期内生产的产品应该达到的质量标准和水平。医药企业的质量指标通常包含两个方面的内容：一是药品的法定标准或企业的内控标准，以及高于企业内控标准的优级品标准；二是药品生产的工作标准，工作标准一般用综合性的质量指标来表示，如一次合格率、优级品率、收率等。产品的质量标准是衡量一个企业的产品满足社会需要程度的重要标志，企业生产的技术水平，是企业赢得市场竞争的关键因素。

3. 产量指标　产品产量指标，是指企业在计划期内生产的合格产品的实物量或提供的服务数量，确定产量指标是解决“生产多少”的决策。产品产量指标是表明企业生产成果的重要指标，反应了企业向社会提供的使用价值的数量和企业的生产能力水平，是制定有关消耗量指标的重要依据。

4. 产值指标　产值指标，是指用货币表示的企业产量指标，它综合地体现企业在计划期内生产活动的总成果。反映一定时期内不同企业，以及同一企业在不同时期的生产规模、生产水平和增长速度。企业的产品产值指标有商品产值、总产值和净产值3种表现形式，其中：商品产值是指企业在计划期内生产的可供销售的产品或工业劳务的价值；总产值是指用货币表现的企业在计划期内完成的产品和劳务总量，它反映企业在计划期内生产的总规模和总水平，是计算企业生产发展速度和劳动生产率的依据；净产值（工业增加值）是指企业在计划期内新创造的价值，即通过从总产值中扣除物质消耗价值后而计算出的价值。

5. 出产期指标　出产期指标，是指为了保证按期交货而确定的产品的时间指标，确定出产期指标是解决“何时生产”、“何种顺序”的决策。产品出产期是确定生产进度计划的重要条件，也是编制主生产计划、物料需求计划、生产作业计划的依据。

（三）生产计划的编制步骤

1. 调查研究、收集资料　通过调查研究，主要摸清3个方面的情况：①国家和社会对企业药品品种的需要；②企业生产的外部环境；③企业生产的内部条件。

根据调查研究收集和掌握的大量情报资料，可作为编制生产计划的依据。主要资料是：

(1)上级下达的国家计划任务，比如麻醉药品、精神类药品和毒性药品等国家计划控制的药品。

(2)国内外市场的经济技术情报及市场调查、预测资料，国内国外新药发展情况，同类治疗作用的药物进展。

(3)企业长远发展规划，长期经济协议，如是否为符合企业发展战略的品种。

(4)计划期产品的销售量、上期合同执行情况及产品库存量。

(5)上期生产计划完成情况及在制品结存情况。

(6)技术组织措施计划与执行情况。

(7)原料、辅料、包装材料、生产设备、公用系统能力及库存量和消耗情况。

(8)计划生产能力及产品工时定额和各车间的工人数。

(9)药品价格及厂内各种劳务价格等资料。

同时,认真总结和分析上期计划执行中存在的主要问题,制定改进的具体措施。

2. 拟定计划指标方案　医药企业根据国家、社会需要和提高企业经济效益的目标,进行统筹安排,提出初步生产计划指标方案,其中包含:

(1)产品品种、产量、产值、利润和质量等指标。

(2)产品品种的合理搭配和出产进度的合理安排。

(3)产品指标的分解,将生产指标分解为各制造部门的生产任务指标等工作。

3. 综合平衡　对初步指标方案,研究措施,解决矛盾,以达到社会需要与企业生产可能之间的相互平衡。使企业的生产能力和资源都能得到充分的利用,确保企业获得良好的经济效益。医药企业生产计划的综合平衡主要有以下几个方面:

(1)生产任务与生产能力的平衡　测算企业设备、生产场地、生产面积对生产任务的保证程度。

(2)生产任务与劳动力的平衡　测算劳动力的工种、等级、数量、劳动生产率水平与生产任务的适应程度。

(3)生产任务与物料供应的平衡　测算原材料、燃料、动力等的供应数量、质量、品种、规格、供应时间对生产任务的保证程度,以及生产任务同材料消耗水平的适应程度。

(4)生产任务与生产技术准备的平衡　测算生产工艺、工艺装备、设备维修、技术措施等与生产任务的适应和衔接程度。

(5)生产任务与资金占用的平衡　测算流动资金对生产任务的保证程度与合理性。

4. 编制生产计划　企业的生产计划,经过反复核算与综合平衡,确定生产指标,最后编制出年度生产计划表,经上级主管部门批准或备案后,即作为企业正式生产计划。

(四)综合生产计划

综合生产计划又称生产计划大纲,它是企业根据市场需求和资源条件对未来较长一段时间内产出量、人力规模和库存水平等问题所做出的决策、规划和初步安排。综合生产计划一般是按年度来编制的,所以又叫年度生产计划。编制时要根据计划期内的市场需求,进行统筹安排和综合平衡,科学地确定产品和产量、合理安排产品出产进度、做好多品种生产的品种搭配。

1. 产品品种和产量的确定　确定产品品种和产量的主要方法有:

(1)产品寿命周期分析法——波士顿矩阵法:波士顿矩阵法是美国波士顿咨询集团提出的一种对产品的发展趋势进行分析和管理的战略分析法,它依据的是产品寿命周期和产品学习曲线两个要领(具体见第三章第二节)。属于“瘦狗”的产品,应逐步减产,逐步撤退。对于市场占有率低,但市场成长率却较高的“风险”区产品,由于它们正被市场接受,但在产品设计和制造工艺上还不尽完善,因此它们存在两种变化趋势:或发展成为市场成长率与市场占有率都高的“明星”产品;或发展成为开发不成功的淘汰产品。对于经营成功的“明星”产品,是企业应大力发展的产品领域,应重点投入,优先保证,大力发展。设法稳定其市场占有率,逐步转化为“金牛”产品。对于市场占有率很高,但市场成长率却很低,已进入成熟期的“金牛”产品,不必扩大投资规模,尽量使这些产品能维持现状,为企业提供充分的利润。而且应把从“金牛”产品获得的利润,投入“风险”产品,或用来发展“明星”产品。利用产品寿命周期分析法,对企业的现有产品品种及企业正向市场推出的新产品进行分析,确定计划期内的产品品种数。

(2)销售收入和利润分析法:销售收入和利润分析法是把企业生产的每种产品的销售收入及获取利润,按各自大小排序,然后将排序结果填入预先绘制好的销售收入-利润坐标图上,针对产品所处的位置加以分析,从而确定计划期内的产品品种。这种方法是将不同产品品种的销售收入和利润大小列表标出,并按照大小次序将各产品在直角坐标中定位。先将每种产品的销售收入的名次及利润名次填入按收入大小和利润大小编排的坐标图中。连接产品利润次序与销售收入次序相等的点成一直线,直线上侧的产品可采用降低成本或提高价格的策略,直线下侧的产品应增加销量。一般情况下,应淘汰销售收入和利润都在后面次序的产品(见图 5-1)。

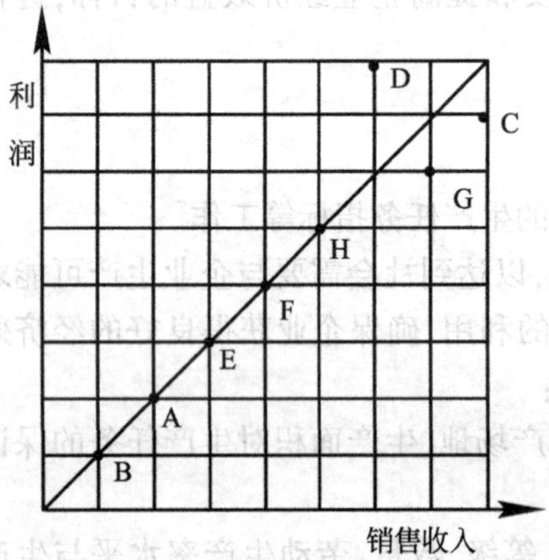

图 5-1 销售收入-利润坐标图

从图中可以看出,D 产品虽然在图的右上角,但是却在线的上方,可以在生产计划中予以关注,将其排在其他品种之后。C、G 两个产品在直线下方,其销售收入和利润都不高,直接从该图分析结果来看,虽然其有一定盈利能力,但生产计划中不应进行安排。而 B、A、E、F、H 5 个点都在直线上,且都处于图的左下角,说明这 5 个产品是公司的主要生产品种,生产计划编制过程中应该重点安排。值得注意的是,有些药品是社会所必需的,所以即使有时其处于图的右上角,直线以下,也应考虑社会需要,坚持进行生产,如图中的 C、G、D 产品。

(3)线性规划法:当市场需求已定,需要统筹安排,用最少的资源来满足市场需求,或者当资源数量已定,需要合理调度以取得最大利润时,可以用此法确定生产计划中的产量。本方法适用于多品种的药品生产企业。

例 5-1 某药品生产企业用甲、乙、丙 3 种原料生产 A、B 两种产品,每单位产品需消耗原料甲、乙、丙的数量、利润以及各种原料的限用量如表 5-2。

表 5-2 某药品生产企业相关资料

		单位产品原料需求量		各种原料限用量
		A 产品	B 产品	
原料	甲	9	4	360
	乙	4	5	200
	丙	3	10	300
单位产品利润(元)		700	1 200	

设生产 A 产品 x_1 个单位,生产 B 产品 x_2 个单位,本例的目标函数是:

$$S_{max}=700x_1,+1\ 200x_2$$

其条件有：

$$\begin{cases}9x_1+4x_2\leqslant 360\\4x_1+5x_2\leqslant 200\\3x_1+10x_2\leqslant 300\\x_1,x_2\geqslant 0\end{cases}$$

利用图解法可知目标函数（虚线）与 M 点相切是为最大值，求得 x_1 和 x_1。得：$x_1=20$ 单位，$x_2=24$ 单位，$S_{max}=42\ 800$ 元（见图 5-2）。

也就是说，生产 A 产品 20 个单位，生产 B 产品 24 个单位，可能获得最大利润为 42 800 元。

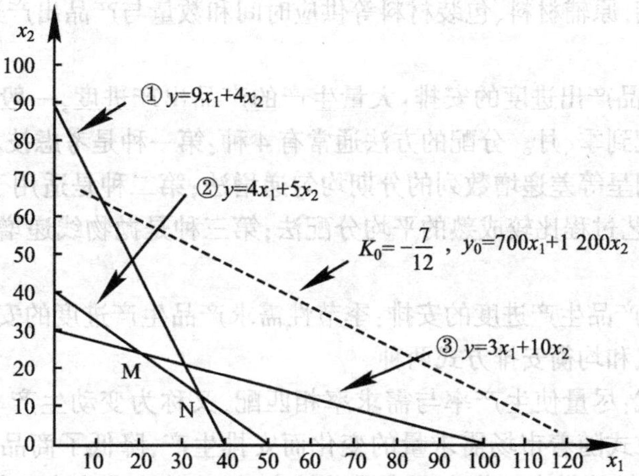

图 5-2 线性规划法图解

（4）盈亏平衡法：运用产量与效益的关系判定计划期内产品的品种和产量。

例 5-2 某药品生产企业用有甲、乙、丙 3 种产品，每单位产品的销售价格、固定成本、单位变动成本如下（见表 5-3），利用盈亏平衡法确定计划期内的产品品种和产量。

表 5-3 某药品生产企业产品相关资料

产品	销售价格（元/件）	固定成本（元）	单位变动成本（元）	销售订单量（件）
甲	1 200	180 000	360	300
乙	980	200 000	200	100
丙	1 080	220 000	300	500

设甲产品的盈亏平衡点产量为 x_1，乙产品的盈亏平衡点产量为 x_2，丙产品的盈亏平衡点产量为 x_3，根据盈亏平衡点分析公式：销售量×价格＝固定成本+单位变动成本×销售量，得：

$$\begin{cases}1\ 200x_1=180\ 000+360x_1\\980x_2=200\ 000+200x_2\\1\ 080x_3+220\ 000+300x_3\end{cases}$$

解方程式，得 $x_1=214.28$ 件；$x_2=256.41$ 件；$x_3=282.05$ 件；

结果：甲产品销售订单量 300 件 $>x_1$，乙产品销售订单量 100 件 $<x_2$，丙产品销售订单量 500 件 $>x_3$。故根据盈亏平衡法可确定计划期内的产品品种为甲产品 300 件，丙产品 500 件。

2. 生产进度安排　生产进度安排就是把全年的生产任务逐期分解，下放到各个季度和各个月份。产品出产进度计划的正确制订能使企业销售计划有保证，并可以依据产品出产进度计划进行物料、劳动力和设备的准备，制定出资源的供应和准备计划。因此，它是生产计划工作的重要内容之一。

（1）生产进度计划编制概述：编制生产进度计划应遵循以下原则：多品种生产企业产品品种要合理搭配，使各车间在各周期的设备和人力的负荷比较均衡；新产品试制任务应在全年内均匀分摊；生产进度应首先保证已有的订货合同的要求，任务安排要分清轻重缓急；要注意跨年度计划之间的衔接，原辅材料、包装材料等供应时间和数量与产品出产进度计划的安排应协调一致。

（2）大量生产产品产出进度的安排：大量生产的产品出产进度，一般采用均衡生产方式，把全年生产任务分配到季、月。分配的方法通常有 4 种：第一种是考虑技术进步因素而使每一期的平均日产量之间呈等差递增数列的分期均匀递增法；第二种是适用于产品生产能力基本饱和、生产技术和工艺过程比较成熟的平均分配法；第三种是抛物线递增法；第四种是小幅度连续增长法。

（3）季节性需求产品生产进度的安排：季节性需求产品生产进度的安排比较复杂，常用方法包括变动安排方式和均衡安排方式两种。

①变动安排方式：尽量使生产率与需求率相匹配，又称为变动生产率策略，如图 5-3 所示。这种生产安排方式随着市场需求量的变化而安排生产，降低了商品库存，节约了流动资金，但劳动力和原材料的供应工作也要求季节性变动，这给企业生产和管理提出了更高的要求，也不利于产品质量的保证。

②均衡安排方式：就是通过库存来调节生产，而维持生产率和工人数量不变，称为恒定生产率策略，如图 5-4 所示。这种安排方式有利于物力、人力的合理利用和管理，不足之处是有时又会出现供不应求、丧失市场机会的情况，有时库存量很大、占用很多流动资金。

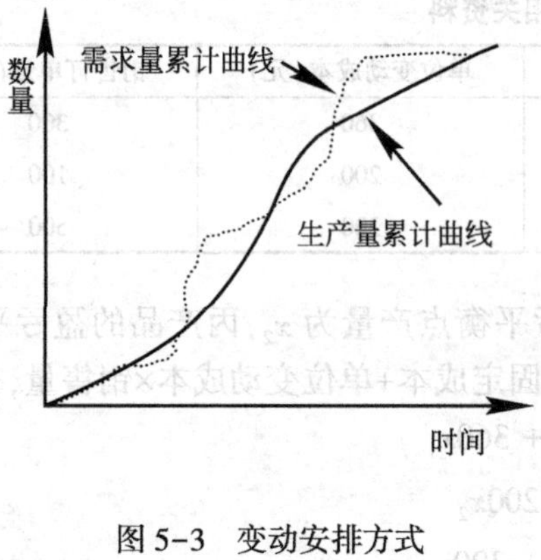

图 5-3　变动安排方式

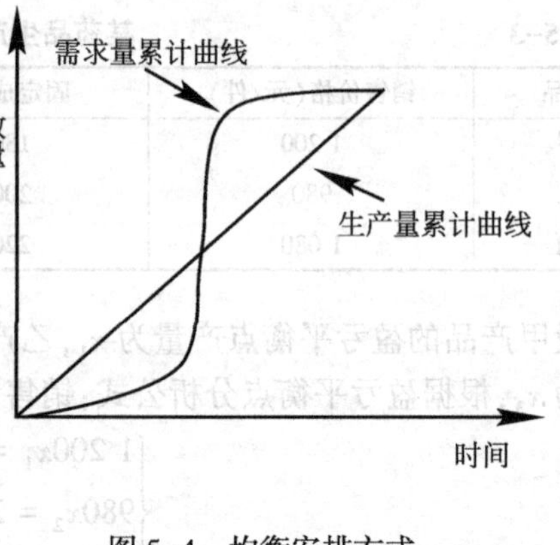

图 5-4　均衡安排方式

(五)生产作业计划

1. 生产作业计划的概念　生产作业计划是生产计划的具体实施计划,他是协调企业日常生产活动的中心环节。根据年度生产计划规定的产品品种、数量及交货时间的要求对每个生产单位(车间、工段、班组等)在每一具体时期(月、旬、班等)内的生产任务做出详细规定。药品的生产工艺是经国家药品监督管理部门批准的工艺,生产工艺一般相对较稳定。生产作业计划需根据年度生产计划来安排,同时考虑车间的人、物、机等资源的配置。生产作业计划的编制,一般是先将企业的生产任务分配到各车间,制定车间的生产作业计划,然后由车间再将任务分配到工段、班组和工人,编制车间内的生产作业计划。生产作业计划主要任务有:生产作业准备的检查、制定期量标准、生产能力平衡和编制生产作业计划。

2. 期量标准制定　所谓期量标准又称作业计划标准,是指对加工对象在生产期限和生产数量方面所规定的标准数据。单件生产的期量标准有生产周期、生产提前期等。成批生产的期量标准有批量、生产间隔期、生产周期、生产提前期、在制品定额、交货期等。大量流水线生产的期量标准有节拍、节奏、流水线工作指示图表、在制品定额等。

(1)生产周期:生产周期是指某种产品从投料开始到生产出成品为止的全部时间。

(2)批量与生产间隔:批量是指一次投入生产或出产同种产品的数量,生产间隔是指前后两批同种产品投入或产出的间隔时间,即生产重复期,其相互关系如下:

批量=生产间隔期×平均日产量

(3)在制品定额:在制品定额是指在一定的组织、技术条件下,生产过程各个环节为了组织均衡生产所必需的在制品最低限度储备量。成批生产条件下车间内部在制品定额一方面与该种产品在该生产车间的生产周期及生产间隔期的比值有关,另一方面与该产品的生产批量有关。

(4)生产提前期:生产提前期是指产品在各个生产环节投入的时间与成品出产时间相比所相差的时间。

3. 生产作业计划的编制方法

(1)生产提前期法:又称累计编号法,是指根据预先制订的提前期标准转化为提前量,由此规定各车间计划期应达到的投入和产出的累计数,再减去上期已投入和出产的累计数来计算各车间应完成的投入数和产出数的方法。其中,提前量是提前期与平均日产量的乘积。此方法一般多用于成批轮番生产的企业。此法首先要求对生产的产品按照产品出产的先后顺序累计编号,计算各车间在计划期末产品出产和投入应达到的累计号数。然后,计算各车间在计划期内应完成的投入量和出产量。最后,对以上投入量和出产量进行修正,确保车间出产或投入的数量为批量的整数倍。

(2)在制品定额法:在制品定额法是运用在制品定额,结合在制品实际结存量的变化,按产品反工艺顺序,从产品出产的最后一个工序(车间)开始,逐个往前推算各工序(车间)的投入或出产任务的方法。先按生产计划规定的任务,确定最后生产单位(车间或工序)的出产量,并考虑其在制品废品出现情况、损耗情况等确定最后生产单位的投入量。根据最后生产单位投入量,再加上最后生产单位与其前一生产单位之间库存的半成品定额量,进而确定前一生产单位出产量。依次往前推算出每一生产单位的出产量、投入量。这种方法主要适用于大批量生产企业。

(3)多品种轮番生产的最小生产费用计划方法:多品种轮番生产是制药企业的特点之一,最小生产费用计划方法是车间制订生产作业计划的很有效的定量方法。这种方法是将计划期划分为若干个长度相等的循环流程,在每个循环流程中实行多品种轮番生产;以循环流程长度作为因变量,列出生产费用函数,求出最小费用循环流程;根据流程长度计算出各品种的生产批量的方法。

(4)生产周期法:生产周期法是指依据各项订货的交货日期或每种产品的生产周期标准来制订各车间投入或出产任务的方法,此方法的突出特点是对产品在具体生产车间的投入和出产的时间做出详细规定,这种方法多见于单件小批生产的企业。

(六)生产能力计划

1. 生产能力 生产能力是指企业在一定时期内和一定的生产技术组织条件下,经过综合平衡以后能够产出一定种类的产品或提供服务的最大数量,或者是加工处理一定原材料的最大数量,它是反映企业产出可能性的一种指标。

生产能力是保证企业未来长期发展和成功的核心问题。一个企业所拥有的生产能力过大过小都是很不利的:能力过大,导致设备闲置、人员富余、资金浪费;能力过小,又会失去很多机会,造成机会损失。因此,企业必须做好生产能力的规划和决策,制订周密细致的生产能力计划。在多品种、中小批量生产为药品生产方式主流的情况下,生产能力的柔性成为竞争的一个关键因素。

2. 生产能力的分类

(1)设备能力、人员能力和管理能力:生产能力从广义上讲,是指设备能力、人员能力和管理能力的总和。设备能力是指设备和生产面积的数量、水平、生产率与使用时间等诸因素的组合。人员能力是指人员数量、技术水平、出勤率与有效工作时间等诸因素的组合。管理能力是包括管理机构及其运行效率,管理人员的素质、经验、水平、工作态度与运用先进管理理论、方法等诸因素的组合。进行生产能力计算时,由于管理能力只能作定性分析,所以生产能力主要指设备能力和人员能力。

(2)正常生产能力和最大生产能力:正常生产能力是指设备在正常使用条件下,实现最合理、最有效利用时的最大产出能力。这种生产能力是经济意义上的生产能力,是企业使用合理人员,在合理的时间安排下,设备产出最大、成本最低、效益最佳时的生产能力,故也称最优生产能力。最大生产能力是指设备在一定条件下能够最大限度利用时的产出能力,这种生产能力是技术意义上的生产能力,是扣除设备所需的正常维修、保养时间外,设备连续运转时的最大产出能力。值得指出的是,由于设备技术条件和其他资源条件的限制,最大生产能力只能增大到一定限度,不是无限度的。

(3)设计能力、查定能力和计划能力:设计能力是企业基本建设或改扩建时设计任务书和技术文件中所规定的生产能力。它是按照建厂时设计规定的产品方案、技术装备和各种设计数据要求确定的。这种能力是假定产品生产过程中所需要的劳动者和劳动对象,都能按规定的质量和数量得到充分保证的前提下,通过配备必要的固定资产而形成的。是新建、改建和扩建后,并经过一段时间熟悉和掌握生产技术的过程后企业达到的最大生产能力。查定能力是指企业没有能力,或者在企业产品方向、固定资产、协作关系、资源供应、劳动状况等方面发生了某些重大变化后,原来的设计能力已不能反映实际情况时,重新调查核定的能力。企业查定生产能力时,应以现有固定资产等条件为依据,并考虑到查定期内可能实现的各种技术组织措施或技术改造取得的效果。计划能力是指企业在计划期内,充分考虑了现有的生产技术条件,并考虑到计划年度内能够实现的各种技术组织措施的效果实际可能达到的能力。这种能力才是作为生产计划基础的现实生产能力,是编制中短期计划主要是年度生产计划的依据。

3. 生产能力计算　药品生产企业生产能力的计量单位为产出量。有些企业的生产能力可以用产出量直接表示。如原料药都以产品重量作为生产能力,药品制剂产品用片、粒、支、件数等为生产能力的计量单位。产出数量越大,能力也越大。药品生产企业往往生产多种药物,由于各药物生产加工过程的要求各不相同,按照每种产品分别计算生产能力很困难,在这种情况下,可以采用标准产品法、代表产品法和假定产品法来计算生产能力。第一,标准产品法:就是在生产的品种中选择一种产品作为标准产品,再按一定的标准(如千克、片等)把不同品种、规格的同类产品换算成标准产品,最后用单一品种生产条件下的生产能力来计算设备组生产能力的方法。标准产品则是指对具有不同品种或不同规格的同类产品进行综合计算时所用的一种实物量折算单位。第二,代表产品法:就是以代表产品为计算单位确定设备组生产能力。首先将能反映企业专业方向、产量较大、占有劳动量较多,在结构上或工艺上具有代表的产品确定为代表产品。其次,计算出以代表产品为计算单位表示的设备、人员等资源的生产能力。再次,将其他产品的计划产量用换算系数分别折合成代表产品的产量。进行换算时,一般多用台时定额或产量定额作为换算标准。如某家药厂,生产青霉素钠,同时生产青霉素钾,其中青霉素钠是该公司的重要产品,把青霉素钾拆分为相当于生产的青霉素钠生产量,则企业的生产能力可以表示为年生产青霉素钠多少千克/吨。另外,当产品结构不相似时,可以假定某一产品为标准来计算生产能力,称为假定产品法。

(1)流水线生产类型企业的生产能力计算

①流水线的生产能力计算:流水线的生产能力取决于每道工序设备或每个职工的生产能力,所以,对于单对象流水线生产能力计算工作从单台设备或单个职工开始。计算公式如下:

$$M_{单} = \frac{F_e}{t_i}$$

式中:$M_{单}$为单台设备或单个职工的生产能力,t_i为台时定额或工时定额,F_e为单台设备或单个职工计划期(年)有效工作时间。工序由一台设备或单个职工承担时,单台设备的生产能力即为该工序能力。当工序由多台设备或多人承担时,工序生产能力为$M_{单} \times S$,S表示工人数或设备数。由于流水生产线各工序能力不可能相等,生产线能力只能由最小工序能力决定。

当流水线生产多种产品时,即多对象流水线,其生产能力计算通常采用代表产品法,其计算的具体步骤是:

第一步:计算代表产品的生产能力,计算公式为:

$$M_0 = \frac{F \cdot S}{t_0}$$

式中：M_0 为以代表产品为计算单位的生产能力，t_0 为代表产品单位产品台时定额或工时，F 为单位设备全年有效工作时间，S 为设备数量。

第二步：计算产品换算系数，计算公式为：

$$K_i = t_i / t_0 (i = 1, 2, \cdots, n)$$

式中：K_i 为第 i 种产品换算系数，n 为产品品种数，t_i 为第 i 种产品单位产品台时定额，t_0 为代表产品单位产品台时定额。

第三步：将各种产品计划换算成以代表产品表示的总产量 $Q_{总}$，公式为：

$$Q_{总} = \sum_{i=1}^{n} Q_i \cdot K_i$$

式中：Q_i 为第 i 种产品的计划产量。

第四步：计算设备负荷系数 α，公式为：

$$\alpha = \frac{M_0}{Q_{总}}$$

第五步：计算各具体产品的生产能力，计算公式如下：

$$M_i = Q_i \cdot \alpha$$

②车间和企业生产能力的确定：由于各车间生产的产品和生产工艺差别较大，选用的设备也不一样的，生产能力也就不一样。生产车间的生产能力通常是由产品生产的关键工序或关键设备来确定。当生产车间与辅助部门的能力不一致时，通常情况下，工厂的生产能力主要由生产车间的能力决定。因此要保证生产车间的能力的充分利用，如果辅助部门的能力不足，也要通过采取各种措施来提高辅助部门的能力以确保生产的正常进行。

(2)成批加工生产类型企业的生产能力计算：成批加工生产类型的企业，产品的投料与产出有较长的间隔期，有明显的周期性。由于加工的是多对象品种，数量不一，产品形状不同，生产的工艺步骤不同，加工的时间长短不一，这时不能用产出量计算，故只能采用设备能提供的有效加工时间来计算，有效加工时间也称为机时。公式如下：

$$F_e = F_0 \times h = F_0(1-q) = F_0 - d$$

式中：F_0 为年制度工作时间，h 为设备制度工作时间计划利用率，q 为设备计划修理停工率，d 为设备计划修理停工时间。

当班组内全部设备的加工技术参数差异不大时，则全部设备的机时之和就是班组的生产能力。当技术参数相差很大，则有必要再分别统计不同参数设备的机时，尤其是某些大工件设备的生产能力则要重点查看。

4. 生产能力计划　在市场经济条件下，医药企业为了保证生产计划的实现，赢得竞争优势，就不能只局限于运用现有的生产能力，还必须有一套积极发展生产能力的计划。生产能力计划按计划时间长短可分为：长期生产能力计划、中短期生产能力计划。

(1)长期生产能力计划：长期生产能力计划是在考虑长期需求预测、长期发展战略和产品开发计划的基础上，对企业生产能力做出的规划。长期生产能力计划具有风险性，需要进行周密研究，充分论证，谨慎决策。长期生产能力计划可分为扩张型和收缩型两类。扩张型生产能力计划是根据企业长远经营目标的要求，为了满足未来需求，所做出的如何扩大生产能力的决策。如进行投资，扩建厂房，增添设备，引进技术，同时还要招聘员工，进行教育培训等。扩张型生产能力计划一般可以采取急速扩张策略和逐步扩张策略两种策略。急速扩张策略需要短时间内筹集大量资金，而且风险较大。逐步扩张策略比较稳妥，风险较小，但易错过机会，失去市场。收缩型生产能力计划是指当企业不能适应市场需求，经营状况不佳，面临严重经济困境时，而被迫采取的决策，在收缩时要尽可能减少损失，力争在收缩中求得新的发展。

(2)中短期生产能力计划：一年以内的生产能力计划称为中短期能力计划。中短期生产能力计划通常从提高设备利用率、生产效率和利用库存调节等方面着手。由于生产能力与设备工作时间是成正比的，许多药品生产企业是一班制生产，当生产能力不足时，首选方案就是增加班次，提高设备利用率。其次可以合理安排设备维修计划，减少设备停工检修时间，提高时间利用率。对于有明显季节性的药品，如感冒药，旺季和淡季的销售量相差很大，这时用库存来调节能力与需求量之间的缺口是比较常用的方法，即淡季多生产一些储存起来，以弥补旺季生产能力的不足。药品生产企业中短期生产能力调整是一项比较复杂而又操作性很强的工作。各种不同的能力计划都会对成本有很大影响。如利用库存调节要占用大量流动资金，增加库存费用，增加班次要支付额外工资奖金。因此，选择哪种方式，要根据实际情况而定。

第二节　设施选址与设施布置

药品质量的好坏，直接关系到使用者的身体健康和生命安全。国家对药品生产、经营企业的开办除必须按国家关于开办生产企业、经营企业的法律法规规定进行报批外，还必须具备《中华人民共和国药品管理法》所规定的开办生产、经营企业的条件。《中华人民共和国药品管理法》第八条规定了开办药品生产企业，必须具备有与其药品生产相适应的厂房、设施和卫生环境；第十五条规定了开办药品经营企业必须具备与所经营药品相适应的营业场所、设备、仓储设施、卫生环境。设施选址与设施布置是开办医药企业的一个先决条件，对企业未来的发展具有决定性的意义。

一、厂址选择

厂址选择就是指确定企业坐落的区域位置，包括在哪个地区设厂和在此区域内选择一个适当的地址两方面。由于药品质量的好坏，直接关系到使用者的身体健康和生命安全，对于药品生产企业厂址的选择必须是符合国家规定及制药行业的法令、法规的规定。药品生产企业的厂址通常选择在大气中含尘量低，含菌浓度低、无有害气体，自然环境较好的大气质量为二级的地区较为合适。对于药品经营企业，厂址则应选择在交通较为方便的城镇较为合适。此外，还应考虑的主要因素有：劳动力、原材料供应、产品销售、交通运输、基础设施、气候和生活条件等。一般而言，医药企业厂址选择应当满足充分接近市场、接近原材料产地、交通运输和通讯联系方便、水电气等基础设施完备等要求。

(一)厂址选择应遵循的基本原则

厂址选择的好坏对工程的进度、产品生产、经济效益以及环境保护等方面具有重大影响。厂址选择时应严格按国家的有关规定、规范执行,并结合建厂的实际情况,进行调查、比较、分析、论证,最终得出理想的厂址。

1. 遵守国家法律、法规的原则 选择厂址时,即要遵守国家的法律、法规,也要符合国家的长远规划、城镇发展规划和国土整治规划等。

2. 环境卫生整洁的原则 《药品生产质量管理规范》(GMP)要求药品生产企业必须有整洁的生产环境。厂房最好选在空气质量好、无水土污染的地区,尽可能避开闹市区、产生大量粉尘和有害气体的工业区、铁路和公路等污染较大的地区。《药品经营质量管理规范》(GSP)要求药品经营企业应有与经营规模相适应的营业场所和药品仓库,并且环境整洁、无污染物。经营企业的营业场所和药品仓库在选址时也应考虑环境的因素,应选择周边没有污染源的地区。

3. 交通运输方便快捷的原则 对于药品的生产企业,厂区周边应有已建成或即将建成的道路设施,能提供方便快捷的公路、铁路或水路等运输条件,保证药品生产所需的原料、辅料、包装材料能够及时的运入和成品能及时的送往市场,确保企业生产活动的正常进行,故生产企业多选在交通便利的城市近郊,不宜选在风景名胜区和自然保护区等特殊区域。对于经营企业,药品的采购和销售都离不开方便快捷的交通运输,故药品经营企业多选在城镇等交通方便的地方。

4. 能源供应充足的原则 水、电、气等是药品生产企业正常生产的必需条件。在 GMP 中对药品生产用水的标准进行了规定,因此,在选择厂址时,应考虑厂房建在水质良好、水量充沛、电力和燃料供应充足的地点,有利于降低产品生产成本,确保生产正常运行。GSP 对药品经营企业的营业场所和仓库的温湿度有详细的规定,仓库要设有常温库、冷藏库和阴凉库,为达到此要求,通常要配备空调等设施,故药品经营企业也应选择在能源供应充足的地方。

5. 考虑环境保护和综合利用的原则 在对药品生产企业厂址选择时应注意当地的自然环境条件,应选择有利于药品生产的环境。同时还要考虑到投产后给环境污染造成的影响小,要对三废(废水、废气、废渣)和噪声等进行综合治理,不得超标排放,不得造成污染,对废弃物中有回收价值的资源要妥善处理、综合利用。

6. 自然条件合格的原则 主要考虑所在地的气候特征、地质地貌、土壤的土质及植被等系列因素。地形宜整齐平坦,地质方面应符合建筑施工的要求,地耐力宜在 150 kN/m^2 以上。地势要有利于防洪、防涝。当厂址靠近江河、湖泊或水库地段时,厂区地面的最低设计标高应高于计算最高洪水位 0.5 m。

7. 满足长远发展的原则 我国人口多,可耕地面积少。药品生产企业厂址选择时要合理利用土地资源,尽量利用荒地、坡地及低产地,少占或不占粮田、林地。由于药品生产企业品种多、更新换代频繁,在总体规划时应留有发展的余地。

在进行厂址选择时除遵守这些原则外,还应根据厂址的具体特点和要求,抓住主要矛盾,优先考虑对企业的生存和发展有重要影响的因素,认真研究,精心策划,选择适宜的厂址。

（二）厂址选择的方法

合理选择厂址，一定要用科学的方法，厂址选择的常用方法有：

1. 加权评分法 加权评分法是列出管理者认为应该考虑的影响厂址选择的因素，并依据其重要的程度给予相应的权数。常用的确定权数的方法有百分制法和定一法两种。在确定了各因素的权数以后，对不同的厂址选择方案分别打分，最后计算各方案的权分和，权分和最高者就是最优方案。此方法被广泛使用。加权评分法的具体步骤如下：

（1）列出影响厂址选择的因素，根据影响力的强弱为其规定权数。

（2）规定评价的标尺，并为各因素定级。

（3）计算得分，用各个因素的得分与相应的权重相乘，并把所有因素的加权值相加，得到每一个备择地址的最终得分。

（4）汇总选优，选择具有最高总得分的地址作为最佳的选址。

例 5-3 假定某药品生产企业有 A、B、C、D 4 个备选地址，其影响因素有 11 个。这些影响因素按照重要程度可分成 5 个等级，分别给予一定的权数。采用 9 级评分制评分如表 5-4 所示。

表 5-4 加权评分法选址

影响因素		权数	A 方案		B 方案		C 方案		D 方案	
			评分	得分	评分	得分	评分	得分	评分	得分
1	地理条件	5	6	30	9	45	7	35	5	25
2	市场条件	4	8	32	7	28	4	16	6	24
3	原材料供应条件	5	7	35	5	25	8	40	9	45
4	交通运输条件	3	9	27	4	12	6	18	7	21
5	人力资源条件	5	5	25	7	35	9	45	3	15
6	基础设施条件	2	4	8	5	10	7	14	5	10
7	气候条件	4	7	28	8	32	6	24	7	28
8	生活条件	5	9	45	8	40	6	30	7	35
9	法律和政策条件	1	5	5	4	4	7	7	6	6
10	扩展条件	4	7	28	5	20	6	24	4	16
11	环境保护条件	4	5	20	5	20	6	24	4	16
合计				283		271		277		241

运用加权评分法计算时，由于确定权数和等级得分完全靠主观判断，只要判断有误差就会影响评分数值，最终影响决策。比较客观准确的确定权数的方法是层次分析法。

2. 损益分歧点分析法 损益分歧点分析法是一种财务方法。根据计算不同厂址在相同的计划年产量的情况下，损益分歧点产量的大小来选择厂址。损益分歧点产量最低的方案最优。

例 5-4 某医药企业投资生产 A 产品，计划年产量为 2 000 件，有甲、乙两个厂址可选择，相关资料见表 5-5。

表 5-5 损益分歧点分析法选址

项 目	单位	厂 址	
		甲	乙
总成本	元	38 000	42 000
固定成本总额	元	18 000	14 000
可变成本总额	元	20 000	28 000
单价	元/件	20	20
单位产品可变费用	元/件	10	14
计划年产量	件	2 000	2 000
损益分歧点产量	件	1 900	2 100

由结果可以看出，在乙地建厂虽然固定成本较低，但是，由于总成本较高，造成乙地建厂的损益分歧点产量比甲地高 200 件。因此应选择在甲地建厂。损益分歧点分析法以科学的计算为依据，客观性强，不易受个人意见影响。但是对产量、单价、固定成本总额等要进行准确的调查、预测和估计。

二、厂区平面设计

厂区平面设计就是在主管部门批准的厂址上，按照生产工艺流程及安全、运输等要求，合理地确定厂区内所有的建筑物、构筑物（水塔、蒸馏塔等）、道路、运输等设施的平面布置关系。药品生产企业的厂区设计应围绕药品生产工艺流程，遵守 GMP 中对相关硬件要求的规定。此外，还要综合考虑减少工程施工量、节约投资费用、技术先进等因素，确保总体布置的科学、规范和经济合理。

（一）厂区划分

厂区划分就是根据生产、管理和生活的需要，结合卫生、安全、运输和绿化的特点，将全厂的建筑物划分为若干个单元，以便进行总体布置。我国 GMP 第八条规定“药品生产企业必须有整洁的生产环境；厂区的地面、路面及运输等不应对药品的生产造成污染；生产、行政、生活和辅助区的总体布局应合理，不得互相妨碍。”根据这条规定，药品生产企业通常以主体车间为中心，将厂区分为生产、辅助、行政、生活 4 个区，进行合理布置，使人流、物流分开，既不相互影响，又要保证相互便于联系、服务以及生产管理。

1. 生产区 是由生产成品或半成品的生产车间组成，如液体制剂车间、固体制剂车间、原料药生产车间等。生产车间通常由若干个建筑物（厂房）、构筑物组成，是全厂的主体，通常也是厂区设计布置的中心。

2. 辅助区 是由协助生产车间正常生产的辅助部门组成。如机修车间、动力车间等。辅助区通常也是由若干个建筑物、构筑物组成，主要具有保证生产车间的顺利生产和全厂各部门的正常运转的作用。

3. 行政区 由办公室、食堂、车库等建筑物组成。

4. 生活区 由职工的宿舍等建筑物和设施组成。

(二)厂区设计的原则

进行厂区设计时,要按照GMP要求,结合厂区的地理环境、卫生、防火技术、环境保护等进行综合分析,做到总体布置紧凑有序、工艺流程规范合理,以达到投资少、建设周期短、产品生产成本低、经济效益和社会效益高的效果。

1. 考虑主导风向,防止污染 药品生产企业厂区的洁净区、办公区、生活区、仓库等布置在厂前区,并置于该地区主导风向的上风处,产生有害气体、粉尘的生产区、辅助生产区应置于下风处。同时生产原料药和制剂的药厂,原料药生产区布置在制剂生产区的下风处,防止生产时产生交叉感染。设计时一般将主要生产区设计在厂区中心,而将辅助车间布置在它的附近。

2. 工艺布局"三协调" 即人流物流协调、工艺流程协调、洁净级别协调。设计人员应对全厂的人流和物流分布情况进行全面的分析和预测,合理规划和布置人流和物流通道,设置人流、物流专用大门,并尽可能避免不同物流之间以及物流与人流之间的交叉往返。洁净厂房宜布置在厂区内环境清洁、人流物流不穿越或少穿越的地段。对生产性质相类似或工艺流程相联系的车间要靠近或集中布置,车间、仓库等应尽可能按照生产工艺流程的顺序进行布置,将人流和物流通道分开,并尽量缩短物料的传送路线,避免与人流路线的交叉。

3. 工程管线综合布置 制药企业工程管线主要有水流管路、输变电线路、动力管路、物流管线、通讯线路等,种类繁多,一般要求管线之间、管线与建筑物、构筑物之间尽量相互协调,确保安全生产、方便施工与检修。

4. 充分利用自然条件,保护生态环境 总平面设计应充分利用厂址的地形、地势、地质等自然条件,因地制宜。若厂址位置的地形坡度较大,可采用阶梯式布置,既能减少平整场地的工作量,又能缩短车间之间的距离。按照生产区、行政区、生活区和辅助区的功能要求,规划一定面积的绿化带,在各建(构)筑物四周空地及预留场地布置绿化,绿化以种植草坪为主,辅以常绿灌木和乔木,尽可能减少露土面积,有利于保护生态环境,净化空气。

5. 近期建设与远期发展相结合 药品生产企业厂区布置设计的合理性非常重要,在一定程度上给生产管理与质量检验工作带来方便,有利于产品质量保证。在设计上既要适当考虑企业发展的可能,给企业未来的发展预留余地,又要注意今后扩建时不致影响生产。目前国内不少制药企业都采用大块式组合式布置,这种布局方式能满足生产并缩短生产工序的路线、方便管理和提高工效、节约用地并能将零星的间隙地合并成大面积的绿化区。

6. 防火防爆,确保安全 生产企业建(构)筑物的位置初步确定以后,就要进一步确定建(构)筑物的间距。重点考虑防火、防爆、防毒、防尘等防护要求和通风采光等卫生要求。

(三)厂区平面设计的方法

厂区平面设计需要经过反复实验、比较、验证,是一个设计、修改、再设计的过程。其主要方法有：

1. 物料流向表法　物料流向表法是按照物料在生产过程中总的流动方向和运输量来进行厂区布置的方法。这种方法适用于产品品种少、物料运输量大、生产工艺、条件相对稳定的生产企业厂区的布置。如图 5-5 所示，物料的流向和生产过程中的工艺流向一致，从原料生产车间再到制剂生产车间，最后入成品仓库。此法有利于减少物料运输的距离和减少交叉污染。

2. 简单比较法　简单比较法是通过对各个方案进行比较分析，决定最优方案的方法。可以对各个方案的优缺点进行分析比较，也可以按一定的技术经济指标计算各方案的经济效果，或者针对评价方案的各要素分等加权。

3. 平面模型法　平面模型法是首先将要布置在总平面上的所有建筑物、构筑物按照一定比例制成模型，然后根据设计的原则，按初步构思在总平面地形图上进行设计布置。布置的顺序依次是：第一步安排主要生产车间和某些有特殊需要的厂房设施；第二步确定主要通道的位置；最后，根据工艺的要求和各组成部分的相关度，确定次要过道和其他部门的位置。

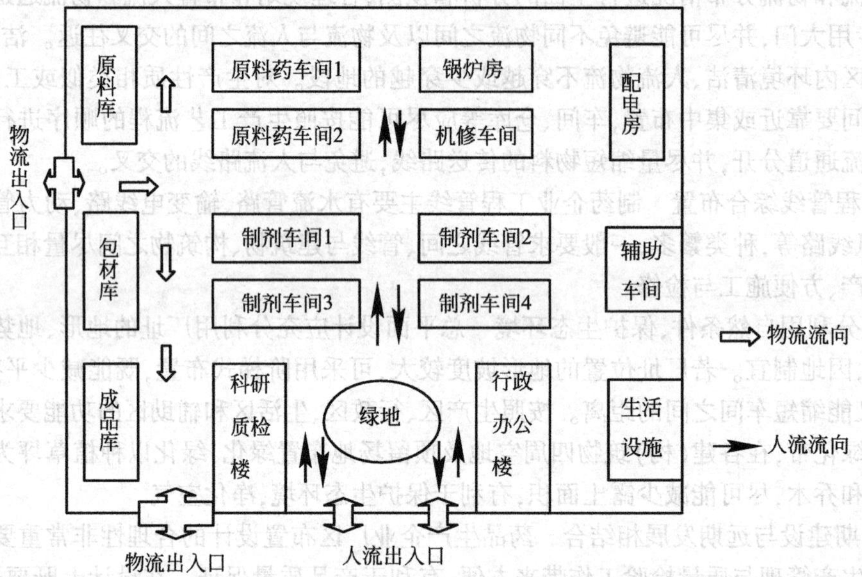

图 5-5　厂区平面设计

4. 生产活动相关表法　生产活动相关表法是先将工厂各组成部分之间关系的密切程度划分为 6 个等级，对每个等级进行评分（见表 5-6），然后对各部门之间的所有关系进行描述，列出单位间关系密切程度的原因表（见表 5-7），最后根据相互关系计算出各部门密切程度的积分值。在厂区设计时优先安排积分值高的部门，其次安排积分值低的部门。在使用此方法时，除考虑积分值，还需要结合生产工艺要求、环保、交通、水源等其他方面情况进行调整。

表 5-6　　等级类别及评分表

密切程度分类	代号	评分	密切程度分类	代号	评分
绝对必要	A	6	一般	O	3
特别重要	E	5	不重要	U	2
重要	I	4	不宜接近	X	0

表 5-7　　单位间关系密切程度的原因表

密切程度的原因	代号	密切程度的原因	代号
GMP 规定	A	相互干扰情况	F
生产流程的连续性、衔接性	B	人员流动情况,尽量减少人员移动	G
监督控制作用	C	设施使用情况	H
运输连接情况	D	其他	I
辅助支持作用	E		

例 5-5　某企业由 8 个单位组成,其相互关系如表 5-8 所示,根据其相互关系可以算出各单位的密切程度评分的积分值,优先安排积分最高的单位。

表 5-8　　各单位相互关系及评分值表

部门代码	各部门与其他部门的关系(用原因代号表示)								关系分值								关系总分
	1	2	3	4	5	6	7	8	1	2	3	4	5	6	7	8	
1	–	BDG	E	FI	C	I	I	I	–	6	3	4	3	2	2	2	22
2	BDG	–	BDG	F	C	I	I	I	6	–	6	3	3	2	2	2	24
3	E	BDG	–	BDG	C	I	I	I	3	6	–	6	3	2	2	2	24
4	FI	F	BDG	–	BCDG	I	I	I	4	3	6	–	6	2	2	2	25
5	C	C	C	BCDG	–	BCD	BCD	BCD	3	3	3	6	–	5	5	5	30
6	I	I	I	I	BCD	–	F	F	2	2	2	2	5	–	3	3	19
7	I	I	I	I	BCD	F	–	F	2	2	2	2	5	3	–	3	19
8	I	I	I	I	BCD	F	F	–	2	2	2	2	5	3	3	–	19

三、车间布置工艺布局

我国 GMP 第九条规定“厂房应按生产工艺流程及所要求的空气洁净级别进行合理布局。同一厂房内以及相邻厂房之间的生产操作不得相互妨碍。”车间的工艺布局合理,对今后生产的正常进行,对产品质量的保证、生产效率的提高及基建费用等有重大影响,它关系到整个车间的命运。车间工艺布局不合理会对整个生产管理造成困难,对安全造成隐患,给维修带来困难,导致人流物流的紊乱,造成污染,增加水电等动力消耗,增加建筑等费用,而且还会影响到工厂整体。所以对车间进行合理的工艺布局是十分重要的。

(一)车间工艺布局的原则

车间的工艺布局是根据工艺、设备和产量等因素设计车间每一功能间的布局,车间工艺布局时,要优先考虑能互用或通用的设备,通常需注意以下几点:

1. 合理的工艺流程　生产车间的布局要顺应工艺流程,保证从原料的投入到产出成品这之间的工艺流向顺畅,减少生产流程的迂回或往返。如片剂生产工艺流程依次为:备料→制粒→干燥→整粒→压片→包装。故对片剂生产车间进行工艺布局时,也应遵循此顺序,如备料间紧邻制粒间,而干燥间紧邻制粒间,整粒间紧邻制粒间和压片间等。如果不按工艺流程进行合理布置,如将压片间置于制粒间与备料间之间,就会导致现物料的迂回或往返现象。

2. 人物分流,防止交叉污染　空气洁净度高的房间或区域宜布置在人员最少到达的地方,洁净厂房中人员和物料的出入门必须分别设置,人员和物料进入洁净厂房要有各自的净化用室和设施。人员和物料使用的电梯宜分开。电梯不宜设在洁净区内,必需设置时,电梯前应设气阀室。原辅料和成品的出入口宜分开。极易造成污染的物料和废弃物,必要时可设置专用出入口。洁净厂房内的物料传递管路要尽量短,净化用室的设备要求应与生产区的洁净级别相适应。操作区内只允许放置与操作有关的资料,设置必要的工艺设备。用于制造、贮存的区域不得用作非区域内工作人员的通道。不同空气洁净度房间之间的相互联系要有防止污染措施,如气闸室或传递窗(柜)。原材料、半成品存放室与生产区的距离要尽量缩短,以减少途中污染。维修保养室不宜设置在洁净生产区内,有空气洁净度要求的生产区内不得设置厕所。洁净区域的入口处应设置气闸室或空气吹淋室,净化用室的入口处应有净鞋设施。100 级、10 000 级洁净区的人员净化用室的存放外衣室和洁净工作服室应分别设置,外衣存放柜和洁净工作服柜按最大班人数每人一柜。盥洗室应设洗手和消毒设施,水龙头开启方式以不直接用手为宜,宜装烘干器。人员净化用室和生活用室的布置应避免往复交叉,以防止污染。

3. 适宜性原则　车间的布置应尽量节约能源,降低成本。如:空气洁净度高的房间或区域宜布置在靠近空调机房的位置,以便缩短管道线路;不同洁净等级的房间或区域宜按空气洁净度的高低由里及外布置,空气洁净度相同的房间或区域宜相对集中;原材料、半成品存放室与生产区的距离要尽量缩短,以便运输。原材料、半成品、成品存放室面积要与生产规模相适应。此外,生产的设计应提前考虑企业的未来发展,车间内需预留一定的空间。

(二)车间工艺布局的基本形式

1. 对象专业化　对象专业化又称对象原则,它是按照产品的不同划分生产单位(车间、工段),如片剂车间、胶囊车间、丸剂车间等。其具有加工的对象相同,但加工设备类型不同,工人的工种不同,加工的工艺方法不同的特点。对象专业化形式不利于提高工人的技术水平;需要较多型号的生产设备,投资费用大,使用分散,设备的利用率低,如果某台设备出现故障,将影响整个生产线的工作;对产品的适应性差。

2. 工艺专业化　工艺专业化又称工艺原则,是根据不同的生产工艺性质来设置车间、工段等生产单位,如提取车间、粉碎车间等。它具有设备类型相同,工人的工种相同,加工的工艺方法相同,加工的对象不同的特点。工艺专业化形式对产品的变换有较强的适应性,设备的利用率高，便于工艺管理，有利于提高工人的技术水平等优点。但是其具有材料、半成品的物流量大，运输费用大；生产过程的连续性差，在制品的存放量大，流动资金占用时间长；质量管理复杂化的缺点。

3. 综合形式 综合形式是把以上两种专业化形式结合起来的一种形式，这种形式在我国医药企业中应用比较普遍。它既可以是在工艺专业化形式的基础上，采用对象专业化的原则建立生产单位，也可以是在对象专业化的基础上，采用工艺专业化的原则来建立生产单位，也可以是有些车间是按工艺专业化形式布置，有些车间是按对象专业化形式布置，或者在一个车间内部有些班组是按工艺专业化进行布置，有些班组是按对象专业化形式进行布置。

（三）车间工艺布局的主要方法

1. 工艺流程设计法 工艺流程设计法是指生产车间的布置依据生产工艺路线和生产方法进行，其基本步骤包括：

（1）根据我国GMP规定的要求，对产品的工艺流程进行区域的划分：以固体制剂片剂为例，片剂生产的车间按工艺流程的控制区的划分如图5-6所示。

（2）根据工艺流程选定主要设备：液体制剂常用的主要设备有：配液装置、灌装机、封口机、洗瓶装置、灭菌设备、灯检装置、喷码机和外包装机等。固体制剂常用的主要设备有：粉碎机、混合机、制粒机、制丸机、压片机、包衣机、净片机、胶囊填充机、抛光机、干燥设备、灭菌设备和外包装设备等。

（3）进行车间工艺布局：按照生产流程和生产工艺要求，对车间生产设备、设施进行合理布局。

2. 计算机辅助技术 计算机辅助技术应用到工艺布局设计，试图用布置方案的总物流成本来衡量方案的优劣，并不断改进。这种技术产生于20世纪70年代。它的基本思想是：物料流动的距离越大，成本也就越高。当物料需跨越一个车间时，成本加倍；当物料跨越两个车间时，成本是原来的3倍，故物流成本的计算公式是：

车间之间的物流成本＝物流量×车间中心的直线距离×单位距离运输成本

计算机辅助技术是运用相应的CRAF软件，通过迭代的方式不断交换两个车间的位置来改进布局，以物流成本最低的布局方案为最佳方案。简而言之，计算机辅助技术要不断计算两个车间位置交换后对总成本的影响。如果交换后总成本降低，进行位置交换，直到最后达到成本最低的工艺布局方案。

第三节 生产组织与生产系统改进

一、生产组织

为了适应生产的需要，提高医药企业生产经济效益，促进生产力的发展，就需要对医药企业的生产过程进行合理的组织。

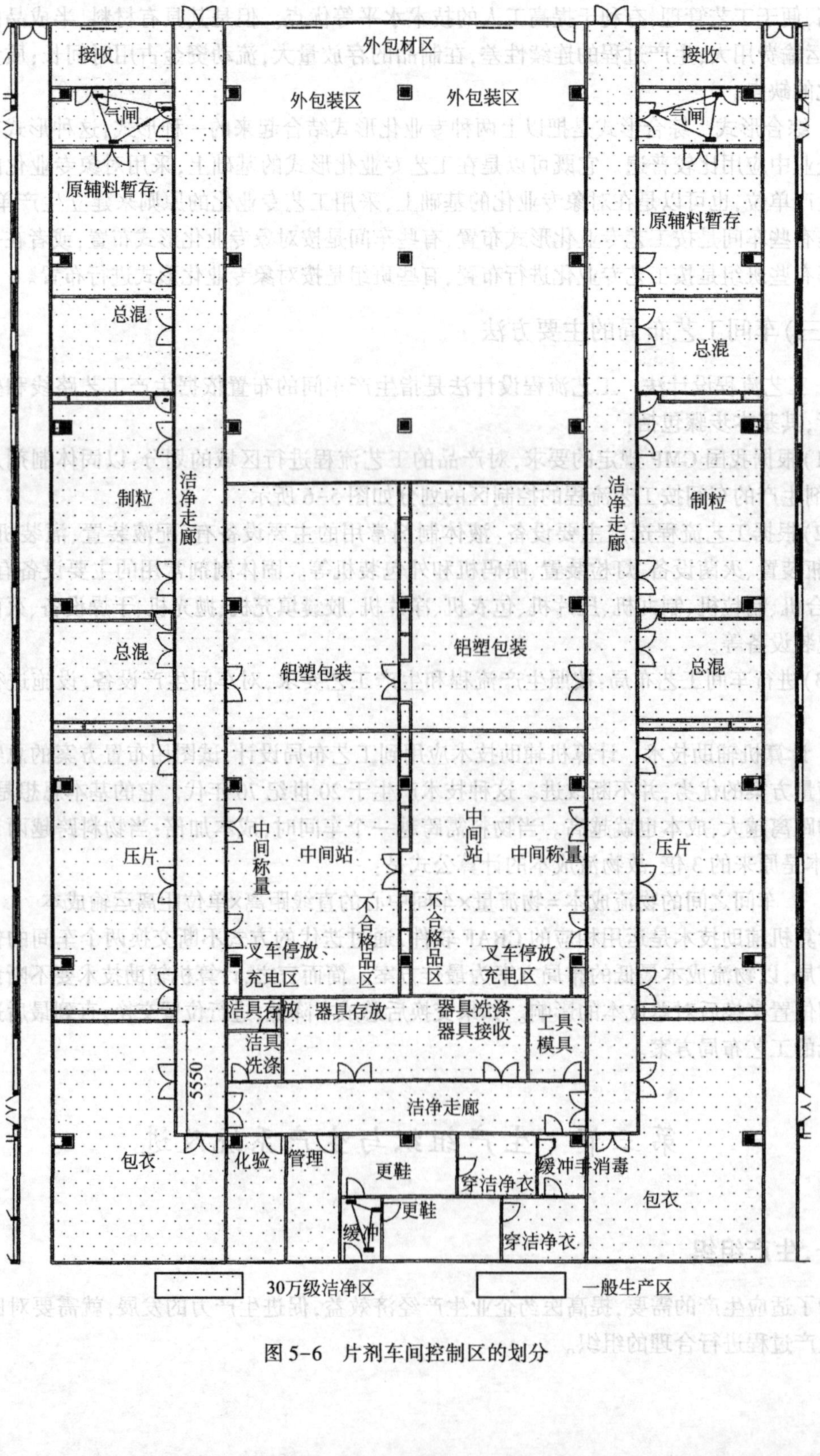

图 5-6 片剂车间控制区的划分

(一)生产过程

医药企业生产过程是指从准备生产某种药品所需的原材料的投入开始,到生产出该种产品的全部过程,是一定客观要求组织起来的自然过程和劳动过程的综合。自然过程是指借助于自然力用于劳动对象,使其发生变化的过程(如药品生产过程中的发酵)。劳动过程是指劳动者直接或间接地作用于劳动对象,使其发生变化的过程。

按生产产品所需劳动性质及其对产品作用的不同,通常可以将生产过程划分为生产技术准备过程、基本生产过程、辅助生产过程和生产服务过程4个部分。

1. 生产技术准备过程　是指药品正式投入生产之前所进行的各种生产技术准备工作。如药品新产品的设计、试制、工艺设计、工艺准备、原材料及定额工作、劳动组织的协调和设备布置等。

2. 基本生产过程　是指直接为完成企业所要生产的产品而进行的各种生产活动。如中药生产企业的提取、制剂成型;化学药生产企业的合成、制剂成型等。基本生产过程是企业的主要生产活动。

3. 辅助生产过程　是指为了保证基本生产过程的正常进行而提供辅助劳动和辅助劳务的生产过程。如药品生产企业的设备维修,纯水的制备、蒸汽的生产等。

4. 生产服务过程　是指为基本生产过程和辅助生产过程提供的各种生产服务活动。如药品生产企业中原材料的供应、材料的运输、原料的质量检验等。

以上四部分既有联系,又有区别。其中,基本生产过程是核心部分,按照工艺的特点和生产组织要求,基本生产过程可以进一步划分为若干相互联系的工艺阶段。如中药生产企业可以分为提取、制剂成型等工艺阶段,在每一个工艺阶段,又可以按劳动分工和使用的设备、工具划分为若干道工序。工序是指一个或几个工人在同一工作地上,对一个或几个劳动对象所进行的相同的生产加工活动。工人使用劳动工具对劳动对象进行生产活动的地点即为工作地。

按照其性质和作用的不同,药品生产企业的基本生产过程工序,可以划分为检验工序、工艺工序和运输工序。检验工序是指对原材料、成品、半成品的质量、性能进行检验的工序。工艺工序是指利用劳动工具改变劳动对象的形状、大小、成分,使其成为所需工作产品的工序。工艺过程是工艺工序的总和。运输工序是指在工艺工序之间,工艺工序与检验工序之间运送劳动对象的工序。

医药生产企业工序划分时应按照采用的工艺方法和机器设备来划分工序,不可把不同工艺、不同设备的生产活动划分为同一道工序。对于在相同工艺方法的情况下,工序的划分应重点要考虑提高劳动生产率、保证产品质量、缩短运输路线的要求。

(二)生产过程组织的要求

医药企业生产过程组织就是要以最佳的方式,将企业投入的各种生产要素有机地结合起来,对生产的各个环节、各方面的工作进行有效地组织,使其形成一个相互协调的生产系统。最终达到使药品在按法定的工艺过程中行程最短、时间最少、占用资源和费用最少,获得合格的药品,产生最大的社会效益和经济效益。为此生产过程组织的要求如下:

1. 连续性　生产过程的连续性，是指药品生产过程各阶段、各工序之间的流转，在时间上是紧密衔接的，劳动对象始终处于运动状态（如加工、检查、运输等）。保持和提高生产过程的连续性，是获得较好生产效率的重要条件。保证生产过程的连续性可以减少在制品，缩短产品生产周期；可以更有效地利用原材料、设备、人力等，减少损失；可以改善产品质量；可以加速资金周转。通过对企业内各车间、仓库之间以及工地之间布置的合理布局，采用先进的技术设备，提高自动化、专业化水平，加强生产管理，采用先进的生产组织方式，合理的安排工序，及时做好生产技术准备工作等来更有效的提高生产过程的连续性。

2. 适应性　生产过程的适应性，是指药品生产过程具有灵活性、可变性和可调节性。药品生产过程的组织形式要灵活多变，能够进行恰当的调整，以满足生产不同产品的要求。强化生产过程的适应性，企业的生产应向多品种、小批量、应急应变的方向发展。在生产组织方面可采用混流生产等先进的生产组织方式。在市场经济条件下，市场需求千变万化、多种多样，企业只有抓住各种机会，不断开发新产品，满足不同消费者的要求，才能不断扩大市场占有率，赢得市场竞争。

3. 比例性　生产过程的比例性，是指药品生产过程的各阶段、各工序之间，在生产能力上和产品加工劳动量上要保持一定的比例关系，以适应药品生产的要求。各个生产环节的设备数量、工人人数、生产效率等，都必须考虑，并进行综合平衡，防止出现比例失调。

4. 节奏性　生产过程的节奏性，是指企业及其各个生产环节，都要按照生产计划的要求，在一定时间内，完成相等或等速递增数量的工作量或生产相等或等速递增数量的产品，使各个工作地的工作量保持相对稳定。提高生产过程的节奏性，有利于减少在制品，压缩库存，提高效率，保证产品质量，做到均衡生产。

（三）生产过程组织方式

生产过程组织包括空间组织和时间组织两种基本形式。生产过程的空间组织，是指合理地确定企业内部各生产阶段和各生产单位的设置和运输路线以及劳动资料、劳动者等生产要素在空间上相互结合的方式。包括应设置怎样的生产单位，如何布置这些生产单位，确定生产单元及生产设施之间的相对位置关系，确定各生产单元的组成规则和相互连接关系等。车间内的设备布置直接影响着生产过程的空间组织的形式。生产过程的时间组织，简单来说，就是确定劳动对象在生产过程中各车间、各工序之间的移动方式，确定生产要素在时间上的衔接关系。产品或零部件等加工对象在各道工序之间的移动方式主要有顺序移动方式、平行移动方式和平行顺序移动方式3种。产品在各道工序之间的移动方式对产品生产周期具有重要的影响。

在药品生产企业的实际工作中，企业为了更好地在时间上和空间上合理地组织产品的生产过程，就必须根据本企业的生产技术特点，采取适宜的组织形式。不同行业的企业，其组织形式不一样。对于医药生产企业，由于工艺要求、设备的设置、企业的规模等原因，不同企业的组织形式也不一样。医药企业常见的组织形式有生产线、流水线、自动线等生产组织形式。

1. 生产线　是指按劳动对象专业化组织起来的，完成一种或几种同类型产品的生产组织形式。一条生产线往往拥有完成一种或几种产品的加工任务所需的机器设备，并按生产线上主要产品和多数产品的工艺路线和工序劳动量来进行设备和工作地的布置。生产线可组织多种产品的生产,因而生产线灵活性较大。对于品种多、规格复杂多样,产量又不大的医药工业企业,生产线是一种行之有效的生产组织形式,具有很强的实用价值。如固体制剂生产线、液体制剂生产线等。

组织一条良好的生产线必须先进行生产线的经济技术的可行性论证,处理好生产线的技术改进和产品工艺相对稳定的矛盾。根据各产品的工艺特点进行分类,把工艺相近的产品安排在一条生产线上。此外要根据主要产品或多数产品的工艺过程和工艺劳动量来确定生产线上设备的数量,在进行生产线上全部设备的平面布置时,应确保产品在运输过程中不出现原路回流,按工艺的要求进行顺序加工。

2. 流水线　流水线是流水生产线的简称,是指劳动对象按照一定的工艺路线,顺序地通过各个工序,并按照一定的生产速度(节拍)完成工艺作业的连续重复生产的一种生产组织形式。流水线和生产线相比,具有如下特点:

(1)工作地专业化程度高:每个工作地固定地完成一道或几道工序,其工艺过程是封闭的。

(2)工序按规定的节拍进行生产:节拍是指流水线上同一工序生产出相邻两件制品的时间间隔。设:流水线上各道工序的工作地(设备)数分别为 $s_1, s_2, \cdots, s_i \cdots, s_m$;各工序的工时定额为 $t_1, t_2, \cdots, t_i \cdots, t_m$;流水线生产节拍为 r,则:

$$\frac{t_1}{s_1} = \frac{t_2}{s_2} = \cdots = \frac{t_m}{s_m} = r$$

(3)各道工序的工作地(设备)数量与同工序单件工时的比值相一致。

(4)生产过程连续性高:工艺过程顺序完整地集中在同一工作中心,工作地按工艺顺序排列,加工对象在工序之间平行地移动。

流水线生产有利于设备和人力的充分利用,提高劳动生产率。但是,流水线生产灵活性差,设备的专一性强,生产投资较大。组织流水线生产主要适宜于产品工艺相对稳定、产品产量足够大、单位劳动量足够大、工艺过程能划分为简单工序且各工序工时相近的生产过程。另外,流水线上工人的技术水平的要求比单件小批量生产线上的工人技术水平低,操作工人长时间重复一种操作,因而易对工作产生枯燥乏味的感觉,这样既对产品的质量不利又增加了管理难度。

3. 流水生产线的分类　流水生产线的具体形式多种多样,可按不同标志予以分类。

(1)按生产对象移动方式的不同,可分为固定流水线和移动流水线:固定流水线是指生产对象位置固定,工人携带工具依次对生产对象进行加工;移动流水线是指工人和设备的位置固定,生产对象依次经过各道工序的工作地进行加工。

(2)按生产对象数量的多少,可分为单一品种流水线和多品种流水线:单一品种流水线只固定生产一种产品;多品种流水线生产两种或两种以上的产品。在多品种流水线条件下,由于加工的产品不止一种,因此,存在一个产品的轮换方式问题。从产品轮换方式的不同,多品种流水线可分为可变流水线和混合流水线。混合流水线是将生产作业方式大致相同的特定几个品种在流水线上混合、连续地生产,可变流水线是分批轮换地生产固定在流水线上的几个品种。

(3)按生产连续程度,可分为连续流水线和间断流水线:连续流水线是产品在一道工序上加工完毕后,立即转到下一道工序继续加工,中间没有停放、等待时间;间断流水线是产品在完成一道或几道工序后,在下道工序开始前,存在停放、等待时间,致使生产过程有一定程度的中断。间断流水线产生间断的原因首先是流水线上各道工序的加工时间不相等或不成倍比关系;其次就是药品生产的特殊性,因为药品的中间品必须在本工序生产完成后并通过质量检验,质量检验合格后方可进入下一道工序进行加工生产;再次就是药品的工艺规程中明确规定某些工序之间需要有等待时间,如颗粒干燥后的冷却等。

(4)按生产节奏性强弱,可分为强制节拍流水线和自由节拍流水线:强制节拍流水线是准确地按节拍生产产品的流水生产线,它靠机械化运输装置来保证固定的节拍;自由节拍流水线不要求严格按照节拍生产产品,节拍主要靠工作的熟练程度来作保证,因而可能产生波动。

(5)按机械化程度的高低,可分为手工、机械化和自动化 3 种流水线:自动流水生产线是流水生产线的高级形式。

(6)按运输设备种类,可分为无专用运输设备的流水线、具有非机动专用运输设备的流水线或机械化运输设备的流水线。

流水线的分类如图 5-7。

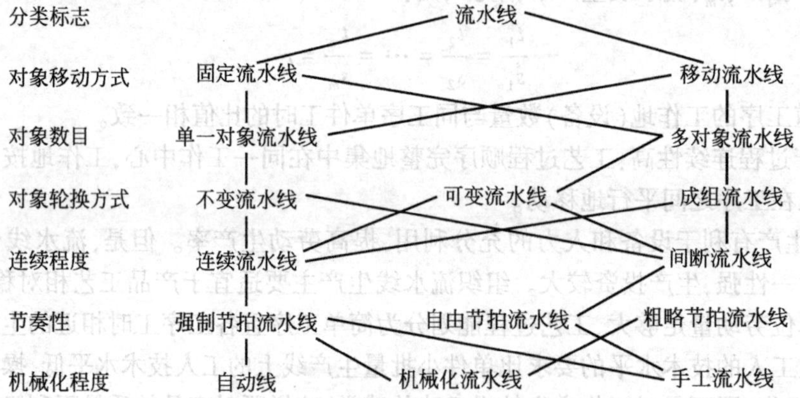

图 5-7 流水线分类示意图

(四)流水线组织设计

按照药品生产的要求,组织一条良好的流水线,一般来说需要经过如下几个步骤:

1. 对流水线的经济、技术可行性进行分析　组织流水线要做到经济上合理、技术上可行。流水线生产的产品必须是设计成型的定型产品。对于药品来说必是工艺稳定的产品。此外流水线的产品必是市场需求量特别大的产品,而且要求在较短的时间内,市场的需求不会产生缩减。

2. 计算流水线节拍和节奏　流水线的节拍是指流水线上顺序生产两件相同产品之间的时间间隔。其说明了流水线生产效率的高低,在组织流水线生产时必须根据流水线的有效工作时间和计划期产量合理确定流水线的节拍。有效工作时间是指流水线实际用于生产产品的时间，故在计算时需用制度时间减去生产准备时间、工人休息时间、设备维修时间等的剩余时间。流水线节拍的计算公式是：

$$r=\frac{t}{Q}=\frac{t_0\eta}{Q}$$

式中　r——流水线节拍(分/件)

t——计划期有效工作时间(分)

Q——计划期制品产量(件)

t_0——计划期制度工作时间(分)

η——时间有效利用系数(0.9~0.96)

由于医药企业药品生产的中间品质量检验的特殊要求和药品生产节拍短、产品体积小、重量轻，不宜采用单件运输，故产品往往是成批转移，这就需要计算流水线节奏。流水线的节奏是指前后两批产品间的时间间隔。故节奏的计算公式为：

$$R_g=r\cdot n$$

式中　R_g——流水线节奏(分/批)

n——运输批量

例 5-6　某药品生产企业某产品流水线计划日产量 200 件，采用二班生产，每班有 30 分钟的休息时间，废品率为 5%，运输批量为 100 件，计算该流水线的节拍和节奏是：

$$r=\frac{8\times2\times60-30\times2}{200(1+5\%)}=4.3(\text{分钟})$$

$$R_g=4.3\times100=430(\text{分钟})$$

3. 工序同期化(生产线平衡)　工序同期化的目的是使流水线上各工序的单件作业时间与节拍相等或成倍数关系。组织工序同期化，主要是为了使流水线能稳定地按照节拍生产产品。工序同期化在方法上主要有两种：一是对工序进行分解与合并，以节拍为标准，以符合工艺原则为条件，经过分解与重新合并后使各工序时间与节拍相等或成倍数，此方法多用于手动的流水线；二是通过提高设备的生产效率和工人的熟练程度，改进工艺方法和工作地布置，使各工序时间与节拍相符合，此法多用在机械化流水线上。工序同期化在步骤上一般分两步完成：第一步是初步同期化，主要是找出影响同期化的关键并加以解决，使各工序的单件工时定额与流水线节拍之比基本上达到 0.85~1.05 的范围；第二步是在初步同期化后，发现问题，并通过调整加以解决，以进一步提高流水线工序同期化水平。

4. 确定各工序设备的合理数量(S_{ei})，计算设备的负荷系数(K_a)　在完成工序同期化工作以后，就需要确定完成各工序所需的工作设备的数量和设备的负荷系数。流水线要求各工序设备数大致等于工序时间与出产节拍的比值；因为 S_{ei} 只能取整数，所以需对计算比值取整，也就会出现设备负荷系数不等于 1 的情况。设备合理数量计算公式如下：

$$S_{ei}=[S_i]=\left[\frac{t_i}{r}\right]$$

式中　S_i——流水线第 i 道工序所需设备数量的计算值

t_i——流水线第 i 道工序的单件工时定额。

设备负荷系数表明设备利用程度，流水线总设备负荷系数 K_a 与各工序设备负荷系数 K_i 的计算公式分别如下：

$$K_a = \frac{\sum S_i}{\sum S_{ei}} \quad K_i = \frac{S_i}{S_{ei}}$$

S_i——流水线第 i 道理论设备数量

S_{ei}——流水线第 i 道所需实际设备数

当负荷系数大于 1 时，说明设备负荷过重，应设法压缩工序劳动量。

5. 计算流水线所需操作人员数　如果是以手工劳动或使用手工工具为主的流水线上，操作人员数 P 的计算公式如下：

$$P = \sum S_{ei} \cdot W_i \cdot g$$

式中　P——第 i 道工序所需操作人员数量

W_i——同时在第 i 道工序每一工作地（设备）操作人员数量

g——每日工作班次

以设备加工为主的流水线，计算工人数量时，要考虑后备工作人员和操作人员的设备看管定额。计算公式如下：

$$P = (1 + b) \sum \frac{S_{ei} \cdot g}{f_i}$$

式中　b——考虑代替缺勤工人和替换流水线上临时离开的工人的后备工人百分比

f_i——第 i 道工序每个工人的看管设备定额。

6. 确定节拍性质及实现方法，选择流水线运输装置，进行流水线平面布置　流水线按节拍性质通常有强制节拍、自由节拍、粗略节拍 3 种方式，其方式不同，对运输设备装置的选择也不一样（见表 5-9）。强制节拍是指采用机械装置实现的节拍，加工对象按一定速度，在一个节拍内通过工作地，不考虑工人是否已完成作业。如制药企业中部分产品的包装流水线。自由节拍是指操作者自由实现的节拍。各道工序在一定的时间内完成等量的产品，工序加工每个产品所用时间，可以由操作者自由调整。在药品生产企业中，采用这种方式的情况较多。流水线运输工具的选择常常和流水线的平面布置相结合。常见的运输工具是传送带，它安全可靠，使用灵活。流水线的平面布置必须考虑工人操作方便、生产所需的材料及中间品运输距离短、生产面积和流水线之间的连接合理等因素。药品生产企业常见的流水线平面布置图形有直线形、直角形、U 形等。其中，U 形流水线在生产方式中应用较为广泛。

表 5-9　流水线节拍性质的确定与运输装置的选择

节拍性质	连续程度	运输装置
强制节拍	连续流水线	分配式传送带、连续式工作传送带、间歇式工作传送带
自由节拍	连续流水线、间断流水线	连续式工作传送带、滚道、运输车等
粗略节拍	间断流水线	滚道、滑道、运输车等

在医药生产企业中流水线的设计按加工对象的不同通常可分为单对象加工流水线和多对象加工流水线。单对象加工流水线是指一条流水线上只生产一种产品,而多对象流水线则在同一条流水线上能够生产多品种产品。由于流水线适应能力有限,所以只有当药品产品在结构、工艺流程上相同或相似时,才有可能组织多品种流水线生产。如固体制剂流水线、液体制剂流水线、提取流水线。

多对象流水线的组织设计需将各种产品的产量按加工劳动量折合为某一种代表性产品的产量,然后依次计算其节拍、工序设备数量和设备负荷系数,即常用代表产品法。

二、自动线

自动线,是在生产线和流水线的基础上发展起来的,技术上更为先进的一种生产组织形式,它是由自动化机器设备实现产品工艺加工的一种生产组织形式。自动线和流水线的区别在于,自动线上,工人的任务仅仅是监督、调整和管理自动线,不参与直接操作,劳动对象的传送、装卸、检验、加工等都是由自动线自行完成的。自动线的优点是能降低工资成本、加速流动资金周转、缩短生产周期、稳定产品质量。自动线的缺点是投资数额巨大,回收期长,自动线上任何一个地方出现小故障,都会造成整个自动线生产的中断。所以采用自动线组织生产,必须考虑企业的资金、技术的实力、产品的市场需求、产品工艺稳定性。

三、生产系统改进

生产系统是生产经营总系统中的一个子系统,在医药企业中,凡是与制造药品活动有关的部分,组合成一个有机的整体即是医药企业生产系统。它是由硬件系统和软件系统两部分组成。硬件系统通常是指生产场地、厂房、设备、运输车辆以及各种生产设施,软件系统是指生产组织形式、人员配备要求、工作制度、运作方式以及管理上的各种规章制度。为了达到向社会生产出疗效好、适销对路的药品,需要将产品的统计信息反馈到药品生产的投入端,使生产系统改进其工作状态,合理地组织企业的生产活动,尽量缩短生产周期,以较低的生产成本,生产出符合规定、市场所需的产品,使企业取得较好的经济效益。

(一)生产系统改进的原因

1. 外部原因 医药生产企业是社会大系统的一个子系统,与外部大系统有着大量的信息、能量和物质的交换。企业之所以能存在下去,完全取决于它能否与外部环境成功地进行信息、物质和能量的交换。医药生产企业的功能就是从外部社会中获取所需要的资源(原材料、辅料等),按市场需求将资源转换成产品或服务,再回到市场进行交换。如果交换成功,则可以进行下一轮循环过程,如果交换不成功,就意味着企业无法继续获取维持再生产所需的资源,生产、经营就会陷入困境。这就要求企业不断进行改进,以生产出适销对路的产品。除此以外,企业的外部系统除了社会系统,还有其他更复杂的社会系统的因素要适应,这样就对生产系统提出了改进的要求。外部原因主要包括以下几个方面:

(1)顾客的需求爱好变化:为客户提供满意的产品,企业必须具有敏锐的观察力,觉察顾客的需求变化,并采取适宜的措施满足这种变化,取得经营的主动权。这就涉及生产系统的改进，使它具有提供新产品的能力。

(2)竞争对手原因：在无情的市场经济竞争中，竞争对手之间始终存在着一股无形的压力，任何一项与药品相关的改进都会提高其竞争优势，而给对方以新的压力，这样就迫使企业不断地改进完善自己的生产系统，保持自己的竞争实力。

(3)技术原因：每项制药新技术的产生，都会对药品生产企业产生较大的推动力。一项新的技术问世可能会使企业的现有产品变得落后过时，也可能使现有的加工手段变得很不经济，这时生产系统的改进迫在眉睫。

(4)法律法规原因：药品相关法律法规的制定和修改，如GMP、药品的质量标准修订、环境保护方面的要求等，对药品生产企业的生产系统都会提出改进的要求。

2. 内部原因　生产系统在经过了一段时间的运转以后，一方面系统最初的设计功能会因系统内某些要素的老化使系统指标变劣，竞争能力减弱，故需要进行改进；另一方面，系统潜藏的缺陷会暴露出来，这样就需要对生产系统进行改进和完善。生产系统改进的内因主要表现在设备老化、成本上升、产品老化、系统内工作效率降低、企业员工的积极性不高等方面。

(二)生产系统改进的内容

生产系统改进的内容非常广泛。从范围上分，可有整个生产系统的改进和局部的改进；从需求特性上分，可有多种需求的改进；从物质形态上分，可有生产系统硬件的改进(如厂房、设备、产品等的改进)和生产系统软件的改进(如生产系统组织结构的改进、员工素质行为的改进)。生产系统组织结构的改进含生产过程的改进。所有的改进最终都将体现在物质形态上的改进。具体而言，包括了产品的改进、加工方法的改进、操作方法的改进、生产组织方式的改进等内容。

(三)生产设备的选择与使用

1. 生产设备选择的技术经济评价　医药企业生产设备的选择必须遵循经济合理、技术先进、生产可行的原则。合理地选择设备，使投入资金发挥最大的技术经济效益，实现技术上进步和保证医药企业的发展。

(1)生产设备选购的经济分析评价：对设备的经济性评价，通常都是从投资和收益两个角度来进行分析的。分析方法主要有：

①投资回收期分析评价：投资回收期分析是将设备的投资费用与设备投入使用后带来的生产效率提高、能源消耗降低、产品质量提高而产生的效益进行的比较。在其他条件相同的情况下，一般应优先考虑投资回收期短的设备。投资回收期公式如下：

$$\text{投资回收期(率)} = \frac{\text{设备投资额}}{\text{采用新设备后年净收益额}}$$

②设备寿命周期费用分析评价：设备寿命周期的费用包括两大部分：一是购置所需的设备购置费用。含设备购买费、运输费、安装调试费或自制设备的研制费、设计费和制造费；二是使用费，也可称为设备的维持费用，是指设备在投入运行之后，为了保证设备的正常运行而定期支付的费用，包括能源消耗费、维修费、保险费及其他相应的费用。

所选设备寿命周期费用越低,设备就越经济。设备寿命周期费用只是评价设备经济性的一个方面,以下是几种常用的设备寿命周期费用经济评价的方法。

第一种,费用效率:费用效率是设备单位寿命周期费用支出所取得的效果,追求寿命周期费用最经济而不是最低,费用效率计算公式为:

$$费用效率=\frac{系统效率}{寿命周期费用}$$

系统效率是指选择和评价设备的一系列因素反映的效果,因素包括相关经济指标、技术性评价的各个方面,如产量、产值、销售额等。

第二种,现值法:把每年支出的设备维持费用换算成现值,再与设备购置费用综合起来进行评价,设备寿命周期费用现值公式为:

设备寿命周期费用现值=设备购置费+年使用费×年金现值系数—残值×现值系数

式中: $$年金现值系数为=\frac{(1+i)^n-1}{i(1+i)^n}$$

$$现值系数=\frac{1}{(1+i)^n}$$

第三种,年费法:把设备寿命周期费用换算成每年的平均费用后进行评价的一种方法,其计算公式为:

设备平均年费用=(购置费—残值)×资本回收系数+残值×利息率+每年使用费

式中: $$资本回收系数=\frac{i(1+i)^n}{(1+i)^n-1}$$

其中 n 为设备使用年限,i 为银行利率。

另外,还有终值法,即是将设备购置费用和各年支出的维持费用按复利全部换算成设备寿命终结时的价值进行比较的方法,但很少使用。

(2)生产设备选购的技术经济评价:在选择设备时,应综合考虑与技术相关的以下几个因素:

①可靠性:可靠性包括故障率、设备的平均无故障工作时间、平均寿命、可靠寿命、保修期等指标。可靠性是指在一定的条件下和时间内维持其性能,对所生产产品质量的保证程度。

②生产性能:主要指设备的精度、生产效率和耐用性等。

③节能性:主要是指设备对能源利用程度的一个指标。节能性好的设备主要表现在热效率高、能源消耗量少、能源利用率高。

④成套性:设备的配套通常具有 3 种形式:第一种形式是指一台机器中各种随机附件、部件、工具的配备成套,称为单机配套;第二种形式是指一套机器设备的主机、辅机、控制设备以及其他设备的配套,称为机组配套;第三种形式是指一个新建项目所需的各种机器设备的配套,称为项目配套。设备的成套性是指设备系统内的性能、能力方面相匹配。

⑤适应性:是指设备能够适应不同的工作条件和环境的能力。医药企业生产设备的工作条件和环境比较复杂,一方面是环境复杂,有些环境为高压、高真空、高温、低温等;另一方面是原料性能复杂。有一些原料具有腐蚀性、酸碱性、剧毒性、腐蚀性等。

⑥安全性：是指在选择设备时，要考虑设备本身在使用过程中的安全，特别设备是对人身安全的保障性。

⑦环保性：是指在选择设备时，要考查设备在使用过程中产生的有害物质的排放和处理以及噪音是否能够控制在环保标准之内。在药品生产质量管理规范中对“三废”有着明确的规定，所以应当选择配有“三废”处理附属设备的设备。

2. 设备运行中的磨损及故障规律

(1)设备磨损及其规律

①设备磨损的形式：设备磨损是指设备在闲置和使用过程中逐渐降低和失去原有的功能而贬值。设备磨损包括有形磨损和无形磨损两种形式。所谓有形磨损，一是指设备在使用运行过程中因摩擦、振动而使设备技术状态劣化的现象，二是指设备在闲置过程中因自然力的锈蚀、风化等作用或因使用不合理、管理不善和缺乏必要的维护保养而使设备失去精度和工作能力的现象。设备的有形磨损也称为物质磨损。所谓无形磨损，是指由于科技的发展使企业现有设备相对于市场上性能更好、结构更新或价格更低的设备而言所发生的价值上的损耗，无形磨损也称为设备的精神磨损。

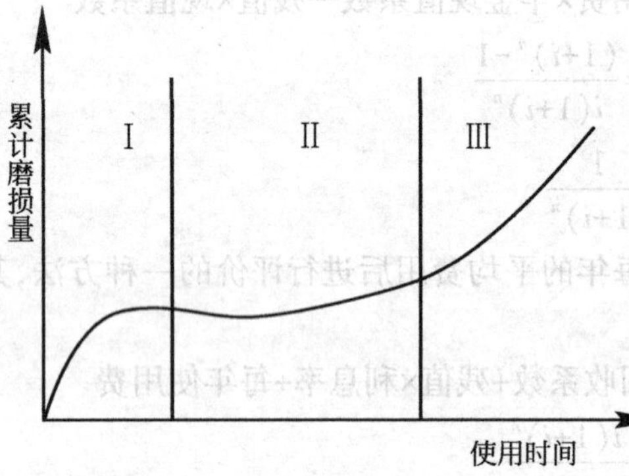

图 5-8 设备有形磨损规律示意图

②设备有形磨损的规律：设备的物质磨损一般可分为初期、正常和剧烈 3 个阶段，如图 5-8 所示。

第Ⅰ阶段：初期阶段。设备在使用初期，处于相对运动的设备零部件表面的微观几何形状在受力情况下会产生磨损。初期阶段的时间比较短，磨损量大、磨损速度快，但是这是设备进入正常运转的必经阶段，也就是常说的设备的“磨合”阶段。

第Ⅱ阶段：正常阶段。设备进入了正常运转状态之后，设备零部件的磨损量增加不大。正常阶段是设备零部件的真正使用寿命，它延续的时间比较长。

第Ⅲ阶段：剧烈阶段。设备零部件磨损到一定程度时，正常的磨损关系被破坏，导致设备零部件的接触情况恶化，磨损速度加快，磨损量大大增加，设备的工作性能和精度快速下降，如果不进行更换设备零部件等维修工作，设备将不能正常工作而致使设备报废，严重的还会出现重大事故。

(2)设备故障及其规律

①设备故障：设备或其零部件在运行过程中发生的降低或丧失其规定功能的不正常现象称为设备的故障。设备故障直接影响着生产的正常进行。

②设备故障的规律：根据设备故障率的变化趋势可将设备故障分为 3 个不同阶段，如图 5-9 所示。

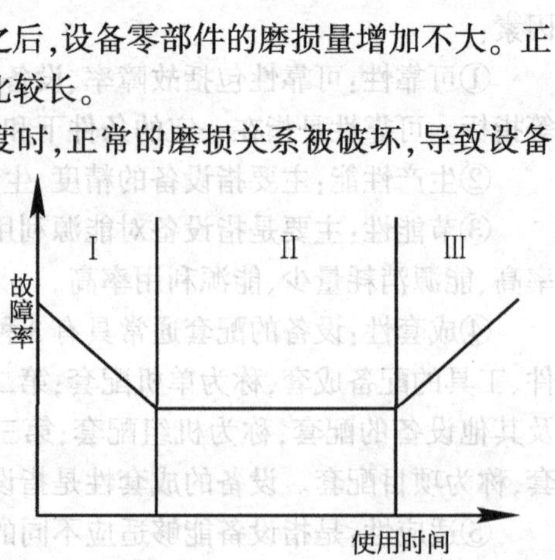

图 5-9 设备故障规律示意图

第Ⅰ阶段为初期故障期。初期故障期是指设备刚投入使用，由于设计、制造、安装调试中的缺陷或操作不熟练，往往会出现比较多的故障。但是随着设备的不断调整和操作技术的熟练，故障率就会逐渐降低。

第Ⅱ阶段为偶发故障期。偶发故障期是指设备进入正常运行阶段，出现故障的情况较少，故障率维持较低水平。偶发故障期的故障多是因为操作失误或维护保养不当而引发的突发事故。

第Ⅲ阶段为劣化故障期。劣化故障期是因为设备劣化，性能很快下降，导致故障率急剧上升的阶段。为防止故障率大幅提高，设备管理者一般要在这一时期到来之前，进行预防维修，修复或更换将要损坏的零部件。这一时期与设备的剧烈磨损阶段相对应。

3. 设备的使用与维护　为了尽可能延长设备的使用寿命，必须对设备进行合理的使用和维护保养，设备的合理使用与维护保养主要是针对设备的有形磨损。

(1)设备的合理使用：设备合理使用的具体要求是做到"三好"、"四会"，即管好、用好、修好设备，会使用、会维护、会检查、会排除故障。设备合理使用的总体要求是充分利用、制度完善。医药企业应当在对设备进行分类、编号、登记、建档的基础上，建立包括设备使用规程、设备状态标识管理规程、设备故障处理流程、设备清洁管理规程、设备岗位责任制、检查维护规程、交接班制度、岗位标准操作程序(SOP)等在内的设备管理制度。设备利用情况可以从数量、能力、时间三方面分析。其中设备数量和时间的利用情况均可以用实际利用率与计划利用率进行比较来反映，设备能力利用是以设备实际生产能力为分析依据，其计算公式为：

$$设备实际生产能力=\frac{合格产品数量}{设备工作时间}\times 100\%$$

(2)设备的检查：设备检查是对设备的运行情况、磨损或腐蚀程度、工作精度进行检查和校验并进行记录，主要是为了及时了解设备的技术性能和变化，查明设备的隐患，以便有针对性地提出维护保养措施，做好维修前的准备工作，缩短维修时间，提高维修质量。设备检查一般分3种，即日常检查、定期检查和重点检查。

(3)设备的维护：设备维护的要求是做到整齐、润滑、清洁和安全，医药企业设备一般实行三级保养制，即日常维护、一级保养和二级保养。日常维护一般由操作人员完成，一级保养一般是在专职维护维修人员指导下由操作工人完成，二级保养一般是由专职人员承担、在操作工人协助下完成。

4. 设备的维修与更新

(1)设备的维修：根据设备维修内容及维修工作量的大小，通常将企业的设备维修分为3类，即大修、中修、小修。大修是指对设备的整体进行拆卸，修复或更换全部磨损零件，修复基准件，基本恢复设备原有的精度和性能。大修理的同时往往还按照计划进行改造，以求改变设备在技术上趋于落后的状况。中修是指对设备的主要零部件进行局部修复和调整，校正基准，并更换一些经鉴定不能继续使用至下次中修时的主要零部件，使设备达到规定的精度、性能和生产能力。小修是指对少量易损零件的修复更换、调整以及设备的清洗，消除一些小缺陷，以保证设备能正常使用到计划中的下一次修理。

一般来说，设备维修方式有以下几种：

①预防性维修:预防性维修是指利用检测、状态监测和诊断技术对设备状态进行预测,然后有针对性地安排设备维修。预防性维修可以事先排除设备将要出现的问题。

②标准维修:多用于设备安全运行保障程度要求高、设备结构比较复杂、比较重要的设备维修。标准维修也称强制维修,是指对设备维修的类型、内容、日期和工作量都预先制订计划标准,不考虑设备运转情况及其零部件的实际磨损情况,严格按照计划标准进行的维修方式。

③定期维修:定期维修是指根据设备的基本情况和设备修理的相关定额资料,预先制定一个检查计划,并根据每次检查结果再作详细规定的一种维修方式。

④检查后维修:是指事先只规定设备的检查计划,每次维修的时间、内容和类型都根据检查的结果和过去的维修资料来确定的一种维修方式。一般用于简单、不重要的设备维修。

⑤事后维修:事后维修是指出了故障后再维修、不坏不维修的维修方式。

(2)设备更新:设备更新改造的基本理论是设备的寿命理论和设备磨损理论。设备的寿命是指设备从投入生产开始,经过有形磨损和无形磨损,直至在技术上、物质上或经济上不宜继续使用,必须更新所经历的时间。因考察角度不同,设备寿命包括物质寿命、技术寿命和经济寿命三方面。当设备经过维修后也不能正常使用,就需考虑进行设备更换。设备更新时间不仅取决于设备自身的磨损,也取决于科学技术的发展,还取决于经济上的考虑。设备更新的方案,应从市场、经济和技术三方面对更新后的生产经营和业绩影响进行详尽的分析后才能确定。

四、现代生产管理方式

1. 准时制生产　准时制生产(just in time,JIT)作为一种生产管理技术,是指将必要的零件以必要的数量在必要的时间送到生产线,并且将所需要的零件,只以所需的数量,只在正好需要的时间送到生产线上。准时制生产是为了适应消费需要多样化、个性化而建立的生产体系及为此体系服务的物流体系。

准时制生产的目标是最大限度地降低库存、最大限度地消除废品和实现最大的节约。传统观念认为在制品库存和产品库存都是资产,期末库存与期初库存的差是该周期该部门的效益;而准时制生产认为任何的库存都是浪费,在生产现场,生产需要多少就供应多少,生产活动结束时现场不应有任何多余的库存品,最终将库存降为零库存。传统的生产管理认为一定数量的不合格品是被允许的,而准时制生产的目标是消除各种引起不合格品的因素,要求每一道工序都达到最高水平,最大限度地限制废品流动造成的损失,不让废品流入下一工序进而影响生产,以追求零废品为其目标之一。此外,因为多余的物资或产品即要消耗材料和劳务,又要花费装饰搬运和仓储等物流费用,所以准时制生产认为多余的物资或产品不是财富而是一种浪费,应尽量的降低它。

在采用准时制生产时,必须满足以下条件:第一,生产同步化:所谓生产同步化是指通过“后工序领取”的方法来实现平行运行,工序间不设置仓库,前一道工序的加工结束后,加工件立即转移到下一道工序去,生产活动连续地平行进行。第二,看板控制系统:看板是实现JIT生产的重要工具,看板是在需要的时间、按需要的量对所需物料发出生产指令的一种信息媒介体。其主要功能包括生产和运送工作指令、改善的工具(“不能把不合格品送往后工序”)、防止过量运送和过量生产（“没有看板不能生产，也不能运送”）、进行“目视管理”的工具（“看板必须附在实物上存放”、“前工序按照看板取下的顺序进行生产”）。第三，生产线的U型布置：生产线的U型布置能够根据产量的变化灵活地分配任务，增减操作人员。U型布置的特点在于生产线的入口和出口在同一个位置，以便可以实现灵活增减作业现场的作业人员。U型布置的模型如图5-10所示。

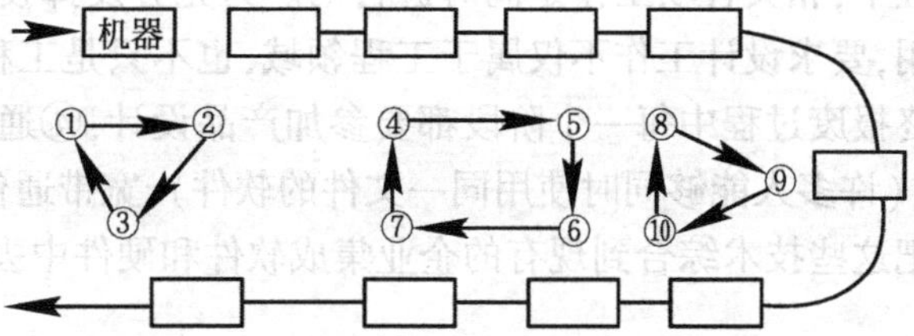

图5-10 U型布置图

2. 精益生产 精益生产（lean production，LP），是美国麻省理工学院在研究了日本丰田汽车公司为代表的日本汽车工业的生产方式后针对美国大量生产方式的弊病而提出来的。它是准时制生产的进一步提高。精益生产是运用多种现代管理方法和手段、以社会需要为依据、充分发挥人的作用为根本的新型生产方式。它力求以最小的投入获得最大的产值，以最快的速度进行设计和生产，不断地降低成本，追求零废品、零库存、时间最短、费用最低，从而消除一切浪费。精益生产把只增加成本、不创造价值的一切要素和活动定义为浪费。减少了库存，缩短供应链周期，最终降低生产成本是精益生产的优势和基本原则；并行工程的产品开发（跨部门、多学科的开发团队为主体的集成并行开发）、准时化生产和稳定快捷的供应链是精益生产的三大支柱；多功能团队的持续改进活动是精益生产的基础。

精益生产方式综合了单件生产与大量生产方式的优点，力求在大量生产中实现多品种和高质量产品的低成本生产。因此，精益生产方式具有如下的特点：第一，以简化为手段去除生产中一切不增值的工作，更有效地利用资源和更大地消除浪费。第二，强调人的作用，充分发挥人的潜力，把工作任务和责任最大限度地转移到直接为产品增值的生产人员身上，要求生产人员精通多种工作技能。实行团队作业，强调集体协作精神。第三，永不满足现状，不间断的质量改进和“无缺陷”管理，以尽善尽美为最终目标。第四，采用适度自动化，提高生产系统的柔性。

3. 敏捷制造 敏捷制造（agile manufacturing，AM，也译为灵捷制造）的概念是由美国里海大学（Lehigh University）亚科卡研究所的专家在“21世纪制造业战略”报告中提出的一种新的制造模式。敏捷制造是指制造系统在满足低成本和高质量的同时，能够对多变的市场需求做出快速的反应。企业对市场变化、技术发展以及社会环境变化做出反应的速度和能力即是敏捷性。敏捷制造最基本的特点就是智能和快速。快速也就是指快速反应能力，指企业能够随市场变化做出判断和预测，并能做出正确反应，以最短的时间完成产品开发、生产和供货。

从敏捷制造的特点可以看出，革新了的组织和管理机构、柔性技术、有知识和技艺的员工是敏捷制造的三大基石。

(1)敏捷制造的生产技术:①具有高度柔性的生产设备是创建敏捷制造企业的必要条件,具体主要表现在:由可改变结构、可测量的模块化制造单元构成的可编程的柔性机床组;"智能"制造过程控制装置;用采样器、传感器、分析仪与智能诊断软件相配合,对制造过程进行监视等;②敏捷制造企业是一种高度集成的组织。信息不仅要在制造、工程、采购、仓储、市场研究、财务、销售等部门之间连续地流动,而且还要在供应厂商与敏捷制造企业之间连续流动;③产品开发和制造过程中,相关各项工作是同时进行的。为充分发挥技术在缩短新产品的开发与生产周期上的作用,要求设计工作不仅属于工程领域,也不只是工程与制造的结合,而是从产品制造到产品最终报废过程中每一个阶段都要参加产品设计;④通过严密的通用数据交换标准、坚固的"组件"(许多人能够同时使用同一文件的软件)、宽带通信,把企业中分散的各个部门集中在一起。把这些技术综合到现有的企业集成软件和硬件中去就标志着敏捷制造的开始。

(2)敏捷制造的人力资源:敏捷制造认为在动态竞争的环境中,关键的因素是人员,唯一可行的长期指导原则是提供必要的物质资源和组织资源,支持人员的创造性和主动性。因此,不断对员工进行教育,不断提高员工素质,是企业管理层应该积极支持的一项长期投资

(3)敏捷制造的管理技术:①"虚拟公司"是敏捷制造在管理上所提出的创新思想之一。将分布在不同公司内的人力资源和物资资源随意互换,然后把它们综合成靠电子手段联系的经营实体(虚拟公司),以完成其特定的任务;②敏捷制造企业应具有组织上的柔性。根据工作任务的不同,有时可以采取内部多功能团队形式,请供应者和用户参加团队;有时可以采取虚拟公司形式;有时可以采用与其他公司合作的形式。

4. 计算机集成制造系统　计算机集成制造系统(computer intergrated anufacturing system, CIMS)的概念由美国的哈林顿博士于1974年首次提出。CIMS认为,一个制造企业的全部生产和经营活动是一个整体,实质上是一个数据采集、传送和处理决策的过程,最终形成的产品可以看做是数据或信息的物质表现。一般认为,CIMS是利用计算机、制造技术、管理、自动控制和网络技术等多种技术将企业整个生产过程中的信息进行统一处理,同时对所属的各个子系统的功能进行集成,从而实现企业的总体优化的生产方式。CIMS主要是通过生产经营、技术系统、人三者的集成来使企业的各种功能协调,最大限度地加快物流、工作流和信息流,以便大大提高企业对市场需求的快速反应能力的新型生产方式与管理模式。

CIMS的功能组成,按照中国企业的实践经验,CIMS一般由五部分组成,见图5-11。

(1)生产经营管理信息分系统:以MRPⅡ为核心,覆盖了市场预测、经营决策、生产计划与各级生产作业计划以及生产技术准备、供应、成本、设备、工具、销售、财务、人力资源等管理功能。

(2)产品设计与制造工程设计自动化系统:简称工程设计自动化分系统,它主要包括计算机辅助产品设计、辅助工艺设计和辅助工程分析等功能,通过较高的自动化水平提高产品设计、开发工作的效率和质量。

(3)制造自动化分系统:也叫计算机辅助制造系统(CAM),即为柔性制造系统,它借助数控机床、加工中心、机器人、测量机、立体仓库、物料处理与存储计算机系统使产品制造达到高效率和高柔性的结合,实现多品种小批量产品的经济生产,缩短制造周期。

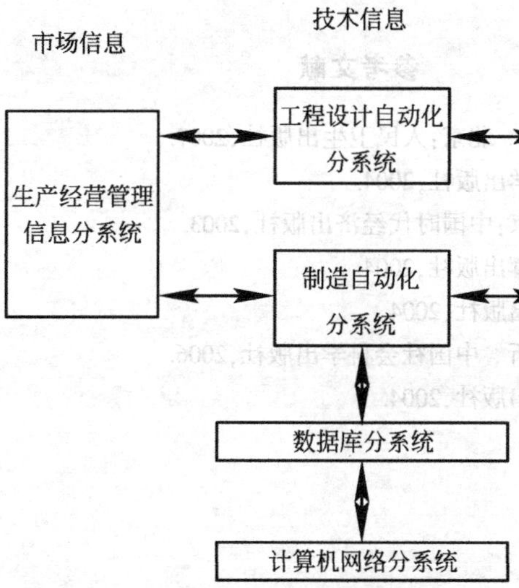

图 5-11　CIMS 功能组成示意图

(4)计算机网络和数据库管理分系统:计算机网络和数据库管理分系统是整个 CIMS 系统的支撑系统。

(5)质量保障分系统:质量保障分系统包括质量决策、数据采集、控制与跟踪、质量检测、质量评价等功能,提供全过程的质量保证。

5. 大规模定制　大规模定制是以满足顾客个性化需求为目标,并以能够获得一定利润的成本高效率地进行定制,从而提高企业适应市场需求变化的灵活性和快速响应能力的生产方式。

组织大规模定制采用先进的制造技术和管理方法,把产品的定制生产全部或部分地转化为批量生产,以大批量的生产成本和效率生产出个性化的产品,具体可以采取定制点后移和产品模块化设计的方法实现大规模定制生产。定制生产不仅仅是在生产中引入一种新的方法,而且还是一项经过整合的包括产品设计、制造流程设计和灵活的供给网络在内的系统工程。能否控制成本的上升是其运行成败的关键。

6. 企业流程再造　企业流程再造是基于企业分工过细的经营管理模式无法适应经营环境的改变的挑战而产生的管理变革。他以流程为核心,坚持以人为本的团队式管理及顾客满意为导向的基本原则。其基本思想是彻底改变传统工作方式,重新设计工作方式和工作程序,以追求更高的工作效率;结构性重组,将多层性的功能架构改为交叉性的功能构架;全新的、整体的信息管理及评价系统;新价值观,把顾客满意放在首位,致力于发现、理解顾客当前和未来的要求。根本、彻底、显著及流程是企业流程再造的四个要素。企业流程再造的主要方法有:将数项工作或业务组合,合并为一为同一工作设置若干种处理方式;工作流程各个步骤按其自然顺序进行;尽可能减少检查、控制及调整等管理工作;超越组织的界限,在最适当的场所完成相应的工作。

参考文献

1. 顾海．实用医药企业生产经营管理学．北京：人民卫生出版社，2007.
2. 王德清．企业管理学．重庆：重庆大学出版社，2004.
3. 贾春玉，张晓辉．企业管理基础．北京：中国时代经济出版社，2003.
4. 杨善林．企业管理学．北京：高等教育出版社，2004.
5. 王关义．生产管理．北京：经济管理出版社，2004.
6. 徐国良，王进．企业管理案例精选精析．中国社会科学出版社，2006.
7. 宁德斌．医药企业管理．北京：科学出版社，2004.

第六章 医药企业质量管理

质量管理是现代企业管理的一个重要组成部分。随着科学技术、现代生产技术和市场经济的不断发展,市场对企业由单纯提供足够数量的产品到提出高质量、低成本产品的转化,竞争压力的不断增强,企业管理开始向科学化、规范化、现代化发展。另外,近年来,由于药害事件频发,百姓对医药产品的质量安全性提出了更高的要求,医药企业质量管理在现代企业经营管理中的地位和作用越来越重要,有关质量管理理论和方法的探索也越来越丰富和深化,质量管理学已经从管理中分离出来而成为一门新兴的独立学科。

医药产品主要包括药品、保健品、医疗器械等产品。

第一节 药品质量与质量管理概述

一、药品的特殊性

我国药品管理法对药品的定义明确了以下问题:药品的使用对象,药品的功能与用途,药品的范围。因此,药品具有其特殊性,表现在:

1. 药品种类的复杂性 药品包括中药材、中药饮片、中成药、化学原料药、药学药品等十多个类别。以中药材为例,我国中药材种类共计12 807种,其中,植物药11 146种,动物药1 581种,矿物药82种;化学原料药近1 500种;化学药品约34个剂型4 000余个品种;40余个中药剂型,9 000余种中成药品种……可见,药品无论从种类上还是品种上均表现出复杂性。

2. 药品的两重性 每种药物都有一定的化学成分及其一定的分子结构,具有一定的理化性质,作用于人体之后,会对机体的组织结构和功能产生影响。使用得当可以充分发挥药品的治疗作用,使用不当则会给人体造成一定的毒副作用,严重的可能还会危及人的生命安全。

3. 药品使用的专属性 我国对药品实施分类管理。对于OTC药品,患者可凭借个人的用药常识及执业药师的指导在药店及经药品监督管理部门批准的超市柜台自行购买使用。对于处方药,则必须凭借执业医师和执业助理医师的处方并在其指导下方能购买和使用,有其专属性。

4. 药品质量的隐蔽性 药品不同于其他商品,其质量的优劣很难从包装、药品的外观等外在属性来判断,其质量必须经特殊专业人才使用特殊的设备、仪器通过特定的检验方可判断其质量是否合格,因此,药品质量具有隐蔽性的特点。

5. 药品检验的局限性 医药企业生产的药品数量往往非常大,且药品的检验多是破坏性检验,故医药生产企业不可能对所生产的药品进行全数检查,只能通过抽样的方式对药品质量进行检验,通过样本的质量来推断总体的产品质量。因此,药品质量的检验具有局限性,要求药品生产企业严格对生产过程中的每一个环节(包括原料、机器、环境、人员、使用的方法等)进行严格把关,才能保证最终药品的质量。

6. 药品质量控制的严格性　鉴于药品质量具有隐蔽性及检验的局限性等特点,要求药品生产企业对社会、对患者要有高度的责任感,把好生产过程中每一个环节的质量关,将下工序作为上工序的顾客,保证每一个工序均对其内部顾客负责,保证传递给下工序的产品质量是符合要求的。只有这样才能保证最终产品的质量。

7. 药品研究开发、生产、经营等全过程管理的规范性　在我国药品管理法及其他法律、法规的指导下,从药物转变成药品再到患者使用的过程中,每一个环节国家均颁布了相应的法规及标准,要求参与药品研发、生产、经营、使用的各单位及员工必须控制相应的法规进行操作、执行。

根据我国法律对药品、保健食品、医疗器械的定义,我们可以看出,医药产品是对人体进行保健、预防、诊断、治疗、监护、辅助治疗的特殊产品,其质量安全性将直接影响到其治疗、预防、诊断等的效果及人体的安全性。因此,应对其质量进行严格把关,否则对生命安全会造成一定的威胁。

由于药品作为人们普遍使用的特殊商品,使用更具有普遍性且需求无弹性,其质量安全性尤其应得到充分的重视,所以本章重点讨论药品的质量管理。

二、质量及相关概念

(一)质量及相关的定义

1. 质量(quality)　ISO2000版对质量的定义为:一组固有特性满足要求的程度。术语中的质量可以使用好、差或优秀来修饰,即好的质量、优秀的质量、差的质量。但药品的质量只有合格与不合格之分。固有的就是指某事或者某物中本来就有的,尤其是那些永久的特性。要求包括明确的要求和隐含的要求。明确的要求是指经明示的要求,如在标准、文件、说明书中明确的、必须达到的要求。隐含的要求是指组织、顾客或者其他方所考虑的惯例或一般作法,所考虑的要求或期望是不言而喻的。如药品应该是安全的,在有效期内应该是稳定的、均一的。

2. 质量特性(quality characteristic)　是产品、过程或体系与要求有关的固有特性,即某事或某物中本身就有的,尤其是那种永久特性,包括物理的、化学的、感观的或生理特性或安全特性、可靠性、可用性等。这里所定义的质量特性可以是产品的,也可以是过程的,还可以是体系的。

3. 顾客满意(customer satisfaction)　顾客对其要求已被满足的程度的感受。顾客报怨是一种满意程度低的最常见的表达方式,但没有抱怨并不一定表明顾客很满意。即使规定的顾客要求符合顾客的愿望并得到满足,也不一定确保顾客很满意。顾客满意是一种顾客主观的感受,具有主观性特征。顾客满意一般可以分为满意程度低(或称不满意)、满意和很满意3个层次。应当用适当的方式、方法和指标将顾客满意与否的主观感受客观、量化地体现出来。

4. 合格(conformity) 即满足要求。

5. 不合格(nonconformity) 即未满足要求。

6. 缺陷(defect) 未满足与预期或规定用途有关的要求。缺陷与不合格的区别在于,缺陷有法律内涵,特别是和产品责任问题有关,因此应该慎用缺陷这一术语。

7. 放行(release) 对进入一个过程的下一阶段的许可。.

8. 验证(validation) 通过提供客观证据对规定要求已得到满足的认定。

9. 质量管理(quality management) 在质量方面指挥和控制组织的协调活动,通常包括制定质量方针、质量目标、质量策划、质量控制、质量保证和质量改进。

10. 质量目标(quality objective) 在质量方面所追求的目的。质量目标通常依据组织的质量方针制定。通常对组织的相关职能和层次分别制定质量目标。

11. 质量策划(quality planning) 质量管理的一部分,致力于制定质量目标并规定必要的运行过程和相关资源以实现质量目标。编制质量计划可以是质量策划的一部分。

12. 质量控制(quality control) 是质量管理的一部分,致力于满足质量要求。

13. 质量改进(quality improvement) 是质量管理的一部分,致力于增强满足质量要求的能力。

14. 持续改进(continual improvement) 增强满足要求的能力的循环活动。持续改进是质量管理过程中持续的、不断的、循环的过程,通过这样的过程,可以增强满足要求的能力,产品质量可以不断地提高。

15. 预防措施(preventive action) 为消除潜在不合格或其他潜在不期望情况的原因所采取的措施。

16. 纠正措施(corrective action) 为了消除已发现的不合格或其他不期望情况的原因所采取的措施。

17. 质量保证(quality assurance) 是质量管理的一部分,致力于提供质量要求会得到满足的信任。质量保证分为内部质量保证和外部质量保证两种类型:①内部质量保证即组织针对自身产品质量形成的全过程中某些环节的质量控制活动提供必要的证据,使组织的管理者确信组织内各职能部门和人员进行质量控制的有效性;②外部质量保证即组织针对自身产品质量形成的全过程中某些环节的质量控制活动提供必要的证据,向组织外部的顾客或其他方提供保证,以证明组织内各职能部门和人员进行质量控制的有效性。

(二)药品质量与药品质量管理的定义

1. 药品质量 药品质量是指该药品能满足规定要求和需要的特征总和。其概念可以理解为药品的物理、化学、生物药剂学、安全性、有效性、稳定性、均一性等指标符合规定标准的程度。

药品的质量特性是有效性、安全性、均一性、稳定性、经济性的总和。根据其重要程度不同又可以分为关键特性和一般特性。

(1)有效性:即药物的疗效,指在规定的适应证、用法和用量条件下,药品能满足预防、治疗、诊断人的疾病,有目的地调节人的生理功能的性能。有效性是衡量药品质量的关键特性。

有效性是药品的基本特性，若对防治疾病没有效，则不能成为药品。因此，有效性也是衡量药品质量的重要指标。药品的有效性是一个既相对又绝对的质量指标。国外根据药品的有效程度把药品的有效性分为三个等级，即“完全缓解”、“部分缓解”和“稳定”；国内则采用“痊愈”、“显效”、“有效”加以区别。在新药研究中，评价新药的有效性时，常用已知有效药物与之对比。这说明药品的有效性是一个相对质量指标。但是从质量控制看，药品的有效性又是一个绝对质量指标。

（2）安全性：药品的安全性是指按规定的适应证、用法、用量使用药品后，人体产生毒副反应的程度。安全性也是衡量药品质量的关键特性。

“是药三分毒”，大多数药品均有不同程度的毒副反应，如胃肠道反应、过敏反应等。因此，要严格控制药物的用药剂量、选择合理的给药途径，以保证药品使用过程中的安全。新药在开发过程中通过急性毒性、长期毒性及特殊毒性的安全性试验以确定临床用药剂量，同时确定可能出现的毒副反应。临床试验过程中还要严格按照《药物临床研究质量管理规范》的要求，进行严格的Ⅰ期、Ⅱ期、Ⅲ期及Ⅳ期临床试验以确保广泛应用于临床情况下药物的安全。只有药品的有效性比毒副反应更加突出，或在可以通过采取一定措施缓解、解除毒副反应的情况下才可使用该种药品。如果在治疗疾病的同时造成不可逆转的毒副作用，如致癌、致畸、致突变或是严重的脏器损伤甚至威胁生命，则不能作为药品使用。药品的安全性也是一个既绝对又相对的质量指标。所谓绝对指标是指药品的安全性不能低于法定标准。所谓相对指标是指在保证疗效的前提下，力求药品的安全性越高越好。

（3）稳定性：是指药品在规定的条件下保持其有效性和安全性的能力。药品的有效期是稳定性的一种表示方式。稳定性也是衡量药品质量的关键特性。

药品的有效期是指药品在一定的贮存条件下，能够保证药品质量的期限。从这个定义中我们可以看出，药品的有效期一方面是表示该药品性质的稳定性，二是表示药厂对该药品质量负责的时间期限。

同一种物质，除本身所具有的物理、化学性质决定了其有效性、安全性、稳定性外，制备工艺、包装、贮存条件、运输过程的影响也会使药物发生物理、化学变化或是微生物的改变，这些改变可以导致药品的有效性降低、毒副作用增加、不符合卫生标准、物理外观性状的改变或破坏（如破乳、结块、沉淀、裂片等）。因此，需要通过稳定性实验来确定药品的有效期、贮存、运输方式，以保证在该期限内药品的使用安全、有效、方便。

稳定性实验方法一般有两种：一是留样观查法，另一种是加速试验法，两种方法相互印证。

（4）均一性：是指药品的每一单位产品，如每一片、每一只、每一丸、每一个胶囊、每一袋的产品都符合有效性、安全性的要求。这就要求每个单位产品中所含有的有效成分要保持均匀一致。如果不能保持每一单位产品的均匀一致。则可能导致单位品种中有效成分含量过低而无效或是含量过高而导致用量过大而中毒，甚至威胁生命。因此，均一性是药品的另一个重要特性。

（5）经济性：是指药品生产、流通过程中形成的价格水平。产品的质量是一个综合的概念，并不是越贵越好，也不是技术特性越高越好，而是追求以上特性的一个综合的最适应水平。

另外，经济性也是指药品效能与药品价格之间的最佳比例关系。如果因药品效能高而导致药品价格也高，并且药品价格高到消费者不愿意或者无法承受的程度，那么，这种药品的高效能就失去了实际意义，而失去了实际意义的药品，其质量也就无从谈起。人们对于药品质量的要求较之对其他产品的质量要求更为严格，同时也很注重价格的合理性，因此，药品质量的经济性，也是药品质量的一个不可忽视的特性。

2. 药品质量管理　药品质量管理是指在国家现有法律、法规的指导下，对药品的研发、原材料的准备、生产、经营等过程的指挥和控制组织的协调活动。广义地讲，药品的质量管理应涉及药品质量形成的全过程，包括原料药的投入、生产、辅助、检验、销售和售后服务等全过程。药事管理组织和药事单位，为保证药品质量，决定药品质量方针、目标和责任，并在质量体系内，以诸如质量策划、质量管制、质量保证和质量改进等手段予以实施的整体管理功能的一切活动，均属于药品质量管理范畴。

鉴于药品的特殊性，为了保证药品的有效性、安全性、稳定性、均一性、经济性等质量特性，必须对药品实行有别于普通商品的特殊管理，其特点主要体现在：

(1)质量标准的权威性：药品质量标准的确定是以保证药品质量，保障人体用药安全，维护人民身体健康和用药的合法权益为根本宗旨和指导思想而制定的。世界上各有关组织和许多国家都制定了权威性很强的药品质量标准，我国亦不例外，《药品管理法》规定：

①“药品必须符合国家药品标准”、“中药饮片必须按照国家药品标准炮制；国家药品标准没有规定的，必须按照省、自治区、直辖市人民政府药品监督管理部门制定的炮制规范炮制。省、自治区、直辖市人民政府药品监督管理部门制定的炮制规范应当报国务院药品监督管理部门备案。”

②“国务院药品监督管理部门颁布的《中华人民共和国药典》和药品标准为国家药品标准。国务院药品监督管理部门组织药典委员会，负责国家药品标准的制定和修订。国务院药品监督管理部门的药品检验机构负责标定国家药品标准品、对照品。”

这就从法律上确立了药品质量标准的法律地位，使得药品质量标准具有很强的权威性。

(2)执行标准的强制性：药品质量标准由国家法律授权的权威机构制定，并以法的形式颁布，属于强制性标准。按照《中华人民共和国标准化实施条例》第十八条规定，药品标准为强制性标准，除药品研制、生产、经营、使用过程中涉及的药品质量标准外，药品卫生标准、生产安全标准、环境保护标准、通用检验方法等标准亦为强制性标准。

(3)质量管理的全过程性：药品质量管理就其管理模式而言，是一个环环相扣的环链式管理模式。新药研发、生产、经营、使用，每一个环节都相当于一个质量环，每一个质量环之间又是依次紧密相连的。任何一个环出现缺口，这个质量链条都会断掉。因此，药品质量管理必须实行全过程管理，即全面质量管理。我国制定了一系列法规来保证药品质量。从企业准入资格的审查许可，到在实验室阶段实行的《药物非临床研究质量规范》(简称 GLP)，以及在新药临床阶段实行的《药物临床试验质量管理规范》(简称 GCP)，在药品生产过程中实施的《药品生产质量管理规范》(简称 GMP)，在药品经营过程中实施的《药品经营质量管理规范》(简称 GSP)，都体现了全面质量管理思想(图 6-1)。同时，这种全过程管理还体现在全员的参与性，即从事医药工作的每一个成员都是药品质量的直接或间接相关者，也就是通常所说的“全员性”。

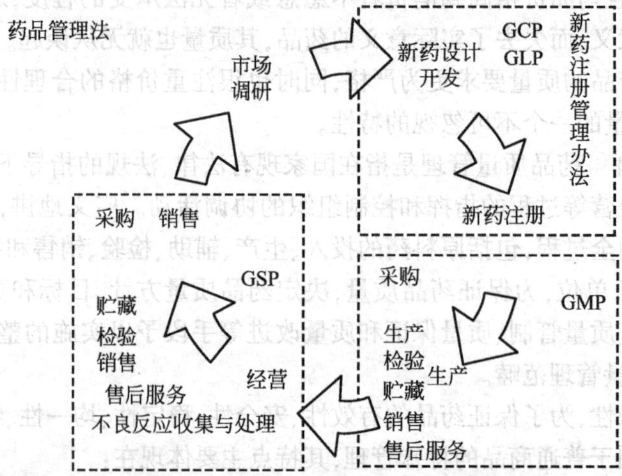

图 6-1 药品质量管理的全过程性

(4)宏观与微观管理的协调性:宏观管理是指国家和政府的管理,微观管理是指各组织内部的管理。为了保证药品质量,国家与药事单位采取了双管齐下的宏观与微观相结合的管理体制。国务院药品监督管理部门主管全国药品监督管理工作。国务院有关部门在各自的职责范围内负责与药品有关的监督管理工作。省、自治区、直辖市人民政府药品监督管理部门负责本辖区内的药品监督管理工作。省、自治区、直辖市人民政府有关部门在各自的职责范围内负责与药品有关的监督管理工作。省以下药品监督管理实行垂直管理。药品监督管理部门设置或者确定的药品检验机构,承担依法实施药品审批和药品质量监督检查所需的药品检验工作。各个药事单位均设有与药品质量管理有关的机构和专门人员负责药品的质量管理工作。此外,还设有群众性的药品的质量监督员、检查员。

(5)质量管理手段的多样性:为了保证药品质量,国家和药事单位采用了一系列行之有效的管理方法,主要有行政的、法律的、技术的、经济的、咨询和培训等方法。随着法律体系的完善,法律的方法将在药品质量管理中发挥越来越大的作用。

三、医药企业产品质量标准

药品是一种特殊的商品,药品质量的优劣直接关系到药品的安全性和有效性,关系到人民的身体健康和生命安全。为了加强对药品质量的控制及行政管理,各个国家对药品均有强制执行的质量标准,即药品标准。

药品标准是国家对药品的质量、规格和检验方法所作的技术规定,是保证药品质量,进行药品生产、经营、使用、管理及监督检验的法定依据。

(一)国家药品标准

药品的国家标准系指《中华人民共和国药典》和《国家药品监督管理局颁布的药品标准》。法定的药品质量标准具有法律的效力,药品必须符合国家药品标准。

(二)临床试验用药物质量标准

在新药研制过程中,进行临床试验或使用之前应得到国家食品药品监督管理局的批准。为保证临床试验过程中药品的安全与质量稳定以及临床试验结论的可靠,新药研制单位应制定一个在研药物的临时的质量标准,这个标准由国家食品药品监督管理局批准,并在试验期间有效,且仅供研究单位与临床试验单位使用。这个标准即临床试验用药物质量标准。

第二节 医药企业常用质量管理和改进的方法

一、质量改进的定义

ISO9000:2000 版对质量改进(quality improvement)的定义:为了本组织和顾客双方的利益,在组织中采取措施以提高各项活动和过程的效果和效益。

质量改进的原则:①通过过程的改进来实现;②主动改进:预防和纠正措施。

二、实施质量改进的一般步骤

实施质量改进的一般步骤:确立质量改进的活动内容,对可能造成质量问题的原因进行分析,确定与质量有关的因果关系,采取预防改进措施,对改进进行确认,纳入标准,持续改进确立质量改进活动内容(见图 6-2)。

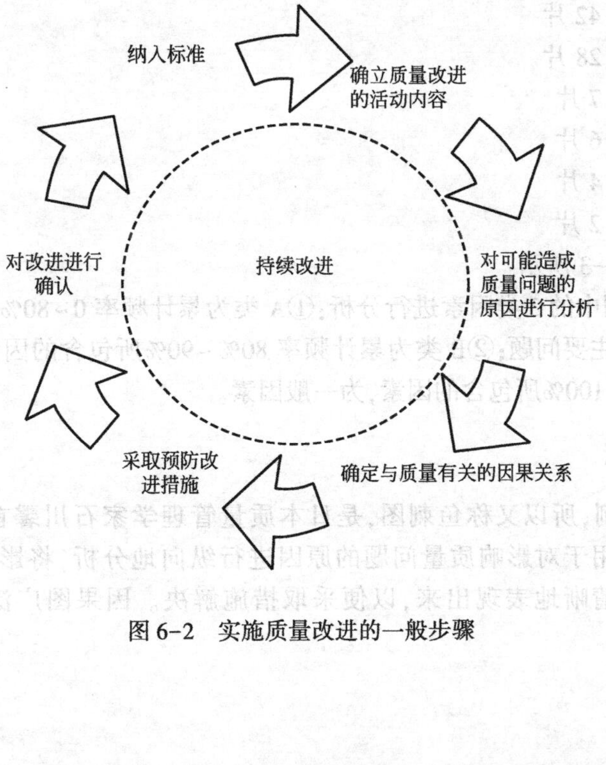

图 6-2 实施质量改进的一般步骤

三、常用的质量管理和质量改进的方法

常用的质量管理和质量改进的方法和手段有：调查表水平对比、流程图、分层法、树图、直方图、散布图、控制图等方法。下面主要讲述分层法、排列图法、因果图法、直方图法、树图法、过程决策程序图法、网络图法、矩阵图法、亲和图法等方法。

（一）分层法

分层法又叫分类法，是在质量管理过程中，将性质相同，条件相似的数据归为一类进行分析，以便找出数据的统计规律的方法。通常的分层是影响结果的不同方面，例如从人、机器、材料、方法、环境、时间等方面进行分类考虑。

举一个简单的例子：某制药厂生产某一片剂，经检测发现片重有5%不合格，这时，如果不进行分层抽样检验，那么，不会知道是哪个操作人员或哪台机器产生的不合格品，如果对操作人员或机器进行分层，那么检测数据就会有针对性，很快找出导致不合格的原因。

（二）排列图法

排列图又称帕雷特图，是意大利经济学家帕雷特在分析财富分布时发现社会上80%的财富掌握在20%的人手中，并根据这一规律设计出来的分析用图。在生产现场管理过程中，存在着各种各样的问题，如何从复杂的现象中找出问题的关键，进而解决问题？一般来讲，生产过程影响质量的因素也是遵循“少数关键，多数次要”这一规律的，因此，可以用排列图对影响质量的因素进行分析，找出关键。

例：某药厂生产某种中药片剂，经质量检查发现：

细菌污染	42片
片重不足	28片
崩解不合格	7片
松片	6片
裂片	4片
其他	2片

作排列图如图6-3所示：

排列图主要对图中的3类因素进行分析：①A类为累计频率0~80%所包含的因素，为主要因素，是要解决的主要问题；②B类为累计频率80%~90%所包含的因素，为次要因素；③C类为累计频率90%~100%所包含的因素，为一般因素。

（三）因果图法

因果图形如鱼刺，所以又称鱼刺图，是日本质量管理学家石川馨首先提出的，所以又称石川图。因果图用于对影响质量问题的原因进行纵向地分析，将影响产品质量的诸因素之间的因果关系清晰地表现出来，以便采取措施解决。因果图广泛应用于制造业、服务业中。

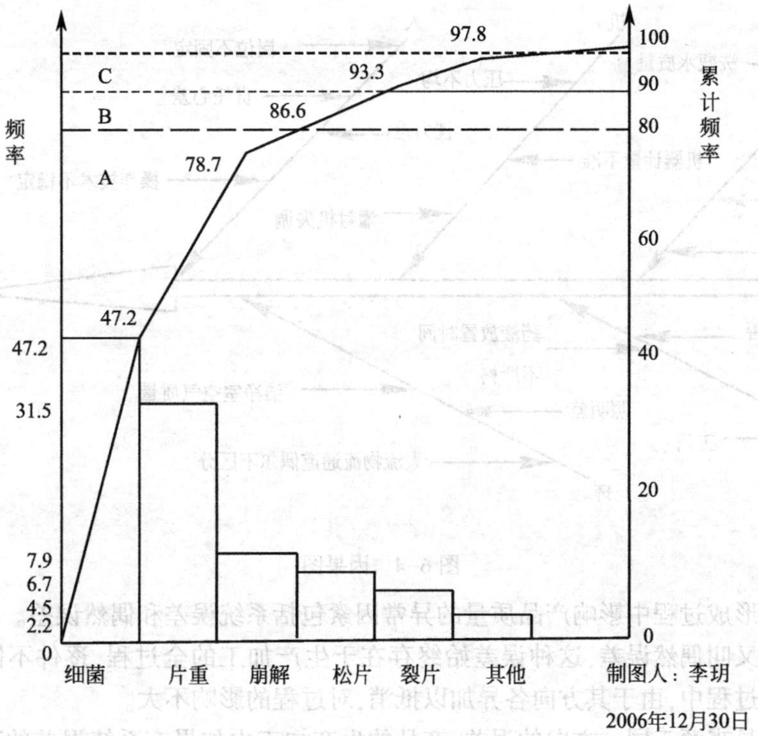

图 6-3　排列图

例如，某企业针剂不合格品率较高，用因果图分析的主要步骤如下：

步骤 1：将针剂成品不合格品率高作为将要解决的主要问题放在图的右侧，在它的左侧画一个从左到右的粗的箭头指向该特性。

步骤 2：分别从人、机、料、法、环等方面对该问题进行分析，找出导致该质量问题的不良原因，逐类细分，分别标在粗细不同，长短不一的箭头尾端。

如导致针剂不合格品率高的的主要质量问题：职工责任心差；操作技术水平不高；视力差，判断有误；洗瓶水质量不稳定；药液不清；照明差；洁净室空气质量没有定期监测；无考核制度；无检查规则；机器计量不准；灌封机失调。将以上原因及要分析的质量问题用排列图分析，如图 6-4 所示。

作因果图时应该注意：①要分析的质量应该是具体的、明确的，不得模棱两可，以便于能采取措施；②在用因果图进行分析时，要尽可能集思广益，力求分析结果全面、准确、无遗漏。

（四）直方图法

直方图又称质量分布图，它是通过对测定或收集来的数据加以整理，来判断和预测生产过程质量及不合格品率的一种工具。

数据存在有分散性，这些收集来的数据虽然是杂乱无章的，但可以通过统计分析发现其有一定的规律性，如何找出这种规律性呢？最好的办法就是通过对数据的整理作直方图。

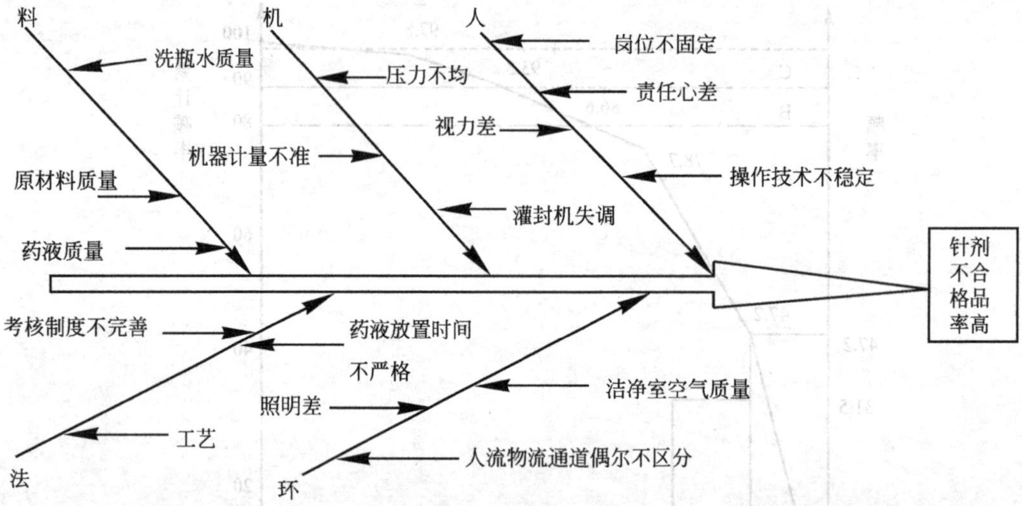

图 6-4 因果图

产品质量形成过程中影响产品质量的异常因素包括系统误差和偶然误差。

随机误差又叫偶然误差,这种误差始终存在于生产加工的全过程,逐件不同,难以除去。在数据的统计过程中,由于其方向各异加以抵消,对过程的影响不大。

系统误差是来源于同一方向的误差,产品的生产加工中如果有系统误差的存在就会对生产过程带来一定的或重大的影响。但是,如果生产过程严加控制和预防,这类误差就不难除去。这类误差可以通过对生产过程的监测,通过对数据的统计处理找出误差的方向及推断误差产生的原因并采取措施消除。用直方图法或其他数理统计的方法来发现系统误差的存在。

如果一道工序或岗位状态正常稳定,工序能力很高,即生产过程没有系统因素的干扰,则产品的质量特性数据只受随机误差的支配,而且不超过某一规定的限度,则其质量特性值的统计处理结果就会是一个良好的分布,其中心位置和分散程度都符合质量标准。相反,如果其分布不符合质量要求,我们就有理由怀疑有系统因素的干扰,表明工序出现了异常情况,于是我们就必须查明原因并采取一定的措施消除这些异常因素,使工序恢复稳定,提高工序能力。

在药品生产过程中,影响药品质量的因素是非常复杂的,不同的操作人员、不同的生产设备、原材料、工艺方法检测监控手段、生产环境等因素的变化均会带来产品质量的变化。如果产品质量特性值以计量值来表示,则决定该产品质量特性值的指标有两大类:一类是决定中心位置的指标,如均值、中位数等;另一类是决定分散程度的指标,如极差、总体的方差、标准差等。可以通过作直方图并观察分析直方图的方法,从杂乱无章的产品(或原材料、半成品、成品)质量检测数据中发现规律,发现描述中心位置的指标及描述分散程度的指标的变化趋势,从而发现影响产品质量的原因。

通过对直方图的分布形状和分布位置的观察分析,可以判断生产过程的质量状况。一般从以下两个方面进行分析:

(1)直方图的分布形状分析

①正常型(对称型):从形状上来看,这是一较为理想的图形,该图形以均值为中心左右基本对称,如图 6-5a 所本。

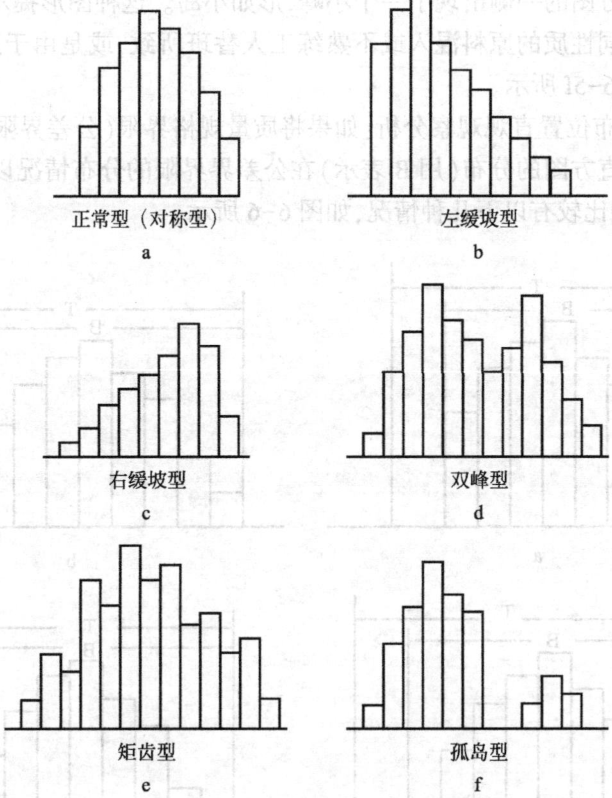

图 6-5 直方图分布形状分析图

②左缓坡型:直方图偏向左侧,形成一个缓坡。该图形所提示的信息为,加工过程有导致过程均值偏少的趋势,这种状况往往是由于操作者主观因素的影响,例如在加工含有贵细料药的中成药时,在企业节约成本的号召下,操作人员在投料时尽可能投入原材料的下限量,这样根据检测提供的数据进行作图就会出现左缓坡型,如图 6-5b 所示。

③右缓坡型:和左缓坡型图形形状正好相反,直方图偏向右侧,形成一个右缓坡。该图形所提示的信息为,加工过程有导致过程均值偏大的趋势,这种状况往往也是由于操作者主观因素的影响,例如加工某一中成药的过程,若干批的历史检测结果提示,产品的质量特性值均在标准的下限,为了防止出现不合格品,操作人员在投料时会有意识地提高原材料的投入量,这样根据检测提供的数据进行作图就会出现右缓坡型,如图 6-5c 所示。

④双峰型:直方图出现了两个高峰。这种图形提示我们在收集数据时没有对数据进行很好的分层。这样的图形是没有意义的。由此我们可以得到启示,在收集数据时一定要对数据按照人、机、料、法、环境等条件进行很好的分层,将条件相同、性质相同的数据收集在一起分析

才会有意义，如图 6-5d 所示。

⑤锯齿型：所做出的直方图一高一低交错出现，形同锯齿。这种图形提示我们在作图时分组不当（例如数据较少，分组较多）或测量读数有误所造成的，如图 6-5e 所示。

⑥孤岛型：在直方图的一侧出现了一个小峰，形如小岛。这种图形提示我们过程的加工条件发生了改变，有不同性质的原料混入或不熟练工人替班所致，或是由于药粉流动性差，没有充分混合均匀，如图 6-5f 所示。

（2）直方图的分布位置直观观察分析：如果将质量规格界限（公差界限，用 T 表示）标示在直方图中，可以观察直方图的分布（用 B 表示）在公差界界限的分布情况以及生产过程满足质量要求的情况。这种比较有以下几种情况，如图 6-6 所示。

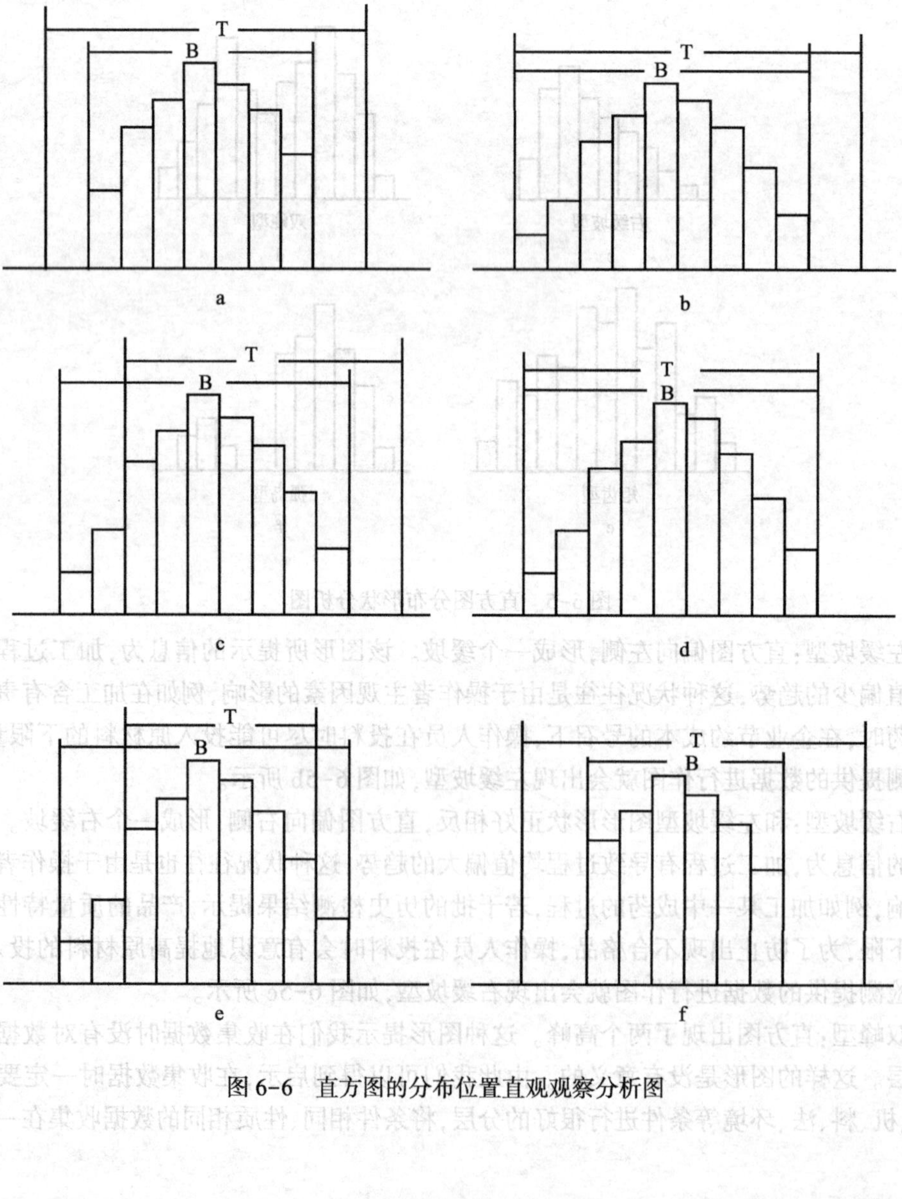

图 6-6 直方图的分布位置直观观察分析图

①T>B,且分布中心与实际公差中心基本重合或接近,如图 6-6a 所示。这种情况表明生产过程良好,通常不会产生不合格品。

②T>B,但是实际分布中心已发生了偏移,如图 6-6b 所示。它说明实际分布满足公差要求的能力已经降低,左边已无余量。这种情况下,过程的生产加工能力稍有恶化就会产生不合格品。

③T>B,但是实际分布中心已发生了偏移,如图 6-6c 所示,且左边已超出了公差下限。它说明实际分布满足公差要求的能力已经降低,已经有大量的不合格品产生,此时应查找原因,调整生产过程,剔除不合格品。

④T=B,且实际公差中心与分布中心基本重合或接近,如图 6-6d 所示,但两边已无余量。这说明实际分布满足公差能力降低,生产过程稍有不良因素的影响,就会产生不合格品。

⑤T<B,如图 6-6e 所示,此时无论实际分布中心与公差中心是否发生偏移,均说明生产过程能力严重不足,有大量的不合格品产生,此时应查找原因,调整生产过程,剔除不合格品。

⑥T>B,实际分布中心与公差上下界限之间有较大的富余,且实际公差中心与分布中心基本重合或接近,如图 6-6f 所示。此时表明生产过程能力过高,应考虑生产过程的经济性。

(五)树图法

树图是一种系统地找到目的(目标)以及其实现的手段(或措施)的方法。它是全面质量管理中一种用图形解决问题的方法。

为了实现某种目的(或目标),需要找到解决这一目的(或目标)的措施(或手段),将这一措施(或手段)作为第二级目的(或目标)找到解决它的措施(或手段),如此一层层地展开,就能对全部问题有一个全貌的认识并最终找到解决问题的最好、最直接的方法,如图 6-7 所示。

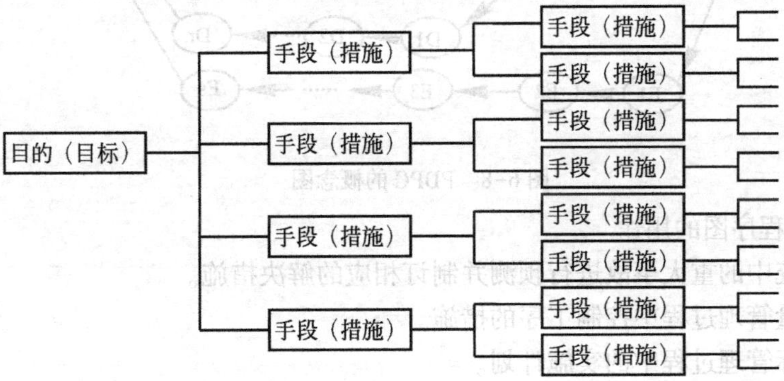

图 6-7 树图

树图的主要用途有:①可以用于新产品研究开发过程中的设计质量的展开;②解决内部质量问题的目标与寻求措施及手段的展开;③制订质量保证活动计划或建立质量保证体系的展开;④方针、目标实施事项的展开。

（六）过程决策程序图法

过程决策程序图法又称 PDPC 法（process decision program chart），是运筹学中的一种方法。其目的是为了达到预期的目标或完成某个任务，在制定行动方案时，尽可能预测出可能出现的结果，并相应地提出多种预防或应变计划，以引导事态向所希望的结果发展的一种方法。

1. PDPC 法解决问题的步骤

（1）确定所要解决的质量问题 A，并提出所要达到的理想状态 Z。

（2）利用一切资源无遗漏地列出从 A0 到理想状态 Z 所采取的手段、措施，并提出当所列出方案或措施行不通时可以选择的补充方案或措施以提高达到 Z 的可能性。

（3）将各措施按紧迫程度、所需工时、实施可能性予以分类，根据预测结果明确应该首先做什么，按先后实施顺序用箭头向 Z 方向连线。

（4）落实负责部门及实施期限。

（5）按照绘制的 PDPC 图实施，在实施过程中，如果各条路均行不通，需要根据迄今在实施过程中所获得的信息追加新的方案或措施，重新修改 PDPC 图以保证目标 Z 的实现。

PDPC 的概念图如图 6-8 所示。

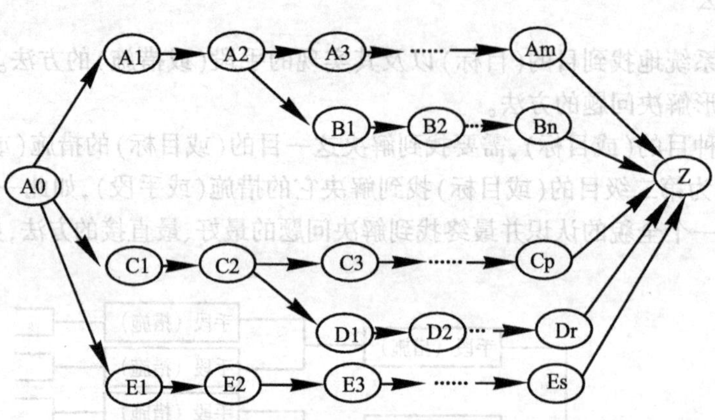

图 6-8 PDPC 的概念图

2. 过程决策程序图的用途

（1）找出系统中的重大事故进行预测并制订相应的解决措施。

（2）提出质量管理过程中控制工序的措施。

（3）制订目标管理过程中的实施计划。

（4）制订科研项目的实施计划。

（七）网络图法

网络图又称网络计划技术、统筹法，是安排和编制最佳日程及进度计划，进而有效实施管理的一种科学方法，如图 6-9 所示。

在质量管理活动中，时间进度是不可缺少的重要内容。例如解决某一质量问题的进度安

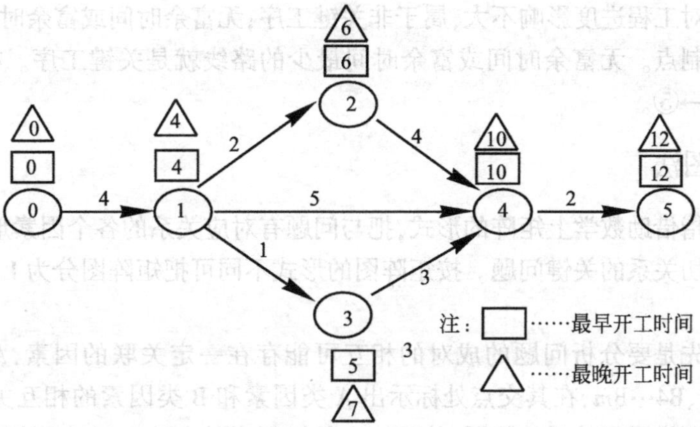

图 6-9　网络图

排等。

网络图的基本构成要素有 3 个：作业活动、节点和线路。作业活动即指某一项工作或工序，也称为活动。节点即表示某一项工作或工序的开始或结束。结点不消耗资源，也不占用时间，只是时间的一个“交接点”。线路是指从起点事件开始，顺着箭头方向，连续不断地到达终点事件为止的一条通道。网络图不允许出现循环线路，即从左到右排列，不应有回路。

1. 各项作业过程的时间确定　可用经验估计法求得：

$$经验估计作业时间=\frac{a+4m+b}{6}$$

其中 a 为乐观估计时间，b 为悲观估计时间，m 为正常估计时间

例如作业过程①→②的时间估计：乐观估计时间为 3 天，悲观估计时间为 5 天，正常估计时间为 4 天，则该作业过程的经验估计时间为 4 天。

2. 最早开工时间的计算　各结合点上的最早开工时间为顺箭头方向前一个结点的最早开工时间与箭杆上的时间之和。

有多条路线汇集的结合点上的最早开工时间为从始点开始顺箭头方向到结合点的各条路线中，时间最长的一条路线的时间之和。例如，结点①的最早开工时间为 4。④是一个结合点，由①到④共有 3 条线路，分别为：⓪→①→②→④，其时间之和为 4+2+4=10；⓪→①→④，其时间之和为 4+5=9；⓪→①→③→④，其时间之和为 4+1+3=8；所以结合点④的最早开工时间为 10。

3. 最晚开工时间的计算　结合点的最晚开工时间为从终点逆箭头方向后一个结点的最晚开工时间减去箭杆的时间。有多条路线汇集的结合点的最晚开工时间为从终点逆箭头到该结合点中的各条路线中时间差最小的时间。例如，⑤→④路线中结点④的最晚开工时间为 12−2=10。结点⑤→①共有 3 条线路，分别为：⑤→④→②→①的时间差 12−2−4−2=4；⑤→④→①的时间差 12−5=7；⑤→④→③→①的时间差 12−2−3−1=6；所以，结点①的最晚开工时间为路线中最少的时间，为 4。

4. 富余时间的确定　结合点上的富余时间为最早开工时间与最晚开工时间的差。有富

余时间的结合点对工程进度影响不大，属于非关键工序；无富余时间或富余时间最小的结合点就是关键工序控制点。无富余时间或富余时间最少的路线就是关键工序。本例关键工序为⓪→①→②→④→⑤。

（八）矩阵图法

矩阵图法是指借助数学上矩阵的形式，把与问题有对应关系的各个因素形成一个矩阵，然后找出其中有密切关系的关键问题。按矩阵图的形式不同可把矩阵图分为 L 型、T 型、X 型、Y 型等几种形式。

这种方法首先是要分析问题的成对的相互可能存在一定关联的因素，A1、A2、A3、A4…Am 和 B1、B2、B3、B4…Bm，在其交点处标示出 A 类因素和 B 类因素的相互关系，用◎、○、△或其他符号表示两类因素关系的强弱，从而确定关键因素的方法。以 L 型矩阵图示意矩阵图的原理，如图 6-10 所示。

		A						
		A1	A2	A2		Ai		Am
B	B1		○	△				
	B2	◎	△			△		
	B3			○		◎		
	Bi					○		
	Bm							◎

图 6-10 矩阵图法

注：◎表示因素之间关系非常密切；○表示因素之间关系密切；△表示因素之间有一定关系。

（九）亲和图法

亲和图又称 A 型图解。简单说来，就是对处于混乱状态的未知领域进行搜集事实、意见及设想等方面的语言文字资料，然后利用资料间的相互亲和性作成归类合并图，进而从中找到所要解决的问题的方法。

亲和图的绘制步骤：

1. 确定要解决的问题　按照客观的事实，收集语言资料；将语言资料进行归类并卡片化，把收集的语言资料，按内容逐个进行分类并分别用独立的简洁的语言写在一张张卡片上；整理综合卡片，把卡片汇总在一起以后，将其全部卡片按顺序展开，反复研读数次，把那些内容相似或比较接近的卡片汇总在一起。

2. 制作标签卡片　将内容相似或比较接近的卡片组成一个个卡片组，用简单的表达形式将每一卡片组中每一卡片的内容写在一张卡片上，作为“标签”（制作标签卡片的关键是不能失掉原卡片组的原意，且要生动如实地表达出原意）。

3. 制图　编组工作结束后，把它们的总体结构用容易理解的图形来表示，如图 6-11 所示。

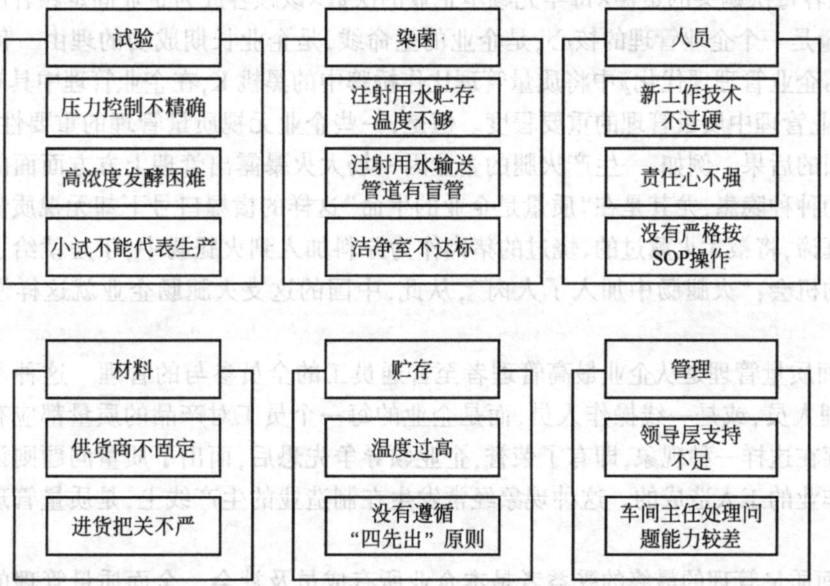

图 6-11　亲和图

第三节　全面质量管理

一、全面质量管理的含义

全面质量管理(total quality management)定义为:一个组织以质量为中心,以全员参与为基础,目的在于通过让顾客满意和本组织所有成员及社会受益而达到长期成功的管理途径。这个定义包含如下几个方面的含义:

1. 全面质量管理的最终目的是让顾客满意　顾客是企业存在的唯一理由,顾客是上帝。ISO9000(2000 版)中阐述了 8 项质量管理的原则充分体现了全面质量管理的思想,其中原则一首先提到以顾客为关注的焦点这一基本原则。顾客是企业存在的基础。在市场竞争的环境中企业必须使自己的产品(服务)让顾客满意,超越顾客的期望,去赢得忠实的顾客,才能获得利润。因此,企业管理必须紧紧围绕“让顾客满意”这一基本出发点来展开,应该将顾客看作企业最重要的一部分,把他们看做是有血有肉有感情的人,而不仅仅是一些简单的统计数字,当他们到来的时候,我们应该付诸我们所有的热情与礼貌,并将我们最优质的产品奉献给他们。企业的生存依赖于他们,他们的到来为企业注入新鲜的血液。另外,广义地讲,顾客又有企业内部顾客与外部顾客之分,下工序是上工序的顾客。因此,顾客至上也体现在全心全意地为下工序服务,为下工序顾客提供满意的产品和服务。

一个忠实的外部顾客为企业带来的利益可以用顾客的生命周期价值来衡量。顾客生命周期价值=顾客每次购买的金额×每年光顾本企业的次数×该顾客成为企业固定顾客的年限。

2. 质量是一个企业管理的核心，是企业的生命线，是企业长期成功的理由　何传启在他的《K管理：企业管理现代化》中将质量管理比作桥牌中的黑桃K，在企业管理中具有至高的地位，可见企业管理中质量管理的重要程度。但是，一些企业无视质量管理的重要性，给企业造成不可挽回的后果。例如，一生产火腿的企业因一场大火暴露出管理上方方面面的问题及生产过程中的种种隐患，尤其是在"质量是企业的生命"这样的横幅口号下却无视质量是企业的生命这一真谛，将被大火薰过的、烧过的猪肉作为原料加入到火腿肠中，于是就给了竞争对手大肆造谣的机会："火腿肠中加入了人肉"，从此，中国的这支火腿肠企业就这样慢慢地倒了下去。

3. 全面质量管理是从企业最高管理者至普通员工的全员参与的管理　这种参与不仅仅是质量管理人员，或是一线操作人员，而是企业的每一个员工对产品的质量都应有一定的责任。往往存在这样一种现象，即有了荣誉，企业领导争先恐后，而出了质量问题则认为都是在生产线上作业的工人造成的。这种现象经常发生在制造业的生产线上，是质量管理中的一大错误观点。

4. 全面质量管理的最终的受益者是本企业所有成员及社会　全面质量管理的目标是让顾客满意，通过让顾客满意实现经济效益和社会效益，在此基础上企业的各方面利益如员工、股东均可得到满足，相关利益方均是全面质量管理的最终受益者。

5. 成功的质量管理受益是长期的　一个企业为质量管理所做的努力会得到一个长期的回报，它的成功将是一个长期的成功，会为企业带来长远的经济效益，并使企业的质量管理进入一个良性循环。

二、全面质量管理的特点

全面质量管理的特点：三全的管理。即全面的质量管理、全过程的质量管理、全员参与的质量管理。

（一）全面的质量管理

全面的质量管理是相对于狭义的产品质量而言的。狭义的质量就是指产品的质量，广义的质量除产品质量外还包括工序质量、工作质量、成本质量、信息质量等。

产品质量有两方面的含义：一方面是顾客能看到，感受到的最终产品质量；另一方面是对于下工序而言，上工序传递下来的中间品的质量。

工作质量是指产品质量形成过程中与产品质量形成有关的所有工作对产品质量的保证程度。

工序质量是指工序保持稳定的程度，人（man）、机（machine）、料（material）、法（method）、环（environment）（简称4M1E）5个因素共同决定工序质量的好坏。

产品质量、工作质量、工序质量有如下关系，如图6-12所示。

由图6-12可见，产品质量是工作质量及工序质量的体现，工作质量、工序质量是产品质量的保证。

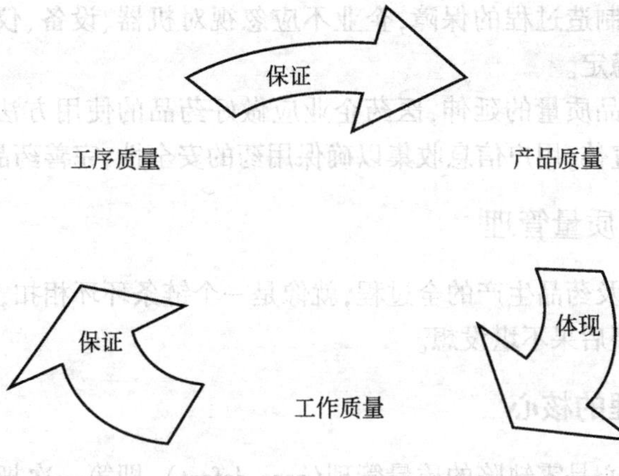

图 6-12　产品质量、工作质量和工序质量关系图

(二)全过程的质量管理

全过程的质量管理是相对于统计过程控制而言的。统计过程控制主要是用数理统计方法控制生产过程。而全面质量管理所管理的过程是产品设计过程、原材料的加工生产过程、生产制造过程、辅助过程、使用过程的全过程,见图 6-13。

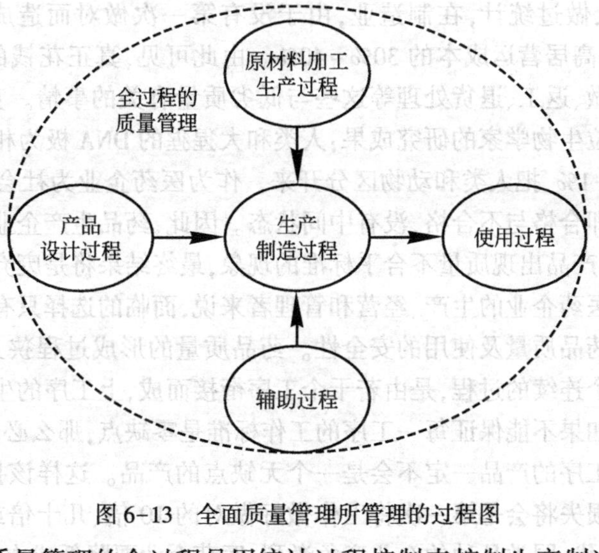

图 6-13　全面质量管理所管理的过程图

由此可见,全面质量管理的全过程是用统计过程控制来控制生产制造过程的延伸。优质企业获得成功的关键是源于优秀质量的产品,而优秀质量的产品来自于成功的产品开发成果。高水平的研究开发工作可以使产品的性能、设计、工艺、质量标准等方面为企业更加节约金钱和时间,带来更丰厚的利益。

原材料尤其是中药原材料的种植、生产加工过程应吸纳日本的质量管理经验,将原材料的生产、加工纳入到本企业的质量管理中来,保证生产制造过程的第一步工作做对、做好,以确保最终产品质量的稳定。

辅助过程也是生产制造过程的保障，企业不应忽视对机器、设备、仪器、仪表等的维护检验，以保障生产过程的稳定。

使用过程质量是产品质量的延伸，医药企业应做好药品的使用方法、功能主治、药理、药效、不良反应的监察与宣传，用户信息收集以确保用药的安全性，完善药品的质量。

(三)全员参与的质量管理

药品质量的形成涉及药品生产的全过程，就像是一个链条环环相扣，每一个员工都是链条中的部分，一旦链条断裂后果不堪设想。

三、全面质量管理的核心

全面质量管理的核心是零缺陷的质量管理(zero defect)，即第一次把事情做对(Do it right the first time)。

零缺陷是一种新的质量革命的象征，是新的质量文化的符号，是指导企业发展的新哲学和实践指南。1961美国质量管理学家的克劳斯比(Philip B. Crosby)提出零缺点的质量管理，他提出："质量是免费的，虽然他不是礼物(可以不劳而获)，却是免费的。真正费钱是不合质量标准的事情——第一次就没有把事情做对。在许多国家的企业，每年要使用相当于营业额的15%~20%的费用在检验、变更设计、整修、售后保证、售后服务、退货处理以及其他与质量有关的成本上。"而又有人做过统计，在制造业，由于没有第一次做对而造成的损失为销售额的20%~25%；服务业则高居营运成本的30%~40%。由此可见，真正花钱的是由于不符合质量标准而进行修补、重做、返工、退货处理等这些与低劣质量有关的事情。克劳斯比为了充分说明这一点，曾引述两位生物学家的研究成果：人类和大猩猩的DNA极为相近，只有1%的差异。但就是这微不足道的1%，把人类和动物区分开来。作为医药企业为社会提供的特殊商品，其质量只有两种规格，即合格与不合格，没有中间状态。因此，药品生产企业在药品生产过程中，如果中间过程或最终产品出现质量不合乎标准的现象，最终结果将是废弃或重做，返工的可能性较小。因此，对于医药企业的生产、经营和管理者来说，面临的选择只有一个，即第一次把事情做对、做好以确保药品质量及使用的安全性。药品质量的形成过程狭义地讲就是药品的生产加工过程，它是一个连续的过程，是由若干个工序衔接而成，上工序的生产、工作质量直接影响到下工序的质量，如果不能保证每一工序的工作标准是零缺点，那么必然会将有缺点的产品传递给下一工序，下工序的产品一定不会是一个无缺点的产品。这样该批产品的最终命运只有返工或废弃，这种损失将会是第一次将工作做好做对的10倍、几十倍或更多。如今药品的生产已经进入微利时代，同类品种的企业竞争激烈，医药企业要降低成本，赢得竞争优势，就要从企业内部去挖潜力、要利润，赢得长期竞争优势。对于中药企业来说情况较为复杂，中药原材料的质量标准一直是困扰中药产品质量的一个问题，原材料种植过程的规范化的普及，加工炮制的规范化，建立系统的、可行的质量标准是亟待解决的关键问题。

许多人认为质量是昂贵的，无法评估或测试，或是质量的经济成本是很高的，种种这些错误的认识都是因为人们没有理解质量的真正涵义。事实上，只要人们细细观察，只要管理人员能够认真地对企业所发生的成本进行核算就会发现，真正花钱的是不合乎质量标准所付出的代价，例如：当不合格的药品为患者带来了身心伤害，企业要为之付出一系列的补偿，企业会损失信誉，会丢失潜在的顾客，会失去机会，这些有形及无形的损失的代价是昂贵的，甚至无法用金钱来衡量。目前一些企业售后服务堪称一流，被视为楷模，甚至被编入案例，应该说这是竞争的一种策略。但是，药品作为一种特殊的商品，一旦出现质量问题便会给人们造成不同程度的伤害，甚至一旦出现事故根本没有补救的机会。因此，医药企业自上至下均应牢固树立“质量就是生命”的意识，杜绝通过售后的“灭火”弥补产品质量的不足，真正做到第一次，每一次都把事情做对、做好，以“零缺点”作为工作标准，建立防患于未然的质量管理制度，将不合乎标准所造成的损失作为衡量质量的成本而计入生产总成本。

要做到第一次把事情做对，一个企业首先应该有完美无缺的工作标准。许多企业往往存在这样一种情况，出厂的产品或提供的服务通常与企业制定的质量标准有一定的差距，产品经过检验便有了合格与不合格之分，于是，企业根据通常或平均的不合格品率制定相应的合格品率。例如，企业的某产品通常不合格品率是3%，合格品率就是97%，于是就出现了可以接受的质量水平(acceptable quality level)这一概念，它是一个企业设立的允许的质量水平，以作为接受产品的依据，例如上例中的3%，这个指标代表在交一批货时可以允许的不合格品的最高比率。由于这个指标的合理使用，企业也就很自然地有了喜欢修补的习惯，建立一支技术服务队伍，随时为顾客修修补补。看起来这是一件合情合理的事情，似乎也是一件让顾客称道的作法，但是一些国外公司做过测算，这笔修补的费用相当于营业额的25%甚至更高。药品作为特殊的商品，不合格就是劣药，就不能出厂，很难通过降级处理。因此，医药企业的各项制度、规范的制定既要保证合法、系统、合情合理、可操作，同时还要保证各项工作标准一定是零缺陷，只有这样才能保证用药的安全性。可以接受的质量水平在当今竞争如此激烈的医药企业是不能被接受的，它只是暗示了一个可以接受的失败的水平。

医药企业应制定防患于未然的质量管理制度。医药企业作为特殊的行业，有着更多的责任。因此除了应制定“零缺点”的工作标准以外，还应有一系列的制度作为保障防患于未然。许多医药企业的管理者认为，通过了GMP认证，产品质量就一定有了保障。GMP是药品生产的质量管理规范，对药品生产所必需的各个环节做了严格的规定。因此，通过GMP认证及按照GMP的要求组织生产是药品不污染、不混杂、无差错，保障药品质量的最基本的标准。然而，在生产过程中，影响产品质量的因素是多方面的，例如人的因素是最难控制的因素，常常会有波动。因此，仅靠检验来控制药品的质量仍然不够，需要通过统计过程控制等一系列的预防生产过程中影响工序变动的各项因素的辅助措施及手段对生产过程进行监控，使生产过程处于一个稳定的状态。只有处于稳定状态的生产过程，才最大可能地避免不合格的中间品流入到下工序，才能最终保证生产出质量稳定、合格的产品。

以不合标准的损失作为衡量质量的成本。国外一家企业，生产过程中浪费现象从未引起过员工的关注，员工对生产、管理过程中的浪费现象已经习以为常。一天，公司的管理人员做了一个测算，得出了惊人的数字。管理人员为了警示员工，借了10辆凯迪拉克停放在公司门外，告诉员工这就是公司一年由于不合格品返工及浪费造成的损失费用。的确，管理者关心的是每年、每季、每月、每日支出的费用及这些费用所做的事情、所见到的回报。很少有企业的管理者去理会每日、每月、每日、每季、每年由于制度的不完善，工作标准的不确定，AQL的放任以及预防原则不能很好地实现所造成的返工、废弃、降等、降级以及丢失机会所造成的损失。日本质量管理学家、日本东京大学工学部教授石川馨1973年作为日本工业标准化质量管理代表团的成员，应邀到中国访问后说：中国质量管理的情况看了之后，我的感想简地说，中国所热心推行的三结合，如果应用在日本所使用的质量管理（QC）手法或统计的手法，质量会飞跃的提高。因此，对于任何一个企业的管理者在向市场要效益的同时，应该着眼于企业内部，找到确实衡量不合要求所付出代价的成本，并将预防为主的思想深入到每一位员工。只有改变员工的心志与价值观念，树立楷模与角色典范，才能使质量改进成为公司文化的一部分。质量管理就是有目的地创建这种组织的文化。菲利普·克劳士比认为："正式的改正行动系统的观念，就是让每一个人习惯于解决和预防问题，而不是学着与问题为伍。"

1979年，克劳斯比创立了PCA（Philip Crosby Associates, Inc.）及克劳士比质量学院，并在其后的10年时间里把它发展成为一家在世界32个国家用16余种语言授课、世界最大的上市的质量管理与教育机构，成为全美乃至全球的"质量革命摇篮"。

第四节　药品质量管理体系及认证

质量管理体系是指在质量方面指挥和控制组织的管理体系。它是一个把与质量有关的组织结构、过程和资源等组合起来的有机整体，强调系统性和协调性。

一、医药生产企业的质量管理体系及认证

药品生产质量管理规范，简称GMP（Good Manufacturing Practice for Drugs 或 Good Practice in the Manufacture and Quality Control of Drugs）。药品GMP认证是国家对药品生产企业监督检查的一种手段，是对药品生产企业（车间）实施GMP情况的检查认可过程，是国际上普遍采用和接受的生产药品法定的质量管理规范和准则，是保证药品质量和用药安全有效的可靠措施，是全面质量管理的一部分，它用于药品生产的全过程及影响产品质量的关键工序，涉及药品生产的原料准备、生产、储存、包装、使用、投诉与不良反应等全过程，是防止污染、混杂、差错，保证药品质量的必要手段。

第一次世界大战期间，美国出现了一些食品和药品生产的不良行为，被媒体披露后，引起公众的高度关注和政府的高度重视，于1906年颁布了《Food、Drug and Cosmetic Act》即《食品、药品、化妆品法案》，该法案以法律的形式要求药品必须符合纯度和含量的标准要求，与此同时，美国成立了"联邦食品药品管理局"（Food and Drug Administration，缩写为FDA），成为美国食品、药品监督的管理机构。20世纪50年代后期，原联邦德国格林南苏制药厂生产了一种用于治疗妊娠反应的药物——Thalidomide（又称反应停、沙利度胺、肽咪哌啶酮），该药物未做过严格的临床前药理试验，并且隐瞒了100多例临床毒性反应的报告，导致了15 000多例畸胎的灾难性事件。这些畸胎看上去手和脚直接连接在躯体上，形似海豹肢体，被称为"海豹胎"，同时伴有内脏的畸形。该事件波及原联邦德国、澳大利亚、加拿大、日本及拉丁美洲、非洲的28个国家，造成了严重的灾难。美国是少数几个幸免此灾难的国家之一，其原因是：当时美国

FDA 官员在审查此药时,因该药缺乏美国药品监督管理法律所规定的足够的临床试验资料而拒绝进口该药。该药虽然未波及美国,但在美国社会还是引起了公众的不安,激起了公众对药品监督和法规的普遍关注和重视,并最终导致美国国会于 1962 年对《食品、药品和化妆品法案》进行了一次重大修改,加强了药品法律法规的作用,对制药企业提出了以下 3 个方面的要求:

第一,要求制药企业对出厂的药品提供两种证明材料:不仅要证明药品是有效的,还要证明药品是安全的。

第二,要求制药企业要向食品、药品管理局报告药品的不良反应。

第三,要求制药企业实施药品生产和质量管理规范(GMP)。

1962 年,美国国会认真听取了 FDA 的意见建议,规范药品的生产过程,以保证药品的质量。GMP 最初由美国坦普尔大学 6 名教授编写制订,美国 FDA 以法令形式于 1963 年正式颁布了世界上第一部《药品生产质量管理规范》,要求对药品生产的全过程进行规范化管理,否则,无论该药品是否检验合格均视为伪劣药品。1969 年世界卫生组织(WHO,World Health Organization)向世界推荐了 WHO 的 GMP,此后的近 40 年里,世界上许多国家和地区为了保证药品的质量和消费者的利益,纷纷制定了本国或地区的 GMP 以保证药品规范化生产,为防止药品的污染、混杂、差错起到了积极的作用,同时提高了本国制药企业在国际中的竞争力。WHO 的《国际贸易中药品质量认证制度》中明确规定:出口药品的生产企业必须提供有关生产和监控条件,说明生产系统按 GMP 的规定进行。制药企业通过 GMP 认证,按照 GMP 的要求组织生产已经成为药品进入国际市场的前提条件,因此引起各国政府和企业的高度重视。

GMP 认证的意义:①只有实施 GMP 认证才能确保人民用药安全。药品不同于普通商品,是人们用以防治疾病、康复保健不可缺少的特殊商品,但一般消费者或患者缺乏选择和使用药品所必需的基本知识,而且也没有检测手段来识别药品的质量,因此药品质量的好坏直接关系到人们的健康和生命安全。历史上对人类造成巨大伤害和灾难的药品多是由于生产过程中监督管理不严造成污染、混杂和差错,而消费者没办法识别而造成的。因此,各政府纷纷制定了《药品生产质量管理规范》,在确保药品生产条件和环境的前提下,通过对药品从原料投入到中间过程、成品、包装、标示、储存、销售等全过程进行严格监督、管理、检验、记录、验证等手段来保证药品的质量;②实施 GMP 促进医药行业整体素质的提高。GMP 认证是一个系统工程,它要求企业要有完善、适合的硬件,如厂房、设施、制药设备,还要有系统的软件作支持,同时企业还要持续不断地提高职工的基本素质,以高素质的人员作为生产的保障。硬件、软件和人员这 3 个 GMP 认证的基本条件的相互匹配过程,正是药品质量保证的基础。我们必须清楚地意识到我国的制药工业与发达国家相比仍有一定的差距,是一个尚在发展中的行业,通过国家食品药品监督管理局强制实施 GMP 认证制度,有利于我国的制药企业硬件、软件和人员等各方面达到一个较高的起点,使管理水平、生产水平得以提高,质量管理体系得以完善;③实施 GMP 是参与国际竞争的必要。WHO 的《国际贸易中药品质量认证制度》中明确规定:出口药品的生产企业必须提供有关生产和监控条件,说明生产按 GMP 规定进行。GMP 认证不仅是国家治理整个医药行业秩序的有力武器,而且是医药生产企业参与国际竞争的的必备条件。几十年国际医药企业生产实践证明,GMP 是防止药品在生产过程中发生混杂、污染、差错,确保药品质量的利器。各国、各地区的GMP在基本原则和实施方法上基本一致。国际上基本已达成共识,把能否通过GMP认证,是否按照GMP要求组织生产作为药品质量有无保障的先决条件。各国或地区的GMP有趋于强制性的趋势,把通过GMP认证作为能否进入国际市场的通行证。例如,我国某制药企业生产的药品欲出口到美国,则需要通过美国的CGMP认证。显然,由于各国GMP的差异,药品的出口贸易无疑会受到进口国GMP认证的挑战。国际上也正在试图寻求、探索、讨论一种方式缩减这种差异,来减少这种由于各国GMP的不同给药品的国际贸易带来的障碍。

二、医药商业企业的质量管理体系及认证

《药品经营质量管理规范》简称GSP,是英文good supply practice的缩写。GSP认证是国家针对药品经营企业的质量管理进行监督检查的一种手段,是对药品经营企业实施GSP情况的检查认可和监督管理的过程。

国家药品监督管理局负责制定GSP监督实施规划及GSP认证的组织、审批和监督管理,负责国际药品经营质量管理的互认工作。国家药品监督管理局药品认证管理中心(以下简称局认证中心)承办GSP认证的具体工作,省、自治区、直辖市药品监督管理部门负责本辖区内申请GSP认证企业的初审和取得GSP认证企业(以下简称认证企业)的日常监督管理。

三、新药开发过程的相关质量体系及认证

新药开发过程是药品质量形成的起点。《药品注册管理办法》第十五条规定:"为申请药品注册而进行的药物临床前研究,包括药物的合成工艺、提取方法、理化性质及纯度、剂型选择、处方筛选、制备工艺、检验方法、质量指标、稳定性、药理、毒理、动物药代动力学研究等。中药制剂还包括原药材的来源、加工及炮制等的研究;生物制品包括菌毒种、细胞株、生物组织等起始材料的来源、质量标准、保存条件、生物学特征、遗传稳定性及免疫学的研究等。"其中核心内容之一是新药的毒理学评价,这是新药临床前安全性评价的进一步体现。《药品注册管理办法》第十七条规定:"从事药物研究开发的机构必须具有与试验研究项目相适应的人员、场地、设备、仪器和管理制度;所用试验动物、试剂和原材料应当符合国家有关规定和要求,并应当保证所有试验数据和资料的真实性。"法规强调了安全性评价研究必须执行《药物非临床研究质量管理规范》,而对于从事药物研究开发的所有机构来说,《药物非临床研究质量管理规范》是新药临床前进行安全性评价质量管理的基本准则和最起码的要求。临床前安全性评价是新药评价全过程的首要环节,具有重要的意义。但是也必须认识到临床前安全性评价由于实验动物与人的种属差异、实验动物的数量有限性、人的社会心理特征等差异,而具有一定的局限性。因此,新药开发还需要经历另一个重要阶段,即临床阶段。新药的安全与否首先要经过实验室的药理学、药效学、毒理学研究,只有实验室研究认为该药物是安全有效的,方可进入临床研究阶段。因此,这两个阶段对药物安全投放到临床起到了至关重要的作用。国家食品药品监督管理局局务会于2003年6月4日审议通过了《药物非临床研究质量管理规范》和《药物临床试验质量管理规范》以保证药品的安全性。

《药物非临床研究质量管理规范》简称GLP,是英文good laboratory practice的缩写。该规

范为从事药物临床前研究开发的所有机构提供了质量管理的基本准则和最起码的要求,药物非临床安全性评价研究机构必须执行该规范。该规范的实施是贯彻执行《中华人民共和国药品管理法》,保证药品质量,保障人体用药安全和维护人民身体健康的重要措施;是确保药物研究科学规范、资料真实可靠,促进我国药物研究进一步发展的需要。

《药物临床试验质量管理规范》简称 GCP,是英文 good clinical practice 的缩写。《药品注册管理办法》第二十三条规定:药物的临床试验(包括生物等效性试验),必须经过国家食品药品监督管理局批准,必须执行《药物临床试验质量管理规范》。临床试验是新药上市前必须经过的关键环节,为保证药物临床试验过程规范,结果科学可靠,保护受试者的权益并保障其安全,《药物临床试验质量管理规范》对临床试验全过程的标准进行了规定,包括方案设计、组织实施、监察、稽查、记录、分析总结和报告。凡进行各期临床试验、人体生物利用度或生物等效性试验,均须按本规范执行。

四、中药材生产质量管理体系及认证

中药材是中药饮片、中成药生产的源头,近年来时常发生医师、患者反应中药疗效下降的现象,这与许多供货商以次充好,以非道地药材冒充道地药材的违法、违规的不道德行为直接相关,严重影响了中药的治疗效果。同时,一些中药资源严重的滥砍滥伐,过度采集,致使一些中药资源已经濒临灭绝。已经成为国家级保护动物、植物的物种,中药资源受到严重的威胁。为了从源头上保证中药材的质量,使中药资源达到可持续利用,国家食品药品监督管理局于2002 年 3 月 18 日颁布了《中药材生产质量管理规范(试行)》(英文名称为 good agricultural Practice,简称中药材 GAP)。通过实施《中药材生产质量管理规范》可以对中药材生产全过程进行有效的、全面的质量控制,是保证中药材质量稳定、可控,保障中医临床用药安全有效的重要措施;GAP 的实施可以促进中药资源的保护和持续利用,对中药材种植(养殖、繁育)的规模化、规范化和产业化发展也有积极的促进作用。

国家食品药品监督管理局自 2003 年 11 月 1 日起,正式受理中药材 GAP 的认证申请,并组织认证试点工作。

第七章 医药企业营销管理

医药企业市场营销管理的目的在于使医药企业的市场营销活动与复杂多变的市场营销环境相适应,这是医药企业经营成败的关键。现代市场营销学研究就是企业在动态市场上的产品如何适销对路、扩大市场销售,并为企业的市场营销管理活动提供理论、思路和方法。

第一节 医药企业营销管理概述

一、市场及医药市场的含义

(一)市场的含义

一般意义上,市场不仅仅指具体的交易场所,而且指所有买者和卖者实现商品让渡关系的总和。市场包括供给与需求两个相互联系、相互制约的方面,是二者的统一。经济学上的"市场"这一术语,一般都是在这个意义上理解和使用的。

但是市场营销学通常不是在这一般的意义上来使用"市场"这一术语的。市场营销管理主要是有关厂商的营销活动,对于作为卖方的厂商的营销活动来说,"市场"只是需求的一方。这是因为,站在卖方的角度,作为产品的供给者,企业的市场营销就是研究如何适应买方的需要,如何组织整体营销活动,如何拓展销路,以达到自己的经营目标。因此,市场在这里只是指某种商品的现实的购买者和潜在购买者需求的总和。在这里,市场专指买方,而不包括卖方;专指需求,而不包括供给。向市场提供同类商品的厂商则是"竞争者",他们共同组成了"行业"。因此,在市场营销学的范畴中,"市场"等同于"需求"。西方的营销学著作中经常交替使用这两个概念,市场营销学也正是在这个意义上来研究市场的,即把市场作为服务对象来进行研究。我们认为,市场是指具有特定的需要和意愿,而且愿意并能通过交换来满足这种需要或意愿的全部现实的和潜在的顾客。因此,从市场营销的角度来看,对于既定的商品,市场包含3个要素:有某种需要的人,为满足这种需要的购买能力和购买意愿。用公式来表示就是:

$$市场=人口\times购买力\times购买意愿$$

市场的这3个要素是相互制约,缺一不可的,只有三者结合起来才能构成现实的市场,才能决定市场的规模和容量。只有人口既多,购买力又高,才能成为一个有潜力的大市场。但是,如果商品不适合需要,不能引起人们的购买愿望,这对厂商来说仍不能构成现实的市场。所以,市场是3个要素的统一体。

(二)医药市场的含义

医药市场营销探讨的是医药市场的经营活动,所以它的含义与一般的市场的含义没有太大的区别。即医药市场是指医药商品交换的场所;医药市场是指医药商品交换关系的总和;医药市场是指某种医药产品现实和潜在需求的总和。

二、市场营销的含义

市场营销的定义有很多种。如1960年美国市场营销协会将市场营销定义为:“市场营销是把产品和劳务引导到消费者和用户的一切企业的活动”,这个定义仅把市场营销看作产品生产出来以后的一种企业活动。实际上,市场营销活动在产品生产出来以前就开始了。1985年美国市场营销协会又提出了一个新的市场营销定义:“市场营销是关于构思劳务和产品的概念,以及定价、促销和分销的策划和实施的全过程,即为了实现个人和组织的目标而进行的交换过程”。这一定义比较明确地表达了市场营销的含义,指出市场营销是一种交换过程,即买卖双方为了实现各自的目标而进行的交换过程,这种交换是关于构思、定价、促销和分销的策划与实施过程。菲利普·科特勒对市场营销的定义是:“市场营销是致力于通过交换过程满足需要和欲望的人类活动”。

总之,营销学家关于市场营销的定义还有很多。我们主要是从企业经营的角度来研究市场营销,一般可称之为微观市场营销学,这也是国外研究市场营销的主流,即主要站在卖方的角度研究如何满足消费者需求,实现企业利润的整个企业营销管理活动。因此我们认为,所谓市场营销就是在不断变化的市场环境中,为适应、刺激和满足消费者的需求,企业通过有计划地组织整体销售,实现企业的目标市场、产品开发、产品定价、渠道选择、促销、提供服务等一系列与市场有关的企业业务经营活动。

三、市场营销观念的发展变化

市场营销作为一种有意识的经营管理活动,是在一定的经营思想的指导下进行的。企业在满足消费者的需求,实现企业经营目标的活动过程中,用以指导市场营销活动的基本经营思想就是市场营销观念,这种经营思想也可称之为“营销管理哲学”(marketing management philosophy)。

从理论上看,西方发达资本主义国家的企业形成现代营销观念经历了一个较长的历史过程,并形成及初步形成了几种观念,并且在这些观念形成和发展的基础上,新的营销思想正在酝酿和萌发之中。下面简单介绍几种基本观念。

1. 生产观念　生产观念是指导企业经营活动的最古老的观念之一,盛行于19世纪下半期至20世纪初期。这个阶段各主要资本主义国家已完成了工业革命,当时的生产效率还不高,并且工业化促进了城市化的发展,城市人口剧增,从而造成对商品的需求猛增,形成了有利于生产企业的卖方市场。对于企业来说,只要把产品生产出来就能立刻卖掉,所以企业的中心任务是扩大生产,提高生产效率以生产出更多的产品。

所谓的生产观念,就是企业的一切经营活动以生产为中心,围绕生产来安排一切业务,

"以产定销"。生产观念的假设前提是:消费者可以接受任何买得到和买得起的商品,因而企业的主要任务就是提高效率、降低成本、扩大生产。持有生产观念的企业因为一切以企业为中心,所以必然很少考虑企业之外的各种市场因素。生产观念产生和适用的条件是:市场商品需求超过供给,卖方竞争较弱,买方争购,消费者对商品的选择余地不大。

20世纪初以后,生产力有了很大的提高,商品生产规模不断扩大,市场供应逐渐超过了市场需求,市场开始向买方市场转化,生产观念的片面性就显露了出来。

2. 产品观念　产品观念是从生产观念派生出来的又一种陈旧的经营观念,产品观念仍然是建立在以企业为中心的基础之上的。

产品观念认为:只要产品的质量上乘,具有其他产品所无法比拟的优点和特征,就会受到消费者的欢迎,消费者也愿意花更多的钱去购买优质产品。在这种观念的指导下,企业往往把注意力集中于产品的精心生产上,而根本不去考虑市场上消费者是否真正接受这种产品。

产品观念最终会使企业感染"营销近视症",即企业不适当地把主要注意力放在产品生产上,而不是放在市场的需求上,其结果就会导致企业失去市场,失去竞争力。这是因为产品只不过是满足市场消费需求的一种媒介,一旦有更好的满足消费者需求的新产品出现,现有的产品就会被淘汰。同时,消费者的需求是多种多样并且不断变化的,并不是所有的消费者都偏好价高质优的产品。

3. 销售观念　销售观念是生产观念的发展和延伸,盛行于20世纪初期到20世纪中期。在这一时期各主要资本主义国家经济和市场供求状况发生了根本变化,特别是1929—1933年的世界经济大危机,生产严重过剩,商品销售十分困难,竞争加剧,出现了"买方市场"。为此,绝大部分企业开始寻找刺激消费者购买行为的各种手段,推销技术受到企业的特别重视。因此出现了以销售为中心,以产定销、以销促产、产销结合的销售观念。

销售观念的基本内容是:产品的销路是企业生存、发展的关键,如果不进行努力销售,消费者就不会大量购买本企业的产品。因此企业的中心任务是把生产出来的产品销售出去,以销售为中心,技术为销售服务,注重推销术和广告术,向现实消费者和潜在的消费者大量推销商品,以期压倒竞争对手,获取最大的利润。

尽管从生产观念转变为销售观念是市场营销管理指导思想上的一大进步,但销售观念并没有脱离以生产为中心,"以产定销"的范畴,其本质仍然是着眼于现有产品的销售,而对于如何满足消费者需求,让消费者完全满意,则没有给予足够的重视。因此随着经济的进一步高度发展,产品供给更加丰富,这种观念就不适应了。

4. 市场营销观念　市场营销观念是一种全新的经营哲学,是在第二次世界大战以后在美国新的市场形势下形成的,并相继盛行于日本、欧洲各国。第二次世界大战结束后各国经济迅速恢复和发展,20世纪50年代以后出现的新的科技革命,使劳动生产率大幅度提高,生产大幅度增长,市场竞争日益激烈。这时,企业的生存和发展取决于消费者的需要,取决于消费者需要的满足程度,因此,许多企业都提出了"一切为了顾客"、"顾客就是上帝"的口号,从而形成了以消费者为中心,一切为了满足消费者需求的现代市场营销观念。

市场营销观念的理论基础是"消费者主权论",即在生产者和消费者的关系上,消费者是起支配作用的一方,生产者应当根据消费者的意愿和偏好来安排生产。市场营销观念的基本内容是：以前的生产观念、销售观念已不能保证企业的生存和发展，消费者的需求已成为市场问题的核心。企业要实现自己的经营发展目标，关键在于如何开发目标市场的需求和欲望，比其他竞争对手更加有效地满足这些需求与欲望。企业的中心任务是从反映在市场上的消费者需求出发，发现市场机会，以此来组织生产经营，集中企业一切资源和力量，不断开拓与满足市场的需求，以期长期占领市场，获取更大利润。

市场营销观念是企业经营思想上的一次根本性变革，市场营销观念的形成和在实践中的运用，对企业的经营活动有着重大的意义，甚至有人把这一经营思想的变革称为"市场营销革命"。今天，在世界上许多国家，特别是经济发达国家，现代市场营销观念下的理论、思想、方法和策略已经成为工商界人士所必须具备的专业知识。

进入20世纪80年代以后，由于社会经济环境的迅速变化，在上述营销观念、理论不断充实、丰富、日趋成熟的同时，又涌现出不少新的营销思想和观念。如：社会营销观念、服务营销观念、关系营销观念、未来营销观念等。

第二节　医药市场营销环境分析

一、宏观环境分析

宏观环境是医药企业不能控制的，对医药企业市场营销活动有重大影响作用的外在因素。宏观环境因素分析主要是确认和评价政治、经济、科技、社会文化等因素对企业战略目标和战略选择的影响。具体如下：

1. 社会文化环境　包括一个国家或地区的社会性质、人们共享的价值观、文化传统、生活方式、人口状况、教育程度、风俗习惯、宗教信仰等各个方面。这些因素是人类在长期的生活和成长过程中逐渐形成的，人们总是自觉不自觉地接受这些准则。

2. 经济环境　指一个国家或地区的经济制度、经济结构、物质资源状况、经济发展水平、消费结构与消费水平，以及未来的发展趋势等状况。现代的经济环境正在发生着巨大的变化，每一个医药企业都应充分地掌握这一变化。

3. 科学技术环境　指企业所处的社会环境中的科技要素及与该要素直接相关的各种社会现象的集合。人类社会的每一次重大进步都离不开重大的科技革命。企业的发展在很大程度上也受到科学技术的影响，包括新材料、新设备、新工艺等物质化的硬技术和体现新技术新管理的思想、方式和方法等信息化的软技术。

二、行业经济特征分析

行业是指同类企业的集合，这些同类企业一般来说，使用着基本相同或相似的原材料，使用着相同或相近的生产工艺技术，提供着功能相同的产品，为争夺某一需求的消费者而竞争。一个行业区别于另一个行业通常表现在经济特征上。换句话说，经济特征是行业相区别的标志。因此，认识行业首先应从认识行业的经济特征入手。

行业经济特征一般包括以下方面:行业的性质,即行业是个什么行业,它生产什么产品,服务于什么市场需求;行业在国民经济中的地位与作用,主要体现在:该行业的产值、税利、吸纳的劳动力数量、在国民经济中的比重、该行业与其他行业的关系以及对其他行业的影响和作用、该行业的国际竞争力及其创汇能力;行业市场规模,即由行业全体买方需求量决定;行业竞争范围,是地区性的或是全国性的或是国际性的;行业市场增长速度或行业所处的生命周期阶段;行业内生产厂家的数量及相对规模;行业内买方数量及相对规模;行业前向及后向的普遍程度;到达购买方的分销渠道的类型;行业生产工艺、技术革新及推出新产品的速度;行业产品差异化程度;行业中公司实现采购、制造、运输、营销等大规模经济的可能性;行业中某些价值链环节或活动存在经验(学习)曲线,从而单元成本随着累积产量的增加而降低;行业的资源供应厂家数量与相对规模;行业进入退出障碍及难易程度;行业盈利水平处于平均水平之上或之下。

三、企业内部条件分析

1. 企业资源 资源有着各种不同的定义。某些人将资源定义为:能被视作既定公司的一种优势或劣势的一切事物。另一些人认为,资源是公司所控制或拥有的有效因素的总和。这里把资源看做是服务于企业生产经营过程中的各种投入品。根据投入品形态,一般可分为三大类:一是有形资源,包括财务资源和实物资源;二是无形资源,包括技术资源、声誉和品牌等;三是人力资源。

(1)有形资源:有形资源是比较容易确认和评估的一类资产,一般可以从企业的财务报表上查到。但从战略的角度看,资产负债表上所反映的资产价值是模糊的,有时甚至是一种错误的指示。这是因为过去所做的成本报价并不能真实地反映某项资产的市场价值。考虑某项有形资产的战略价值时,不仅要看到会计科目上的数目,而且要注意评价其产生竞争优势的潜力。换句话说,一项账面价值很高的实物资源,其战略价值可能并不大。实物资源的战略价值不仅与其账面价值有关,而且取决于公司的地理位置和能力,设备的先进程度和类型,以及它们能否适应产品和输入要素的变化。

在评估有形资产的战略价值时,必须注意以下两个关键问题。第一,是否有机会更经济地利用财务资源、库存和固定资产,即能否用较少的有形资产获得同样的产品或用同样的资源获得更大的产出。第二,怎样才能使现有资源更有效地发挥作用。事实上,企业可以通过多种方法增加有形资产的回报率,如采用先进的技术和工艺,以增加资源的利用率;通过与其他企业的联合,尤其是与供应商和客户的联合,以充分地利用资源。如我国的数据通信行业可以通过与集成商和企业的联合,来充分地利用光纤电缆和网络资源。当然,企业也可以把有形资产卖给能利用这些资产获利的公司。实际上,由于不同的公司掌握的技术不同,人员构成和素质也有很大差异,因此它们对一定有形资产的利用能力也是不同的。同样的有形资产在不同能力的公司中表现出不同的战略价值。

(2)无形资源:资产负债表上标明的有形资源一般可以从市场上直接获得,可以用货币直接度量,并可以直接转化为货币。相反,无形资源是企业不可能从市场上直接获得,不能用货币直接度量,也不能直接转化为货币的那一类经营资产。如企业的经营能力、技术诀窍和企业形象等。无形资产往往是企业在长期的经营实践中逐步积累起来的,虽然不能直接转化为货币,但却同样能给企业带来效益,因此同样具有价值。由于无形资源的不可见性及其隐蔽性,所以人们往往忽略其战略价值。在产品质量和服务对潜在的顾客利益的影响并不明显的行业,企业信誉和知名度往往是最重要的资源。一般来说,信誉和知名度往往与公司联系在一起,有时也与特定的品牌有关。

第二类重要的无形资产是技术,包括其先进性、独创性和独占性。一旦公司拥有了某种专利、版权和商业秘密,它就可以凭借这些无形资产去建立自己的竞争优势。

(3)人力资源:一个组织最重要的资源是人力资源。大量研究发现,那些能够有效地利用其人力资源的组织总是比那些忽视人力资源的组织发展得更快。是人的进取心和掌握的技术创造了企业和组织的繁荣,而不是实物资源和财务资源。在技术飞速发展和信息化加快的知识经济时代,人力资源在组织的作用也越来越突出。

2. 企业核心能力 当今社会,越来越多的企业把拥有核心能力作为影响企业长期竞争优势的关键因素。越来越多的人认为,如果企业有意在未来的市场上获取巨大的利润就必须建立一种能对未来顾客所重视的价值起巨大作用的核心能力,然而在某一重要的核心能力方面要建立起世界领先地位,绝不是一朝一夕可以做到的。如果企业想在未来竞争中获得成功,现在就必须着手建立企业的核心能力。许多大型的多元化经营的企业目前更注重突出优势和明确主要业务,更加重视企业的核心力量。在产品和市场战略被看做是企业相对短暂的现象的同时,企业核心能力则被认为是企业竞争优势持久的源泉。

核心能力,又称核心专长、核心竞争力。根据普拉哈德和哈默尔的定义,核心能力是"组织中的积累性学识,特别是关于如何协调不同的生产技能和有机结合多种技术流派的学识。"其要点是:

(1)核心能力的载体是企业整体,而不是企业的某个业务部门、某个行业领域。

(2)核心能力是企业过去成长过程中积累而产生的,而不是通过市场交易获得的。

(3)关键在于"协调"和"有机结合",而不是某种可分散的技术和技能。

(4)存在形态基本上是结构性的、隐性的,而非要素性的、显性的。

综合地说,核心能力是指企业依据自己独特的资源(资本资源、技术资源或其他方面的资源以及各种资源的综合),培育创造本企业不同于其他企业的最关键的竞争能力与优势;这种竞争能力与优势是本企业独创的,也是企业最根本、最关键的经营能力。换言之,也只有在本企业中,这种竞争能力与优势才能得到最充分的发挥。凭借这种最根本、最关键的经营能力,企业才拥有自己的市场和效益。核心能力是以知识、技术为基础的综合能力,是支持企业赖以生存和稳定发展的根基。

第三节 医药营销调研与预测

一、医药市场营销调查

市场营销调查是与现代市场营销观念相适应的行为,它渗透于营销的各方面,对市场营销全过程中所需要的信息,进行周密地调查、搜集、整理和分析,并作出有关的结论。随着经济的发展,市场营销调查已越来越受到重视,成为企业生存和发展的重要手段。

医药市场营销调查是指医药企业为了特定的市场营销目标,通过科学方法有目的地收集和分析有关医药企业外部环境和经营管理方面的各种信息和资料,为制定适当的市场策略提供依据。医药市场营销调查的作用可以从了解消费者需求、对产品更新以及获取和维持竞争优势3个方面体现出来。

1. 医药市场营销调查的分类与内容　医药市场营销调查是一项十分细致复杂的工作,范围广泛,主要有以下几个方面:

(1)医药市场需求调查:企业能否满足消费者需求,是企业经营成功的关键。因此,医药市场需求调查是医药市场营销调查的关键内容。这包括:现有市场对该种医药产品的需求量;潜在市场的调查;本企业的销售潜量,本企业的市场占有率以及企业所面临的细分市场;同类医药产品需求情况和替代产品的需求情况调查等。

(2)消费者和消费者行为调查:消费者的需求贯穿于市场营销的始终,因此对消费情况的调查就显得很有必要。调查内容包括:现有消费者数量、地区分布状况、年龄结构、购买力大小;消费者购买动机、行为和程序,影响购买者决策的主要因素;消费者对本企业产品和劳务的满意程度,他们的意见和要求等。

(3)医药企业因素调查:这主要是指企业经营诸要素中的可控要素,通过调查以调整企业的策略,组成一个最优化的整体营销策略。如产品调查、价格调查、销售情况调查、分销情况调查等。

(4)竞争对手调查:主要调查与竞争对手有关的基本情况,包括:竞争企业的数量、规模以及在本行业的地位;竞争企业的产品价格、质量、性能、剂型和包装情况,以及生产工艺与生产成本等;竞争对手采用的营销策略;潜在竞争对手的情况调查。

(5)医药宏观环境调查:主要指在医药行业出台的政府方针、政策、法令等,还有国家的政治状况、宏观经济状况、文化教育水平、宗教信仰以及风俗习惯等。

2. 医药市场营销调查过程　医药市场营销调查一般由4个主要的步骤组成,包括确定问题及调查目标、制定调查计划、实施调查计划、调查结果的解释与报告(见图7-1)

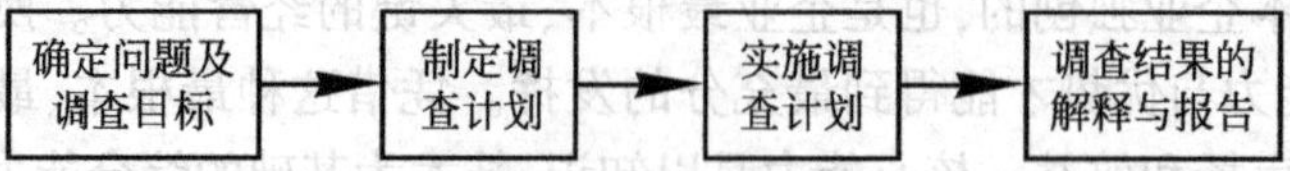

图7-1　市场营销调查程序

(1)确定问题及调查目标:营销调研中的第一步,是确定营销中存在的问题及调研工作所要达到的目标。确定目前医药企业营销中存在的问题,要求营销管理人员能从企业纷繁的活动中找出问题的征象。对一个调查问题范围的确定要适当,范围太宽会使调查人员得到许多不必要的信息;太窄则会束缚调查人员的手脚,不能开阔思路。寻求调查课题的目的主要有3种:一是正在进行的业务出现了问题,必须及时调查,分析原因和采取措施;二是针对潜在的问题,需要防微杜渐;三是为了规划新的营销活动,需要从市场营销的规律和趋势去探索问题。

(2)确定调查计划:在这一步骤中,首先要明确营销决策需要哪些信息,然后再确定如何有效地收集这些信息，最后提交书面的调研计划。

(3)实施调研计划：调研计划的实施主要包括收集、整理、分析信息等工作。收集信息的过程可由医药企业内部的营销调研人员完成，也可委托外部的专业调研公司来完成。企业自己收集信息的好处是，可加强对调研过程和信息质量的控制，但是专业调研公司则可更快地完成调研过程，而且成本较低。收集来的信息必须经过分析和处理，调研人应协同营销管理人员，利用标准的计算程序和表格等将这些数据整理好，如计算一些主要变量的平均值和离散程度等。有时调研人员还要采用营销分析系统提供的更先进的统计技术或决策支持系统来分析这些数据，以发现那些有助于营销管理决策的信息。

(4)调研结果的解释与报告：市场营销调研的最后一步是对调研结果做出解释，得出结论向营销管理部门提交调研报告，这是整个调研过程中极其重要的一个步骤。调研报告不能只是一系列的数据，而应当是简明扼要的结论和说明，并且这些结论和说明应当对营销决策具有直接意义。

在很多情况下，对同一调研资料可能做出不同的解释，因此调研人员应当与营销管理人员紧密合作，协调一致，共同探讨可能的最恰当的解释。此外，管理人员还要检查调研目标是否达到，所需要的分析是否完成，以及是否还有新的问题需要补充。最后，营销管理人员还要决定是否采用调研人员提出的建议。

二、医药市场预测

医药市场营销预测就是根据过去和现在的情况，在医药市场调查的基础上推测未来的发展，并通过分析研究为企业的营销决策提供进行比较选择的初始方案，以及实施这些方案的最佳途径。医药市场营销预测的内容十分广泛，一般来说，对市场需求、商品资源、市场占有率、市场价格、产品生命周期、营销效果等都可以进行预测，其中市场需求预测在医药市场营销预测中占有很重要的地位，因此一般情况下医药市场营销预测主要是指医药市场需求的预测。

医药市场需求预测就是指在医药市场调查的基础上，对医药市场未来需求的变化及其影响因素进行估计和判断。医药市场需求预测是竞争的需要，是医药企业减少经营风险的重要手段之一。

1. 医药市场需求预测的程序 医药企业对未来市场需求的预测一般采用三段式程序进行。首先是宏观经济环境预测，其内容包括经济周期、通货膨胀、失业率、利率、消费者支出、储蓄、工商业投资、政府开支、出口额等情况的变动，得出对国民生产总值及其增长率的预测。其次，在宏观经济环境预测的基础上对行业市场进行预测，这个主要是在已知的环境和既定的营销支出下，预测该行业的发展规模、发展方向和速度，从而对该行业未来的市场销售量变动情况做出估计。最后是根据该行业中本企业的市场占有率情况，做出本企业未来的销售预测，即预测企业的销售量。

2. 医药市场需求预测的方法

(1)定性预测方法：定性预测方法就是依靠决策人员的知识、经验和综合分析能力，对产品未来市场需求的变化做出推断和描述的预测方法。定性预测方法主要有以下几种：

①德尔斐法：德尔裴法又称专家调查法，是美国兰德公司在20世纪40年代提出的。它把

所要预测的问题和必要的资料，用信函的方式向专家寄出，得到答复后，把各种意见经过综合、整理和反馈，如此反复多次，直到预测的问题得到较为满意的结果的一种方法。德尔裴法具有匿名性、反馈性和统计性等特点。这种方法的不足之处是信函往返耗时较长，对预测意见的分类、整理、归纳要花费较多的人力。

②集合意见法：集合意见法是预测组织将有关的管理人员与工作人员召集起来，就市场未来的发展变化发表意见，交换看法，然后由预测人员将各种意见汇总起来，进行综合分析与研究，以形成预测结果的预测方法。这种预测方法的优点是：通过面对面的讨论，可以互相启发，互相补充，方法简单易行，无须经过复杂的计算。它的缺点是：仅凭个人经验，偏重于主观估计，容易产生失误。该方法主要适用于缺乏历史资料的预测对象。

③社会调查法：即通过座谈、访问或信件、电话、报表、展览等手段，直接向消费者进行调查，并将调查结果加以分析和综合进行预测的方法。此方法能获得对市场较为透彻的了解，但是其运用能否成功，主要取决于调查对象是否真正与预测人员相配合，并且这种方法的费用较高。

(2)定量预测方法：定量预测法是通过对经济现象量的方面的描述，来解释经济现象的发展规律或者发展趋势，并在定性分析的基础上，对未来经济发展的程度以及数量关系进行预测的一种方法。定量预测方法比定性预测方法更完善、更成熟，预测结果更为精确、更详尽，适用于经常性的预测。常用的定量预测方法有：时间序列预测法、指数平滑法和回归预测法等。

①时间序列预测法：即把过去市场营销的历史资料和数据按时间序列加以排列，构成一个数字序列，再对此序列数值的变化加以延伸，并进行推算，判断市场未来发展趋势的方法。这种方法比较简单，实用性强，但不能说明经济变量的因果关系，需要其他预测方法加以补充和矫正。

A. 简单平均法：即按时间序列进行简单平均的方法，但这种方法比较粗糙，只能进行简单的预测，其计算公式为：

$$X_{n+1}=\frac{X_1+X_2+X_3+\cdots+X_n}{n}$$

式中 X_{n+1}——市场需求预测值；$X_1, X_2, X_3, \cdots, X_n$——前期的实际市场销售量观测值；$n$——观测值的数目。

B. 加权移动平均法：以上是用平均的方法获取预测值，但是实际上以前各期的市场数据对预测期的预测值的影响程度是不同的，此时就应进行加权平均，即对以前各期的市场销售数据赋予不同的权重，然后再加权平均。权重可根据经验判断，但一般来说与预测期越接近的数据对预测值的影响越大，其权重也就较大。这种方法的预测结果相对要精确一些，其计算公式如下：

$$X_{n+1}=\frac{X_1W_1+X_2W_2+X_3W_3+\cdots+X_nW_n}{W_1+W_2+W_3+\cdots+W_n}$$

式中 W_n——各期观测值的权重。

②指数平滑法：指数平滑法的基本思想是对不同时期的数值赋予不同的权重，近期数据权

重大，远期数据权重小，计算公式为：

$$\overline{Y}_{n+1}=\alpha Y_n+(1-\alpha)\overline{Y}_n$$

式中　$\overline{Y}_{n+1}$——下期预测值；Y_n——本期预测值；$\overline{Y}_n$——本期实际值；α——平滑系数（$0\leqslant\alpha\leqslant1$）

预测中，平滑系数的取值可根据实际情况凭经验确定。一般来说，当本期的预测值与本期实际值的误差较大时，则 α 要大一些；当误差较小时，说明前期的预测值比较准确，则 α 可小一些；α 的作用就是平滑修正系数，使预测值更准确。

③回归预测法：回归预测法是在研究经济变量之间因果关系的基础上，以一个或者数个自变量的变化来推测因变量变化的预测方法。回归预测法又分为一元回归预测法与多元回归预测法。一元回归预测法又分为一元线性回归预测法与一元非线性回归预测法两种，一元线性回归预测法是最为常用的方法。这里主要介绍一元线性回归预测法。

一元线性回归预测法即对两个互为因果并呈线性关系的变量数列建立直线回归方程，并通过自变量的取值来预测因变量未来发展趋势的方法。其数学模型为：

$$Y=a+bX$$

式中　Y——预测值；X——影响因素；a，b 回归系数。

回归系数可由最小二乘法求得的公式计算而得：

$$a=\overline{Y}_i-b\overline{X}_i$$

$$b=\frac{\sum_{i-1}^{n}X_iY_i-\overline{X}\sum_{i=1}^{n}Y_i}{\sum_{i=1}^{n}X_i^2-\overline{X}_i\sum_{i=1}^{n}X_i}$$

式中　Y_i，X_i 分别为因变量与自变量实际观测值的平均值；

$$i=1,\cdots,n。$$

实际中影响产品需求量的因素往往不止一个，因此经常要进行多元回归方程的设定。在应用回归分析法时，必须满足以下条件：第一，预测对象与影响因素之间必须存在着因果关系，并能确定这种因果关系还在发生作用；第二，要有足够的统计数据，数据过少会影响预测的准确性；第三，数据呈现的规律能反映因变量未来的变化趋势，并且设定的一元或者多元回归模型确实能反映因变量与自变量之间的分布状况。

总之，医药市场营销人员总是在不停地寻找能更好地测量目前需求和预测未来需求的方法，以便为那些希望做出更有效的营销决策的管理人员提供有关市场营销的更可靠的数据资料和分析手段。

第四节　医药市场营销策略

在现代市场激烈竞争的形势下，医药企业要在竞争中胜出，就必须在市场需求预测的基础上，制定出有效的经营战略和市场营销策略，以指导其市场营销行为。医药市场营销策略是企业对其内部与实现营销目标有关的各种可控因素的组合和运用。影响医药企业目标实现的因素是多方面的,1960年美国的市场营销学家杰罗姆·麦卡锡将影响企业目标实现的各种因素归结为4个主要方面,即产品(product)、价格(price)、渠道(place)和促销(promotion),从而使企业的营销策略围绕这4个方面形成了不同的策略组合,即4Ps策略组合。

一、产品策略

医药企业要实现市场营销目标,最重要的是要向消费者提供受欢迎的产品以满足消费者的某种需求,所以产品策略是医药企业营销策略组合中的首要策略。所谓产品策略,主要是指医药企业以向目标市场提供各种适合消费者需要的有形和无形产品的方式来实现其营销目标,其中包括与产品有关的品种、规格、式样、质量、包装、特色、品牌以及各种服务措施等可控因素的组合和运用。

(一)产品的层次

现代市场营销学把产品整体概念分为5个层次:产品的核心层次、产品的基础层次、产品的期望层次、产品的附加层次和产品的潜在层次,如图7-2所示。

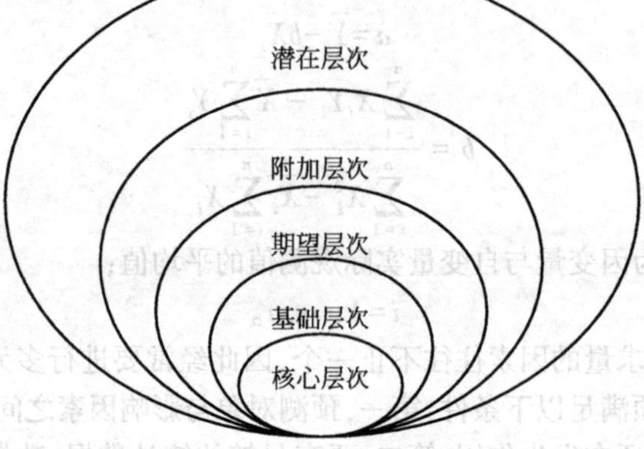

图7-2 产品结构层次图

1. 产品的核心层次　又称为核心产品,核心利益,是顾客购买产品所追求的基本效用或利益,是产品整体概念中最基本的和最实质性的部分。如果产品没有效用和使用价值,不能满足顾客的利益需求,它就失去了存在的价值,顾客就不会购买它。如消费者购买药品是为了预防、治疗、诊断人的疾病,有目的地调节人的生理功能,而不是单纯地为了获得药品的实体物质材料。

2. 产品的基础层次　又称为基础产品,是核心利益借以实现的载体,是产品呈现在市场上的具体形态,包括外观、质量、包装、品牌、特色等。如药品的核心利益是防病治病,但必须借以一定的包装、品牌、剂型、规格和质量等。药品零售药店提供的购药服务是一种无形产品,其基础产品是服务质量、服务人员的专业资格等。三精牌葡萄糖酸钙的广告语是"蓝瓶的钙,好喝的钙",突出的就是产品的包装。因此,产品的基本效用必须通过具体的形态才能得以实现。

3. 产品的期望层次 又称为期望产品，是购买者购买产品时期望或默认能得到的一组属性和条件。如消费者期望购买到符合“三小”（用量小、毒性小、副作用小）和“三效”（高效、长效、速效）和“五方便”（生产、运输、使用、携带、保管方便）要求的药品。而大多数药品都能满足顾客的最低期望，所以，消费者就会凭借以往的用药经验和常识，选择更加安全、有效、经济、使用方便的药品品种。

4. 产品的附加层次 又称为附加产品，是购买产品时能提供给消费者的一系列附加的利益和服务，如服务、运送、咨询、安装、维修、培训等。药品的附加产品主要有用药咨询与指导、免费送货、代煎中药、建立药疗档案等。如购买上海罗氏公司生产的用于治疗帕金森病的美多芭药品，还可以参加该公司建立的行之健帕金森病友俱乐部了解更多的疾病知识，同时可以享受电话形式的用药指导。附加产品给顾客带来更多的利益和更大的满足，而且逐渐成为企业实施产品差异化战略的重要手段。

5. 产品的潜在层次 又称为潜在产品，是产品最终可能会实现的全部附加部分和将来会转化的部分。潜在产品表明了现有产品可能的演变趋势和前景。

产品整体概念的五层次模型，经典地体现了现代市场营销以顾客为中心的理念。随着科学技术的进步和市场竞争的激烈，消费者的需求日趋多样化，现代产品的外延也不断扩展。企业提供的核心利益日益趋同化，谁能提供更好的服务、满足消费者更多的利益，谁就能在市场竞争中取胜。产品竞争的焦点逐渐转向产品的期望层次和附加层次。因此，企业必须树立产品整体概念的意识，从产品概念的开发阶段就考虑到产品的核心利益、外观形态、附加利益等，只有这样，才能形成产品核心竞争力。

（二）产品生命周期各阶段的特点

产品的生命是有限的。面对激烈的市场竞争，企业必须保持持续的竞争优势，这就离不开新产品的开发和创新。一个新产品从进入市场开始，会经历产品生命周期的不同阶段。各个阶段在产品性能、生产成本、市场占有率、市场竞争程度、销售量等方面所具有的不同特点，对经营者也提出了不同的挑战。企业为了延长产品生命周期和扩大利润，需要根据产品生命周期各个阶段的特点制定适宜的营销、财务、品牌、广告、渠道等策略。

1. 投入期 投入期是指新产品投入市场，销量渐渐增长的试销时期。产品性能和产品质量不够稳定，生产成本较高；同时企业为了激发消费者的购买欲望，拓宽销售渠道，需要投入大量的促销费用，因此巨额的生产费用及营销费用使单位产品成本高。由于新产品刚投入市场，消费者对产品不了解，产品销量少，市场占有率低，销售缓慢增长。因此这一阶段的特点是，成本偏高，产品销量小，市场竞争少，销售利润较低甚至亏损。

2. 成长期 成长期是指产品被消费者广泛接受、销量迅速增长、利润大量增加的畅销时期。产品设计基本定型，生产工艺技术和质量趋于稳定，批量生产，生产成本逐步降低；消费者的购买需求不断被挖掘，购买者逐渐接受新产品，市场需求增加，市场占有率持续扩大，销售额迅速上升，利润也随销量的增加显著增长，吸引了大量竞争者进入，市场上同类产品开始出现，竞争逐渐加剧。因此这一阶段的特点是，销量和利润增长较快，成本下降，市场竞争逐渐出现。

3. 成熟期 成熟期是指产品已被大多数的潜在购买者接受，市场需求逐渐饱和，销售增长速度减缓甚至缓慢下降,利润稳定却开始逐渐下降的时期。竞争者看到有利可图,纷纷进入市场参与竞争,在成熟期市场竞争者数量达到顶峰,其他替代品和同类产品品种式样繁多,消费者开始尝试购买新的产品,同时销售增长率的减慢使得整个行业的生产能力过剩,最终导致竞争加剧,竞争力较弱的企业开始退出市场。经营者纷纷采用降价、利用广告扩大宣传、增加产品新功能和新特色等手段提高产品销量。因此,这一阶段的特点是销量依然增长,但增长速度减缓甚至缓慢下降,利润在达到顶点后逐渐下降,市场竞争激烈。

4. 衰退期　衰退期是指销售下降的趋势增强和利润不断下降的时期。市场基本饱和,生产能力过剩,消费需求出现转移,同行业削价竞争加剧,市场占有率缩小,销售量呈现持续显著的衰退现象,利润也大幅度的滑落,一些不具有竞争优势的企业被纷纷淘汰出局。

(三)产品生命周期理论的重要意义

1. 产品生命周期理论揭示任何产品和生物一样,有一个诞生、成长、成熟、衰亡的过程,也就是说任何一种产品不可能无限期地延续下去,都会经历诞生到衰亡的过程,迟早会被市场淘汰。企业应该树立危机意识,不断开发新产品,实行多品种经营策略,做好新老产品交替,形成最优的产品组合策略。一个企业如果不能经常不断地向市场推出技术先进、顾客满意的新产品,那么它就无法长期生存,更谈不上发展。

2. 产品生命周期的不同阶段,有着不同的市场机会和市场风险。企业只有根据产品所处的生命周期阶段采取适当适时的营销策略,才能使产品保持良好的销售势头,方能使企业永远充满活力。

3. 许多产品的生命周期形态是多种多样,并不是标准的 S 型,也就是说“投入、成长、成熟、衰退”并不是产品销售的必由之路,企业可以通过利用营销手段改变生命周期形态,使成本最小化,利润最大化。天士力通过对复方丹参滴丸进行学术营销做好医院市场,并提高消费者认知度,然后在药店零售终端大量铺货,辅以适量广告,开展“健康之星”等消费者沟通、教育活动,逐步培育零售市场消费群,不断扩大在医院和零售药店的覆盖面,复方丹参滴丸由此进入扇形发展模式。

4. 随着科学技术的飞速发展,产品更新换代的速度越来越快,产品的生命周期越来越短,企业间竞争加剧。然而通过企业的营销努力和对产品的不断二次开发,产品生命周期是可以延长的。一种产品在其整个生命周期中并非只有一个成熟期,产品的生命可以通过申请延长专利保护、改变药品的给药途径和适应证、强化服务和降低成本,以及通过将处方药转为非处方药以扩展新市场等多种手段来延长。如步长脑心通在“脑心同治”的产品定位下,借助专业的推广方式,延长了生命周期。

二、定价策略

定价策略主要是指医药企业以按照市场规律制定价格和变动价格等方式来实现其营销目标,其中包括对与定价有关的成本价格、折扣价格、津贴、付款期限、商业信用以及各种定价方法和定价技巧等可控因素的组合与应用。

1. 影响产品价格的基本因素　产品成本是影响价格的基本因素;市场供求状况是影响价

格的重要因素,市场供求的变动与产品的价格是相互影响的;市场结构与市场竞争状况是影响产品价格的不可忽视的因素。除此之外,在现实的市场中,产品的价格还受到企业的产品策略、渠道策略、促销策略以及政府的经济政策等多种因素的影响,因此医药企业必须在产品价值的基础上,认真研究影响价格的各方面因素,才能做出保证营销目标实现的合理价格。

2. 定价方法　一般来说,不同医药企业、不同市场竞争能力的医药企业以及不同营销环境中的医药企业所采取的定价方法是不同的。从价格制定的不同依据出发,定价方法主要有以下三大类:

(1)成本导向定价:即以营销产品的成本为主要依据,综合考虑其他因素制定价格。由于营销产品的成本形态不同以及在成本基础上核算的方法不同,成本导向定价法有以下几种主要方法:

①成本加成定价法:这是一种最简单的定价法,就是在产品单位成本的基础上,加上一定比例的预期利润作为产品的价格。这种方法在实际应用中又分为两种情况;总成本加成定价法与变动成本加成定价法。

总成本是医药企业生产产品时花费的全部成本,总成本包括固定成本与变动成本两部分,总成本加成定价法就是以单位产品的总成本加上一定比例的利润作为产品的价格。变动成本加成定价法也称为边际贡献定价法,即在定价时只计算变动成本,而不计算固定成本,在变动成本的基础上加上预期的边际贡献。所谓的边际贡献也就是产品的价格中对固定成本的补偿及企业的盈利之和。在变动成本加成定价方法下,只要产品价格不低于变动成本,即说明生产可以维持,否则生产越多亏损越多。

②投资回收定价法:医药企业为了确保投资按期回收,并获得利润,根据投资生产的产品或劳务的成本费用及预期的生产产品或劳务的数量确定营销目标价格的定价方法。利用投资回收定价法,必须注意产品销量或服务设施的利用率,否则就不能保证每年的投资回收率,也就不能保证及时实现企业的营销目标。

(2)需求导向定价:即以产品或服务的市场需求状况为主要依据,综合考虑医药企业的生产成本和市场竞争状况,制定或调整营销价格的方法。由于影响市场需求的因素很多,如收入水平、消费习惯、产品或服务项目的需求价格弹性等,医药企业对这些因素的重视程度不一,就形成了以下几种具体的需求导向定价法:

①习惯定价法:企业依据长期被消费者接受的已经成为习惯的价格来定价的方法。这主要是针对那些在长期的购买和使用中消费者已经习惯上接受了其属性和价格水平的产品,经营这类产品或服务的企业不能轻易改变价格,降价会使消费者怀疑产品的质量,涨价则会减少销路。

②可销价格倒推法:产品的可销价格即为消费者或进货企业习惯接受和理解的价格。可销价格倒推法就是企业依据消费者可接受的价格或进货企业愿意接受的利润水平来确定其销售价格或出厂价格的定价法。

③理解定价法:这是企业根据买主对产品或服务项目价值的感觉而不是卖方的成本来制定价格的定价方法。利用这种方法,必须要正确地估计消费者对产品的“理解价值”,估计过高或过低对企业都是不利的。

④需求弹性定价法:需求弹性表明了产品的价格变动与销量之间的关系,当企业要提高价

格或者降低价格时就可以采用需求弹性定价法。

(3)竞争导向定价：即以同类产品或服务的市场竞争状况为依据，根据竞争状况确定是否参与竞争的定价方法就称为竞争导向定价法。这主要有：

①通行价格定价法：即根据行业的平均价格水平，或竞争对手的价格为基础指定产品价格。

②竞争价格定价法：与通行价格定价法相反，即为参与市场竞争而主动变动产品价格的定价方法，一般为实力雄厚，或产品独具特色的企业所采用。

③密封竞标定价法：主要在投标、竞标交易时采用的方法。在同质同类产品之间，价格相对低的产品更有竞争力。

三、分销渠道策略

分销渠道就是指产品从生产者向消费者转移时所经过的路线，它是指流通领域中联系生产者、中间商、消费者的纽带，反映着他们的经济关系和利益。医药企业必须对分销渠道加以认真分析研究以便做出正确决策和运用适宜的策略。

1. 分销渠道的类型　正确地划分分销渠道是选择分销渠道的前提，根据分销渠道的类型和特点，可以将其分为以下几种类型。

(1)长度不同的分销渠道：产品在从生产者流向最终消费者的过程中，每经过一个对产品拥有所有权或者负有销售责任的机构，称为一个“层次”。经过层次多的分销渠道称为长渠道，经过层次少的渠道称为短渠道。

(2)宽度不同的分销渠道：分销渠道的宽度是指一个分销渠道的每个层次中，使用同种类型中间商的多少，各个层次中使用中间商多的渠道称为宽渠道，反之则为窄渠道。

(3)直接渠道和间接渠道：直接分销渠道是产品从生产者流向最终消费者的过程中不经过任何中间商的分销渠道，它是两个层次的最短的分销渠道；间接分销渠道是产品从生产者流向最终消费者的过程中经过若干个中间商转手的分销渠道，是两个层次以上的较长的渠道。直接分销渠道是工业品营销渠道的主要类型，间接分销渠道是消费品营销渠道的主要类型。

(4)传统渠道和垂直渠道：分销渠道如果按照一条渠道中渠道成员相互联系的紧密程度可以分为传统渠道和垂直渠道。传统渠道是按生产者、批发商、零售商到最终消费者的顺序进行的，这种渠道上的每个成员都各自为政、各行其是，缺乏统一的目标。垂直渠道指的是分销渠道中的成员都采取不同程度的一体化经营或联合经营。大公司为了控制和占领市场，实现集中和垄断，往往采取一体化经营或联合经营。另一方面广大中小批发商、零售商为了在激烈的竞争中生存和发展，也往往走联合经营的道路。垂直渠道可以对相关营销参与者通过公司式控制、契约式控制或者相互协商等方式来实现。

2. 分销渠道策略　企业要获得良好的营销效益，必须从多种营销渠道类型中选取合适的分销渠道，这就是分销渠道策略。分销渠道策略主要包括以下两个方面的内容：

(1)分销渠道的选择：分销渠道的选择就是要选择最佳分销渠道，选择营销费用少、销售效率高，能使企业的产品尽快销售出去，并且能取得较好的经济效益的渠道。这主要应解决好两个方面的问题。

①确定渠道模式：即选择渠道的长度，首先要确定采取什么样的分销渠道，还要确定选择

何种类型的中间商，包括批发商、经销商、代理商及零售商的选择等。

②确定中间商的数目：即在同一时期内，生产者是大量利用中间商实行密集式分销，还是精选少数中间商实行选择式分销，或者是在一定地区只选择一家中间商实行独家分销等。中间商的选择首先要考虑其经营能力，包括资金、人员、仓储设施等；其次要考察其经营水平，包括其对环境变化的应变能力、营销创新能力以及对消费者的吸引力等；最后还要考察其偿债能力、资金筹集能力、债权回收能力等。

(2)分销渠道的管理和协调：分销渠道策略的中心环节是生产者与中间商、消费者的协调问题。由于分销渠道的参与者都有他们自己的利益，因此在营销过程中就必然会由于利益等问题相互之间产生矛盾和冲突，对这些问题的处理会极大地影响企业营销目标的实现。

分销渠道管理与协调的主要内容有：与中间商长期伙伴关系的建立；对中间商情况的调查与日常管理；根据需要适时地调整原有分销渠道或开辟新渠道等。

四、促销策略

促销是企业市场营销的基本策略之一，它指医药企业以各种有效的方式向目标市场传递有关信息，以启发、推动或创造对企业产品和劳务的需求，并引起购买欲望和购买行为的综合性策略活动。

1. 促销手段的分类和组合　促销手段一般包括广告、人员推销、营业推广和公共关系等具体活动。促销的本质是企业同其目标市场之间的信息沟通。

(1)广告：是指企业在付出一定的费用以后，通过特定的媒体传播商品或劳务的信息，以促进销售为主要目的大众传播手段，是促销组合的一个重要组成部分。对于广告，我国有着严格的规定。如：《中华人民共和国广告法》第4~6条规定：“广告主、广告经营者、广告发布者从事广告活动，应当遵守法律、行政法规，遵循公平、诚实信用的原则”、“广告不得含有虚假的内容，不得欺骗和误导消费者”、“县级以上人民政府工商行政管理部门是广告监督管理机关”。再比如对于药品广告，《药品管理法》第60~62条规定：“药品广告须经企业所在地省、自治区、直辖市人民政府药品监督管理部门批准，并发给药品广告批准文号；未取得药品广告批准文号的，不得发布。处方药可以在国务院卫生行政部门和国务院药品监督管理部门共同指定的医学、药学专业刊物上介绍，但不得在大众传播媒介发布广告或者以其他方式进行以公众为对象的广告宣传”、“药品广告的内容必须真实、合法，以国务院药品监督管理部门批准的说明书为准，不得含有虚假内容。药品广告不得含有不科学的表示功效的断言或者保证；不得利用国家机关、医药科研单位、学术机构或者专家、学者、医师、患者的名义和形象作证明。非药品广告不得涉及药品的宣传”。

(2)人员推销：是一种古老的推销方法，也是现代产品销售中一种重要的销售方式，它由销售人员直接与潜在消费者接触，以谈话的方式作口头说明、示范和演示，以达到销售产品的目的。随着买方市场的形成和市场竞争的激烈化，人员推销在企业推销活动中的作用日益重要。

(3)营业推广：又称销售促进，是指人员推销、广告和公共关系以外的，能够刺激顾客的需求，吸引消费者购买而采取的特种促销手段。典型的营业推广一般用于短期的和额外的促销工作，其着眼点往往在于解决一些更为具体的促销问题，因而营业推广是一种不经常的无规则的促销活动，其短期效益比较明显。

(4)公共关系：是促销组合的另一个重要组成部分。公共关系不限于企业与消费者之间的关系，更不限于买卖关系，而是一种以长期目标为主的间接的促销手段。按照菲利普·科特勒的定义，作为一种促销手段的公共关系是指这样的一些活动：争取对企业有利的宣传报道，协助企业与有关的公众建立和保持良好的关系，建立和保持良好的“企业形象”，以及消除和处理对企业不利的谣言、传说和事件等。

以上4种方式是企业促销的主要方式，但根据人员使用情况，又可以划分为人员推销与非人员推销两大类。人员推销是指通过与用户、消费者直接联系、面谈等方式，介绍或说明有关商品和交易事项的促销方式，它主要包括创造性的推销活动、反复性的推销活动和援助性的推销活动。非人员推销主要包括广告、宣传、营业推广和公共关系等促销方式。

2. 促销策略的组合　以上4种促销手段各有其特点，适应于不同企业、不同产品、不同时机、不同场合的促销需要，具体促销手段的选择一般要考虑到以下一些因素：

(1)产品类型：产品因素往往是企业选择促销手段必须考虑的问题。如对于服装化妆品等时尚性商品以及一般日用消费品，消费者比较倾向于品牌偏好；因此提高这类产品的知名度是很关键的，对于这类产品，广告和公共关系等促销手段效果比较明显。

(2)市场状况：企业目标市场的不同状况，也影响着促销手段的选择，因为目标市场的特性决定了其对于信息的接受能力和反应规律。如目标市场的面比较窄且又相对集中，人员推销和营业推广等手段就比较理想，广告的相对成本就可能大为提高。此外，目标市场的购买习惯、文化水准、经济状况以及信息接受的便利程度都会对各种促销手段效果的发挥产生不同的影响。

(3)产品生命周期：在产品生命周期的不同阶段，所选择的促销手段也应有所不同。如在产品导入期，扩大产品的知名度是企业的主要任务，此时的促销手段就应以广告宣传为主，有可能在短期形成良好的品牌效应；而一旦产品进入了成长期，仅有广告就不够了，推销人员的积极推销往往能争取到犹豫不定的消费者；在成熟期，积极公共关系再辅助于其他促销手段能有效地巩固和扩大企业的市场份额；到了衰退期，随着企业营销重点的转移，对于剩余的产品，一般采取，以营业推广为主的营销手段，以求迅速地销售产品，回收资金，并将资金投入新产品的生产。

(4)营销环境：企业的营销环境会在一定程度上影响企业促销手段的选择，比如大众传播媒体状况、大型的社会活动、当地有关的政策法令、政治局势等。

对各种促销手段加以适当地组合，就有可能产生积极的综合效应。

参考文献

1. 杨春林．企业管理学．北京：高等教育出版社，2004.
2. 邹延昌，谢明．药事管理学．济南：泰山出版社，2008.
3. 刘冀生．企业经营战略．北京：清华大学出版社，1995.
4. 杨锡怀．企业战略管理理论与案例．北京：高等教育出版社，1999.
5. 宁德斌．医药企业管理．北京：科学出版社，2004.
6. 郑职建．市场调查与预测．大连：东北财经大学出版社，2001.

第八章 医药企业物流与供应链管理

供应链管理是近年来在国内外逐渐受到重视的一种新的管理理念。供应链管理的研究最早是从物流管理开始，主要是进行供应链管理中的物资配送问题研究。随着经济全球化和知识经济时代的到来，供应链在制造业管理中得到普遍应用，加强供应链管理有助于企业适应新的竞争环境、提高竞争力，已成为广大管理理论及实际工作者关注的焦点。

第一节 企业物流与供应链管理概述

一、物流

(一)物流的概念

物流概念源于美国，早期的物流是指与产品销售有关的输出物流，即实物配送(physical distribution，也 可直译为实物分配)，它不包括物料供应(material management，也可译为输入物流)。

到20世纪初期，随着经济危机的频繁发生，美国经济衰退、产品滞销、企业利润下降，企业界逐渐开始重视物流管理在经济发展中的作用，逐步实行输出物流和输入物流一体化的物流管理制度，称之为现代物流(logistics)。物流的概念就产生于这个时期。物流是指物质资料从供给者到需求者的物理性运动，主要是创造时间价值和场所价值，有时也创造一定加工价值的活动。包括运输、存储、配送、装卸、保管、物流信息管理等各种活动，是这些活动的统一。现代物流是以满足消费者主体需求为目标，把制造、运输、销售等多个供给主体统一起来思考的产业概念。随着物流管理(logistics management)应用范围的逐步扩大，物流活动向着系统化、多功能化发展。

物流从原来的内部销售领域扩展到企业外部经营管理的其他领域，并在企业物流的基础上经历了产成品配送阶段、物流管理阶段、综合物流管理阶段。物流管理的重点从配送与服务结合转至应用库存控制技术，再至注重外部关系(分销商、顾客、供应商及第三方构成的多维、复杂、立体的关系)的研究，强调原材料采购、加工生产、产品销售、售后服务直到废旧回收等整个物资流通全过程的管理。因此随着物流概念和外延的不断发展、变化，物流的实践活动也取得了飞跃性的发展，物流活动成为企业的基本经营职能之一。

(二)物流的特点

物流具有系统性、复杂性、高成本性等特点，是社会经济活动中必不可少的。

1. 系统性　物流作为社会流通系统中的组成部分,包含了物的流通和信息的流通两个子系统,如图 8-1 所示。在社会流通系统中,物流与商流、资金流和信息流具有同等重要的价值,是个内涵丰富的集成系统。

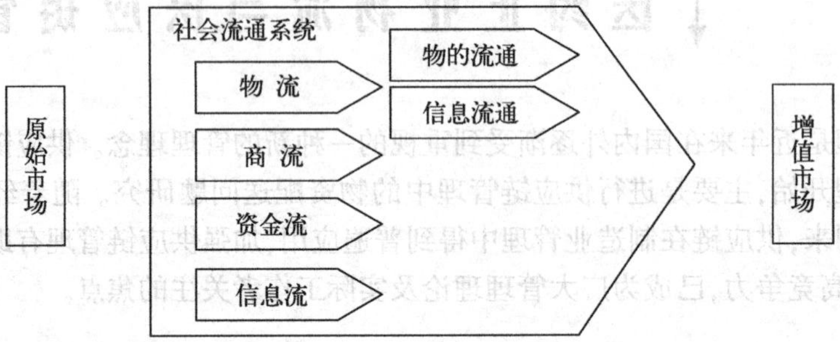

图 8-1　物流系统图

2. 复杂性　由于物流在价值增值中的重要作用,使物的流通和信息流通的集成变得相对复杂。物的流通中所包含的运输、保管、配送、包装、装卸和流通加工等环节并不是简单地环环相扣,而是一个具有复杂结构的物流链。

3. 高成本性　在物流中包含了运输、保管、配送、包装、装卸和流通加工等综合成本,由于物流成本高昂,降低成本可以创造利润,因此物流被视为"第三利润"的源泉。

(三)物流的分类

1. 按照物流的社会范围、范畴不同,可以分为:

(1)宏观物流:是指社会再生产总体的物流活动,从社会再生产总体角度认识和研究的物流活动。这种物流活动的参与者是构成社会总体的大产业、大集团。宏观物流也就是研究社会再生产总体物流,研究产业或集团的物流活动和物流行为。

(2)微观物流:是消费者、生产者企业所从事的实际的、具体的物流活动。在整个物流活动之中的一个局部、一个环节的具体物流活动也属于微观物流。在一个小地域空间发生的具体的物流活动也属于微观物流。

2. 按照物流的性质不同,可以分为

(1)社会物流:社会物流指超越一家一户的以一个社会为范畴面向社会为目的的物流。

(2)企业物流:从企业角度上研究与之有关的物流活动,是具体的、微观的物流活动的典型领域。

3. 按照物流的空间范围不同,可以分为

(1)国际物流:国际物流是现代物流系统发展很快、规模很大的一个物流领域,国际物流是伴随和支撑国际经济交往、贸易活动和其他国际交流所发生的物流活动。

(2)国内物流:相对于国际物流而言,一个国家范围内的物流,都处于同一法律、规章、制度之下,受相同文化及社会因素影响,都处于基本相同的科技水平和装备水平之中。

4. 按照物流对象的普适性和特殊性,可以分为

（1）一般物流：物流活动的一个重要特点就是涉及全社会、各企业。因此，物流系统的建立，物流活动的开展必须有普遍的适用性。一般物流是指充分具备这种普适性的物流活动。

（2）特殊物流：专门范围、专门领域、特殊行业，在遵循一般物流规律的基础上，带有特殊制约因素、特殊应用领域、特殊管理方式、特殊劳动对象、特殊机械装备特点的物流，皆属于特殊物流范围。

二、供应链管理

（一）供应链与供应链管理

随着市场经济的不断发展，商家之间的货物供应关系变得越来越复杂，这种关系不仅存在于传统的零售商、分销商、制造商以及第三方之间，而且交织于各职能部门以及文化和人力资源领域中。企业为了降低生产成本，提高效率，以获得更强的竞争力，就不得不重新思考、构建、定义这种供应关系和模型。于是在 20 世纪 80 年代产生了供应链。

目前，供应链还没有一个统一的定义，一般认为供应链是：围绕核心企业，通过对信息流、物流、资金流的控制，从采购原材料开始，制成中间产品以及最终产品，最后由销售网络把产品送到消费者手中的将供应商、制造商、分销商、零售商、直到最终用户连成一个整体的功能网链结构模式，供应链网链结构如图 8-2 所示。从供应链的定义来看，可以把供应链看成是一个系统，是多个部分构成的一个有机整体，且这个系统具有整体性、动态性、交互性和复杂性。在全球制造和全球经济一体化浪潮的推动下，这种系统发挥了较大的作用，并逐步成为一种新的管理模式——供应链管理（supply chain management，简称 SCM）。

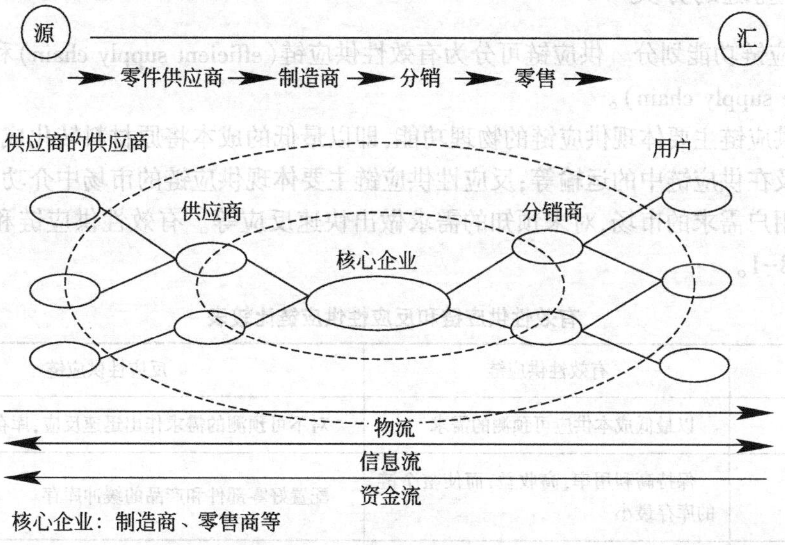

图 8-2　供应链网链结构

供应链管理最早是在 20 世纪 80 年代末被提出来的一种新的经营管理理念，指的是对企业内部及与外部发生紧密联系的所有业务活动的统一管理，是一种集成的管理方式，即从全局的角度对供应链中的信息流、物流、资金流、增值流、业务流以及伙伴关系等进行规划、设计、组织和控制。它包括订货、制造、分销、库存管理、运输、仓储、客户服务在内的所有企业活动。供应链管理的目标在于获得高用户服务水平与低库存投资、低单位成本两个目标之间的平衡。供应链管理是一种新的管理模式和策略，它把供应商、制造商、分销商、零售商和用户集成起来，充分发挥各部分的作用。同时，它又注重企业之间的密切协作，以实现供应链管理的整体性，使供应链上分担采购、生产、销售职能的各企业成为一个协调发展的有机整体，即建立一个高效的供应链网络。

现代供应链管理把整条供应链上的活动作为一个连续的过程来加以规划和优化。把整个链条中各环节的规划工作集成在一起，而不是按照活动功能分隔开来，这就要求企业根据管理需要进行业务重组和流程再造，依照"用户需求"和"流程管理"的思想对企业的管理思想、管理模式、管理方法、管理机制、管理基础、业务流程、组织结构和管理规章制度进行改造，优化关键业务流程，根据"木桶理论"，不断找出供应链上那块"最短的木块"并进行优化，这样就能够提升整条供应链乃至整个企业的竞争力。

一个优秀的供应链管理系统可以缩短货物发送时间，提高对需求变化的响应能力，提高计划、预定和智能决策能力，增加利润和年度总收入等，从而提高企业的核心竞争力，使企业不仅能够面对激烈的国际市场竞争压力，而且能够承受需求不确定性和技术迅速革新等因素的影响。国际上一些著名的企业如 IBM 公司、DELL 公司等在供应链实践中取得的巨大成绩，使人们更加坚信供应链管理是企业适应全球竞争环境的一条有效途径，已经引起了国内外学者的广泛关注和青睐。

(二)供应链的分类

1. 按供应链功能划分　供应链可分为有效性供应链(efficient supply chain)和反应性供应链(responsive supply chain)。

有效性供应链主要体现供应链的物理功能，即以最低的成本将原材料转化成零部件、半成品、成品，以及在供应链中的运输等；反应性供应链主要体现供应链的市场中介功能，即把产品分配到满足用户需求的市场，对未预知的需求做出快速反应等。有效性供应链和反应性供应链比较见表 8-1。

表 8-1　有效性供应链和反应性供应链比较表

	有效性供应链	反应性供应链
基本目标	以最低成本供应可预测的需求	对不可预测的需求作出迅速反应，库存最小化
库存管理	保持高利用率，高收益，而使整个链的库存最小	配置好零部件和产品的缓冲库存
生产提前期	不增加成本，尽可能短的提前期	通过大量投资，缩短提前期
标准产品设计	以成本和质量为核心，绩效最大化，成本最小化	通过模块化设计产品，注重生产速度、柔性和产品质量

2. 按供应链伸展范围划分 供应链可分为企业内部供应链、产业供应链和全球网络供应链。在每个企业内部,不同的部门在物流中参与了增值活动,这些部门被视为供应链业务流程中的内部客户和供应商,因而,构成了企业内部供应链。企业内部供应链管理,主要是控制和协调物流中部门之间的业务流程和活动。随着全球经济一体化的发展,要想增强企业自身的市场竞争实力,必须建立一条经济利益相连、业务关系紧密的行业供应链,这样企业内部供应链管理延伸和发展为面向全行业的产业供应链。随着互联网的出现和发展,供应链的结构将随之改变,即从传统多层的供应链转变为基于互联网的开放式的全球网络供应链。

(三)信息技术在供应链管理中的作用

信息技术的迅猛发展以及全球信息网络的兴起给供应链管理带来了新的契机。基于互联网的供应链管理,它可以使上下游企业之间迅速、直接地进行信息沟通。以前,制造商只能与几个较大的供应商分享信息。现在通过现代化的信息技术和它所提供的方法、手段,可以使制造商的中小供应商也能够收发、处理商业文件,比如信息的获得、订单的处理、库存的状况等。这些信息同时又可以与其他的应用系统集成,方便不同系统和不同格式的信息的存储、交互。

供应链管理涉及人力资源、财务、订单、采购、计划、生产、库存、运输、销售、服务在内的多个方面,通过采用不同的IT技术,可以提高这些领域的运作绩效。目前基于IT的主要技术有EDI、CAD/CAE/CAM、EFT和多媒体应用等。其中,电子数据交换EDI(electric data interchange)是一种利用计算机进行商务处理的新方法,特别是在全球进行合作贸易时,将贸易、运输、保险、银行和海关等行业的信息,用一种国际公认的标准格式,通过计算机通信网络,使各有关部门、公司和企业之间进行数据交换和处理,是在供应链中连接节点企业的商业应用系统的媒介,是供应链企业信息集成的一种重要工具。

面对信息高速发展,在中国加入WTO后国内公司与世界知名企业激烈竞争的背景下,联想继续企业信息化战役,目的就是要通过信息化工具,把遍布海内外的上游供应商、下游代理分销商联结起来,就是要把客户资源整理利用起来,进一步提高自身的反应速度、增强竞争力。随着市场竞争的加剧,企业的竞争动力从“产品制造推动”转向“用户需求拉动”,由最终用户的需求决定整个链条上的企业活动趋向,供应链管理的发展随之从企业内部活动管理扩展到相关上下游企业之间的内部活动和相互联系活动的管理。供应链管理的信息化程度高低,决定了现代企业的发展命运。

(四)现代企业实施供应链管理的原则和前提条件

供应链注重围绕核心企业的网链关系,是一个网链的概念,像Toyota、Nike、Nissan、McDonalds等公司的供应链管理都从网链的角度来实施,通过建立战略伙伴关系可以与重要的供应商和用户更有效地开展工作。谁的供应链最优化,谁就可以挖掘出更多的价值,从而最终赢得竞争优势。

1. 实施供应链管理的原则

(1)建立战略合作伙伴关系:供应链管理是建立在一个合作信念上的,合作行为将使供应链成员间实现利益分享和风险分担。供应链企业要实现预期的战略目标,客观上要求供应链中的企业进行合作,形成共享利润、共担风险的双赢局面。因此,与供应链中的其他成员企业建立紧密的合作伙伴关系,成为供应链成功运作、风险防范的一个非常重要的先决条件。同时,要建立长期的战略合作伙伴关系,要求供应链的成员加强信任,加强成员间信息的交流与共享。

(2)加强信息交流与共享,消除信息的扭曲现象,优化决策过程:供应链企业之间应该通过相互之间的信息交流从而降低信息不对称性、不确定性,降低风险,求得长期发展。

(3)加强对供应链企业的激励:对供应链企业间出现的道德风险的防范,要积极采用一定的激励手段和机制,使合作伙伴能得到比败德行为获取更大的利益,来消除代理人的道德风险。

(4)柔性化设计:随着经济全球化进程的推进,产品更新换代的速度不断加快,柔性制造系统的使用日趋普遍。供应链合作中存在需求和供应方面的不确定性,这是客观存在的规律。在供应链企业合作过程中,要通过在合同设计中互相提供柔性,可以部分消除外界环境不确定性的影响,传递供给和需求的信息。

(5)风险的日常管理:竞争中的企业时刻面临着风险,因此对于风险的管理必须持之以恒,建立有效的风险防范体系。要建立一整套预警评价指标体系,当其中一项以上的指标偏离正常水平并超过某一"临界值"时,发出预警信号。在预警系统作出警告后,应急系统及时对紧急、突发的事件进行应急处理,以避免给供应链企业之间带来严重后果。通过应急系统,可以化解供应链合作中出现的各种意外情况出现的风险,减少由此带来的实际损失。

在实施供应链管理的过程中,还应该注意供应链的整体性原则。供应链管理要用系统的、全局的观点来看待问题。供应链中各企业必须放弃一些本位的利益,将解决问题、共同提高、分享成功作为其共同行动的驱动力。在整个供应链中,某些企业在某段时间内可能由于服从整体利益而出现局部收益下降的可能,但这可以通过在未来的一段时间内有较大的收益来弥补,或者通过新增利益在供应链中成员之间的协调分配来调节。

2. 建立先进的供应链管理体系的前提条件　中国加入WTO后,企业与国际接轨,要想实现供应链最优化,首先要使企业实现信息化,这是优化供应链管理的前提条件。信息化进程应该由里而外,由企业核心业务活动信息化向整体业务活动信息化发展。企业信息化建设大致可以分为如下4个层次:

(1)企业的信息化基础设施建设:在这个阶段,企业着力构筑信息化所必需的软硬件设施、平台,包括网络硬件、操作系统和数据库软件等,搭建起信息化基础平台。

(2)企业各核心部门的信息化:从计划、财务、生产等部门入手,逐步建立起部门级的应用系统,以满足企业最低的信息化管理需求。这些系统相互之间相对独立,短时期内适合本部门业务管理需求。但由于数据独立存储,操作系统和数据库彼此异构,业务之间缺乏必要的信息交换,在企业业务发展到一定规模时各种矛盾就会凸显,例如订单、计划与生产无法协调控制,库存量不能有效减少等,由此就发展到了企业信息化建设的第三个层次。

(3)企业内部生产活动之间的有效互联:通过内部同构的软硬件平台实现各部门间的信息共享,协同操作,这种基于企业内部范围的管理最终对计划需求量、安全库存量、采购提前期、采购批量、采运方式、采购价格、市场行情和供应商等进行准确的分析和设定，体现了对企业管理的事先计划、事中控制、事后分析的思想。

(4)国际化竞争中的信息管理：企业通过业务拓展、调整产品结构，在全球范围内组织生产和流通活动，企业间的分工细化，协作增强，市场竞争不再局限在单个企业之间，而是企业群与企业群、产业链与产业链之间的竞争，这就是：在最终用户需求的牵引下，由多个企业纵向联合形成一种合作组织形式，通过信息技术把这些企业连成链条或网络，把链条上各节点的资源有效整合并互动管理，更有效地向市场提供商品和服务来完成单个企业所不能承担的市场功能。

三、医药企业物流与供应链管理

1. 物流与供应链管理的关系　内、外物流结合的物流供应链管理，是通过从供应商到消费者供应链的运作，使物流、信息流达到最优化。供应链管理是全过程的战略管理，追求全面的系统的综合效果，其目的不仅是降低成本，更重要的是提供用户期望以外的增值服务，保持竞争优势。所以，供应链是物流系统的充分延伸，是产品与信息从原料到最终消费者之间的增值服务(图 8-3)。表现为以下两个方面：

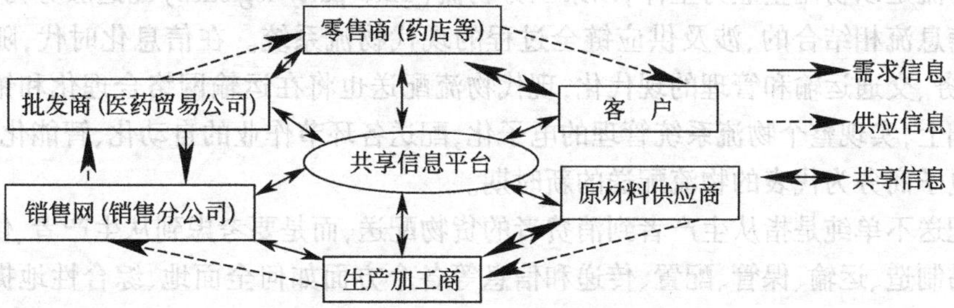

图 8-3　医药企业的供应链关系图

(1)物流是以物资的流动(生产前、中、后)为核心进行计划、控制的运作管理过程，是供应链管理的一种理论基础：供应链管理包含了一种高效的物流管理模式，是物流服务的实现手段，是以物流为中心的管理模式，强调整合过程。物流不断发展，从传统物流到现代物流，可以说现代物流与供应链管理的同一性增大了，但物流管理不等同于供应链管理，物流是供应链管理的一种理论基础。

(2)供应链管理比物流的范围相对要广一些：目前对物流的认识，随着主体不同而不尽相同，但所有关于物流的定义中都有一个共同的核心内容，既包含为满足客户的需求，提供从生产地到消费地的服务，而又有对产品的流动和储存进行管理。供应链管理包含所有的活动，连接内部各成员和外部机构，如供应商、承运人、第三方物流公司、信息系统提供商等。

2. 我国目前医药企业物流与供应链管理现状　医药企业将自己的销售公司变成物流公司或选择第三方物流，选择何种方式应根据企业的实力和实际情况而定。大型企业集团如太极集团就将下属的子公司分离出去成为一个专业医药物流公司，由于从医药企业分离出来的医药物流公司熟悉医药行业的特性，在医药物流管理中会游刃有余，作为第三方物流，也能更好地为其他医药企业服务，更有盈利空间及发展空间。

目前，大型医药商业企业积极组建物流中心，而制药企业是否参与取决于自身的实际情况。物流中心需要花费巨资和精力，物流中心不同于现代化大仓库，它需要供应链企业上下游的信息系统支持，需要转变原有经营体制。因此，企业应根据实际情况选择物流模式，以获取自身的核心竞争力。

医药企业的供应链较为复杂，其特点：医药企业需要管理许多原材料和产成品以及大量的中间产品和不同的工厂和销售商，同时生产经营的商品种类繁多，对药品的批次号和有效期的要求较高。所以，医药企业与药品制造商、医药批发站（销售公司）及医院之间的采购、销售、及退货等流程的处理也都具有特定的行业规范。因此对医药企业来说，多点控制因素的管理非常重要，例如在哪里生产最好，最佳库存是多少，在哪里开展促销活动，采取某个决定对分销成本影响如何等等，而有效的供应链管理无疑是解决这些需求的最佳方案。

第二节　医药企业运输与配送管理

现代物流是以物流企业为主体，以第三方物流（third party logistics）配送服务为主要形式、由物流和信息流相结合的、涉及供应链全过程的现代物流系统。在信息化时代，随着网络技术、电子商务、交通运输和管理的现代化，现代物流配送也将在运输网络合理化和销售网络系统化的基础上，实现整个物流系统管理的电子化，配送各环节作业的自动化、智能化，进入以网络技术和电子商务为代表的物流配送的新时期。

物流配送不单纯是指从生产者到消费者的货物配送，而是要考虑到从生产者、供应商到消费者对产品制造、运输、保管、配置、传递和信息等各个方面如何全面地、综合性地提高经济效益和效率的问题。

一、医药运输成本与运输管理

运输成本是物流成本的重要组成部分。运输成本与产品的种类、装运的规模以及距离直接相关，要减少运输成本，就需要实现整合运输。一般来说，若整个装运规模越大，运输距离越长，单位运输成本就越低。小批量的货物运输（非满载运输）显然是不经济的，而多品种小批量生产的供应链环境必须小批量采购、小批量运输。这就需要有创新的规划，把小批量的装运聚集成集中的、具有较大批量的整合运输。第三方物流系统是一种为大多数企业提供运输服务的实体，它为多条供应链提供运输服务。当多家供应商彼此位置相邻时，就可以采用混装运输的方法，把各家供应商的小批量货物依次装在同一运输工具上。第三方物流提供联合运输（集成运输模式），从而使整个过程变得较为经济。

目前，我国很多制药企业还是自营物流，而不是采取第三方物流，并且现有的药品第三方物流公司普遍规模较小，造成医药物流的企业数量多、规模小、成本高。

提高企业物流运输管理水平，实施合理化运输是控制运输成本的主要手段。所谓合理化运输，就是按照商品流通规律、交通运输条件、货物合理流向和市场供需情况，走最少的历程，经最少的环节,用最少的运力,花最少的费用,以最快的时间,把货物从生产地运到消费地,取得最佳的经济效益。合理化运输主要取决于以下因素:

1. 运输距离　在组织货物运输时,首先要考虑运输距离,尽可能实行近产近销,就近运输,尽可能避免舍近求远。

2. 运输环节　物流运输不是一个孤立的环节,在组织运输时,对运输活动及涉及的其他环节要科学规划,统筹安排,减少个别环节所占用的成本。对有条件直运的,应尽可能采取直达运输,减少二次运输。

3. 运输工具　在目前多种运输工具并存的情况下,根据不同货物的特点及对物流时效的要求,对运输工具所具有的特征进行综合评价,以便作出合理选择运输工具的策略,并尽可能选择廉价运输工具。

4. 现代化物流信息系统　通过运输管理系统(transportation management system,TMS)和其他管理信息系统实现有效对接,可使运输环节作业或业务处理准确、迅速;有利于建立起物流经营统一战略系统,通过信息系统的数据汇总,进行预测分析,控制和降低物流成本。

二、物流配送的特点

1. 信息化　包括与物流配送有关的信息搜集、加工整理、存储、传递等环节的信息化。信息是支配物流配送活动的灵魂,通过信息化,可实现对整个物流配送系统的统一管理和调度。

2. 自动化　包括自动识别技术、自动分拣技术、自动跟踪技术等。这些自动化技术的应用有效降低了劳动强度,提高了物流配送的效率。

3. 网络化　网络化将物流配送中心与供应链的节点企业有机地联系起来,促进了信息化,确保了信息流的畅通。

4. 智能化　包括智能托盘、机器人叉车、自动分拣机等智能工具的应用。

5. 社会化　在电子商务环境下,物流配送的社会化特征非常明显。第三方物流的发展,尤其是全方位服务提供商的出现,大大推进了物流配送的社会化进程。

三、医药企业物流配送的主要趋势

1. 医药企业物流配送呈现区域统筹化,从无序走向有序　医药企业物流配送的发展已上升到从大范围考虑合理化,致力于推行整个城市和区域,所有企业共同配送。在此基础上制订计划,而不是完全按顾客要求进行配送。这种计划有效地促进了配送的合理化、服务高效化。

2. 医药企业物流配送模式由制药企业和药品分销商自己组织物流配送,转变为以第三方物流配送为主　物流配送发展初期,主要是制药企业和药品分销商自己组织物流配送。随着物流的发展和分工的深化,促使专业物流企业,即第三方物流企业的出现。第三方物流配送克服了自营物流配送的缺陷,简化企业交易程序,使企业能够专心于自己所熟悉的业务,将资源配置到核心业务上,降低成本,提高效率,增强企业核心竞争力。另外,随着城市社区卫生服务体系的逐渐完善,可以把不同药品集中综合配送,这样效率更高。第三方药品物流企业能更好地了解顾客的要求,及时调整经营模式和服务内容,提高物流配送系统的反应速度。

3. 医药企业物流配送的区域范围不断扩大，直达配送发展迅速　近年来，药品物流配送已突破了一个城市范围，在更大范围内，如省、全国乃至于全球进行配送。在物流配送范围不断扩大的条件下，在有足够批量且不增加用户库存情况下，物流配送可以不经过物流中心周转，进行直达配送。

4. 医药企业物流配送运用计算机等现代技术，与电子商务发展相融合　随着配送规模的扩大和计算机的微型化，物流配送业务普遍运用计算机管理。一是信息传递与处理逐渐采用EDI系统；二是计算机在进货、配货和选址等方面被用于辅助决策和业务管理；三是计算机与其他自动化装置相结合，如与无人搬运车、配送中心的自动分拣系统等相结合。同时，物流配送和电子商务发展相融合，充分利用互联网、电子商务安全等技术。在构筑物流信息系统、控制系统方面，电子数据交换系统（EDI）、卫星导航与定位系统（GPS）、移动通信、电子地图将会大范围普及。

5. 医药企业物流供应链采用先进的系统模式　随着高速公路建设和电子信息技术的发展，车载计算机的体积会更小、功能会更强、成本会更低，在物流供应链管理方面使用高新技术设备将会更加方便、适应面更广、管理功能更加完善。在信息网及电子信息技术支持下，物流供应链管理将会走向电子化、智能化。物流经营组织的交流和关系将是全球性的，组织结构也将会从金字塔式的组织结构向网络化方向发展，形成更为科学合理的企业物流系统、区域物流系统、全国物流系统和国际物流系统。物流供应链先进系统模式的采用，全面优化了物流管理、降低成本、提高服务质量、增强竞争能力。

第三节　医药企业库存管理与规划

制药企业的库存以原材料、在制品、半成品、成品的形式存在于供应链管理的各个环节。库存管理始终是制药企业生产经营过程中不可缺少的重要组成部分，是价值链实现增值的重要环节。在供应链管理模式下，制药企业库存量的高低不仅影响着综合成本，而且还制约着整条供应链的性能。

一、供应链库存管理面临的挑战

1. 供应链库存系统结构的复杂性　供应链库存涉及供应商库存、制造商库存、批发商库存和零售商库存，表现为多级库存系统，有多种网络结构形式，而对这样一个多级库存系统的协调管理要比传统企业库存管理复杂得多，也困难得多。这种结构的复杂性给供应链库存系统的协调管理带来了很大的困难，面临很大的挑战。

2. 供应链运作的同步性　供应链管理的目标是通过合作伙伴间的密切合作，以最小的成本提供最大的客户价值（包括产品和服务），这就要求供应链上各环节（企业）的活动应该是同步进行的。然而，供应链各成员企业以及企业内部各个部门都是相对独立的单元，都有自己的库存管理目标和相应的库存管理策略，有些目标与供应链的整体目标是不相干的，更有可能是冲突的，以至于某一企业或部门杰出的库存绩效有可能对整个供应链库存绩效产生负面影响。例如,一个制造商可能把它的原材料库存转嫁给供应商,把完工产品库存转嫁给采购商,以最小化其库存成本,进而增加供应链的总库存成本。因此,如何对供应链各成员企业库存管理目标进行必要的整合,以满足供应链运作的同步性要求是供应链库存管理必须解决的问题。

3. 供应链库存管理信息的有效传递 供应链各成员企业之间的需求预测、库存状态、生产计划等都是供应链库存管理的重要数据,这些数据分布在不同的供应链组织之间,要对用户需求做到有效地快速响应,必须准确而实时地传递这些数据,因此需要对供应链的信息系统进行集成。然而,目前许多企业的信息系统相容性很差,无法很好的集成起来,当供应商需要了解用户的需求信息时,常常得到的是延迟的信息和不准确的信息。由于延迟引起误差并影响库存量的精确度,短期生产计划的实施也会遇到困难。因此,如何有效传递供应链库存管理信息是提高供应链库存管理绩效亟待解决的问题。

4. 供应链中的牛鞭效应 牛鞭效应(bullwhip effect)的基本概念为:当供应链的各节点企业只根据来自其相邻下级企业的需求信息进行生产或供应决策时,如果最初需求信息不准确或不真实,它们沿着供应链逆流而上,产生逐级放大现象,当这些信息传递给最源头的供应商时,其获得的需求信息和实际消费市场中的顾客需求信息便发生了很大的偏差。由于牛鞭效应,一个典型的某产品订单在供应链中的波动情况如图 8-4 所示。由于这种需求放大效应的影响,上游供应商往往比下游供应商维持较高的库存水平。如何消除或减轻这种效应是供应链库存管理所面临的最大挑战。

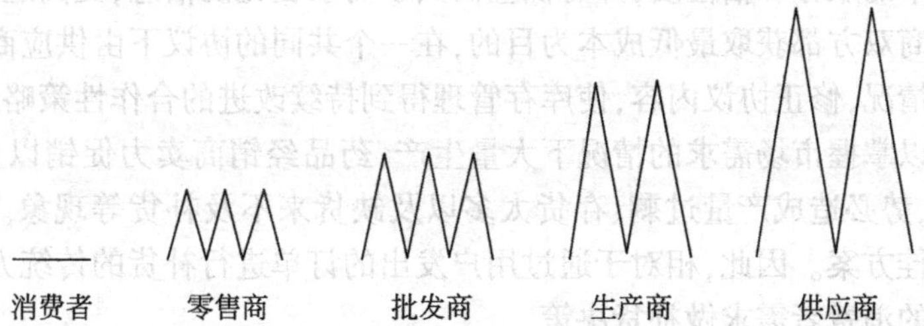

图 8-4 某产品订单在供应链中的波动情况

5. 供应链中的不确定性 供应链库存的形成原因可分为两类:一类是为了满足生产运作的需要,而另一类则是供应链上的不确定因素造成的。物流的运动是在信息的引导下进行的,企业内部这种信息流所体现的是企业的计划,而在企业之间则体现的是相互间的合同和约定。不确定因素的作用使物流的运动偏离了信息流的引导,此时库存就产生了。显然,企业的计划无法顾及那些无法预知的因素,如市场变化而引起的需求波动,供应商的意外变故导致的缺货,以及企业内突发事件引起的生产中断等,这些不确定因素才是形成库存的主要原因。因而研究和追踪这些不确定的变化是对供应链库存管理的又一挑战。

二、供应链中库存管理与规划

库存管理与规划是为了以合适的物流成本达到用户满意的服务水平,对正向及反向的物流活动过程及相关信息进行计划、组织、协调与控制。药品的库存管理一般包括入库验收、在库存储、药品养护、分单打印、出库拣货、药品拼箱复核、批号调整等主要作业。由于药品的特殊性,其在仓储管理方面不但要求作业精细,而且也需要有较高水平的信息化系统支持。所以,合理、正确地进行库存管理与规划,对于解决制药企业供应链库存管理存在的问题尤为重要。供应链管理中库存管理与规划方法主要有:

(一)VMI 管理系统

1. VMI 概述　传统上,由于供应链各个环节都是各自管理自己的库存,都有自己的库存控制目标和相应的策略,而且相互之间缺乏信息沟通,因此不可避免地产生了需求信息的扭曲和时滞,使供应商无法快速准确地满足用户的需求。RMI(retailer managed inventory,零售商管理的库存)是传统的库存管理模式。在供应链的管理环境下,供应链各个环节的活动都应该是同步进行的,而传统的库存和分销管理思想显然无法满足这一要求。

VMI(vendor managed inventory,可译为供应商管理的库存)是一种全新的库存管理思想,打破了传统的各自为政的库存管理模式,体现了供应链的集成化管理思想,是一种新的有代表性的库存管理思想,在分销链中的作用尤为重要,正受到越来越多的人的重视。它体现了以下几个原则:①合作性原则(合作双方信息透明、互相信任);②互惠原则(合作双方成本最小);③目标一致性原则(合作双方目标一致、责任明确);④连续改进原则(合作双方能共享利益和消除浪费)。精心设计与开发 VMI 系统,不仅可以降低供应链的库存水平和成本,而且还可以使用户获得高水平的服务和信任度,并与供应商共享需求变化的信息,提高透明度。VMI 是一种以用户和供应商双方都获取最低成本为目的,在一个共同的协议下由供应商管理库存,并不断监督协议执行情况,修正协议内容,使库存管理得到持续改进的合作性策略。

制药商在难以掌握市场需求的情况下大量生产、药品经销商卖力促销以及药品零售商凭经验进货的情形,势必造成产量过剩、存货太多以及缺货来不及补货等现象。而 VMI 正是解决以上现象的最佳方案。因此,相对于通过用户发出的订单进行补货的传统方法,VMI 可以根据实际的或预测的消费者需求做补货决策。

2. 实施 VMI 的优势　VMI 对处于供应链下游企业的好处是显而易见的。它克服了下游企业自身技术和信息系统的局限。随着供应链各个环节的企业核心业务的迅猛发展,供应链上游对下游的后勤管理(包括库存管理)也提出了更高的要求。实施 VMI 之后,库存由供应链上游企业管理,下游企业可以放开手脚进行核心业务的开发。VMI 还可以满足下游企业降低成本和提高服务质量的需要。与下游企业自己管理库存相比,供应商在对自己的产品管理方面更有经验、更专业化。同时,供应商可以提供包括软件、专业知识、后勤设备和人员培训等一系列服务,供应链中企业的服务水平会因为 VMI 而提高,库存管理成本会降低,下游企业的存货也会大幅度减少。与此同时,由供应链管理思想衍生出来的 VMI 追求的本身就是双赢的局面,它也将同时给处于供应链上游企业的供应商带来许多利益。

VMI 允许供应商获得下游企业必要的经营数据,直接接触真正的需求信息(通过电子数据交换 EDI 来传送)。这些信息帮助供应商消除预期之外的短期产品需求所导致的额外成本。同时,企业对安全库存的需求也大大降低。VMI 可以降低库存量并且改善库存周转,维持库存量的最佳化。而且供应商与分销商分享重要信息,双方都可以改善需求预测、补货计划、促销管理和运输装载计划等。另一方面,VMI以掌控销售资料和库存量作为市场需求预测和库存补货的解决方法,可以由销售资料得到消费需求信息,这样供应商就可以更有效、更快速地对市场变化和消费者需求做出反应,可以大大缩短供需双方的交易时间,使上游企业更好地控制其生产经营活动,提高整个供应链的柔性。

(二)联合库存管理

联合库存管理是一种风险分担的库存管理模式。它旨在解决供应链系统中,由于各节点企业的相互独立库存运作模式导致的需求放大现象,是提高供应链同步化程度的一种有效方法。联合库存管理同供应商管理的库存不同,它强调双方同时参与,共同制定库存计划,使供应过程中的每个库存管理者(供应商、制造商、分销商)都从相互之间的协调性考虑,使供应链相邻的两个节点之间的库存管理者对需求的预期保持一致,从而消除了需求变异放大现象和库存管理"各自为政"的局面。联合库存管理系统把供应链系统管理进一步集成为"上游"和"下游"两个协调管理中心,从而部分消除了由于供应链环节之间的不确定性和需求信息扭曲现象导致的供应链的库存波动。通过协调管理中心,供需双方共享需求信息,使供应链的运作更加稳定。

实施联合库存管理需建立供需协调管理机制。具体包括:建立共同合作目标(如用户满意度、利润的共同增长和风险的减少等);建立联合库存的协调控制办法(包括库存如何在多个需求商之间调节与分配,库存的最大量和最低库存水平,安全库存的确定、需求的预测等);建立信息沟通与共享机制。

企业库存相关成本是生产成本的一个重要组成部分。库存相关成本包括订货成本和货物存储成本两部分,而这两部分是此消彼增、相互矛盾的两部分。即订货量越大,订货周期越长,单位订货成本越低,但货物的存储费用越高。反之,订货量越小,订货周期越短,单位订货成本越高。企业在传统运作方式下,依靠确定经济订货量来降低成本,而库存相关成本的表达式永远都不变,订货成本和存储成本两项都不能少,而在第三方物流存在并有效发挥作用的情况下,存储成本可以做到最小化,甚至完全消失。第三方物流企业通过供应链及时、准确、高效地配送体制,使企业实现最低库存,甚至零库存,从而大大降低了成本。在供应链管理模式下,由于链上的相关企业多,通过第三方物流的服务降低每个企业的成本,给整条供应链的运转带来更加明显的经济效益。

供应链环境下的库存管理不同于单个企业传统的库存控制,不是简单的需求预测与补给,而是通过库存管理,提高供应链的系统性和集成性,增强企业的敏捷性和响应性。

目前我国医药企业采用自行管理库存的方式,这种落后的库存管理严重影响企业之间的合作关系与效率,企业之间没有研究联合补货策略,也没有必要的信息共享,结果导致牛鞭效应显著,库存成本增加,使各医药企业竞争力大幅下降。

三、我国医药企业库存管理现状

药品作为特殊商品,关系到人民的生命安全,国家对其有相当严格的法律法规控制,无论是医药生产企业必须执行的 GMP 管理标准,还是医药流通企业必须遵守的 GSP 管理标准,对药品的库存管理都提出了相当高的要求。目前我国医药企业的库存管理存在着以下特点:

(一)药品批号控制严格,管理难度大

药品与其他商品在管理上有很大的不同,同一种药品有多种批号,而国家对药品的批号控制相当严格,这就要求药品经营企业能够准确掌握每一批号药品的进销存情况。此外,由于医药行业的经营特性,对同一家药品流通企业而言,同一种药品每批次的进价也可能不一样。如果企业要对药品的价格实行批次管理,那么就必须要强大的库存管理软件进行支持。

(二)库存管理没有供应链管理思想

供应链只有在各方面相互合作、协调和信任的情况下,才能达到最佳运作效果。但目前各制药企业供应链管理观念淡薄,供应链节点企业之间缺乏合作和协调。各节点企业虽然为了应付各种不确定性因素,都设有一定量的安全库存,但却没有体现供应链管理思想。

(三)制药企业库存水平居高不下

制药企业信息网络共享程度低,信息传递滞后。当供应商需要了解用户的需求信息时常常得到的是延迟信息和不准确信息,致使企业利用这些信息制定物料需求计划的时间过长而造成误差以及企业对市场需求反应灵敏度下降,造成企业必须维持一个较高的库存水平。

四、基于供应链的医药企业库存管理改进方法

(一)建立供应链集成化理念

供应链管理作为一种新型的管理理念和管理技术,目前最重要的障碍是医药企业的传统观念,实现观念的转变和更新将是实施供应链管理的关键。供应链管理建立在“双赢”之上。医药企业要明确自身的战略目标,把握自身的核心优势,善于与其他企业合作,共同承担市场风险,彼此之间建立信任和信息共享机制。

(二)加速医药行业信息化建设

信息化库存管理依靠供应链一体化优势,使产品开发、材料采购、生产计划、寻找供应商和生产商、融资、制造控制、包装、运输等在同一时间并行运作,从而使原材料能够准时送到加工厂,产品能够准时送到销售点,顾客能够便捷地购买到所需的产品。在这个过程中,公司虽然没有建立庞大的库存体系,但信息化库存却使物流更具敏捷性,结果使公司节省成本,顾客收益最大。

(三)采用现代库存管理模式

实行供应商管理库存模式(VMI),库存管理符合药品经营质量管理(GSP)规范,物流信息在医药公司及其供应商和客户之间共享,医药公司在这个物流供应链中具有双重身份,它既是

客户又是供货方。作为客户,它应让供货方共享它的库存数据和销售信息;作为供应商,它也要了解医疗机构等客户的库存、销售情况,主动为它们提供建设性的订单。这样,可以降低供货成本,提高供货速度和准确性,降低库存水平,还可以提高产品的可获得性,从而为客户提供最佳服务,由此可以让整个物流链上的资源得到高度地协调管理。库存管理必须符合 GSP 规范。这就要求医药企业必须实现一体化、自动化、信息化的现代管理。其内容包括:提高进销存各环节作业效率,规范进销存各环节作业流程并生成相应的数据、票据和报表。此时的库存管理应为质检仓库管理,它由质检、库存、配送等几部分组成,可以完成药品的验收、入库、抽样检验、养护、出库运输等工作,还能实时、准确地记录各环节的数据和打印必需的票据。另外,质检仓库管理能随时产生各种汇总信息供用户查询以及根据验收记录、销售记录等历史信息进行实时分析。

在库存管理中,对库存物资实行上下限控制。当物料达到上限时,自动报警,使物料无法进库;当物料达到下限时,及时提醒采购。实现采购、进出物料和盘存全过程的自动化管理,不仅降低库存节约流动资金,而且节约人工,省时快捷。

供应链模式下的库存管理策略打破了传统模式,体现了供应链的集成化管理思想,适应市场变化的需求。此外,在供应链库存管理中,不仅涉及供应链内各成员之间的合作,而且还需要与该供应链外的企业以及全社会的合作,以此来实现经济效益的双赢。

第四节　医药企业供应链管理

整个供应链是一个动态的系统,需求与供给的状态不断发生变化。要根据需求变化做出快速的反应,通过实时地协调需求与供给来实现更精确、更有效的存货管理。

一、医药企业供应链中需求与供给原则

成功供应链管理的实施,需要在准确把握客户需求的前提下,做好医药企业的供给能力分析,合理高效组织生产和原材料供给,否则会出现大量库存,或者会因为缺货而不能满足顾客需求。研究医药企业供应链中的供给管理和需求管理,能够使供应链中需求和供给更趋于平衡。

(一)供给管理

是指在正确界定影响供给不确定性因素的前提下,通过高水平的产品供给来提高供应链的反应速度和赢利能力并吸引客户,减少库存。供给管理需要在产品供给水平,即提高客户满意度和库存成本之间进行衡量,在不降低客户满意度的前提下,尽量减少存货数量并减少库存成本。

当前,市场环境正在改变,从以前由生产制造商支配与引导市场和消费者选择商品,转变为由零售商和最终用户来引导市场,由客户向生产制造商发出他们何时需要何种商品的指令,制造商按此指令去生产完全符合客户的产品。这说明市场已由生产制造商推动环境变为由零售商和客户拉动环境。

(二)需求管理

是以供应链的末端客户和生产需求为核心,有计划地利用各种资源,协调和控制需求,以实现供应链上供需平衡的业务活动。需求计划主要对客户需求制订计划和实施监控,它提供了一个多维的,使企业能够了解市场需求,并借助市场营销等手段引导未来市场需求,帮助企业识别那些能够取得最佳效益的产品,使管理者通过突显和排除需求管理中的难点来准确和有效地管理他们的需求。

规划、控制供应链活动需要精确估计供应链所处理的资金和服务的数量,这些估计主要采用预测和推算方式。预测需求是所有部门(包括物流、营销、生产和财务部门)进行规划和控制的基础,所以需求预测水平对企业整体至关重要。需求的水平和需求的时间极大地影响了生产能力、资金需求和经营的总体框架。

需求具有时间和空间的特征。需求随时间的变化归因于销售的增长或下降、需求模式季节性变化和多个因素导致的一般性波动。需求模式一般可以分解为趋势、季节性和随机性因素。此外需求还分为派生需求和独立需求,需求来自许多客户,这些客户多数为独立采购,采购量只构成企业分拨总量的很少一部分,此时的需求就称为独立需求。另一种情况,需求是特定生产计划需求派生出来的,这样的需求就称为派生需求,是从属性的。这种根本差异导致了需求预测方法的不同。

供应链上的企业通过如下方式可以做到合理的需求规划:

1. 信息共享,避免多方需求预测　信息缺失是做需求预测时出现“牛鞭效应”的重要原因,因而信息共享是解决“牛鞭效应”的最有效手段。在一条理想的供应链中,所有信息在整个供应链中应该是透明的,这样上下游企业可以根据相同的原始资料更新他们的预测。

2. 减少批量订货　由于批量订购会产生“牛鞭效应”,因此企业应调整其订购策略,实行小批量、多次订购的采购或需求模式。

供应链中的许多节点企业不仅是其下游的供应者,又是其上游的需求者,所以在供应链中,合理的需求规划必能产生合理的供给规划,供给规划的制定可以采用需求规划类似的方式进行。

二、医药企业供应链合作关系及绩效评估

供应链合作关系被认为是能够使制造商与供应商获得“双赢”的新型合作关系,但在企业实践中,供应链合作关系由制造商提出并开始建立,这种情况较为典型,且合作关系的发展至少在最开始时主要由制造商利益驱动,因而从供应商受益的另一角度对供应链合作关系进行研究具有重要的意义。

现代高效率供应链管理的重要标志就是供应链上的企业将非核心业务外包给第三方服务提供者,这有力地促进了第三方物流的发展。而协同合作作为供应链管理的一个核心思想,其特点就是要通过企业与企业之间的协同来达到双赢的目的。在供应链管理下,节点企业与第三方物流之间的协同合作不仅可以使供应链整体利润最优,而且还会使双方形成双赢的局面。评价和选择第三方物流企业是构建高效率供应链的重要环节。

现在,随着供应链上成员企业对自身核心能力建设的重视日益提高,而将非核心业务全部或部分地外包给第三方服务提供者,这被认为是现代高效率供应链管理的重要标志。在这种情况下,第三方物流越来越成为企业实施物流管理的重要选择,而双方之间的协同合作关系也成为人们研究的重点。在过去,企业将自身视为一个独立的实体,一切都以自身利润最大化为出发点。但现在,管理者越来越认识到如果没有企业与企业之间的协同与合作,单一的企业是不可能存活与兴旺的。随着供应链管理理念的推广,企业更是将自身视为特定供应链中的一部分。而协同合作作为供应链管理的一个核心思想,其特点就是强调通过企业与企业之间的协同合作给供应链中的节点企业和第三方物流带来双赢的局面。

许多公司都希望通过实施供应链来达到降低成本、提升顾客价值的目的。然而供应链管理是个复杂的过程,它需要对组织内部结构、业务流程、系统进行整合。这种整合不仅是内部供应链的整合,而且要与客户、竞争对手、战略联盟伙伴进行整合。因此,在供应链整合过程中,管理者应及时了解战略的实施情况,对实施效果及时做出反应,对发生的偏差及时调整,这是一个公司是否能成功提升供应链业绩的关键。而要做到这一点,一套有效的供应链绩效评价系统必不可少。供应链绩效评价的一般性指标体系如图 8-5 所示。除了一般性统计指标外,供应链的绩效还辅以一些综合性的指标,如供应链生产效率;也可由某些由定性指标组成的评价体系来反映,如用户满意度、企业核心竞争力、核心能力等。

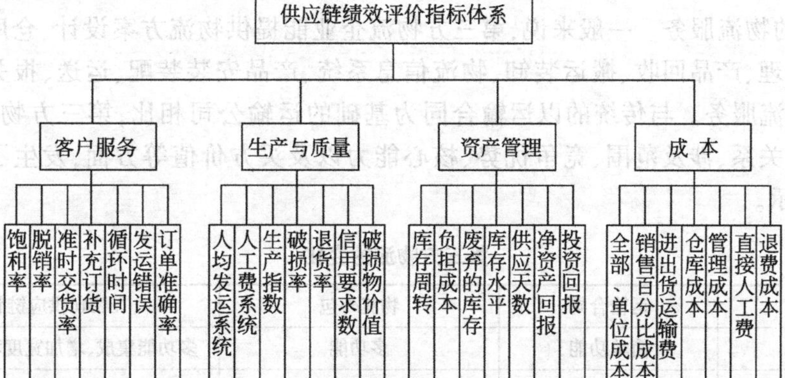

图 8-5　供应链绩效评价指标体系

建立供应链评价指标应遵循如下原则:①重点突出,对关键绩效指标进行重点评估;②采用能反映供应链业务流程的绩效指标体系;③能反映整个供应链(而不是单个的节点企业)的运营情况;④尽可能采用实时分析和评价,避免事后分析;⑤尽可能把评价对象扩大到供应链上的相关企业。

供应链绩效评价不同于单个企业的绩效评价,它不仅要考虑每一个企业内部的绩效,而且更侧重于企业外部和供应链整体绩效的衡量。既供应链上下游企业间能否实现协同、能否通过协同手段的实施而实现共赢,并整体推进市场竞争力,这是评价供应链绩效是否良好的核心和基础。为此,在设置供应链绩效评价指标时,应当注意使其能够恰如其分地反映供应链整体运营状况、上下游节点企业之间的运营关系以及某节点企业的运营绩效对其上下游节点企业或整个供应链的影响,而不是孤立地评价某一供应商、制造商或零售商的运营情况。供应链绩效评价指标体系应当建立在业务流程基础之上,体现出企业间如何协作、如何最大限度地发挥业务流程功能以便满足最终客户的需求变化。

第五节 医药企业的第三方物流管理

一、第三方物流及第三方物流管理

第三方物流(the third party logistics,TPL)是20世纪80年代后期国际上出现的一种新型的物流服务方式,是指物流渠道中由供货方和收货方以外的中间商提供的服务,在特定的时间内、按照特定的价格、向使用者提供个性化系列服务的物流运作方式。这些中间商是专业的物流企业,以合同的形式在一定期限内向其他企业提供所需的全部或部分物流服务。

第三方物流企业(third party logistics service,TPLs)就是提供物流交易双方的部分或全部物流功能的外部服务提供者。第三方物流企业根据合同条款规定的要求,提供多功能,甚至全方位的物流服务。一般来说,第三方物流企业能提供物流方案设计、仓库管理、运输管理、订单处理、产品回收、搬运装卸、物流信息系统、产品安装装配、运送、报关、运输谈判等近30种物流服务。与传统的以运输合同为基础的运输公司相比,第三方物流企业在服务功能、客户关系、涉及范围、竞争优势、核心能力以及买方价值等方面,发生了巨大变化,如表8-2所示。

表8-2　　第三方物流的变化

	运输合同	物流外包	SCM(供应链管理)
服务功能	简单功能	多功能	多功能集成、增加宽度和复杂性
关系	交易	长期协议	战略合作伙伴关系
涉及范围	本地/地区性	跨区域	全球化、门到门的区域
竞争趋势	分散	合并/联盟	比较分散,但战略联盟变大
核心能力	资产和过程执行	从资产型向信息型转变	以信息和知识为主
买方价值	减少	地域扩张	优化成本、优化信息

第三方物流企业能提供其专业的物流知识、设备和经验,创造出比供方和需方采用自营物流服务系统更快捷、更廉价、更安全和更高服务水准的物流服务。作为供应链管理的一个环节——第三方物流,在供应链运作过程中起着举足轻重的作用。在第三方物流参与的供应链管理中,企业只需要集中于自己的核心能力在核心业务上,将存储、运输等环节外包给第三方物流企业,这不仅增强了企业的核心竞争力,而且可以降低相关的业务风险,节约成本,从而给

企业带来除资本和劳动力以外的第三方利润源泉。

经济全球化发展使得国际竞争国内化、国内市场国际化的趋势日益明显，为适应市场竞争的需要，提高顾客服务满意度，现代生产经营企业越来越关注自身的核心业务，而把物流管理等主业以外的工作加以外部化，即所谓的第三方物流管理。第三方物流管理是20世纪90年代以来出现的一种新兴的事业形态和物流管理模式，它是指生产经营企业为突出自己的核心竞争力，集中精力搞好主业，把原本自己处理的物流管理活动，以合同的形式委托给专业的物流服务企业，同时通过信息系统与物流服务企业保持密切的联系，以达到对物流活动全过程的管理和控制的一种现代物流作业方式。这种全新的物流管理模式在欧美发达国家呈现出快速发展的趋势，同时引起全世界企业界和理论界的广泛关注。

第三方物流管理具有如下重要特征：①第三方物流管理是第三方物流企业与生产经营企业的战略联盟，而非一般意义上的买卖关系；②第三方物流管理中的第三方物流企业是生产经营企业的战略投资人，也是风险承担者；③利益一体化是第三方物流管理的利润基础。利益一体化是指第三方物流企业与生产经营企业一同创造新价值，即我们强调的“双赢”。第三方物流服务的利润来源于与生产经营企业一起在物流领域创造的新价值，为生产经营企业节约的物流成本越多，其利润率就越高；④第三方物流管理是建立在现代电子信息技术基础上的电子物流（E-Logistics）。

及时采用已经在发达国家蓬勃兴起并已显示出强劲优势的第三方物流管理模式，其必要性主要表现在以下方面：

1. 动态联盟系统优化管理的需要　在网络化的市场竞争环境内，企业所面对的已不再是各自孤立的经营单位，而是相互关联的竞争者群。这就要求企业把增强自身竞争力的重心放到重组和优化分散在企业内部的业务和经营过程、剥离非增值业务、突出核心业务上来；放到最大限度地聚合、组织、调动、协调乃至整合更多的社会资源上来。具体到物流领域，就是应以物流系统为依托，把多个相关企业通过网络有机地连接起来，形成高效、互动的动态联盟。所以，在网络时代，企业实施第三方物流管理是企业内部系统和动态联盟的企业群体进行系统优化管理的需要。

2. 实现企业对市场需求快速反应的需要　在网络时代，生产企业要对市场需求做出快速反应，必须主动加快新产品的研发，不断推出消费者喜爱的创新产品来创造竞争优势，依靠持续获取短暂的竞争优势来创造持续的竞争优势。为此，生产企业通过实施第三方物流管理和外部最优秀的专业物流企业结成动态联盟，就成为实现对市场需求做出快速反应的最佳选择。因为在这一联盟下，一方面，生产企业可以利用自已掌握的专业知识和核心技术加快新产品的研制周期；另一方面，第三方物流企业又可以利用自身的物流网络优势尽可能缩短采购供应时间，并把收集到的最新的市场需求信息及时反馈给生产企业，从而达到整体物流的快速响应，进而实现生产企业对市场需求的快速反应。

3. 更好地满足消费者的个性化需求　企业只有对客户需求的响应实现了某种程度的个性化对称时，才能获得更多商机。企业实施第三方物流管理，可以充分利用第三方物流企业贴近市场，能对客户需求进行快速识别的优势，利用网络为消费者、生产企业和物流企业以及相关企业的信息沟通提供平台，使整个供应链制定出与客户要求相对应的个性化产品物流方案，共同为消费者提供个性化需求服务。

4. 降低企业库存和物流成本的需要　在市场竞争日益激烈的今天,企业的利润来源主要是降低物流成本和库存成本。因此,控制物流成本、库存成本是生产企业今后管理的努力方向,也是企业生存发展的关键所在。企业实施第三方物流管理,一方面,企业可以依靠第三方物流企业的专业物流管理知识和规模效益以及系统协调效益,借助于信息分配对存货在供应链中进行重新安排,从而达到降低生产经营企业成本和存货成本,提供库存周转率和资金回笼率;另一方面,生产企业可以减少庞大的物流设施的软硬件投资,降低物流经营成本,并可对原有的物流资源进行整合利用。

第三方物流管理是现代制造业物流管理的先进模式,实行第三方物流管理可降低企业的物流成本、库存成本、提高顾客满意度、增强企业的核心竞争力。只有第三方物流合作双方充分理解和把握第三方物流管理的特征,转变传统的物流观念,携手建立起真正的物流战略联盟,第三方物流管理才能取得真正的成功。

二、供应链管理模式下第三方物流的特点

基于物流环境的改变,供应链环境下的物流管理与传统的物流管理相比,有许多不同的特点。新的物流管理要求信息共享、过程同步、合作互利、交互准时、响应敏捷、服务满意。第三方物流通过现有的电子信息技术和网络技术帮助企业完成现代物流要求。供应链管理环境下的物流环境的基本特点见表8-3。

表8-3　供应链环境下的物流环境特点

竞争的需求	竞争特性	物流策略要素
产品的开发、制造和交货速度	敏捷性	通过畅通的运输通道快速交货
资源动态重组能力	合作性	通过即插即用的信息网络或信息共享与知识支持
物流系统对变化的实时响应能力	柔性	多种形式的运输网络、多点信息获取途径
用户服务能力的要求	满意度	多样化产品、亲和服务和可靠的质量

第三方物流企业在供应链管理过程中的服务范围是广泛的,可以简单到只是帮助客户安排一批货物的运输,也可以复杂到设计、实施和运作一个公司的整个分销和物流系统。所以,第三方物流企业也被称为"第三方供应链管理"。第三方物流企业可以与整个制造企业的供应链完全集成在一起,为制造企业设计、协调和实施供应链策略,通过提供增值信息服务来帮助客户更好地管理其核心能力,并能通过利用一定市场规模的专业化的物流服务来降低物流费用,从而达到降低企业成本的目的。正是第三方物流通过协调企业之间的物流运输和后勤服务,使企业能够把诸如仓储、运输、分销等活动外包给专业物流企业来完成,不仅降低了风险和成本,更大的意义在于企业能够把时间和精力放在设计、开发、制造产品等核心业务上,增强市场竞争力,提高了供应链管理和运作的效率。

三、我国医药企业的第三方物流现状及发展方向

医药第三方物流不只是简单的药品仓储、运输等传统物流,而是供应链管理思想在医药流

通领域的运用，并且在打造药品流通供应链的过程中，与药品经营质量管理规范（GSP）有机结合，为客户提供多环节和全方位流程管理服务，创造差别化价值。

近几年，国内医药物流业全面启动，国家有关部门已在北京、上海、重庆、武汉等地批准了10个国债贴息贷款项目发展医药物流。这些医药物流企业主要是一些大的制药企业集团或者是大的医药流通集团内部自建的物流平台，如九州通医药有限公司、北京双鹤医药有限公司、太极集团等。与专业从事医药第三方物流的企业有所不同，我国医药行业第三方物流市场尚处于萌芽阶段，真正意义上的第三方物流企业在国内还很少，只在广州、杭州、海南等地有医药专业物流服务公司。这样一些专业物流公司由于注重市场定位、细分客户需求、具备完善高效的配送网络而受到了不少大中型医药企业的青睐。

我国医药经济持续、平稳、快速的增长，促进了物流业的稳定发展，提供了更为广阔的发展空间。与此同时，对现代物流业也提出更高、更新的要求，特别是对第三方物流服务的需求更为迫切。具体地说，医药行业对专业化、社会化的第三方物流服务需求将会贯穿医药产业链的每一个环节，如图 8-6 所示。

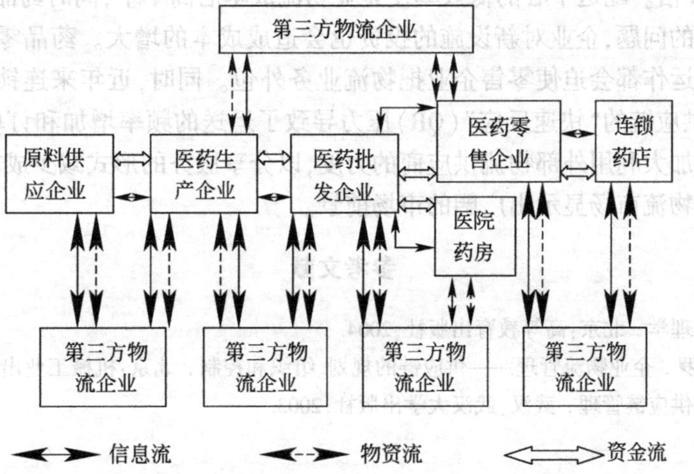

图 8-6 第三方物流在我国医药产业链中的运作模式

近年来，药品生产企业为了不失去对销售终端的控制，采用由药品生产厂商直接到医院和药品零售商的流通方式，自己参与药品销售，并亲自组织药品运输配送。此外，为了保证原材料供应，大部分企业都有自己的采购物流体系，并且采购与配送物流又由不同的职能部门分管。这种“大而全”、“小而全”的管理模式和经营思想使越来越多的生产企业感到人力、财力和经验的不足。加入 WTO 后，药品生产企业更感到自己在药品创新、技术开发和管理等生产性核心业务上与跨国医药企业的巨大差距。目前，不少药品生产企业看到了在物流方面可挖掘的潜力，认识到依靠第三方物流公司运用专业的装卸、拣选、包装设备，现代化的信息管理系统和高效快捷的运送力，可以降低物流成本，实现随时监控药品流动情况，改善和提高物流服务水平的质量，提高企业核心竞争力，改变传统的经营模式，变企业自营物流为外包物流。

药品从生产厂家经过多级批发商再到零售商和医疗机构的流通模式，已远远不能适应当前经济发展的要求，各级批发商都尽量减少其上下游的流通环节，增加流通效率。但是，药品的运输、仓储、配送、信息通讯等物流相关业务由于分属不同的企业、地区，存在体制、管理等方面的差异，一定程度上影响社会物流资源整合的力度，由此造成资源利用率较低，浪费现象严重。所以，物流资源必须进行整合，物流流程必须进行优化，而发展第三方物流是一条重要途径。通过第三方物流企业运用供应链管理原理和方法，整合各市、县中小型医药批发企业的物流资源，改造和优化物流流程，实现物流资源的优化配置，这是行之有效的被国内外实践验证的有效途径。而作为中小型医药批发企业对第三方物流的整合需求将尤为迫切，当他们面临着倒闭威胁的时候，更愿意成为医药第三方物流企业的服务终端。随着药品流通业变革的加速，尤其是已经实施的县级以上流通企业的 GSP 认证对于药品仓储要求的提高，市场对专业化、社会化的第三方物流服务有了巨大的需求。

药品零售企业近年来连锁经营发展迅速，连锁药店数量不断增多，但药品零售企业自营配送中心效率低下。根据欧麟物流咨询公司的调查报告显示：平均每个配送中心能够支撑的消费额和销售额，我国分别只是美国的 11.75%、40.00%，而平均处理单项订单的运作成本，我国却是美国的 2.78 倍。配送中心的低效率使企业物流成本居高不下，同时药品零售企业普遍存在物流设施落后的问题，企业对新设施的投资也会造成成本的增大。药品零售企业高成本压力和低效率物流运作都会迫使零售企业把物流业务外包。同时，近年来连锁药店都不断扩展门店数量，零售供应链的“快速反应”（QR）压力导致了运送的频率增加和订单规模减小，这迫使供求双方必须加大利用外部物流供应商的力度，以分享服务的形式减少成本。由以上可见，国内药品第三方物流市场显示出广阔的市场前景。

参考文献

1. 杨善林．企业管理学．北京：高等教育出版社，2004.
2. 罗纳德·H·巴罗．企业物流管理——供应链的规划、组织和控制．北京：机械工业出版社，2002.
3. 查先进．物流与供应链管理．武汉：武汉大学出版社，2003.

第九章 医药企业人力资源管理

企业的基本性质是赢利性,医药企业亦是如此。利用企业所拥有的资源,追求最大的组织效益是医药企业的最终目的。概括一般的企业管理,可以归纳为“人、财、物、产、供、销”6个字,其中前3个字实际上说的便是企业的资源,而对“财”和“物”的管理也必须依靠“人”来完成,所以企业最珍贵、最稀缺、最难求的资源便是人才,特别是对于医药这一特殊行业的企业而言,管理好人力资源已经成为其发展最重要的战略之一。

第一节 医药企业人力资源管理概述

当今医药企业已经进入“人本管理”时代,随着医药市场竞争的日益激烈,许多医药企业都有这样的共识:“企业的竞争就是人才的竞争”,人力资源已经成为医药企业管理的核心,是医药企业竞争力的重要标志。无论医药企业采取哪种竞争战略,人力资源战略始终是其中的关键组成部分。放眼看来,但凡知名医药企业,都将人力资源的开发与使用作为实现企业战略的重要推力,将人才作为企业最宝贵的资源和财富,将人才管理与开发作为促进企业战略实现的重要手段。

一、医药企业人力资源

(一)人力资源的概念

人们对资源有着不同的解释与阐述,但就其根本而言,资源(resource)是一个经济学术语,辞海对其的解释是“为创造财富而投入生产活动中的一切要素。”资源总体可分为两大类:物质资源和人力资源。人力资源(human resource),是指在一定的时期、一定的社会组织范围内,现实和潜在(即投入和未投入社会生产)的具有劳动能力的人数总和,是能够推动社会生产和经济发展的具有脑力和体力劳动的人的总称。

(二)人力资源的构成

人力资源蕴含在不同劳动者的体内,无法具体衡量,通常我们以劳动者的数量和质量来表示。

1. 数量 在一个国家或地区内的人口总量中,有一部分具备体力或脑力劳动能力,且在劳动年龄段之内,这部分人口不论是否已经投入到现实的社会生产当中去,都成为该国或该地区的人力资源数量。

2. 质量　是指在一个国家或地区内人力资源总量的整体素质,包括体质、专业知识掌握程度、劳动的能动性等多种因素。

就企业而言,人力资源的数量是指当前企业所拥有的员工的总数;人力资源的质量是指可以推动企业发展的员工整体素质,包括员工的体力、健康(生理和心理)、思想、文化知识、专业技术等方面的总质量。

(三)医药企业人力资源

医药企业人力资源即是指在医药企业内(包括医药生产型企业和医药流通型企业)从事药品、器械的研发、生产、销售、运输、客服等一系列相关活动的,能通过其体力或脑力劳动创造价值增加企业经济效益,具备一定特定行业素质的人员总称。医药企业与其他企业的人力资源有所不同,往往带有鲜明的行业特点,如人才学历高、流动性强、培养周期长、个体价值高等特点。

二、医药企业人力资源管理

(一)医药企业人力资源管理的含义

人力资源管理是指为了实现组织的既定目标(如企业利益的最大化),运用现代管理方法和科学手段,有计划、有目的、有针对性地对人力资源的取得、开发、培训、配置、使用和激励等方面进行管理的一系列活动的总称。对于医药企业来说,人力资源管理就是医药企业通过人力资源规划、工作分析、员工招聘选拔、绩效评估、薪酬管理、员工激励、人才培训和开发等一系列手段来提高员工劳动生产率,最终达到实现医药企业在行业内生存、发展的一种管理行为。

(二)医药企业人力资源管理的目标

研究人力资源最初的目的是如何最有效、最合理地管理和使用企业所拥有的人力资源,从而实现企业的既定目标,对于医药企业而言便是实现其经济效益和社会效益最大化。具体说就是"吸引、保留、激励、开发"医药企业所需的人力资源。我们可以从两个层次来理解这一概念:

1. 广义的目标　是指利用医药企业中的一切资源,提高生产效率,从而实现组织利益最大化。
2. 狭义的目标　是指通过制定一系列的制度和方法来帮助医药企业有效的使用和管理组织内部员工。

(三)医药企业人力资源管理的基本职能

为了实现人力资源管理的基本目标,医药企业的人力资源管理将主要实施以下几项基本职能:

1. 规划　根据企业需求(目前和将来发展的需要)制定企业用人计划。
2. 获取　按照需求计划进行招聘、考核、选拔与任用。
3. 整合　使员工了解企业自身的宗旨与价值观,并建立对组织的认同与责任感。

4. 培训 按照不同部门及岗位的要求,结合个人特点实施针对性的专业培训。

5. 保持和激励 通过薪酬和其他的激励性的待遇稳定员工,使员工安心和积极工作。

6. 控制与调整 建立合理的评估体系,考核员工绩效,根据考核结果做出相应的奖惩和调配决策。

7. 职业生涯发展 提供培训、深造发展的机会,导引构造员工未来的职业发展方向和道路。

(四)医药企业人力资源管理的重要性

对于企业而言,人力资源的管理将直接影响到员工的使用效率、忠诚度、向心力和创造力。尤其是医药行业内的企业,人力资源的管理是保证企业具有活力、创造力和市场竞争力的根本源泉所在。

人力资源管理具有如下作用:①有助于有效的激励员工,提高企业员工的工作绩效;②有助于管理者有效的使用和开发人力资源,达到企业管理的最终目的;③有助于增加企业组织部门的协调性和人员凝聚力;④有助于员工个人在企业中明确自我意义,实现自身价值目标;⑤有助于激发企业员工的创造力,使企业保持活力。⑥有助于保持、提升企业在市场当中的竞争力。

三、现代人力资源管理与传统人事管理

对"人"的管理是随着"组织"的产生而产生的,但是随着社会经济发展的需求,人们开始探索新的人力资源管理模式,于是现代人力资源管理理论应运而生,并随着人力资源管理实践的不断深入而日趋成熟。与传统的人事管理相比,发生了根本性的变化。表 9-1 对比了传统人事管理和现代人力资源管理的不同。

表 9-1 传统人事管理与现代人力资源管理对比

比较项目	传统人事管理	现代人力资源管理
基本观念	人力是企业的成本	人力是企业的资本与资源
管理实质	管理以事为中心	管理"以人为本"
管理地位	低层次,战术执行层	高层次,战略决策层
具体功能	功能单一	功能系统,全局化
包含内容	内容传统而简单	内容复杂,具有扩展性
管理模式	被动式,强制指令	民主式,和谐开发
专业程度	非专业,无特殊要求	专业型,技术型,职业化
发展趋势	逐渐被淘汰	方兴未艾,专业化发展

四、人力资源管理理论的发展及趋势

随着人力资源的在企业管理中的重要性不断被人们所认识,人力资源管理作为现代企业

管理的核心成分出现了一些新的发展趋势。这种新的发展主要表现在以下几个方面：

1. 向全局战略高度发展　人力资源已经不仅仅是停留在单一部门的战术层面,其与经营战略、成本战略、产品战略、研发战略一样,逐步发展为一种重要的全局性职能战略。

2. 向定量科学技术发展　人力资源理论的发展目前已经融入了一些科学技术理论,如人力资源会计学(human resource accounting),便是将会计学中的成本与收益分析用于人力资源管理之中,以此作为评价主要人力资源管理活动的模式。

3. 向全球网络化发展　全球社会经济环境发生巨变,特别是网络通信技术为核心的信息技术正改变着整个人类的生活方式和生产方式,将企业带入了网络化时代。由于网络化时代的人力资源管理具有显著提高人力资源管理的效率、更好地适应员工自主发展的需要、加强公司内部相互沟通以及与外部业务伙伴合作等优势,已成为迄今为止最有效地广泛传播人力资源信息的途径。所谓e-HR(e-human resource),即电子人力资源管理,是从“全面人力资源管理”的角度出发,基于先进的软件和高速、大容量的硬件基础上的新的人力资源管理模式。从狭义上说e-HR是指基于互联网的、高度自动化的人力资源管理工作,囊括了最核心的人力资源工作流程如招聘、薪酬管理、培训等。从广义上说,e-HR是基于电子商务理念的所有电子化人力资源管理工作,包括利用公司内部网及其他电子手段。

e-HR将先进技术运用于人力资源管理,为企业建立人力资源服务的网络系统,使人员管理流程电子化。它运用信息化平台整合招聘、选拔、培训、绩效和薪酬管理,通过集中式的信息库、自动处理信息、员工自助服务、外协以及服务共享,实现人力资源管理的便捷化、科学化和系统化,达到降低成本、提高效率、改进员工服务模式的目的。e-HR是互联网时代人力资源管理的趋势和模式。表9-2总结了人力资源管理理论发展过程中的不同阶段。

表9-2　　人力资源管理理论的发展阶段

发展阶段	时间	代表事件	特征	管理理论
手工艺制度阶段	古代至18世纪	手工工艺培训协会	*家庭手工作坊制	师徒传带，无实质性管理理论
科学管理阶段	19世纪至20世纪20年代	泰勒制科学管理理论；欧文绩效聘雇理论	*大机器生产方式 *劳动分工 *开始出现管理人员 *通过压迫方式提高工人效率为主	雇佣劳动管理理论
人际关系运动阶段	20世纪30年代至20世纪50年代	梅奥的霍桑实验	*关注对人性问题 *劳动效率与员工士气 *通过影响人的工作行为提高工作效率	劳动人事管理理论
组织行为科学阶段	20世纪60年代至今	雨果·芒斯特伯格的工业心理学	*全面研究工作中人的行为 *全方面地调整员工心理 *通过激发人的行为提高工作效率	人力资源管理理论

第二节　医药企业工作分析与设计

工作分析是医药企业人力资源管理的基础,是人力资源管理中一项重要的常规性工作,也是人力资源管理中的关键环节。作为人力资源管理的第一个步骤,工作分析是进行其他环节的核心与基础。工作分析的核心目的在于为医药企业的管理提供有关一项工作的全面信息,明确每项工作与医药企业组织系统的关系,确认每项工作的特点、行为类型、职责范围。为医药企业设计组织结构、制定人力资源规划、人员招聘、绩效管理、薪酬管理、员工培训与开发等工作提供依据,以便履行人力资源管理的各种职能。与工作分析关系十分紧密的另一个问题就是工作设计,工作设计是要说明工作应该如何做,以及如何使员工在工作中得到满足。工作设计直接影响着员工的生理与心理健康,影响着员工的工作满足感以及他们的工作表现,它正越来越受到人们的重视。

一、医药企业工作分析

(一)工作分析的含义和作用

1. 工作分析的概念　工作也称为职务,它是同类职位或岗位的总称,所以工作分析也叫做职务分析(job analysis)。工作分析是指运用科学的技术和方法,对工作的内容和相关因素进行系统的、全面的描述和研究的过程。它包括工作信息的收集、分析和综合等一系列活动。医药企业工作分析就是研究医药行业中某一项工作本身到底需要做什么。工作分析给出了完成一项工作所需的职责、知识和技能,以及完成这项工作所需的工作条件和这项工作与其他工作的关系等。工作分析包括工作说明(job description)和工作规范(job specification)两个方面的内容。

2. 工作分析的作用　工作分析对于医药人力资源管理来说,起到非常重要的作用。工作分析作为医药企业人力资源管理工作的基础环节,不仅是医药企业人力资源管理过程的起点,更是整个医药企业管理系统的基点。

工作分析的具体作用有:①工作分析是人事招聘的前提;②工作分析是制定人事计划、预测人事需求的基础;③工作分析是确定职务候选人的甄选工具;④工作分析是制定培训、培养计划的依据;⑤工作分析是员工明晰晋升渠道和职业发展的有效路径;⑥工作分析是员工绩效评价的确认标准;⑦工作分析是制定合理工作薪酬的标准;⑧工作分析是有效提高生产效率的方法。

(二)医药企业工作分析的内容和程序

1. 工作分析的内容　医药生产型企业和医药流通型企业有着各自不同的工作特点,但总体来说可以将医药企业工作分析的内容分为7个部分,我们归纳为“7W”,即Who(工作者)——工作由谁来做;What(工作内容)——主要负责做什么;When(工作时间)——什么时间做;Where(工作地点)——在哪里做;How(工作方法)——如何做,怎样开展;Why(工作原因)——为什么做;Whom(工作负责人)——为谁做,对谁负责。具体地说,工作分析的内容包括工作描述和工作要求两个方面:

(1)工作描述:工作描述就是确定工作的具体特征,具体包括:①工作的名称;②工作所包含的具体活动;③工作的操作程序;④工作的客观环境和条件;⑤工作的社会组织环境。

(2)工作要求:工作要求说明了从事医药岗位工作的人所必须具备的知识、技能、能力、兴趣、体格和行为特点等心理及生理要求。工作要求可以根据经验主观的来判断,也可以客观的采用定量统计的方法。

医药企业中工作描述的重点在于"事",工作要求的重点在于"人"。

2. 工作分析的程序　工作分析一般可分为4个阶段:工作分析的范围、工作分析的方法、信息的收集与分析、工作分析方法的评价。具体又可以分为以下7个步骤:①明确工作分析的目的;②确定所需分析的工作;③选择信息源收集信息;④收集并分析所收集到的信息;⑤编写工作说明书;⑥工作分析结果的运用;⑦工作分析的控制和调整。

(三)工作分析的方法

1. 观察法　观察法(observation method)是负责工作分析的相关人员通过到医药企业工作岗位现场直接对特定对象进行观察,把所观察的结果记录下来,并进行整理,以备工作分析使用的方法。在实施该方法时应注意以下几个问题:①避免直接机械记录,要对所收集到的信息进行总结和提炼;②尽量采用结构化的观察,预先要确定观察的内容、时间、场所和记录单等;③所选定的位置既能保证观测到被观察者的全部行为,又不影响其正常工作。

方法优点:采用观察法可以了解更广泛的信息,且取得的信息比较客观和正确。

方法缺点:应用受局限,该方法只适用于一些变化少且动作性强的工作,如医药生产车间的操作;但对于药品临床销售的岗位则难以详尽描述。同时,用观察法所获得的信息不一定能显示工作的重要性,需要观察者具备操作的相关经验。

2. 访谈法　访谈法(interview method)是指通过与医药企业工作的员工进行交谈而获得工作信息的方法。工作分析中所用的访谈有3种类型:个人访谈、群体访谈和上司访谈。在使用面谈法的时候,必须使被访者清楚访谈的目的,以免使被访者将访谈的目的当作是"对工作绩效进行的考核",从而不愿对他们自己及其下属的工作进行较为准确的描述。

方法优点:简单而迅速地收集工作分析所需资料,且资料来源于有着丰富经验的主管或员工,具体而准确,适用面广。

方法缺点:面谈比较费时,同时易引起员工的误解,从而夸大自身工作作用的重要性和难度,造成收集的资料失真甚至错误。

3. 工作日志法　工作日志法(daily log method)就是在工作分析中,可以要求工作执行人员将其在一个工作日中所进行的活动按时间顺序记录下来,然后进行归纳提炼,取得所需信息。一般来讲,工作日志需要持续记录一段时间后才可以全面地反映该项工作的全貌。在记录所发生的事情时,记录者本人要尽可能的公正,不要夸大也不要缩小一项活动的重要性。所以,应当详细记录,并且保证时间跨度和顺序。

方法优点:信息可靠性高,适用于确定有关工作职责、工作内容、工作关系、劳动强度等方面的信息,所需费用也低。

方法缺点:使用范围窄,只适用于工作循环周期较短,工作状态稳定的职位,且信息整理烦琐。另外,资料会因工作执行者态度或能力的缺陷而遗漏工作内容,在一定程度上会影响正常的工作。

4. 专家问卷法　专家问卷法(questionnaire method)指为在短时间内收集到大量的数据,有关人员要事先设计出一套工作分析的问卷,把要收集的信息以问答的形式提出由工作人员填写,再将问卷加以归纳、分析,并作好详细的记录,从相同职务的问卷中找出共同的有代表性的回答,并据此写出工作描述,再征求该职务工作者的意见,进行补充和修改。

方法优点:费用低、速度快、节省时间,而且可以在工作之余填写,不至影响正常工作。同时调查范围广,可用于多种目的、多种用途的职务分析。调查资料可以数量化,易于进行数据处理。

方法缺点:设计理想的调查表费事费时,成本较高。在填答问卷时,会因理解不同而产生信息误差。由于是单独填写,也会因被调查者的不积极配合而影响调查质量。

5. 典型事例法　典型事例法(record instance method)是对医药企业中实际工作者的代表性工作行为(特别有效或无效)进行描述,得到有关工作内容、工作职责等方面的信息。问卷表主要有两种:一种内容具有普遍性;另一种是专门为特定职务设计的。

方法优点:这种方法可直接描述人们在工作中的具体活动,因此可以揭示工作的动态性。

方法缺点:要收集并归纳典型事例,需要耗费大量的时间;另外,这种方法可能会遗漏一些不显著的工作行为,难以完整地把握整个工作。

在目前医药企业的工作分析中,这5种方法都有运用,也有医药企业的人力资源部门将其中两到三种方法结合起来运用的例子。

二、医药企业工作设计

工作设计与工作分析有着紧密而直接的关系。工作设计是这样一个过程:确定所要完成的具体任务及完成的方法,并确定该工作在组织中如何与其他工作相互联系。

工作设计改变了工人和职务之间的基本关系,重新赋予工作以乐趣,推进工作的积极态度,同时,工作设计使得工作职责更加明晰。所以,无论是对新建的组织而言,还是对一个已经在运行的组织而言,工作设计都起着重要的作用。

第三节　医药企业人力资源的招聘与培训

人力资源的使用与配置是医药人力资源管理中的核心工作,而招聘则是这一核心工作的起点,是对人力资源进入企业或岗位的把关工作,做好这一工作,不仅可以提高员工队伍的整体素质,而且还可以提高企业的劳动生产率。培训是通过正式的、有组织的教学或实验的方式,使员工在知识、技能和工作态度等方面有所改进。从根本上看,培训是一个学习过程,强调即时成效,以期达到满足企业目前或将来工作需求的目的。特别是作为医药行业,企业关键岗位的招聘与培训有着特殊的要求。

一、医药企业人力资源的招聘

(一)医药企业人员招聘的意义

所谓招聘(recruitment)是指为了实现企业的持续发展,运用科学的方法,采用多种途径,通过各种形式寻找、吸引那些有能力又有兴趣的人员,并经过挑选,将最适合企业的人员引进,予以录用的过程。另一方面,如果在某一时段产生超员,或因企业需要而减少组织劳动力,称之为解聘(decruitment)。

作为医药企业人力资源管理的重要工作,人员招聘有着以下几点意义:①员工的招聘是企业成败的关键;②招聘工作是整个人力资源管理工作的基础;③招聘工作不仅决定组织绩效,而且还影响组织气氛。

(二)医药企业人员招聘的程序

医药企业员工招聘是一项复杂而庞大的工作,企业在进行人员招聘时,一般按照以下4个阶段开展工作。

1. 招聘计划阶段　招聘计划指的是把对工作空缺的描述变成一系列目标,并把这些目标和相关的求职者的数量和类型具体化。也就是说,招聘计划一方面要确定招聘人数,另一方面要确定招聘类型。

2. 组织实施阶段　组织实施是招聘计划的具体体现,是为实现招聘而采取的具体措施。对于许多企业来说,都会组成专门班子,并对员工进行必要的培训,使他们掌握招聘政策及必要的招聘技巧。

3. 寻找吸引求职者阶段

(1)招聘渠道的选择:招聘渠道有雇员引荐候选人、刊登招聘广告、职业介绍所、校园招聘、内部招聘(职位广告、职位投标制度)等。

(2)发布招聘信息:发布招聘信息的渠道有报纸、杂志、电视、电台、广告和新闻发布会等等。

(3)选择广告媒体:招聘广告可以分为广播广告、电视广告、报纸广告、杂志广告、电子信箱广告、宣传传单广告等。

4. 候选人筛选阶段　筛选候选人是招聘过程的一个重要组成部分,其目的是将明显不合乎职位要求的申请者排除在招聘过程之外。挑选录用员工的步骤包括:①初步接待;②测验;③审查申请表和推荐材料;④补充调查;⑤面试,善于用面试法收集求职者的信息;⑥体检;⑦主管面试;⑧实习及试用;⑨录用决策;⑩对决定录用的求职者发出正式通知。

(三)医药企业人员招聘的渠道

为了招聘到优秀、合格的人员,企业应该选择合适、有效的招聘渠道。总体来说,人员招聘常用的有向内招募和向外招募两种渠道。

1. 向内招募　向内招募就是向企业现有员工传递有关职位空缺信息,吸引其中具备相应资格且对职位感兴趣者前来应聘。包括布告法、推荐法、档案法。

2. 向外招募　向外招募就是向企业以外的社会人员发出招聘信息,以吸引企业员工以外的其他人员前来应聘。一般可以通过以下渠道实现:自荐、引荐、广告招募、校园招募、到劳务市场和人才交流中心招募、委托职业介绍机构或猎头公司招募。

还有一种形式是联合招聘,如医药企业中产品的研发人员可以是企业自有或是与当地的科研机构进行合作引进。

(四)医药企业人员招聘的方法

为了对应聘人员的知识水平、能力、职业兴趣和个性特征等多方面内容有一个比较全面、深入的了解,挑选出适合工作岗位的最佳人选,企业都会采用不同形式的考试和测验方法对应聘人员进行测试和评价。

1. 笔试　考试根据公司或工作的要求,由专业人员设计考卷。测验则需要借助标准化的量表进行,在人员招聘录用中,常用的测验包括智力测验和个性测验。

2. 面试　面试是要求被试者以口头语言回答主试的提问,以便了解被试者心理素质和潜在能力。根据面试中所提的问题,大体可分为以下 3 种类型:①结构式面试;②非结构式面试;③混合式面试,即将结构式面试与非结构式面试结合起来,是最常用的一种方法。

3. 情景模拟　情景模拟是指根据应聘者可能担任的职务,编制一套与该职务实际情况相似的测试项目,将应聘者安排在模拟的工作情景中处理各种问题。常用的方法有:公文处理、谈话、无领导小组讨论、角色扮演和即席发言。

二、医药企业人力资源的培训

(一)医药企业人员培训的重要性与作用

员工培训是创造一个环境,使组织成员能够在该环境中获取与其工作相关联的知识、技能和态度。员工的培训是企业人力资源管理中的重要环节,一方面,企业为了能够在激烈的市场竞争中生存并保持发展,就必须依靠人、造就人、提高人,就必须对员工进行培训;另一方面,员工的自身发展也离不开组织的培养,为了能够在组织中生存,同时为了今后人生职业生涯的发展,就必须接受培训,提高自我。所以,无论是对企业还是对个人,培训都是至关重要的。

培训作为企业成功的重要因素,其作用具体表现在:

1. 提高员工综合素质,增加实际工作绩效　培训能够增加员工的专业知识,提高员工的工作技能,改善员工的工作态度,激发员工的创新意识。

2. 提升员工满足程度,增加员工安全水平　培训对提高员工的满足感和安全水平有着正面的作用。经过培训,员工自信心也会增强。同时,又促使员工的士气和安全水平的提高。

3. 建立优秀企业文化,促进企业持续发展　优秀的企业文化有利于实现企业目标,而培训恰恰能使员工对企业使命、企业目标、价值观和行为有更深层次的理解。

(二)医药企业人员培训的分类与原则

1. 培训的分类

(1)根据员工培训的内容划分

①知识培训:知识培训是对员工认知的培训,其目的是让员工具备完成本职工作所必需的专业知识;了解企业的基本情况,如发展战略、经营状况和规章制度等。

②技能培训:技能培训是对员工完成本职工作所必需技能的培训,如业务操作技能、自我发展技能、人际关系技能、获取信息技能等。

③态度培训:工作态度是影响员工工作士气和绩效的重要因素,其目的是培养员工对企业的信任感、归属感和荣誉感,帮助员工树立正确的价值观以及培养团队精神。

(2)根据员工职业的发展阶段划分

①员工岗前培训:企业在新员工定岗之前向其介绍企业的基本情况、企业的规章制度、企业的工作条件以及企业发展的前景等。

②员工上岗培训:企业向员工传授特定岗位操作的基本知识和技能。

③员工岗上培训:包括两个部分:一是员工上岗后进一步深化其岗位知识技能、工作态度以及职业道德等方面内容的培训;二是不定期的让员工学习并掌握本职位或岗位的最新知识、技能和方法的培训。

(3)根据员工的组织人员划分

①操作人员培训:基础操作所需掌握的各类专业知识、技能不断更新,各种先进的设备仪器层出不穷,所以必须重视对一线操作人员的持续不断的培训,以适应组织发展的需要。

②管理人员培训:一是专业知识和技能的培训,特别是针对专业部门的管理人员,如营销部门、生产部门、财务部门的经理;二是管理知识和技能的培训,让管理者提高管理能力和管理方法,如人际沟通能力的培训、管理技巧的培训等;三是战略决策性能力的培训,帮助管理者树立全局观念以及长远规划思想,如战略思想的培训、决策管理的培训等。

2. 培训的原则　为了切实做好企业的培训工作,达到预期的现实目的,员工培训应遵循以下原则:

(1)目的性原则:员工的培训要有明确的目的性。培训的直接目的就是为了提升员工的知识与技能,使员工迅速融入组织,在其岗位中展开工作。

(2)实用性原则:为员工培训设置合理的培训方法与目标,使员工充分理解与掌握针对特定岗位的工作而设置的相应培训内容,并能够熟练运用。

(3)规划性原则:员工的培训要配合企业整体的战略发展,在培训过程中要避免发生短期的行为,增加系统全局和适应发展的整体规划思想。

(4)层次性原则:为了保障培训的有效性,企业要有步骤、有层次、有重点的开展,以达到培训的最终目的。

(5)灵活性原则:无论是培训方式还是培训内容,都必须根据培训对象的不同职务和特点灵活开展和设置,以求得切实的培训效果。

(6)激励性原则:培训也是员工工作的一个部分,态度与士气同样重要,所以采用相应的激励机制,可以调动员工的积极性,从而达到事半功倍的效果。

(三)医药企业培训的方式和方法

培训的方式可分为正式培训和非正式培训。正式培训注重知识和技能,而非正式培训注重效果和操作,两种方式各有特点,可以互为补充。

1. 正式培训(脱产培训)

(1)一般传授:用传统的教学方法,将学员集中在一起,聘请教师讲授所要培训的知识和技能,类似于学校的教学活动。

(2)单元教学:将所要传授的知识和技能总结成册,并按层次划分为一系列的单元,由学习者按照自己的能力和进度进行学习。

(3)讨论会:也叫研讨法,就某个培训主题召集受训人员,大家展开广泛而深入的讨论,使受训人员在讨论中运用所学过的知识达到互相学习、分享观点的培训效果。

(4)训练小组:又叫做"T"小组,它以讨论的形式训练参与者,重点培养参与者的个人感受、沟通技巧、决策能力和领导能力,有利于训练参与者的团体行为的能力。

(5)案例分析:又称安全培训法,它是围绕一定的培训目的,把实际发生的、真实的情景加以典型化处理,形成供学员思考分析和决断的案例。

(6)角色扮演:角色扮演培训法又称为情景模拟法,是根据培训主题,给受训员工提供一组情景,要求一些成员担任各种角色并出场演出,结束后,共同对整个表演情况进行讨论。

(7)篮中训练:篮中训练是模拟日常的工作情况,让参与者处理一堆文件,作出一连串的决定后,再与其他参与者互相讨论,以训练其在指定时间内作出决定的能力。

(8)模拟操演:这种方法是程度不等地模仿、再造出真实工作环境和工作任务,让受训者实践从其他途径学不到的知识和原理。

(9)企业竞赛或管理竞赛:企业竞赛或管理竞赛是模拟企业的整体经营,让参与者作出一连串生产、财务和销售决定,然后评估每项决定对企业功能所造成的影响,计算参与者的模拟绩效。

2. 非正式培训(在职培训)

(1)教练法:上司或导师会给予受训者指导和协助,使其能更有效地完成工作,促进其个人事业发展,是最好的在职培训方式之一。

(2)特别工作指派:是指派受训者参与一些日常业务以外的工作,是暂时性的,使受训者可以接触日常工作以外的事务。

(3)工作轮换:工作轮换是有系统地将受训者分派到不同的工作岗位,使他可以接触和学习企业中不同部门和不同层面的工作。

(4)网上培训:指通过网络及有关的计算机软件进行技能和知识的培训、学习。学员通过观看网上讲解和示范,阅读学习性的电子书籍,在网上练习互动式的培训内容和案例研究等,可以进行相关知识和技能的带有自主性的学习。

（四）医药企业员工职业生涯规划

所谓职业生涯规划是指个人发展与组织和社会发展相结合，在对个人和内外环境因素进行分析的基础上，选择自己的职业或者岗位，确定一个人的生涯发展目标，并编制相应的工作、教育、培训、轮岗和行动计划，制定出具体措施，使自己的事业得到顺利发展，获得最大成功。

人才开发是医药企业经济效益的核心。目前，国内外医药企业的资金与设备优势的差距正在缩短，医药企业之间的差距和竞争优势在于员工的知识、技能和才能。因此，医药企业要解决这个问题，其有效方法之一，就是开展职业生涯规划。通过职业生涯规划，调动每个员工的学习积极性，由过去的让我学，变为我要学，使每个员工在业余时间自学，在岗位上成才，实现全员培训。

员工职业生涯规划包括6个步骤：自我分析、环境分析、岗位选择、生涯目标抉择、生涯路线选择、具体计划与环境相适应的职业生涯规划，使自己的职业生涯规划得以发展与实现，如图9-1所示。

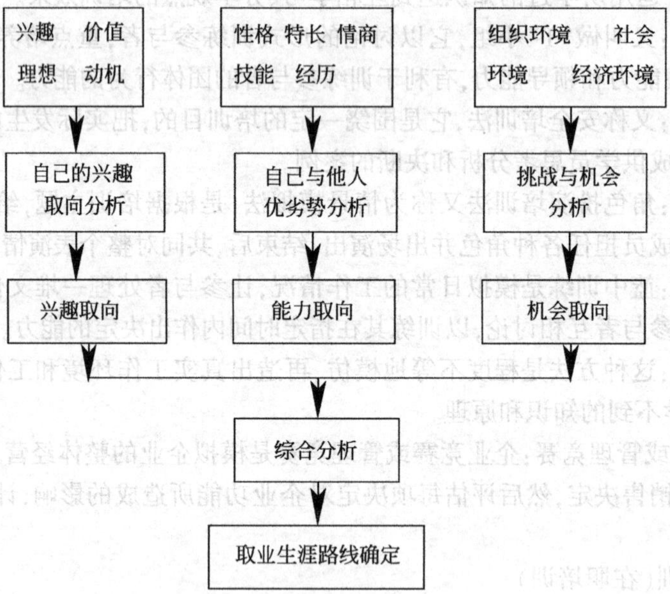

图9-1 员工职业生涯规划

三、医药企业人员招聘与培训的特殊要求

与一般企业不同，医药企业对于关键岗位的从业人员有着不同的知识、经验、技术的规定，所以医药企业人员的招聘与培训有着特殊的要求。

1. 药品生产型企业 作为药品生产企业必须符合国家药品监督管理局制定的“药品生产质量管理规范”（简称GMP）。因此招聘或培训必须严格按照GMP相关要求执行。

药品生产质量管理规范(1998 年修订)第二章《机构与人员》中明确规定药品生产企业应配备一定数量的与药品生产相适应的具有专业知识、生产经验及组织能力的管理人员和技术人员(第三条);企业主管药品生产管理和质量管理的负责人应具有医药或相关专业大专以上学历,有药品生产和质量管理经验(第四条);药品生产管理部门和质量管理部门的负责人应具有医药或相关专业大专以上学历,有药品生产和质量管理的实践经验,有能力对药品生产和质量管理中的实际问题作出正确的判断和处理(第五条);对从事高生物活性、高毒性、强污染性、高致敏性及有特殊要求的药品生产操作和质量检验人员应经相应专业的技术培训(第六条);对从事药品生产的各级人员应按本规范要求进行培训和考核(第七条)。

2. 药品流通企业　作为药品流通企业必须符合国家药品监督管理局制定的《药品经营质量管理规范》(简称 GSP)。同样,招聘或培训是必须严格按照 GSP 相关要求执行。

《药品经营质量管理规范》(2000 年修订)第二节《人员与培训》中明确规定企业主要负责人应具有专业技术职称,熟悉国家有关药品管理的法律、法规、规章和所经营药品的知识(第十条);企业负责人中应有具有药学专业技术职称的人员,负责质量管理工作(第十一条);企业质量管理机构的负责人,应是执业药师或具有相应的药学专业技术职称(第十二条);药品检验部门的负责人,应具有相应的药学专业技术职称(第十三条);企业从事质量管理和检验工作的人员,应具有药学或相关专业的学历,或者具有药学专业技术职称,经专业培训并考核合格后持证上岗(第十四条);从事验收、养护、计量、保管等工作的人员,应具有相应的学历或一定的文化程度,经有关培训并考核合格后持证上岗。在国家有就业准入规定岗位工作的人员,需通过职业技能鉴定并取得职业资格证书后方可上岗(第十五条);企业应定期对各类人员进行药品法律、法规、规章和专业技术、药品知识、职业道德等教育或培训,并建立档案(第十七条)。

3. 执业药师　从广义上讲执业药师是指依法经过资格认定或考试并经注册的药学技术人员。在医药经营企业中,执业药师的执业范围涵盖药品购进到售出全过程中各重要质量环节。它包括药品购进、入库、储存、销售、售后服务等。

我国执业药师制度建立于 1994 年,与英国、美国、日本相比建立较晚,我国至今还没有出台《药师法》。《执业药师资格制度暂行规定》作为一般的规范性文件法律效力不高,规定在药品生产、经营和使用领域都必须配备执业药师,并且也没有将配备执业药师明确到具体的岗位。目前,对药品生产企业配备执业药师不作具体规定,执业药师的执业范围主要强调在药品经营和使用领域。

第四节　医药企业人力资源的绩效考评与薪酬管理

绩效考评是人力资源管理系统的重要组成部分,它运用一系列的制度规范对组织成员日常的工作能力、态度和业绩进行考评。绩效考评可以影响和改善员工的工作态度、工作行为和工作结果,也可为企业提供员工的个人资料,作为人力资源规划和其他人力资源管理作业的依据,同时,也可以帮助推动组织经营目标的实现。组织存在的目的是实现特定的组织目标,而在组织中工作的员工在为组织提供组织实现目标所需要的行为时，作为回报得到货币收入、商品和服务，这些就构成员工的报酬。在各项人力资源管理职能中，薪酬管理可以说是人们最为关切、议论最多的部分，因此也常常是最受重视的部分。组织的报酬体系在组织实现自己的竞争优势和战略目标的过程中具有十分关键的作用。

一、医药企业员工绩效考评

(一)绩效考评的概念

绩效是指员工的工作行为、表现及其结果。绩效考评(也称人事考核)就是指，在一定时期内，对企业中各工作岗位上的员工在工作行为、工作状态、工作成果以及工作潜质等方面进行客观详细的分析总结和考察评价的过程。考评包括考核和评价两个方面。绩效考核是指用定性和定量的方法对员工绩效进行客观的描述的过程。而绩效评价则是在考核的基础上，根据描述来确定员工绩效的高低，做出评价。

员工绩效考评要从员工工作成绩的数量和质量这两个主要的方面进行，对员工在工作中存在的各方面信息进行系统的收集分析和归纳总结。

(二)绩效考评的功能

绩效考评是人力资源作业中的关键一个环节，是建立人员配置、人才培养、激励政策系统的基础。绩效考评不仅对于组织内部员工个体、管理者层面有着实际的意义，而且对于组织总体规划也起到了较大作用。绩效考评的功能，具体说来有以下几个方面：

1. 管理功能　绩效考评是一种管理控制手段，是制定人事决策的依据。企业通过对其员工工作绩效的考评，获得相关信息，据此制定相应的人事决策与措施，通过奖惩、升降、淘汰达到调整控制的目的。

2. 激励功能　绩效考评是进行薪酬管理的重要工具，通过绩效考评奖优罚劣，改善调整工作人员的行为，激发其工作的积极性，达到改进提高工作绩效的目的。

3. 学习功能　绩效考评是一个学习过程，使组织成员更好地认识组织目标，改善自身行为，不断提高组织的整体效益和实力。

4. 导向功能　绩效考评标准是组织对其成员行为的期望，是职工努力的方向，有什么样的考评标准就有什么样的行为方式。

5. 培训功能　绩效考评是按制订的绩效标准进行的，考评结果显示出的不足之处就是员工的培训需求。

6. 沟通功能　将绩效考评的结果向员工进行反馈，可以促进上、下级之间的沟通，使双方了解彼此对对方的期望。

7. 开发功能　绩效考评给管理者和员工双方提供了讨论该员工长期事业目标和发展计划的机会。

(三)绩效考评的原则

1. 客观公正的原则 绩效考评首先要实事求是,防止主观武断,要做到考评标准客观、组织评价客观、自我评价客观。要增加考评工作的透明度,达到公开化、制度化。

2. 注重实绩的原则 在考评过程中,考评的结果往往会牵涉到升降或奖惩,所以必须以员工的工作实绩作为根本依据。坚持注重实绩的原则,又要认真处理好考绩与考德方面的关系。

3. 能级分层的原则 对不同能力的人员,授予不同的职称和职权,对不同贡献的人员给予不同的待遇和奖励。

4. 反馈修改的原则 在绩效考评之后,及时将结果反馈给被考评者,同时听取被考评者的意见及自我评价情况。从而达到积极修改、相互信赖、相互促进的目的。

5. 可行实用原则 实用是指考评的手段是否有助于组织目标的实现以及考评的方法是否和相应的岗位以及考评的目的相适应。

6. 阶段性和连续性相结合的原则 阶段性的考评是对职员平时的各项评价指标数据的积累。考评的连续性要求对历次积累的数据进行综合分析,以求得出全面和准确的结论。

7. 工作重点的原则 绩效考评是对员工的全面工作考评,但并非对任何事情都要进行考评,对于那些与工作并不相关,甚至是涉及员工个人隐私的内容,不宜作为考评内容。

(四)绩效考评的步骤

1. 制订计划 绩效考评应该按照计划进行,首先应该确定绩效考评的目的、作用和考评对象,再根据考评目的、对象选择考评的内容、标准、时间和方法以及由谁来考评等。

2. 技术准备 在实施考评之前应先做好技术准备,包括拟定、审核考评标准,设计考评所用表格,设计、选择考评方法及工具,对考评者进行培训等。

3. 收集信息资料 负责考评的人员需要通过多途径、多方法去收集真实有效的信息,为绩效分析提供有价值的依据。

4. 分析评价 对收集来的信息资料进行分析评价,对被考评者作出一个公正的、综合性的评价,给出一个与考评标准相对应的考评结果。

5. 反馈运用 考评结果出来以后,及时将结果反馈给员工,使其能更清楚地了解自己的工作情况。同时,将结果运用到人力资源管理活动中去,以使人力资源管理活动有据可考。

(五)绩效考评的方法

根据绩效考评时所选择的考评内容的不同,可以将绩效考评分为3种基本类型:一是品质基础型考评,主要用于评价员工的个性或个人能力、特征等;二是行为基础型考评,主要评价员工在工作中的行为表现,即工作是如何完成的;三是效果基础型考评,主要考评产出和贡献,而不关心行为和过程。针对不同的考评内容,企业通常可以采用以下考评方法:

1. 业绩评定表法 所谓业绩评定表就是将各种考评因素分优秀、良好、合格、不合格(或其他相应等级)进行评定。其优点在于简便、快捷,易于量化。其缺点在于容易出现主观偏差和趋中误差,等级宽泛,难以把握尺度。主要方法有量表考评法和混合标准量表考评法。

2. 交替排序法　根据一系列工作绩效考评要素将员工们从绩效最好的人到绩效最差的人进行排序。通常由于从员工中挑选出最好和最差的要比绝对地对他们的绩效进行评价要容易得多,因此交替排序法是一种运用得非常普遍的工作绩效考评方法。

3. 硬性分布法　将限定范围内的员工按照某一概率分布划分到有限数量的几种类型上的一种方法。例如,假定员工工作表现大致服从正态分布,评价者按预先确定的概率把员工划分到不同类型中。

4. 配对比较法　配对比较法是将每一位员工按照所有的评价要素与所有其他员工进行比较,如将员工1与员工2、员工3、员工4比较,员工2与员工3、员工4比较,等等。赢得最多"竞赛"的员工接受最高等级。

5. 关键事件法　关键事件指那些对部门效益产生重大积极或消极影响的行为。在关键事件法中,考绩者需要对员工在考评期间内所有的关键事件作出书面记录。随着时间的推移,记录的事件成为考评绩效和向员工提供反馈的基础。

6. 行为等级评价法　此法将关于特别优良或特别劣等绩效的叙述加以等级性量化,从而将描述性关键事件评价法和量表评价法的优点结合起来。

7. 叙述法　考评者以一篇简洁的记叙文的形式来描述员工的业绩。叙述法的缺点在于考评结果在很大程度上取决于考评者的主观意愿和文字水平。此外,由于没有统一的标准,不同员工之间的考评结果难以比较。

8. 目标管理法　目标管理法是指通过使每个员工都为完成组织使命和战略目标而努力来实现组织的有效性。主要包括两个方面的重要内容:①目标设定。组织的最高层设定目标,然后通过组织层次往下传递至员工个人;②定期考评。根据原来设置的绩效标准来评价员工目标完成情况,一般是每年进行一次考评。

二、医药企业员工薪酬管理

(一)薪酬的概念

1. 薪酬的含义　所谓薪酬(compensation)是指员工因聘用所获得的一切有形的(货币形式)和无形的(非货币形式)劳动报酬。薪酬一般包括两类:一是经济性报酬,如工资、奖金等现金性收入以及福利、奖励等各种形式的其他报酬;二是非经济性报酬,如具有挑战性的工作本身、良好的工作环境等。

2. 薪酬的构成

(1)保障薪酬——基本工资　工资是企业支付给员工的较为稳定的报酬,是报酬体系的主要部分。工资的主要类型有:固定工资;计件工资;计时工资。

(2)激励薪酬——奖金　奖金是由于员工的杰出工作表现以及对企业的发展的特殊贡献,企业支付给员工的工资以外的劳动报酬,可以通过现金形式,或是股权形式。

(3)福利薪酬——福利　福利薪酬是另一种形式的薪酬,是指企业为员工提供的非货币形式的所有物质待遇,一般用实物或服务的形式支付,如各类保险、带薪休假、优惠购买企业股票、廉价住房、子女教育津贴等。

(4)薪酬的补充——额外津贴　额外津贴是因从事一些比较特殊的工作，或者在企业担任比较特殊的职务从而享受的一些特殊待遇，如专家津贴、职务津贴等。

(5)薪酬的柔性部分——个人发展、心理收入、生活质量　在实际工作中，薪酬的柔性部分对企业中的许多员工来说，起着至关重要的作用，其影响有时甚至超过了实际的物质薪酬。主要包括：①晋升发展机会。争取晋升机会，代表着员工在企业中收入、地位提高的预期；②心理收入。指由工作性质、工作表现和工作环境等因素共同创造出来的情绪上的满足感。如良好的团队气氛，顺畅的沟通渠道等；③生活质量。弹性的工作时间、固定假期、托儿所、养老院、各种代理服务等都可以体现出对员工的关怀。

(二)薪酬设计的原则

1. 竞争性原则　竞争性原则是指组织提供的薪酬条件在社会的公开招聘中要具有一定的吸引力。企业所提供的薪酬条件不能低于同行业的平均水平，但要想招聘或是留住适合企业发展的优秀人才，其薪酬待遇就必须在同类组织中具有一定的优势。

2. 公平性原则　薪酬的公平性原则包括3个层次，即外部公平、内部公平和个人公平。内部公平又称一致性原则，是指在同一企业中，不同职位或者员工的薪酬应当与各自对企业的贡献成正比；外部公平是指组织提供的薪酬在同一地区的同一行业的组织中，或是不同组织中的类似岗位，其给付标准基本达到一致；个人公平是指在同一组织中相同岗位的员工，在工作绩效相当的前提下，应当获得相同的报酬。

3. 激励性原则　激励性是指企业提供的薪酬系统要对员工具有一定的激励作用，主要是强调将员工的报酬与业绩相挂钩，根据绩效水平的高低来对薪酬进行调整。

4. 可行性原则　薪酬系统既要具有竞争性和激励性，使员工感到安全与满足，又要考虑到企业成本控制的要求。

(三)影响薪酬水平的因素

企业在确定员工薪酬水平时，会受到多种因素的影响，总体来讲可以分为两大类，即外部因素和内部因素。

1. 外部因素

(1)劳动力市场状况：所谓劳动力市场是指某一地区内所有就业意向的应聘人员的数量与质量。人力资源的价格(即薪酬水平)会受劳动力市场供需关系变化的影响。

(2)市场竞争状况：市场竞争因素包括产品竞争和人才竞争。在产品竞争激烈时，企业将加大成本控制力度，减少人力成本；而当人才竞争激烈时，企业考虑的是加大吸引和保留人才的力度，以确保企业在市场竞争中的有利地位。

(3)政府法律法规：企业在确定员工薪酬时，必须遵守法律法规。如对员工最低工资的规定，企业安全卫生的规定，男女同工同酬的规定，员工的退休、养老、医疗保险等。

(4)当地的经济发展状况和生活指数：不同地区的经济发展状况不同，各地的生活水平差异也较明显。经济发展水平较高的地区，企业员工的薪酬会较高。相反，则员工的薪酬会较低。

2. 内部因素

(1)企业:企业是影响薪酬水平的最直接因素,主要表现在薪酬政策、企业文化、发展阶段3个方面。

①不同企业的薪酬政策都不相同:企业高层主管参照本地区其他竞争性公司的标准制定薪酬政策,同时根据企业自身的实际情况不同,而有所差异。

②企业的文化与企业的价值观紧密相连,因此对于薪酬的制定有着较大的影响。

③企业的发展阶段不同,其相应的赢利能力也不同,员工的薪酬水平也不一样。

(2)工会:工会是企业中的员工自发组织,往往会与企业管理层商讨有关工资福利的调整与增加,所以对企业报酬的决定产生重要影响。

(3)工作:企业根据员工所从事工作的价值、责任及其他与工作相关的因素支付薪酬,不同工种的员工,薪酬水平也是不同的。

(4)员工:在确定薪酬水平时,企业的报酬制度应该以公平为基础。同时,员工之间的差异应该是企业支付薪酬考虑的因素。

(四)薪酬制度

薪酬制度是企业根据劳动的复杂、精确、繁重的程度、能力要求的高低、劳动环境的好坏等因素,将各岗位划分等级确定薪酬标准的一种制度。不同的行业、不同的企业、不同的岗位,很难制定统一的薪酬标准,就目前来看,有以下几种常见的薪酬制度。

1. 等级工资制　等级工资制是根据劳动的复杂程度、繁重程度、精确程度和工作责任大小等因素划分等级,按等级规定工资标准支付劳动报酬的制度。

2. 岗位技能工资制　岗位技能工资制是以按劳分配为原则,以加强工资的宏观调控为前提,以工作技能、工作责任、工作强度和工作条件等基本工作要素评价为基础。

3. 结构工资制　结构工资制是目前较为通用的一种工资制度,其基本做法是把员工的工资划分成若干组成部分,构成动态性的工资结构模式。可以分为以下几个组成部分:①基础工资;②岗位(职务)工资;③技能工资;④工龄工资;⑤奖励工资。

4. 年薪工资制　所谓年薪制是以一年为时间单位,确定各工作岗位工资的工资制度。主要适用于公司经理、高级员工的收入发放。年薪一般由基薪和风险收入两部分构成。适用于董事长、经理、技术骨干等企业高级员工。

参考文献

1. 张一弛. 人力资源管理教程. 北京:北京大学出版社,2002.
2. 杨顺勇. 现代人力资源管理. 上海:复旦大学出版社,2005.
3. 储成祥. 现代人力资源管理. 北京:人民邮电出版社,2004.
4. 赵有生. 现代企业管理. 北京:清华大学出版社,2004.
5. 俞明南. 现代企业管理. 大连:大连理工大学出版社,2004.
6. 王云昌. 人力资源管理. 南京:河海大学出版社,2004.
7. 汪明艳等. 电子商务环境下的人力资源管理新模式. 商业研究,2005,7(11).

第十章 医药企业财务管理

医药企业财务是医药企业财务活动及其所体现的经济利益关系的总称,它的基本构成要素是投入和运动于企业的资金。医药企业财务受到医药企业主管部门和各级管理人员的普遍重视。企业有专门机构、专职人员从事企业财务管理工作。医药企业财务管理就是基于医药企业再生产过程中客观存在的财务活动和财务关系而产生的,它是医药企业组织财务活动,处理医药企业同各方面的财务关系的一项经济管理工作。它以经济核算提供的资料为基础,对医药企业的财务活动进行系统的记录、计算、分类、整理,通过一系列指标来表现;并据以进行科学的分析、总结,从中找出规律性的东西,再用于指导客观实践。医药企业财务管理是医药企业管理的重要组成部分。

第一节 医药企业财务管理概述

一、财务管理的目标和任务

财务管理目标又称理财目标,是企业理财活动所希望实现的结果,是评价企业管理活动是否合理的标准。财务管理目标具有相对稳定性、多元性、层次性等特点。

企业财务管理的目标包括两个层次。第一个层次是企业财务管理的整体目标,第二个层次是企业财务管理的分部目标。

(一)企业财务管理的整体目标

在对财务管理的研究过程中,对财务管理的整体目标曾经有3种观点:

1. 利润最大化　这种观点认为企业的目标是赢利,因此实现利润最大化是财务管理工作追求的目标。这种观点的提出有一定的先进意义,在这一目标的指引下,企业会尽可能的增加收入,降低成本,避免以前产值最大化下的盲目生产与消耗。但这种观点忽视时间价值和风险价值,片面追求利润最大化,会使企业决策产生短期行为的倾向。尤其在作为考核管理效率的指标时,问题更为突出,表现在管理人员在任期内片面追求利润最大化,而不考虑企业的长远发展。同时利润额是绝对数,没有考虑企业所创造的利润与投入之间的关系,不利于不同资本规模的企业或同一企业不同时期之间的比较。

2. 投资利润率最大化或每股收益最大化　投资利润率或每股收益指标是相对指标,将利润额与投入资本联系起来,可以弥补利润总额是绝对指标这一缺陷。其中投资利润率最大化是针对非股份公司而言,每股收益最大化是针对股份公司而言。但是这一指标仍然无法弥补忽略资金时间价值和投资风险价值的缺陷。

3. 企业价值最大化或股东财富最大化　因为前两种指标都存在无法弥补的缺陷，经过总结，人们又提出了另一种新的观点，即财务管理的目标应是企业价值最大化或股东财富最大化。其中企业价值最大化是指非股份公司，股东财富最大化是指股份公司。这一目标的提出最能体现企业经营目的和现代企业财务管理理论的特点和要求。

企业价值是指企业所拥有的全部资产的市场评价。理解企业价值，需要注意以下几个方面：

(1)企业价值并不是指企业账面资产的总价值，由于商誉的存在，通常企业的实际市场价值远远大于账面资产的价值。商誉既源于企业经营活动中的合法性、诚实性、开拓性，也源于企业对社会责任履行义务的程度。

(2)理论上来说，企业的价值应为企业未来持续获得的预期报酬采用一定的折现率折算为现在的价值。因此，企业的价值受未来预期报酬大小的影响，对未来潜在的获利能力的预期是对企业价值评价的基础。

(3)对企业的价值评估是一个综合了企业未来获利能力的时间价值和风险价值的分析判断过程。企业的价值与预期的报酬成正比，与预期的风险成反比。要追求企业价值最大化，必须克服短期行为。企业预期报酬的多少对企业价值的影响很大，企业报酬的增加是以风险增加为代价的，而风险的增加会威胁企业的生存。因此，追求企业价值最大化应权衡未来的报酬和风险。

以企业价值最大化作为医药企业财务管理目标，不仅体现了医药企业资产保值增值的要求，对整个社会财富的积累也能起到积极的作用。

企业价值最大化目标是医药企业财务管理的总体目标。企业在资金筹集、资金运用、资金的分配过程中都应以使企业价值最大化作为衡量的标准。

(二)财务管理的分部目标

财务管理的分部目标，取决于财务管理的具体内容。一般而言，有哪些财务管理的内容，就会随之有相应的各分部目标。据此，财务管理的分部目标可以概括为如下几个方面：

1. 企业筹资管理的目标　企业为了保证生产的正常进行或扩大再生产的需要，必须有一定数量的资金。企业的资金可以从多种渠道、用多种方式来筹集不同来源的资金，其可使用时间的长短，附加条款的限制和资金成本的大小都不相同。这就要求企业在筹资时不仅需要从数量上满足生产经营的需要，而且要考虑到各种筹资方式给企业带来的资金成本的高低，财务风险的大小，以最低需要量为原则，选择最佳筹资方式，实现财务管理的整体目标。

2. 企业投资管理的目标　企业筹集的资金要尽快用于生产经营，以取得盈利。但任何投资决策都带有一定的风险性，因此，在投资时必须认真分析影响投资决策的各种因素，科学地进行可行性研究，以便在风险与报酬之间进行权衡，力求提高投资报酬，降低投资风险，不断提高企业价值，实现企业财务管理的目标。

3. 企业营运资金管理的目标　企业的营运资金，是为满足企业日常营业活动的需求而垫支的资金。营运资金的周转，与生产经营周期具有一致性。在一定时期内资金周转越快，就越是可以利用相同数量的资金,生产出更多的产品,取得更多的收入,获得更多的报酬。因此加速资金周转,是提高资金使用效率的重要措施。

4. 企业利润管理的目标　企业进行生产经营活动,要发生一定的生产消耗,并取得一定的生产成果,获得利润。企业财务管理必须努力挖掘企业潜力,促使企业合理使用人力和物力,以尽可能少的耗费取得尽可能多的经营成果,增加企业盈利,提高企业价值。企业的利润分配关系着国家、企业、企业所有者和企业职工的经济利益。在分配时,一定要从全局出发,正确对待和处理各利益团体之间可能发生的矛盾。

二、财务管理的内容

财务管理的内容包括企业财务活动和财务关系。前者是指企业生产经营过程中的资金运动,后者是指财务活动中所体现的企业与各利害关系人(集团)的经济关系。

(一)企业财务活动

1. 企业筹资引起的财务活动　企业通过发行股票、发行债券、吸收直接投资等方式筹集资金,表现为企业资金的流入。企业偿还借款,支付利息、股利以及付出各种筹资费用等,则表现为企业资金的流出。因为资金筹集而产生了资金的收支,也就引起了财务活动。

2. 企业投资引起的财务活动　企业把筹集到的资金投资于企业内部用于购置固定资产、无形资产等,便形成企业的对内投资;企业把筹集到的资金投资于购买其他企业的股票、债券或与其他企业联营进行投资,便形成企业的对外投资。当企业变卖其对内投资的各种资产或收回其对外投资时,则会产生资金的流入。因企业投资而产生了资金的收支,也就发生了财务活动。

3. 企业经营引起的财务活动　企业在正常的经营过程中,会发生一系列的资金收支。首先,企业必须采购原材料或商品,支付工资和其他营业费用;其次,企业在出售产品或商品时,可以取得收入,收回资金;再次,如果企业现有资金不能满足企业经营的需要,还要采取短期借款方式来筹集所需资金。上述企业资金的收支,都是由企业经营引起的财务活动。

4. 企业分配引起的财务活动　企业的利润要按规定的程序进行分配。首先要依法纳税;其次要用来弥补亏损,提取公积金、公益金;最后要向投资者分配利润。因利润分配而产生的资金收支属于由利润分配引起的财务活动。

(二)企业财务关系

在各种财务活动发生的同时,企业必然相应产生了与各利害关系人之间的财务关系,它们分别是:

1. 企业与其所有者之间的财务关系　它们的关系主要是企业的所有者向企业投入资金,企业向其所有者支付投资报酬所形成的经济关系。企业所有者主要有以下4类:国家、法人单位、个人、外商。企业同其所有者之间的财务关系,体现着所有权的性质,反映经营权和所有权的关系。

2. 企业与其债权人之间的财务关系　它们的关系主要是企业向债权人借入资金,并按借款合同的规定按时支付利息和归还本金所形成的经济关系。企业的债权人主要有:债券持有人、贷款机构、商业信用提供者、其他出借资金给企业的单位或个人。企业同其债权人的关系体现的是债务与债权关系。

3. 企业与其被投资企业的财务关系　它们的关系主要是企业将闲置资金以购买股票或直接投资的形式所形成的经济关系。企业向其他企业投资,应按约定履行出资义务,参与被投资企业的利润分配。企业与被投资企业的关系是体现所有权性质的投资与受资的关系。

4. 企业与其债务人的财务关系　它们的关系主要是企业将其资金以购买债券、提供借款或商业信用等形式出借给其他企业所形成的经济关系。企业将资金借出后,有权要求其债务人按约定的条件支付利息和归还本金。企业与其债务人的关系体现的是债权与债务关系。

5. 企业与内部职能部门、下属分支机构或企业和个人之间的财务关系　它们的关系主要是企业与内部职能部门和下属分支机构或企业之间的缴拨关系与利益分割关系,企业与职工个人之间劳动报酬支付的关系,企业内部各单位之间的往来结算关系等。

6. 企业与税务机关之间的财务关系　它们的关系主要是指企业按税法的规定依法纳税与国家税务机关所形成的经济关系。任何企业,都要按照国家税法的规定缴纳各种税款,以保证国家财政收入的实现,满足社会各方面的需要。因此,企业与税务机关的关系反映的是依法纳税和依法征税的权利义务关系。

三、财务管理的价值观念

财务管理有两个基本观念:资金的时间价值观念和投资的风险价值观念。

(一)资金的时间价值

时间价值是客观存在的经济范畴,任何企业的财务活动,都是在特定的时空中进行的。资金在周转使用中,由于时间因素而形成的差额价值,称为资金时间价值。

1. 现金流量图及时间价值的相关概念　现金流量图可以简单明了地反映资金发生的时间、大小,如图10-1所示。

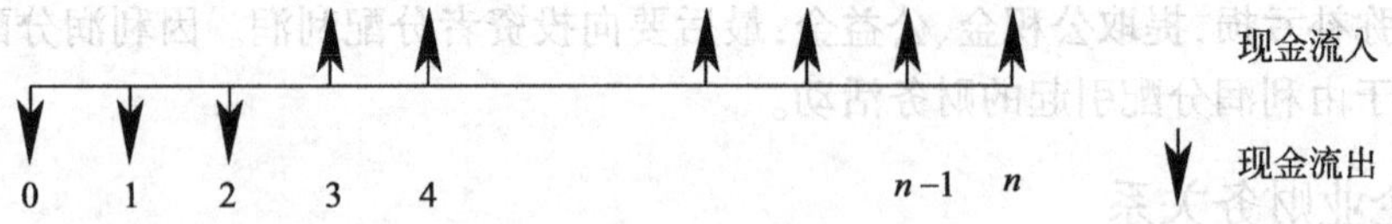

图10-1　现金流量图

在现金流量图上,横轴表示时间序列,一般依据分析对象的时间长短而定。横轴上两个刻度之间为一个时间单位,时间单位通常以年表示,也可以半年、季度表示,视现金流量的折算方式而定。当时间单位以年表示时,0点表示第1年的年初这一时间点,1表示第1年年末或第2年年初这一时间点,在0和1之间的数轴段表示第1年这一时间段,依此类推。在相应时间点的垂直线表示该点的现金流量情况,向上表示现金流入,向下表示现金流出。

相关概念：

现值（记为 P）：资金发生在（或折算为）某一时间序列起点时的价值。

终值（记为 F）：资金发生在（或折算为）某一时间序列终点时的价值。

年金（记为 A）：资金发生在（或折算为）某一时间序列各期期末的等额资金序列的价值。

2. 资金时间价值的计算

（1）单利终值和现值的计算：单利是计算利息的一种方法，在计算每期的利息时，只以本金计算利息，所生利息不加入本金重复计算利息。

①单利终值的计算（已知现值计算单利终值）：单利终值是指一定量货币在若干期后按单利计算利息的本利和。计算公式为：

$$F=P(1+i\cdot n)$$

P 为现值；i 为利率；n 为计息期数；F 为 n 期后的终值。

②单利现值的计算（已知终值计算单利现值）：单利现值是指以后时间收到或付出资金按单利法计算贴现的现在价值。计算公式为：

$$P=\frac{F}{1+i\cdot n}$$

（2）复利终值和现值的计算：复利是指每期不仅本金要计算利息，利息也要计算利息，即通常所说的"利滚利"。

①复利终值的计算（已知现值计算复利终值）：复利终值是指一定量货币在若干期后按复利计算利息的本利和。计算公式为：

$$F=P\times(1+i)^n$$

其中 $(1+i)^n$ 复利终值系数，表示为 $(F/P,i,n)$

②复利现值的计算（已知终值计算复利现值）：

$$P=\frac{F}{(1+i)^n}=F\times(1+i)^{-n}$$

其中 $(1+i)^{-n}$ 为复利现值系数，表示为 $(P/F,i,n)$。

（3）普通年金的计算：年金是指某些特定时期内，每间隔相同时间（每期期末或期初）收付相等数额的款项。如保险金、分期付款赊购等。普通年金是每期期末收付款的年金，也称后付年金。

①普通年金终值的计算：

$$F=A(1+i)^0+A(1+i)^1+\cdots+A(1+i)^{n-2}+A(1+i)^{n-1}$$
$$=A\cdot\frac{(1+i)^n-1}{i}$$

式中 $\frac{(1+i)^n-1}{i}$ 称为年金终值系数，表示为 $(F/A,i,n)$。

例 10-1　某人每年年末存入银行 1 万元，共存 10 年，已知银行利率是 2%，求终值。

答案：$F=A\times(F/A,i,n)=1\times(F/A,2\%,10)=10.95$

②普通年金现值的计算：每期期末取得相等金额的款项，计算现在需投入的金额。

$$P = A(1+i)^{-1} + A(1+i)^{-2} + \cdots + A(1+i)^{-(n-1)} + A(1+i)^{-n}$$
$$= A \cdot \frac{(1+i)^n}{i}$$

式中$\frac{(1+i)^n}{i}$称为普通年金现值系数,表示为(P/A,i,n)。

例 10-2　某人现要出国,出国期限为 10 年。在出国期间,其每年年末需支付 1 万元的房屋物业管理等费用,已知银行利率为 2%,求现在需要向银行存入多少钱?

答案:$P = A\times(P/A, i, n) = 10\,000\times(P/A, 2\%, 10) = 89\,826$

即付年金是每期期初收付款的年金;递延年金是指第一次收付款发生在若干期以后,此后一定时期内每期收付等额款项;永续年金是无限期定额支付的年金,如永久性科研奖励基金。这里就不一一介绍了。

(二)投资的风险价值及衡量

1. 风险的概念及分类　资金的时间价值是在没有风险和通货膨胀下的社会平均资金收益率。但是财务活动的风险是客观存在的,当企业冒较大的风险进行投资时,所追求的是超过资金时间价值的额外收益,即投资风险价值。

风险是指一定条件下和一定时期内可能发生的各种结果的变动程度,财务上所讲的风险是指从事某项财务活动而产生收益或损失的可能性,其中一定条件是指风险事件本身的不确定性。

从企业的角度来看,风险分为经营风险和财务风险。经营风险也叫商业风险,指企业因经营上的原因而导致利润变动的风险。财务风险也叫筹资风险,是指企业因借款或发行优先股而增加的风险。因为借款的利息和优先股的股利固定,当企业经营状况不佳时,将导致企业所有者收益下降甚至无法按期支付利息及优先股利,影响偿债能力。

2. 风险报酬率的确定方法

(1)计算投资收益期望值

例 10-3　假设东方药业公司和南方药业公司股票的报酬率及其概率分布情况如表 10-1 所示。

表 10-1　　东方药业公司和南方药业公司股票报酬率的概率分布

经济情况	该种经济情况发生的概率(X_i)	报酬率(X_i)	
		东方药业公司	南方药业公司
繁荣	0.20	40%	70%
一般	0.60	20%	20%
衰退	0.20	0%	-30%

根据上述资料,计算期望值,其计算公式为:

$$E = \sum (X_i \times P_i)$$

式中,X_i 表示第 i 个随机变量的取值,P_i 表示其相应概率。

按照例 10-3 中的数据,东方药业公司和南方药业公司的期望值计算如下

东方药业公司 $E=\sum(X_i \times P_i)$

$=40\% \times 0.20+20\% \times 0.60+0\% \times 0.20$

$=20\%$

南方药业公司 $E=\sum(X_i \times P_i)$

$=70\% \times 0.20+20\% \times 0.60+(-30\%) \times 0.20$

$=20\%$

(2)计算标准离差:风险的大小应由概率分布的各种结果的离散程度来反映,而反映随机变量的离散程度可以用方差、标准差和离差率等指标来进行。

$$方差(\delta^2)=\sum(X_i-\overline{E})^2 \times P_i$$

$$标准差(\delta)=\sqrt{\sum(X_i-\overline{E})^2 \times P_i}$$

$$离差率(V)=\delta/\overline{E}$$

若评价项目的期望值相等,可直接根据方差、标准差来比较风险程度,标准差越小,离散程度越小,风险越小。

若期望值不相等须用离差率来衡量风险程度,离差率越小,风险越小。

按照例 10-3 中的数据,

东方药业公司股票:

方差$(\delta^2)=(40\%-20\%)^2 \times 0.2+(20\%-20\%)^2 \times 0.6+(0\%-20\%)^2 \times 0.2$

$=0.016$

标准差$(\delta)=12.65\%$

离差率$(V)=12.65\%/20\%=0.6325$

南方药业公司股票:

方差$(\delta^2)=(70\%-20\%)^2 \times 0.2+(20\%-20\%)^2 \times 0.6+(-30\%-20\%)^2 \times 0.2$

$=0.1$

标准差$(\delta)=31.62\%$

离差率$(V)=31.62\%/20\%=1.581$

东方药业公司股票的标准离差率小于南方药业公司股票的标准离差率,因此东方药业公司股票的风险程度小于南方药业公司股票,在收益期望值相等的情况下,应选择东方药业公司股票投资。

(3)计算风险报酬率:风险报酬是指投资者冒风险进行投资而获得的额外收益。风险报酬有两种表示方法:风险报酬额和风险报酬率。所谓风险报酬额,是指投资者因冒风险进行投资而获得的超过时间价值的那部分额外报酬;所谓风险报酬率,是指投资者因冒风险进行投资而获得的超过时间价值率的那部分额外报酬率,即风险报酬额与原投资额的比率。

投资者对风险的态度是要求所冒风险越大,获得的报酬也越高。因此,表示风险价值的风

险报酬率应与反映风险程度的资金收益率的标准离差率成正比关系。

期望的投资报酬率=无风险报酬率+风险报酬率

风险报酬率=风险报酬系数×离差率

其中风险报酬系数取决于投资者对待风险的态度,若投资者普遍愿意冒风险,则风险报酬系数较小,若投资者普遍不愿意冒风险,则风险报酬系数较大,这样才能吸引投资者进行投资。

按照例 10-3 中的数据,假设东方药业公司的风险报酬系数为 5%,南方药业公司的风险报酬系数为 8%,则两家公司股票的风险报酬率分别为:

东方药业公司风险报酬率=5%×0. 6325=3. 16%

南方药业公司风险报酬率=8%×1. 581=12. 65%

如果无风险报酬率为 10%,则两家公司股票的投资报酬率应分别为:

东方药业公司投资报酬率=10%+5%×0. 6325=13. 16%

南方药业公司投资报酬率=10%+8%×1. 581=22. 65%

第二节　医药企业筹资管理

筹集资金是资金运动的起点,医药企业无论是进行日常的生产经营活动还是进行扩大再生产,必须筹集到一定的资金。企业筹集资金是指企业向外部有关单位或个人以及从企业内部筹措和集中生产经营所需资金的财务活动。

一、资金筹集的原则

(一)最低需要量原则

筹集资金的目的在于保证企业生产经营所必需的资金需要。所以企业在筹集资金之前,就要合理确定资金的需要量,在此基础上拟定筹集资金计划,以需定筹,以防止筹资不足影响生产经营或筹资过剩降低筹资效果。所确定的资金需要量,应是为保证生产经营正常、高效运行的最低资金需要量和高效益投资项目必不可少的资金需要量。

(二)及时性原则

所谓及时性原则,是指企业筹集资金应根据资金的投放时间来合理安排,使筹资和用资在时间上衔接。避免超前筹资造成投用前的闲置和浪费或滞后筹资影响生产经营的正常进行。

(三)低成本原则

企业筹集资金可以采用不同的渠道和不同的方式。各种筹资方式其资金成本各不相同,筹资风险也大小不一,取得资金的难易程度也不尽一致。企业筹集资金时,应综合考察各种筹资方式的资金成本和筹资风险等因素,实现最佳的筹资组合。

(四)结构合理的原则

结构合理原则就是要科学地确定企业筹资来源的结构,实现筹资方式的最佳组合。科学确定企业资金来源结构,包括两个方面的内容:合理安排主权资本和借入资本的比例;合理安排长期资金来源与短期资金来源的比例。

二、资金筹集方式

(一)权益资金的筹集方式

1. 吸收直接投资

(1)吸收直接投资的渠道:主要包括国家、其他法人、个人和外商等主体,企业以合同、协议等形式从上述渠道吸收直接投入资金,形成企业自有资金。它适用于非股份公司,是非股份公司筹集权益资金的基本形式。吸收的直接投资的出资形式可以是现金投资,也可以是实物投资或无形资产投资。

(2)吸收直接投资的优点:可以直接接受实物投资,快速形成生产能力,满足生产经营的需要;形成的是权益资金,可以增强企业信誉,提高企业借款能力;可以加大权益资金的比重,减少财务风险。

(3)吸收直接投资的缺点:资金成本较高,所要求的投资回报高,收益向直接投资者分配是在税后,没有减免所得税的作用;容易导致控制权分散,因为直接投资的出资者都拥有参与经营管理的权利;由于没有证券作为媒介,产权关系有时不够明晰,也不便于产权的转移变动。

2. 发行股票

(1)股票概述:股票是股份公司为筹集自有资金而发行的有价证券,是持股人投资入股及取得股利的凭证,它代表股东对股份公司的所有权。普通股股东按照企业组织章程,参加或监督企业的经营管理,分享红利,并依法承担以所购股份为限的企业经营亏损责任。

股份有限公司根据筹资和投资的需要,可发行不同种类的股票。股票按权利的不同分为普通股和优先股。普通股是指在公司利润分配方面享有普通权利的股份。优先股是指在公司利润分配及公司解散后的剩余财产分配方面较普通股有优先权的股份。但优先股股东不可以行使股东表决权。此外,股票按票面是否记名分为记名股票和无记名股票;按股票票面有无金额分为面值股和无面值股;按发行对象和上市地区不同分为 A 股、B 股、H 股、N 股等。

(2)股票筹资的优点:股本没有到期日,无须偿还,是公司永久性的资金;形成企业的权益性资金,是企业负债的基础,有利于增强企业信誉和举债能力。

(3)股票筹资的缺点:筹资成本较高。由于普通股股东所冒的投资风险最大,要求的投资报酬率也高,此外,向股东分配股利是在税后,没有减免所得税的作用;可能分散控制权。普通股股东有经营参与权,对公司的经营自主权有一定的影响。

3. 留存收益筹资

(1)留存收益筹资的概念:留存收益筹资也称为内部筹资,是企业将实现利润的一部分或全部留存作为资本来源的一种方式。企业的税后利润并不完全分配给投资者,而应先按规定提取法定盈余公积金和公益金，此外，还可以提取任意盈余公积金。而且，分配时视公司的现金状况和公司的未来发展需要决定分配比例，有一部分资金退出企业的资金循环，另一部分作为未分配利润留在企业进一步参与经营。除了公益金用于职工集体福利设施外，其他盈余公积金和未分配利润可投入企业再生产过程中，参与企业的资金循环，它相当于原有投资者对企业的一种再投资。

(2)留存收益筹资的优点：简便易行，不必办理各种手续，也不发生筹资费用；可使企业的所有者获得税收上的利益，由于资本利得税率一般低于股利收益税率，股东往往愿意将留存收益留存于企业而通过股票价格的上涨获得资本利得，避免现金股利较高的所得税；留存收益性质上属于权益资金，可提高企业的信誉和对外负债能力。

(3)留存收益筹资的缺点：筹资的数量往往有限，与企业的经营业绩和利润分配政策有很大关系。当留存收益过多，股利支付过少时，可能会影响企业的外部形象，不利于今后的外部筹资。

(二)负债资金的筹集方式

1. 银行借款

(1)银行借款的分类：银行借款按借款期限的长短分为长期借款和短期借款。长期借款是指企业向银行或其他金融机构借入的使用期限在一年以上的借款。短期借款是指企业向银行和其他金融机构借入的期限在一年以下的各种借款，主要用于日常营运资金的需要。此外，银行借款还可按借款有无担保分为信用贷款和抵押贷款；按提供借款的机构分为政策性银行贷款、商业银行贷款、保险公司贷款等。

(2)借款筹资的优点：筹资速度快，手续简便，可以较快地获得现金，满足生产经营需要；筹资成本低，与发行债券相比，借款利息率低，且无须支付发行费用，与股票筹资相比，借款利息可在所得税前支付，可以抵免一部分所得税；借款弹性大，企业可直接与银行接触，协商借款金额、期限和利率，可随借随还。

(3)借款筹资的缺点：筹资风险较大，借款必须按期归还本金和利息，有还本付息的压力；限制条件较多；筹资数量有限，一般不如股票那样一次能筹集到大量的资金。

2. 发行债券

(1)债券的分类：公司债券是指企业为筹集资金而发行的、向债权人承诺按期支付利息和归还本金的书面凭证。债券的种类很多，且可以按不同的方式分类：按债券券面是否记名分为记名债券和不记名债券；按债券利率是否固定分为固定利率债券和浮动利率债券；按能否转为公司股票分为可转换债券和不可转换债券；按是否参与公司的盈余分配分为参与公司债券和不参与公司债券。

(2)债券筹资的优点：资金成本较低，一般低于股票利息，且债券利息在税前支付，能抵免一部分所得税；不影响公司的控制权。

(3)债券筹资的缺点：财务风险较高，债券必须按期还本付息，在公司经营不景气时，会给公司带来较大的财务压力，有时甚至导致破产；限制条件较多，一般比借款和租赁筹资的限制条件多；筹资数量有限。

3. 融资租赁　融资租赁是由出租人(租赁公司)按照承租人(承租企业)的要求融资购买设备,并在契约或合同的较长期限内提供给承租企业使用的信用业务。它通过融物来达到融资的目的。一般借贷对象是资金,而融资租赁的对象是实物,融资租赁是融资与融物的结合,是带有商品销售性质的借贷活动,是企业筹集资金的一种新方式。它具有筹资速度快、限制条件较少、还款压力较低等优点,但筹资成本过高,资产处置权有限。

4. 商业信用　商业信用是指商品交易中以延期付款或预收货款方式进行购销活动而形成的借贷关系,是企业之间的直接信用行为。主要有应付账款、应付票据、预收货款等。商业信用筹资容易取得,但期限较短。

三、资金成本的计算

资金成本是指为筹集和使用资金而付出的代价。它包括筹措成本和资金使用成本两部分。在财务管理上通常用相对数来表示资金成本,即资金成本率,是企业筹集资金费用与实际使用资金(筹资总额扣除筹资费用后的余额)的比率。正确测算资金成本不仅是决策的重要依据,更重要的是可以通过预期的投资利润率与资金成本率的比较,评估一个投资项目的可行性和一个企业的经营结果。

由于资金的来源渠道不同,其资金成本的计算方法亦不同。

(一)发行股票筹集资金的成本计算

企业发行股票筹措资金,资金使用成本是指企业实际支付给股东的股利和其他收益,这些支出在税后利润中列支。普通股的成本率按下列公式计算:

$$普通股成本率=\frac{第\ i\ 年股利}{股票面值\times(1-筹资费用率)}$$

优先股成本率与普通股成本率的计算公式基本相同,其区别仅在于,普通股的股利是随企业经营利润上下波动的,因此,只是一个估计数;而优先股则有固定股息。

(二)发行债券筹集资金的成本计算

企业发行债券筹措资金,资金使用成本是指企业实际支付给债权人的利息,这部分利息可计入成本,在缴纳所得税前列支,债券成本率为:

$$债券成本率=\frac{年利息}{债务面值\times(1-筹资费用率\ i)}$$

(三)银行借款的资金成本

企业向银行借款,资金使用成本通常是企业支付的利息。但有些借款不仅要支付利息,还要支付某些费用。银行借款成本率为:

$$银行借款成本年利率=\frac{年利息}{债款额\times(1-借款费用率)}\times(1-所得税率)$$

(四)多渠道筹资的综合资金成本

如果企业在一定时期内采用多种方式筹措资金,在测算出各项资金成本后,就可以采用加权计算法,求出综合资金成本。

$$加权平均的资金成本率=\sum(某项资金的成本率\times 该项资金所占比例)$$

第三节　医药企业投资管理

企业投资是指企业投入财力,以期望在未来获取收益的一种行为。在市场经济条件下,企业能否把筹集到的资金投放到收益高、回收快、风险小的项目上去,对企业的生存和发展是十分重要的。

根据投资的方向,投资可分为对内投资和对外投资两类。对内投资又称内部投资,是指把资金投在企业内部,购置各种生产经营用资产的投资。对外投资是指企业以现金、实物、无形资产等方式或者以购买股票、债券等有价证券方式向其他单位的投资。

一、对内投资管理

对内投资侧重于固定资产、流动资产等生产性投资,其收益构成公司利润的一部分。

(一)流动资产的管理

流动资产是指可以在一年或者超过一年的一个营业周期内变现或者耗用的资产,包括现金及各种存款、短期投资、应收款项、存货等。流动资产具有流动性、补偿性、变动性等特点。

1. 现金管理　现金是指立即可以投入流通的交换媒介。包括企业的库存现金、各种形式的银行存款,以及银行本票、银行汇票。通常情况下,企业都持存一定数量的现金,以满足日常业务的现金支付需要、应付意外事件的现金支付需要和从事投机活动获益。也就是说企业持有现金有 3 种动机,分别是交易动机、预防动机和投机动机。

现金是一种流动性最强而获利能力最弱的资产。因此必须将日常持有的现金控制在一定的数额之内,这是因为:一方面现金持有量过少,会影响正常生产经营活动的顺利进行;另一方面现金持有量过多,则企业会因大量的资金闲置而蒙受损失。

常用的确定最佳现金持有量的方法有以下两种:

(1)周转期法:周转期法是根据现金的周转期和每日平均周转额确定最佳现金持有量的方法。用公式表示:

$$现金周转期(天)=平均库存期限+货款收回期限-账款递延期限$$

现金周转期指企业从购买原材料支付货款起到完成产品销售收回货款止的时间。平均库存期限指企业从购买原材料投入生产起到产品销出止的期限。货款收回期限是指从产品销出起到货币资金实际收回止的平均时间。账款递延期限是指从企业购入原材料起到企业真正将货款付出止的时间。

$$现金需要量=每日平均周转额\times 货币资金周转期$$

(2)现金库存模型:现金库存模型是将现金视为一种特殊的存货,财务人员在确定现金最佳持有量时,主要从库存成本和交易成本两方面权衡利弊得失。其中,库存成本是指损失的利息收入。交易成本是指将金融资产或其他资产转化为现金需要支付的手续费、佣金、税金等。

$$最佳现金持有量=\sqrt{\frac{2\times 年现金需求总量\times 每次交易所发生的交易费用}{利息率}}$$

应该注意的是,现金库存模型的假设条件是现金收付匀速进行、现金转换容易预测,因此,实际使用较难。现金余额的多少是多种因素作用的结果,数学模型并不能把各种因素的变化都考虑进去,所以在多数情况下,还需要根据经验加以确定。

2. 债权资产管理 债权资产是指企业在销售过程中形成的应收及预付款项,包括应收账款、应收票据、其他应收款、预付货款和待摊费用等。由于债权资产的所有权归本企业,只是被外单位临时占用,所以企业应加强债权资产的管理,尽量减少占用数量,及早收回。

(1)应收账款和应收票据管理

①应收账款的管理:应收账款是指企业因对外销售产品、提供劳务等业务,应向购买货物或接受劳务等的单位或个人收取的款项,是企业债权的主要组成部分。加强对应收账款的管理,就是在企业日常生产经营活动中,对已发生的应收账款的金额、去向、时间、账龄结构等做到心中有数,定期与客户核对账目,做好货款的催收和清偿工作。

通常采用应收账款周转率指标对应收账款总额进行日常控制。应收账款周转率的表达形式通常是:

$$应收账款周转次数=\frac{一定时期的赊销收入额}{一定时期应收账款平均余额}$$

式中,赊销收入额是指企业一定时期的销售收入扣除现销收入和销售退回、销售折让、销售折扣后的余额。

应收账款平均余额是指期初应收账款和期末应收账款之和的平均数。

企业财务人员应将每一时期计算的应收账款的实际周转率指标与上期或计划指标相比较,并运用多种方法研究分析其发生的原因。

②应收票据的管理:应收票据是以书面形式表现的债权资产,它是由出票人签发,并于指定日期对持票人无条件付款的书面证明。

企业必须加强对应收票据的管理,通过设置"应收票据备查簿",逐笔登记每一应收票据的种类、出票日期、票面金额、收款人、承兑人、背书人的姓名或单位名称、到期日期、贴现日期和贴现率、贴现净额等资料,定期审查延期付款的合理性,按时办理划款手续,还要对付款人的资信状况进行调查,以便有针对性地采取相应的措施。

(2)坏账损失的管理:坏账损失是由于无法收回或者不能如期收回的款项而给债权人带来的损失。确认坏账损失应符合下列条件:因债务人破产或者死亡,以其破产财产或遗产清偿后,仍然不能收回的应收账款;因债务人逾期未履行其偿债义务(一般超过 3 年)且具有明显特征无法收回的应收账款。

企业发生坏账损失往往是难以避免的,但坏账损失最终会减少企业的利润,因此企业应当从以下几个方面加强管理:按规定及时、足额地计提坏账准备金;对客户的信用情况进行全面考核,并根据分析结果将客户分成不同的等级,据此提供不同的信用条件;针对客户的不同情况,采取相应措施,及时催收欠款。

3. 存货管理 存货是指企业在生产经营过程中为销售或者耗用而储备的各种物资。包括:原辅材料、燃料、低值易耗品、半成品、产成品等。存货是企业生产经营不可缺少的部分,其数量和占用资金的额度不易控制和掌握。

存货管理应考虑存货的成本,力争使存货成本最小。在存货管理中,应注意进货项目、供应单位、进货时间、进货批次的选择,在存货效益与存货成本之间做出权衡,使存货效益-成本最优化。

(二)固定资产管理

固定资产是指使用期限在一年以上,单位价值在规定的标准以上,并在使用过程中保持原有实物形态的资产。根据我国财务制度的规定,企业使用期限在一年以上的房屋、建筑物、机器设备、器具、工具等资产均应作为固定资产;不属于生产经营主要设备的物品,并且使用期限超过两年的也应作为固定资产。

1. 固定资产投资的特点

(1)投资数额较大:企业的固定资产是生产的技术装备和生产的物质技术基础,所需投资额一般较大,一次需要投入大量的资金。

(2)投资回收期长:固定资产的投资回收期是指该项目所取得的收益,达到收回其投资额所需要的时间。固定资产投资回收期较长,一般都在一年以上。

(3)投资次数少:由于固定资产使用期限长,与流动资产投资项目相比,投资的发生次数不太频繁。特别是大型或大规模的基建项目投资,一般要若干年才发生一次。当然,这就使财务人员有比较充足的时间对投资项目进行可行性研究。

(4)投资弹性小:固定资产投资方案一旦实施,再做较大范围的修改或调整就相当困难,实施过程调整可能性极小。

(5)投资风险大:固定资产投资是一项长期事业,其方案一旦实施,所形成的固定资产将长期地影响企业的生产和经营,而在较长时期内,市场和企业供产销、人财物等因素经常变化,不确定因素很多,必然给固定资产投资带来较大风险。

2. 固定资产管理的基本要求 固定资产的周转期长,价值补偿和更新是分离的,固定资产的管理有其特殊性,其基本要求是:

(1)正确核定固定资产的需用量:只有在保证生产经营正常需要的前提下合理占用固定资产,才能为搞好固定资产的管理、不断提高固定资产的利用效果创造条件。如果企业对固定资产的需用量心中无数,会使固定资产管理失去可靠的依据。各类固定资产的数量配置不合理,不仅不能保证生产经营的正常需要,而且浪费资金,影响固定资产利用效果的提高。

(2)不断提高固定资产的利用效率:不断提高固定资产的利用效率是固定资产管理的目的所在,提高固定资产利用效率是指占用一定量的固定资产能完成更大的产销任务和实现更多的利润。固定资产利用效率通常用固定资产产值率和固定资产利润率来表示。

(3)正确计算和提取固定资产折旧:企业依据财务制度的有关规定并结合企业的具体情况,选择适用的折旧方法,及时、正确地计算提取固定资产折旧。正确计提固定资产折旧,不仅可以反映固定资产的物质磨损程度和价值损耗情况,而且还可以使固定资产所发生的价值损耗能及时得到补偿,以保证固定资产更新资金的积累和供应。

(4)加强固定资产投资预测和决策:企业的固定资产不仅由于不断使用磨损逐渐老化而需要更新,而且因科学技术进步而使原有固定资产技术相对陈旧,或者因扩大经营规模等原因,都必须进行固定资产投资。因此,对每个固定资产投资项目都必须事先进行周密的技术论证,从技术可靠性、资源条件和市场的可能性以及经济合理性等方面进行分析、比较,使固定资产建成投产后能够达到预期的经济效益和社会效益。

3. 固定资产的折旧　固定资产在使用过程中,它的价值逐渐转移到所生产的产品上,形成新的价值和使用价值。其价值的转移,以折旧费的形式,构成产品成本和费用的一部分,通过产品的销售,从收入中得到补偿。固定资产因损耗而转移到产品上去的价值就称为折旧。固定资产折旧的计算方法有直线折旧法和加速折旧法两大类。

(1)直线折旧法:直线折旧法是指对固定资产的全部损耗平均地分摊到其使用期内,一般有年限平均法和工作量法两种。

①年限平均法的计算公式是:

$$年折旧额=\frac{固定资产原值-预计残值}{使用年限}$$

年折旧率的计算公式是:

$$年折旧率=\frac{年折旧额}{固定资产原值-预计残值}\times 100\%$$

②工作量法是采用服务单位或产量单位为基数,计算每单位的平均折旧额。其计算公式是:

$$单位产量(服务量)折旧额=\frac{固定资产原值-预计残值}{规定总产量(服务量)}$$

$$年折旧额=单位产量(服务量)折旧额\times 年产量(服务量)$$

(2)加速折旧法:加速折旧是为了避免技术更新的风险,以尽快收回固定资产投资。加速折旧法主要有双倍余额递减法和年数总和法两种。

双倍余额递减法是一种在不考虑固定资产残值的情况下,用直线折旧率的双倍乘以固定资产在每一会计期的期初账面净值(折余价值)来计算折旧的方法。

年数总和法是以尚余使用年限除以代表各使用年限的数字总和作为折旧率计算各年折旧额的方法。

例 10-4　某设备原值为 80 000 元,预计残值为 2 000 元,预计使用年限为 4 年,采用不同折旧方法计算各年的折旧额如表 10-2 所示。

表 10-2 各年折旧额

年份	直线法	双倍余额折旧法			年数总和法		
	年折旧额	期初账面余额	年折旧率	年折旧额	期初账面余额	年折旧率	年折旧额
1	19 500	80 000	50%	40 000	80 000	4/10	31 200
2	19 500	40 000	50%	20 000	80 000	3/10	23 400
3	19 500	20 000	50%	10 000	80 000	2/10	15 600
4	19 500	10 000	50%	5 000	80 000	1/10	7 800

实行加速折旧,有两点好处:一是加速折旧充分考虑了技术进步产生的无形损耗,通过在使用的前期多提折旧、增加成本费用而使得固定资产投资的大部分能尽快地收回,充实企业的内部积累;二是加速折旧把固定资产使用前几年的成本加大,相应地减轻了前几年的税收负担而延缓交税,等于国家对企业提供了几年的本息贷款。然而,加速折旧脱离固定资产的实际损耗,将以后年度的费用提前到与以前年度的收入进行配比,造成企业经营业绩和财务状况的不真实反映,从而影响报表使用者对企业的客观评价,进而影响企业的价值。因此,对于须向外报送财务报表的上市公司,选择加速折旧法时应谨慎从事。

(3)固定资产折旧年限的选择:企业可以在政策规定的范围内自由选择折旧年限,折旧年限的长短与以下因素有关,在决策时企业应加以考虑:第一个因素是资金回收,较短的折旧年限能加快资金的回收,降低经营风险;第二个因素是无形损耗,若企业处于技术先进的行业,相对而言固定资产受技术进步和创新而导致无形损耗的可能性加大,因此折旧年限要短一些;第三个因素是经济发达程度,经济发达地区的折旧年限可以短一些,经济相对落后地区的折旧速度可以放慢一点。

4. 固定资产的日常管理　加强固定资产的日常管理是固定资产管理的一项重要内容。加强固定资产的日常管理应着重做好以下几方面的工作:

(1)建立固定资产管理责任制:实行固定资产归口分级管理责任制,就是在企业财务部门的统一协调下,按照固定资产的类别、性能,由企业各职能部门负责归口管理。在归口管理的基础上,按各类固定资产的使用地点,由各级使用单位负责管理,并进一步落实到班组以至个人,做到权责分明,层层负责。归口分级管理责任制有利于企业各部门、各级和个人明确管好用好固定资产的权力和责任,使固定资产的安全完整和有效使用得到可靠的保证。

(2)合理使用固定资产:根据固定资产的性能和使用要求,充分有效地使用固定资产。对各项固定资产特别是机器设备,必须讲究科学管理和科学使用。为了充分发挥生产设备的效率,应当从生产设备的具体技术条件出发,合理安排加工任务和工作负荷,使设备生产能力能够得到充分利用。为了保证设备安全有效使用,应当根据设备的技术要求和复杂程度配备相应的操作人员。

(3)合理安排固定资产修理:固定资产的维修包括固定资产的日常维护、保养、检查和修理工作。

(4)定期组织实施固定资产清查工作:固定资产清查主要是盘点实物,查核账目,及时编制固定资产盘存报告单。对于固定资产的盘亏、毁损,应及时查明原因,分清责任,认真妥善处理。

（三）无形资产管理

无形资产是指企业所拥有的，不具有实物形态，能在未来较长时期为企业提供某些权利和收益的资产。包括专利权、商标权、著作权、土地使用权、经营特许权、专有技术、商誉等。

1. 无形资产的计价　无形资产应按取得时的实际成本计价。我国企业会计准则规定：购入和接受投资取得的无形资产，应当按实际成本记账；自行开发的无形资产，应当按开发过程中实际发生的支出数记账。无形资产计价时，必须备齐详细资料，包括所有权或使用权证书的复制件、作价的依据和标准等。其中非专利技术、商誉的计价，应经法定评估确定。

2. 无形资产的摊销　无形资产计价入账后，应当从受益之日起，在一定期限内分期平均摊销。无形资产摊销的关键是确定摊销期限，财务制度规定：法律和合同或公司申请书分别规定有法定有效期限和受益年限的，按照法定有效期限与合同或者公司申请书中规定的受益年限确定。法律和合同或者公司申请书均未规定法定有效期限和受益年限的，按照预计受益期限确定。受益期限难以预计的，按照不多于10年的期限确定。

二、对外投资管理

对外投资是指把资金投放于本企业以外的其他单位的投资。企业现金多余时，应对多余的现金进行合理的安排，以提高资金的使用效率。除可安排偿还债务外，还可进行投资。如果多余的现金数额较大，并且可能是长久的过剩，则可安排长期性投资，如果多余的现金只是暂时的过剩，则应安排短期投资。

（一）对外短期投资管理

1. 企业对外短期投资方式　短期投资是指投资回收的时间在一年以内的对外投资。短期投资的方式主要是短期证券投资，此外，还有企业间的短期资金融通等。企业进行短期证券投资的原因主要有：①作为现金替代物，在保证变现能力的情况下，可以增加企业的收益；②与筹集的长期资金相配合，对暂时不用的所筹资金进行短期投资，以获取一定的收益，待企业投资需要资金时，再将短期证券转换成现金；③分散直接投资的风险。

2. 企业对外短期投资决策的要求　企业进行短期投资时，需要综合考虑短期投资风险的大小、变现能力的强弱、收益的高低，主要要求有：

（1）安全性：短期投资最基本的要求就是安全性，因为进行短期投资的投资额是企业暂时的过剩现金，在一定时间后还需要使用。

（2）易销性：能随时以合理的价格转换为现金。

（3）收益性：进行短期投资时，应能获得比现金更多的收益。

（二）对外长期投资管理

对外长期投资包括长期债券投资、长期股票投资和直接投资。

1. 长期债券投资与管理　债券投资是指投资者将资金投资于债券以获取利益的间接投资。作为投资对象，债券可以按发行主体的不同分为政府债券、金融债券和公司债券。

(1)债券投资的特点:没有经营管理权,也不承担企业亏损责任;票面利率固定,不受银行利率变动的影响,收益比较稳定;大部分债券可在金融市场上进行买卖交易,流动性较好;筹资人必须按约定的利率和时间向投资者支付利息,在债券到期时偿还本金,而且债券的索偿权在股票之前,风险相对较小。

(2)债券投资的收益分析:债券的投资收益可用债券的到期收益率来衡量。这个收益率是考虑资金的时间价值的收益率,指能使未来现金流入现值等于债券买入价格的贴现率。

债券作为一种投资,购买价格是其现金流出,利息和归还的酬金或出售时得到的现金是其现金流入。债券未来现金流入的现值,称为债券的价值或债券的内在价值。只有债券的价值大于购买价格时,才值得购买。

(3)债券投资的风险:虽然债券的利率固定并定期还本付息,但是债券投资和其他投资一样存在着风险。其风险包括:债券发行单位不能按期支付利息和偿还本金的风险,即违约风险,一般政府债券风险极小,企业发行的债券违约风险较大;因金融市场利率变化而使债券购买者可能遭受损失的风险,即利率变动风险;在债券到期后进行再投资时,由于市场利率的下降,使得投资机会不如以前而使投资者遭受损失的风险,即再投资风险;因所买债券的流动性差,不能以合理价格及时出售而给持有人带来损失的风险,即流动性风险。在进行债券投资时,不能只考虑债券的收益情况,应同时考虑其投资风险,综合权衡加以决策。

2. 股票投资管理

(1)股票投资的价值:股票投资的价值是指股票未来收益的现值,在计算股票的价值时,考虑的未来收益是永久持有股票的每年的股利收益。在进行股票投资分析时,可以将股票价值与当前股票价格进行对比,只有股票的价值大于股票价格时,才值得购买。

粗略评价股票的方法就是市盈率分析法。市盈率是股票市价与每股收益之比,反映股票市价相对于每股收益的倍数。其计算公式为:

$$市盈率=\frac{每股市价}{每股盈利}$$

市盈率可以粗略反映股价的高低,表示投资者愿意用盈利的多少倍的货币来购买这种股票,是市场对该股票的评价。

例 10-5 某公司股票每股盈利 2 元,市价为每股 20 元,行业类似股票的平均市盈率为 11,则

$$股票价值=11\times2=22(元)$$

股票价值高于其市场价格,值得投资。

(2)股票投资的风险:股票投资的收益较高,但风险也最大。股票投资的风险可以分为两种性质完全不同的风险,即非系统风险和系统风险。非系统风险又叫可分散风险或公司持有风险,是指某些因素对单个股票造成经济损失的可能性。可分散风险可通过股票的投资组合来削减,随投资组合中股票数量的增加而逐渐减少。系统风险又称不可分散风险或市场风险,是指由于某些因素给市场上所有股票都带来经济损失的可能性。不可分散风险由市场变动产生,对所有股票都有影响,不能通过投资组合来消除。

3. 对外长期直接投资的管理　对外直接投资就是企业根据投资协议以货币资金、实物资产、无形资产对其他企业进行直接投资,以取得投资收益或者实现对被投资企业控股的目的。

在市场经济条件下,对外直接投资是企业的一种重要的投资方式,它通常是一种长期的战略投资,具有投资期限较长、不经常发生、变现能力差等特点。

对外直接投资的方式主要有:投资企业通过与其他企业共同投资组建合资经营企业,即合资经营方式;投资企业与其他企业组建合作经营企业,即合作经营方式;通过兼并其他企业或者购买其他企业的部分股权以实现对被投资企业控股的目的,即并购控股方式。

第四节 医药企业成本管理

成本是指为了达到特定目的所失去或放弃的资源。这里的"资源",不仅包括作为生产资料和生活资料的天然资源,还包括经过人类加工的物质资源以及人力资源。"特定目的"是指需要对成本进行单独测量的任何活动,也就是成本对象。"失去"是指资源被消耗项如原材料在生产中被消耗掉、设备在使用中被磨损等;"放弃"是指资源交给其他企业或个人,例如用货币支付工资或加工费等。

一、产品成本的构成与核算

(一)成本的分类

1. 按经济性质分类 生产经营成本按其经济性质可以分为劳动对象的耗费、劳动手段的耗费和活劳动的耗费三大类。前两类是物化劳动耗费,后一类是活劳动耗费,它们构成了生产经营成本的三大要素。

2. 按经济用途分类 成本按其经济用途分为生产成本、营业费用和管理费用三大类。生产成本,包括原辅材料、直接人工、燃料和动力、制造费用4个成本项目;营业费用,包括营销成本、配送成本和客户服务成本;管理费用,包括研究与开发成本、设计成本和行政管理成本。

3. 按计入成本对象的方式分类 产品成本按其计入成本对象的方式分为直接成本和间接成本。

(二)产品成本开支范围

企业产品成本是指产品在生产过程中所发生的全部支出。当产品销售出去后,这部分成本又转化为产品销售成本。产品成本的开支范围如下:

(1)生产经营过程中实际消耗的各种原材料、辅助材料。

(2)为生产产品所耗用的各种燃料和动力。

(3)生产工人和车间、厂部管理人员的工资,包括按国家规定列入成本、费用的按工资总额一定比例提取的职工福利基金。

(4)按规定提取的厂部、车间的固定资产折旧费和修理费。

(5)废品损失和存货的盘亏损失。

(6)企业支付的保险费、租赁费、低值易耗品摊销、无形资产的摊销等。

(7)为组织生产、经营所发生的管理费用、销售费用、财务费用。

(三)产品成本的核算

成本核算的目的引导着成本的归集和分配,使生产经营成本通过一系列中间对象,最终计算出产品总成本和单位成本。

1. 生产费用的归集和分配

(1)原、辅材料费用的归集和分配:用于产品生产的原、辅材料,属于直接费用,应根据领料凭证直接计入各种产品成本的"原辅材料"项目。

(2)人工费用的归集和分配:人工费用包括工资和福利费用。凡属生产车间直接从事产品生产人员的工资费用,列入产品成本的"直接人工费"项目;企业各生产车间为组织和管理生产所发生的管理人员的工资和计提的福利费,列入产品成本的"制造费用"项目;企业行政管理人员的工资和计提的福利费,作为期间费用列入"管理费用"科目。

(3)外购动力费用的归集和分配:动力费用应按用途和使用部门分配,也可以按仪表记录、生产工时、定额消耗量比例进行分配。直接用于产品生产的动力费用,列入"燃料和动力费用"成本项目,记入"生产成本"科目及明细账;属于照明、取暖等用途的动力费用,则按其使用部门分别记入"制造费用"和"管理费用"等科目。

(4)制造费用的归集和分配:制造费用是指企业各生产单位为组织和管理生产而发生的各项间接费用。在生产一种产品的车间中,制造费用可直接计入其产品成本。在生产多种产品的车间中,就要采用各种既合理又简便的分配方法,将制造费用计入各种产品成本。

(5)待摊费用和预提费用的分配:待摊费用是指本月发生,但应由本月及以后各月产品成本或者期间费用共同负担的费用。这种费用发生以后,不是一次全部计入当月成本、费用,而是按照费用的受益期限摊入各月成本、费用。这样做是为了正确地划分各月份的费用界限,正确计算各月产品成本和期间费用。

(6)辅助生产费用的归集和分配:企业的辅助生产,主要是为基本生产服务的。辅助生产费用的归集和分配,是通过"生产成本——辅助生产成本"科目进行的。辅助生产发生的直接材料、直接人工费用,根据"材料费用分配表"、"工资及福利费用分配汇总表"和有关凭证,记入该科目及其明细账的借方;辅助生产发生的间接费用,应在"制造费用"科目的借方进行归集。

2. 产品成本核算的一般程序　产品成本核算的一般程序,大致可以归纳为:

(1)对生产费用进行审核和控制,确定计入产品成本的费用。

(2)将应计入本期产品成本的各种费用,在各种产品之间按照成本项目进行分配和归集,计算出各种产品成本。

(3)对既有完工产品又有在产品的产品,将月初在产品费用与本月生产费用之和,在完工产品和月末在产品之间进行分配,计算出完工产品的总成本和单位成本。

(4)将完工产品成本转入"产成品"账户。

二、成本控制

成本控制是根据预定的目标,对成本发生和形成过程以及影响成本的各种因素和条件施加主动的影响,以实现最优成本和保证合理的成本补偿的一种行为。成本控制的具体形式和内容是很多的,从不同角度,可分为以下几种

(一)成本的责任控制

成本的责任控制,即指按成本内在的经济关系,在相互联系和密切合作的基础上,本着责任制的原理,就成本控制工作在有关方面之间安排的合理分工。对任何企业来说,生产经营行为都是一个有机的整体,生产经营过程中的各种耗费也即成本的控制必须是一个有机的整体。在这个整体中,人人都有责任参与成本控制。

1. 企业各职能部门的控制责任

(1)财会部门:负责制订企业的成本管理制度,参与制订各项订额和厂内价格,编制财务成本计划并负责落实、检查和考核,组织成本核算,进行成本的预测、控制、监督和分析,并指导所属基层单位的成本控制工作。

(2)生产部门:负责制订生产定额,编制和落实生产作业计划,组织和调度生产,缩短生产周期,减少在产品和半成品的资金占用,组织在产品、半成品和已领材料的盘点。

(3)计划统计部门:负责各项计划的汇集和平衡,并及时准确地进行生产统计,为成本管理提供补充数据。

(4)技术工艺部门:负责制订和检查各项物资消耗定额,搞好产品设计,采用先进工艺、技术和科学的组织措施,提高产品质量和产量,降低工科消耗。

(5)供销储运部门:负责编制销售计划和物资采购计划,制订物资储备定额,组织物资的计量与盘点,安排物资的采购和运输,并降低采购和销售费用。

(6)设备管理部门:负责制订设备利用定额和管理制度,编制设备运转、维修和保养计划。

(7)动力部门:负责制订水、电、气等消耗定额,严格管理,加强计量,降低消耗。

(8)劳动工资部门:负责制订劳动定额,安排和改进劳动组织,改善劳动条件和劳保措施,并严格执行国家有关规定,控制工薪支出,编制劳动保护费用计划,节约劳动保护费用开支。

2. 生产车间的控制责任　生产车间的成本责任控制指在车间主任领导下,以车间财会部门或人员为主体的分工协作管理。根据厂部下达的成本指标编制成本计划,并向有关班组下达;从事车间成本的日常控制,节约费用开支;组织车间成本核算、分析、检查与考核;指导班组成本管理工作。

3. 班组的控制责任　班组核算员应根据车间下达的有关成本指标,结合实际情况制订生产、消耗和出勤计划,并分解落实到人;组织核算班组执行的各项计划指标;考核和分析计划指标的完成情况,并不断总结经验,吸取教训,提高班组成本管理水平。

(二)成本的目标控制

目标成本控制是一种新型的成本控制制度。从目前我国部分企业试点的经验来看,目标成本控制的基本内容有:

1. 目标成本的制订　这是目标成本控制的前提和基础。在充分分析和研究本厂实际情况的基础上,可以通过如下两种方法确定目标成本:选择某一先进成本作为目标成本;先确定

目标利润,从产品销售收入中减去目标利润,就是目标成本。

2. 目标成本的分解落实　成本是一种综合性生产耗费指标,为确保目标成本实现,必须使每一具体措施落实到各单位、各个责任者身上,做到措施具体、目标明确、责任到人。

3. 目标成本的控制与考核　推行目标成本必须从各个环节加强控制、降低消耗、压缩费用,以期完成预期的任务。一定时期终了,企业应以财会部门为主成立考评小组。

4. 目标成本的分析　企业考评小组就成本升降情况及其原因进行广泛的分析研究,总结经验,为更好推行目标成本管理打下基础。

(三)成本的阶段控制

成本控制贯穿于企业的整个生产经营过程。基于这一点,我们可按成本发生时间的先后将成本控制划分为3个阶段:

1. 成本的事前控制——成本标准设计　它主要包括:产品定型上的控制;在生产周期开始前,通过预测制订成本控制标准,内容应包括费用支出、资源消耗、劳动人员与工时、产量与质量等方面。

2. 成本的事中控制——成本标准执行　它主要包括:将成本的预期目标分级进行分解下达,采取一定措施使各种费用、消耗的发生限制在规定的标准之内;这个过程中发生的各种工料费都应严格执行有关制度和计划,准确地组织成本核算。

3. 成本的事后控制——成本标准考核　它主要包括:经常地将实际成本与成本标准进行对比,查找差异,并分析原因;建立反馈报告制度,定期向有关部门和领导汇报,并提出建议和措施。

(四)成本的项目控制

按照成本构成项目的性质来划分,成本是由材料耗费、人工耗费和制造费用三大类构成的。对产品成本实施全面控制,必须同时把握这3个方面:

1. 控制原材料耗费　原材料耗费在产品成本中所占比重较大。对原材料耗费的控制可从以下3个方面进行:控制原材料的消耗数量,制定原材料的消耗定额,实行定额控制,或者发行企业内部流通券(或厂币)的办法控制原材料消耗;控制原材料的单位成本价格,在保证质量的前提下,选择最有利购买价购买原材料,选择最近、最方便的企业购买原材料,控制挑选整理费。

2. 控制人工耗费　人工耗费也即工资费用,同样也是产品成本的重要组成部分。制订劳动定额和编制定员,控制工时消耗;编制工资基金计划,控制工资基金支出;提高劳动效率,降低单位产品的工资费用。

3. 控制制造费用　有效地控制制造费用,同样是成本控制不可缺少的重要方面。制造费用的控制主要应抓住如下几个方面:制订费用定额和计划,并层层分解,逐步落实,落实到车间、部门、班组甚至个人,并与一定的奖罚措施挂钩;控制制造费用的日常开支,可以通过建立各单位的费用开支手册,健全费用开支的申报制度,实行内部流通券等办法,提高管理效率,减少不必要的经费开支。

第五节　利润分配

利润是企业一定时期从事生产经营和投资业务及其他非经营活动后取得的净收益，是企业的最终财务成果，也是衡量企业生产经营管理的重要综合指标。

一、利润构成

企业的利润总额包括营业利润、投资净收益以及营业外收支净额，利润净额为所得税后利润：

利润总额=营业利润+投资净收益+营业外收支净额

利润净额=利润总额-所得税

1. 营业利润　营业利润是指营业收入减去营业成本和营业费用（包括销售费用、管理费用、财务费用，商业企业还包括进货费用），再减去营业税金后的金额，包括主营业务利润和其他业务利润。其计算公式如下：

营业利润=营业收入-营业成本-营业费用-营业税金

2. 投资净收益　投资净收益是指投资收益扣除投资损失后的数额。

投资净收益=投资收益-投资损失

其中"投资收益"包括对外投资分得的利润、股利和债券利息，投资到期收回或中途转让取得款项高于账面价值的差额，以及按照权益法核算的股权投资在被投资单位增加的净资产中所拥有的数额等。"投资损失"包括投资到期收回或者中途转让取得款项低于账面价值的差额，以及按照权益法核算的股权投资在被投资单位减少的净资产中所分担的数额等。

3. 营业外收支净额　营业外收支净额是营业外收入减营业外支出的差额。

营业外收支净额=营业外收入-营业外支出

其中"营业外收入"包括固定资产的盘盈和出售净收益，因债权人原因确实无法支付的应付款项，教育费附加返还款等。"营业外支出"包括固定资产盘亏、报废、毁损和出售的净损失，非季节性和非修理期间的停工损失，公益救济性捐赠，赔偿金，违约金等。

二、利润分配顺序

（一）企业所得税的计算与缴纳

企业的利润总额应按照所得税法的规定，调整为应纳税所得额后，依法缴纳所得税。需调整的项目主要包括：

（1）按规定从当年实现利润总额中扣减用税前利润弥补亏损的数额。

（2）由于税法规定和财务准则规定的不同，导致账务处理时列为支出，但税法上规定应计入应纳税所得的部分，应加入应纳税所得。

（3）税法规定的免税项目，可以作为应纳税所得的减项扣除。如国库券利息收入、联营企业分回的已税利润、治理“三废”收益等。

(二)税后利润的分配顺序

企业缴纳所得税后的利润,除国家另有规定外,按照下列顺序分配:

(1)弥补以前年度亏损:即弥补超过用所得税前利润抵补期限的以前年度的亏损。

(2)提取法定盈余公积金:法定盈余公积金按照税后利润扣除弥补以前年度亏损后的10%提取。盈余公积金已达注册资金的50%时可不再提取。法定盈余公积金可用于弥补以前年度亏损和转增资本金,转增资本金后企业的法定盈余公积金不得低于注册资金的25%。

(3)提取公益金:公益金是按规定比例从税后利润中提取的用于职工集体福利设施支出,如兴建职工集体宿舍、食堂、幼儿园等。公益金通常按照税后利润扣除弥补企业以前年度亏损后的5%~10%提取。

(4)向投资者分配利润:企业以前年度未分配利润,可以并入本年向投资者分配。企业利润按照出资者出资比例或按照股东持有股份的比例分配。

(三)股份有限公司向投资者分配利润的顺序

股份有限公司税后利润的分配顺序与前述相同,至于向投资者分配多少利润,取决于企业的利润分配政策,企业应根据法律规定、股东要求以及企业经营需要等各方面因素加以决定。提取公益金后,按照下列顺序分配:①支付优先股股利;②提取任意盈余公积金;③支付普通股股利。

三、股利分配政策、形式与程序

股利分配是指公司制企业向股东分派股利,是企业利润分配的一部分。股利分配涉及的方面很多,如股利政策的选择、股利支付程序中各日期的确定、股利支付比率的确定、股利支付形式的确定、支付现金股利所需资金的筹集方式的确定等。

(一)股利分配政策

支付给股东的盈余和留在企业的保留盈余,存在此消彼长的关系。在进行股利分配的实务中,公司经常采用的股利政策有:

1. 剩余股利政策　剩余股利政策是指税后利润在目标资金结构下,满足所有可行的投资项目的需要后,如有剩余则派发股利,反之则不发股利。剩余股利政策实际上将股利分配作为投资机会的因变量,目的是为了降低筹资成本,优化资金结构。其缺陷在于股利不确定,股利发放没有一个稳定的模式,股东缺乏信心。剩余股利政策比较适合于新成立的或处于高速成长的企业。

2. 稳定的股利政策　稳定的股利政策是指在一段时间内公司保证每股股利金额的相对稳定。这一政策的特点是,不论经济状况如何,也不论企业经营业绩好坏,应将每期的股利固定在某一水平上保持不变,只有当管理层认为未来盈利将显著地、不可逆转地增长时,才会提高股利的支付水平。一般来说,成熟的、盈利比较好的公司通常采用稳定的股利政策。

3. 固定比率股利政策　这种政策的含义是企业每期股利的支付率保持不变,每股股利是盈利的函数,每股股利随每股盈利的增减而变动。这就保证了公司的股利支付与公司的盈利状况之间保持稳定关系,使股利与公司净利润紧密结合,体现多盈多分,少盈少分,无盈不分的原则。

4. 固定股利加额外股利政策　所谓固定股利是指企业在正常情况下向股东支付的期望股利。额外股利指在固定股利之外向股东支付的一种不经常有的股利,只有当公司认为未来盈利的增加能够使其将派发的股利额维持到一个更高的水平时,才会增加份额外的股利额。

(二)股利支付的形式

企业实施股利支付的形式主要有现金股利、财产股利、股票股利等。

1. 现金股利　现金股利是以企业现金资产来支付股东股利的股利支付方式,现金股利的派发有利于支撑和刺激企业的股价,增强投资者的投资信心。

2. 财产股利　财产股利是企业以现金类资产以外的其他资产向股东支付股利,该种股利支付的形式在实际中很少采用。

3. 股票股利　股票股利是企业将分配给股东的股利以股票形式予以支付。企业派发股票股利时,账面上只需将未分配利润转化为股本即可,并未造成企业任何形式的现金流出和其他财产的减少,对股东来说,股票股利能保证所有者在无任何权益资本投入情况下,仍能维持现有的股权结构,也不会导致企业控制权的稀释,因而比较迎合股东的意愿,有利于股东财富的增加。

股票股利对企业的影响是双重的。一方面,股票股利的发放会增加企业市场流通股票的规模,刺激股价的上扬。另一方面,股票股利的发放也会被某些投资者认为是企业现金周转不灵的先兆,会对股价产生不良影响;此外,企业还要承担因为股票股利使股票的流通数量增加而净资产没有增加的收益风险。

第六节　财务分析

财务分析是指利用财务报表及其他有关资料,运用一定的分析方法对企业分析期的财务状况和经营成果进行动态比较和评价,为企业管理当局、投资者、债权人和政府机构等主体的决策行为提供依据。财务分析在理财循环中起着承上启下的作用,它不仅仅是在评价企业的过去,而更重要的是在预测和指导企业的未来。

财务报表分析由于分析主体不同,分析的目的也不尽相同。财务分析的目的有以下几个方面:第一,检查各种计划、预算及目标等的执行情况;第二,了解企业经营管理的现状和存在的问题;第三,分析研究企业的财务状况、盈利能力等,为报表使用者进行贷款或投资决策提供相关信息服务。企业财务报表使用者包括企业本身和外部使用者,外部使用者主要是投资者和债权人,以及有密切经济联系的其他相关利益者。

一、财务分析的内容

尽管不同的财务分析主体有不同的分析目的，但财务报表提供的信息量是确定的，只是分析者侧重点有所不同而已。概括起来，财务分析的基本内容主要有以下几个方面：

1. 企业偿债能力分析　偿债能力分析按偿债期限长短分为长期偿债能力分析和短期偿债能力分析，两种分析的目标及运用的技术指标都有所不同，但也有某些共同的特点，如企业资本结构的合理性、营运资金占用的合理性、企业的财务状况等。通过偿债能力分析，分析者希望能对企业债务利用程度进行分析评价，了解企业财务风险的现状，以便为企业进行外部投资决策和筹资决策提供信息依据。

2. 企业资产营运能力分析　营运能力分析主要包括企业资产占用结构的合理性和资产周转使用情况，其中应侧重分析流动资产的周转使用情况。

3. 企业盈利能力分析　盈利能力分析主要包括企业利润计划或目标的完成情况及影响因素的分析，以及对投资者获利水平的影响，通过对比和分析各年度利润指标的趋势变动情况，预测企业的盈利前景。

4. 对企业总体财务状况的评价分析　在上述专项分析基础上，全面综合地对企业的财务状况和经营状况进行相互联系的分析，揭示理财工作中的优势和薄弱环节。

二、财务分析的方法

财务分析是一项技术要求较高的具体工作。要做好分析工作，首先，分析者要有扎实的专业理论知识，能理解财务报表及相关财务资料所提供的财务信息。其次，还要系统地掌握一套具体的分析方法、工具和分析程序。否则，财务报表提供的信息只能是简单的呈列，只能单独揭示各呈报项目的状况。

财务分析方法一般有比较分析法、趋势分析法、比率分析法和因素分析法等专门方法。

（一）比较分析法

比较分析法主要是通过某经济指标在数量上的差异来揭示该经济指标增减变化情况及发展趋势。比较分析法是最基本的分析方法，可以说，财务分析的其他方法在一定程度上都是建立在比较分析法基础之上的。通过比较，可以帮助分析者发现企业生产经营中存在的问题，为进一步分析原因和解决问题指明方向。

在运用比较法进行分析时，必须注意经济指标的可比性。在选择比较指标时，要求在内容、计算方法、计价标准、时间跨度上保持一致的口径。但在实践中，由于各种具体原因，所取得资料的可比性往往很难保持一致，这就要求分析者必须对对比指标进行必要的调整。

利用比较法对财务报表进行分析时，一般进行以下几方面的对比：

（1）实际同计划或目标相比较：比较结果可以揭示实际执行情况与计划或目标值之间的差异，了解该项指标的计划或目标的完成情况。

（2）实际同上期或历史最高水平相比较：比较差异可以反映企业不同时期有关指标的差异及变化情况，了解企业财务状况和经营成果的发展趋势及管理工作的改进状况，该分析在财务报表分析中占有重要的地位。具体分析时,通常通过编制比较资产负债表、比较损益表、比较现金流量表等比较财务报表来分析。

(3)实际同国内外先进水平相比较:同国内外先进水平相比,可以找出本企业与先进企业之间的差距,以便不断推动本企业改善经营管理,赶上先进水平。

(二)趋势分析法

财务报表的趋势分析,也称趋势百分率分析或指数分析,是指利用企业连续两期或多期的财务报表的资料,编制比较财务报表,对某些指标(如资产总额、负债总额、收入成本、利润等)在不同时期的增减变化方向及幅度进行分析,以揭示该指标的发展变化趋势。

趋势分析法运用动态比率对不同时期的指标进行比较和分析时,出于所采用的基期数不同,计算的动态比率指标因此也有两种形式:定基动态比率和环比动态比率。定基动态比率是以某一时期的指标值为固定的基数进行计算的;而环比动态比率,则是以每一分析期的前期数为基数而计算出来的比率。

在运用趋势分析法进行分析时,需注意以下几个问题:

(1)同其他分析方法一样,用以对比的各期指标,在计算口径上必须一致,符合可比性的要求。

(2)对非常项目要进行适当调整,如由于自然灾害等不可预测因素对企业财务活动产生的影响,必要时物价变动因素也需要考虑。

(3)基期的选择要慎重,要体现代表性。在确定分析起点(某一基期)进行趋势分析时,如果基期定位不当,指标偏高、偏低或存在非正常经营活动严重影响当期损益时,往往会影响分析的效果。

(三)比率分析法

比率分析法是指通过计算两个相关的财务指标的比率,来揭示指标关系合理性的分析方法。财务比率依涉及指标的关系可分为以下3种类型:

1. 结构比率　结构比率亦称构成比率,是反映经济指标的局部与总体的关系,即分子是包含于分母之中的。如资产负债率、生产设备占全部固定资产的比重就属于此类比率。因此,结构比率可以帮助我们考察某一总体指标构成项目的比例安排是否合理有效,以便于进行结构调整。

2. 效率比率　效率比率是用以反映经济活动中所费与所得的比例,体现投入与产出的关系,如成本费用利润率、资金利润率、资本利润率等。利用效率比率,可以权衡得失,评价经营效果的好坏。

3. 相关比率　相关比率是指除结构比率和效率比率之外的、反映两个相互关联指标的财务比率,如负债与股东权益比率等。相关比率可以帮助分析者评判各相关指标的占用或安排是否合理、生产经营活动是否顺畅进行。

某期财务比率测算只能说明当期各财务指标的实际情况。为达到分析目的,还需要运用客观存在或社会承认的标准比率,如历史标准、预算标准、行业标准等,对分析期指标进行比较，以说明本企业在同行业中的所处位置，以及企业经营中存在的问题及发展趋势等。

(四)因素分析法

因素分析法是用来测定某经济指标的各构成因素的变动分别对该经济指标的影响程度。反映企业经营活动成果的一些综合性经济指标，往往同时受到其他一些指标(影响因素)的制约，为了有效地分析原因，就有必要弄清这些影响因素分别对分析指标差异所应承担的责任，找出工作中的薄弱环节，如价格的波动、成本的升降、销售量的增减等，都是影响利润指标完成的因素。运用因素分析法分析时，首先应将各影响因素按照它们之间的逻辑关系和实际经济意义，排列成合理的顺序，然后顺序地假定其中一个因素变化，而其他因素保持不变，将变化前后的结果相比较，从而得到该因素变化的影响值。如此逐个计算，最终得到每个因素的影响值。

参考文献

1. 宁德斌．医药企业管理．北京：科学出版社，2004.
2. 杨义群．财务管理．北京：科学出版社，2004.
3. 杨春林．企业管理学．北京：高等教育出版社，2004.
4. 刘冀生．企业经营战略．北京：清华大学出版社，1995.

第十一章 医药企业文化

纵观世界各国优秀的企业,如国际级的企业有 IBM、惠普、松下、默克等,国内的有华为、海尔、万科、同仁堂等,尽管它们所处的行业不同、经营模式不同,但却都有一个共同的特点,即:优秀的企业都有优秀的企业文化,优秀的企业文化又能够推动企业获得持续成功。因此,一个企业要想持续成长,就要学会利用文化来管理、建立一种良性的机制和平台;反过来,这种良性的企业文化也会使企业得到更大的益处。

第一节 企业文化概述

一、企业文化的兴起

古人云:"仓廪实而知礼仪,衣食足而知荣辱。"个人在吃饱穿暖以后才会重视精神世界的改造,做企业也是同样的道理,只有当企业的规模、实力发展到一定阶段才会有能力思考企业文化的建设;因此可以说,企业文化的建设也是伴随着企业和社会经济发展到一定阶段后逐渐受到重视的。

(一)行为科学的诞生与对人的关注

管理理论的发展离不开时代背景的变化,任何管理理论的发展都必须服务于管理实践。企业文化的兴起与时代背景的变化也不无关系。

19 世纪末到 20 世纪初,企业经营者主要关心的是如何提高生产效率的问题,以泰勒为代表的科学管理理论对企业提高生产效率、推进工业化进程产生了深远的影响。基于"经济人"的假设,当时的管理理论假定人的行为动机就是为了满足自己的私利,工作就是为了得到经济报酬。到 20 世纪 20~30 年代,"霍桑实验"使人们注意到组织中的人际关系、非正式群体等因素对组织效益的影响,引发人们开始关注包括自我实现在内的人的社会性需要,以人的社会性为基础,提出了"社会人"的人性假设。随着人际关系学说的发展和一系列相关理论的产生,行为科学理论逐渐奠定了在管理学科中的地位。

第二次世界大战结束以后,世界各国,尤其在西方国家,随着科学技术的迅猛发展及其在生产领域的广泛应用,工业生产条件得到极大改善,脑力劳动比例扩大且逐渐成为决定生产率的主导力量;同时,由于生产社会化程度提高,企业所面临的经营环境越来越复杂,竞争也愈加激烈。因此,传统的企业管理理论和管理方式受到越来越多的挑战,组织严密控制型的管理,逐渐朝着以人为中心的管理方向发展。战后世界各国流行的以人为本的管理,改变了以物、以事、以任务为中心的传统管理模式,重视把人的要求、发展欲望和价值实现放在第一位;改变了单纯依靠严格规章制度和严密监督体系进行管理的强制性管理方法,重视对员工心理、行为的深入研究,通过培养人的自主性,实现自主管理和自我控制;传统的权力纽带和资本纽带作用递减,而文化纽带却在日益发挥着巨大的凝聚作用和导向作用。

(二)日美之间的较量与企业文化研究热潮的兴起

企业文化研究热潮的兴起源于第二次世界大战后日本经济的快速崛起。日本是个资源贫乏、火山地震不断的岛国,作为二战的战败国,从20世纪50年代开始引进美国的现代管理方法,用了不足20年的时间就实现了经济起飞,并在20世纪80年代,以一种超级经济力量的角色出现于国际舞台,生产率的增长速度几乎是美国的400%,大有取代美国、欧洲之势。这引起了美国学者的普遍重视。大批美国学者在对日本企业进行考察之后发现,日本企业与美国企业之间的一个最大差别是日本企业的员工有“爱厂如家”的思想,而美国企业的员工缺乏这种思想——这种美日两国的文化差异正是造成了两国不同管理模式的根源所在。这说明,文化力是推动日本经济、日本企业发展的原动力。当然,任何组织文化的形成都需要一个长期的历史过程,不可能简单地移植到其他组织当中。因此,企业文化的研究从此在美国成为热门话题。

美国企业文化研究的热潮,大体经历了3个阶段。第一阶段是动员和准备阶段,主要的代表作为哈佛大学伏格尔教授的《日本名列第一》(1979);第二阶段主要关注于两国管理的比较研究,主要代表作有斯坦福大学帕斯卡尔和哈佛大学阿索斯西教授的《日本企业管理艺术》(1981),美籍日本人威廉·大内的《Z理论——美国企业如何迎接日本的挑战》(1981)等;第三阶段的主要目标在于,重建与美国文化相匹配的经营哲学和工作组织,恢复美国的经济活力,与日本人进行较量。主要代表作有哈佛大学迪尔教授和麦肯锡咨询公司顾问肯尼迪合著的《公司文化》(1982),麦肯锡公司顾问彼得斯与沃特曼合著的《追求卓越》(1982)等。这两本书一举成为当年的畅销书。从此以后,“卓越”和“文化”成为管理研究的重点。美国学者在比较中发现,美国的企业在管理中注重的是技术、设备、制度、方法、组织结构和财务分析等“硬”性因素,强调的是管理科学;而日本企业则更多地强调人员、作风、技巧和共有的价值观等“软”性因素,遵循的是企业哲学。这种“软”性管理的关键是以人为本,树立大家共同遵循的信念、目标和价值观,培育出全体员工同心协力共赴理想的“企业精神”。

日本人对美国人重塑企业文化的决心和举动也作出了积极的回应。很快,日本学者关于企业文化的研究成果也陆续问世。日本企业界的著名企业家,如松下幸之助、上野一郎等,也对自己的经营管理经验进行了系统整理,支持和丰富了学术界的理论研究,为日本企业文化研究作出了巨大贡献。

20世纪80年代中期,我国大陆企业界掀起了塑造企业精神的热潮,“企业文化”一词开始出现于报纸杂志上,企业文化研究成为我国企业管理思想与理论中的若干热潮之一。

二、企业文化的内涵

(一)文化的基本内涵

“文化”(culture)一词来源于拉丁语,原意为耕耘、耕作、培养、教育、发展出来的东西,是同自然存在的东西相对而言的。

文化的内涵有广义与狭义之分。广义的文化指的是人类创造的物质财富和精神财富的总和,从这个角度理解,自人类有史以来,凡是与人的思想、行为及人工制品相联系的都是文化。狭义的文化则特指精神产品及行为方式。一般来说,每一个地域都有其独特的文化,如美国文化、日本文化,中国文化等;在中国这样幅员辽阔的地域上,还可以区分出不同的地域文化,如齐鲁文化、华南文化以及客家文化等。我们认为,在人类社会中文化是多元的,在这些文化中没有高下、对错之分,只是每一种文化各有特点。

(二)企业文化的定义与内涵

关于企业文化的定义,国内外学者及企业界人士各有自己的理解,目前并没有一个明确、公认的定义。以下列举了一些定义,我们认为这些定义的内涵及其差别本身并不重要,重要的在于,他们给我们提供了多种理解企业文化的视角。

《Z 理论》一书的作者威廉·大内认为:“一个公司的文化由其传统和风气所构成。此外,文化还包含一个公司的价值观,如进取性、守势、灵活性——确定活动、意见和行为模式的价值观。”

美国学者约翰·P·科特和詹姆斯·L·赫斯克特在《企业文化与经营业绩》一书中认为,企业文化是“指一个企业中各个部门,至少是企业高层管理者们所共同拥有的那些企业价值观念和经营实践,是指企业中一个分部的各个职能部门或地处不同地理环境的部门所拥有的那种共通的文化现象”。

麦肯锡管理顾问公司主管马文·鲍尔对企业文化下过一个较为通俗的定义,他认为企业文化即“我们处理周遭事物的方法”。

特雷斯·迪尔和阿伦·肯尼迪在《企业文化——公司生活的礼仪和仪式》一书中认为:企业文化由“价值观、英雄人物、习俗仪式、文化网络、企业环境”构成。企业环境是对企业文化的形成和发展具有关键影响的因素;价值观是组织的基本思想和信念,是企业文化的核心;英雄人物把企业价值观人格化且本身为员工们提供了具体的楷模;礼仪和仪式是公司日常生活中的惯例和常规,向职工们表明对他们所期望的行为模式;文化网络是组织内部主要的(但非正式的)联系手段,也可以说是企业价值观和英雄人物传奇的“运载工具”。

从企业文化形成的角度来看,企业文化学家埃德加·沙因认为,人们之间的共同体验足够丰富的话,就会产生某种共同的观念或共识。如果这种共识长期以来都具有有效性的话,就会成为人们习以为常的无意识的东西。所谓企业文化,在这个意义上说,就是群体体验学习的成果,是某个组织或群体在学习处理适应环境和整合内部的各种问题的过程中,发现、开发的基本思维模式,这种思维模式经长期的运用、强化,其有效性得到了广泛的承认,并作为思考、看待、解决同类问题的正确方法传递给新的成员。

我们认为，企业文化就是企业员工共同信奉和遵从的价值观念、思维方式和行为规范。为了理解上的方便，可以从精神层、制度层和物质层3个层次来理解企业文化的内涵（图11-1）。

图11-1 企业文化的3个层次

1. 精神层 企业文化的精神层也可称为理念层，集中表现为企业的价值观。

2. 制度层 企业文化的制度层是指通过企业组织形式、规章制度等表现出来的文化，是企业文化的物化形式，如企业的管理体制、经营方针、劳动纪律以及操作规程、工作标准、岗位职责等一系列规章制度，是塑造企业文化的主要机制和载体。

3. 物质层 企业文化的物质层是指通过企业的内外环境、各种物质设施及建筑、企业标识、产品及商标等表现出来的文化。

企业文化的精神层是企业文化的核心和灵魂，制度层和物质层则是精神层的物化形式，集中反映了企业的精神追求。

（三）企业文化与企业形象

企业形象是一个企业在消费者以及社会公众心目中的总体印象，或者说是消费者和社会公众对企业的整体认识与综合评价。

企业形象与企业文化既有联系又有区别。企业文化与企业形象是两个相互包含的概念和范畴，是一种你中有我，我中有你的相辅相成的关系，二者共同构成企业的精神资源。企业形象是企业文化的外在表现，是企业文化在传播载体上的反映，而企业文化则是企业形象的核心和灵魂。企业形象与企业文化是标与本的关系。

三、企业文化的核心

对于企业文化的构成要素，目前有很多种说法。我们认为，价值观是企业文化的核心。海尔的张瑞敏说过，“海尔过去的成功是观念和思维方式的成功。企业发展的灵魂是企业文化，而企业文化最核心的内容应该是价值观。”

所谓价值观，是指社会公众评价各种行为的观念标准。价值是客观的，而价值观则是主观的。由于人们的生活条件、经历、需要、爱好、情感等方面的不同,人们的价值观念也各不相同。正是由于价值观的这种主观性,不同的人、不同的企业,其价值观是不同的,我们应当正视这种差异的存在。

美国学者特雷斯·迪尔和阿伦·肯尼迪认为,价值观贯穿于管理活动的始终,它构成人们对待客观现实的态度,评价和取舍事物的标准,选择对象的依据和推动人们实践和认识活动的动力。企业价值观就是一种以企业为主体的价值观念,是企业全体员工共同信奉的基本信念和价值标准。具体地讲,企业价值观就是一个企业在追求经营成功的过程中,对生产经营以及自身行为的根本看法和评价。

我们可以将价值观分为如下4个层次,即核心价值观、目标价值观、基本价值观和附属价值观。

1. 核心价值观　核心价值观是指导公司所有行动的根深蒂固的原则,也是公司的文化基石,是企业价值观的核心。它是一个组织所拥护和信奉的最重要和永恒的信条,如诚信、创新、尊重员工等,不应随时间的变化而改变。柯林斯和波勒斯简洁地把核心价值观解释为"公司的精神和持久的原则——是一套不需要外部调整的永恒指导原则"。

重要的是,不要把核心价值观与文化、战略、战术、作业、政策或其他概念混为一谈。随着时间的推移,文化标准要变,战略战术要变,具体的管理制度及操作方法要变;但是,公司要长久生存并发展下去,唯有核心价值观不能轻易改变。因此,真正的核心价值观必须可以经受时间的考验。

惠普在1995年的年度报告中把自己比喻成一个陀螺仪:"上百年来,陀螺仪被用来引导船舶、飞机和卫星。它的特点是:外围的轴架可以自由运动,而核心的圆盘却稳定不动。与此类似的是,惠普公司的核心也存在着稳定的品质,并引领着公司员工继续领导和适应技术与市场的变迁"。同样,强生公司也运用这一观念在改革整个组织结构、改进整个生产流程的同时,保留了包含在强生信条中的核心价值观。

那些能够持续成长的公司,尽管它们的经营战略和实践活动总是不断地适应着变化的外部世界,却始终保持着稳定不变的超越利润最大化的核心价值观和基本目标。核心价值观的管理和传承决定了一个企业能否持久发展,正如华为公司的任正非所言:"一个企业能否长治久安的关键是:企业的核心价值观被接班人确认,而接班人本身具有自我批判的能力。"作为员工与企业为之奋斗的最高纲领,核心价值观能够统揽全员的思想和意志,是实现企业可持续发展的必然要求。

2. 目标价值观　目标价值观是指公司要获得成功必须拥有但目前暂不具备的价值观。如某公司需要发展一种新的价值观以支持公司新的战略,或者满足不断变化的市场和行业的需求。

目标价值观的确立和发展,应当注意避免与核心价值观产生冲突。比如某家处于创业时期的公司,可能在较长一段时间需要将努力工作和奉献精神视为核心价值观,员工们对加班已习以为常。如果管理层考虑到公司未来将发展成较有实力的企业,员工们到时可能可以享受到更好一点的待遇,因而将目标价值观确立为"工作与生活兼顾"的话,就有可能使员工感到困惑,不知道该如何是好。因此,目标价值观应作为核心价值观的有益补充,决不能影响甚至替代核心价值观的核心地位。

3. 基本价值观　基本价值观反映的是任何员工所必须具备的行为和社交的最低标准，是对企业员工基本言行准则的价值判断。如果一个员工连企业的基本价值观都不能认同，那么就很难继续生存；言行准则也是企业文化能够落实在员工工作行为上可具操作性的日常规范。比如，河南安阳彩玻公司提出的"三讲三不讲"：讲主观不讲客观，讲内因不讲外因，讲自己不讲别人。这种行为规范用在日常工作会议上，将有利于员工敞开心扉，坦然面对自己的问题和失败，不必因担心他人的指责而寻找各种理由来推诿责任，自然就会有利于促使公司的会议氛围融洽、简短而有效。

4. 附属价值观　附属价值观是指在企业中自然形成、并非由领导者有意培植的那些价值观念。附属价值观往往伴随着一家企业从创业到成长的过程中，由于所从事业务的特殊性而自然生成的某些习惯性的价值观，这种习惯价值观随时间的推移在企业逐渐生根。附属价值观通常反映了某个企业中员工的特有属性。比如位于旧金山苏玛区的SAK ELLIOT LUCCA时装公司，早期员工都是些单身人士，他们习惯于在周日的晚上穿着黑色衣服聚会，该公司在成长过程中潜移默化地就浸染了这些员工的价值观——时髦、年轻和酷——这种附属价值观也可称为"习惯价值观"。

四、企业文化的地位与作用

说到底，企业是一个功利组织。从这个意义上讲，企业文化建设应该是帮助企业长久地获得利润，或是帮助企业建立一个长久获取利润的机制。企业文化管理的目的，在于凝聚全体员工的力量，赢得市场竞争的胜利，求得企业的扩张与发展。因此，企业文化必须作用于企业管理，有益于企业利益。

概括说来，企业文化在企业中的地位与作用大致表现在以下4个方面。

第一，企业文化为企业指明长期奋斗的愿景目标。"文化决定战略"是管理学中的一个重要假设。之所以处在同行业、同地域的企业可能采取完全不同的战略，很大程度上会与它们之间的文化差异有关。以企业领导集体的追求为导向形成的企业核心价值观，牵引着企业的愿景目标，从而在很大程度上决定着企业的战略发展方向。

第二，企业文化是员工与企业之间的一种心理契约，是筛选"一路人"的有效机制。企业一般是以劳动合同与员工进行责、权、利的约定；但对于干部和骨干员工而言，企业不仅希望他们遵循劳动合同，同时还希望他们在思想上也能够与企业同心同德，即所谓的与企业有一种心理上的契约。"志同道合"的干部和员工队伍是企业长久发展的基本保证。

一方面，优秀的企业在员工入职时都会进行企业文化的培训，比如联想集团对员工的"入模子"培训，就是希望进入联想的员工，能够以联想人的方式来说话行事；另一方面，公司对于干部和骨干员工的选择和提拔都会通过企业独特的价值观进行筛选，如海尔公司选用干部首先看两条：一是能不能吃苦，二是能不能吃亏。有了这两条再考察能力，竞聘上岗。公司要求干部有敬业精神和奉献精神，在关键时刻能够与公司同甘共苦。通过企业文化这种心理契约的作用，筛选属于本企业的"自己人"，使企业员工（至少使干部队伍和骨干员工）形成共同的观念和思维模式，步调一致，向"无为而治"的理想境界前进。

美国管理学家彼德斯和托马斯在《成功之路》一书中写道："文化占有主导地位并且贯穿始终，这点已被证实是出色公司的根本性特征，无一例外……在这些公司里，下面的职工在大多数情况下都懂得他们该做些什么事，因为他们对于公司那为数不多的几条具有指导性的价值观了如指掌。"海尔公司的总裁张瑞敏也认为，"总裁的最高境界是靠精神来指挥。达到最高境界的领导人，他的部下不知道他的存在，可都会按照他的意图去干。"可见文化机制的重要作用。

第三，企业文化通过创造一种好的氛围，达到凝聚人和激励人的作用。在市场经济社会，金钱有着巨大的能量，金钱给人以诱惑，但是仅有物质上的收获却难以满足员工更高层次的需求。马斯洛的需求层次理论告诉我们，人的最高需求是要追求自我价值的实现，知识型员工尤为重视精神上的满足。

管理学大师德鲁克曾讲过这样一则寓言。一位路人问3个正在砌砖的石匠在做什么，第一个石匠说："我在养家糊口。"第二个石匠边敲边回答："我在做全国最好的石匠活。"第三个石匠仰望天空，目光炯炯有神，说道："我在建造一座大教堂。"企业中的员工每天要完成大量枯燥、重复性的工作，企业文化建设就是要向员工传递他们所从事工作的意义，使得他们能够在每天平凡的工作中找到价值实现的乐趣，使个人目标与企业目标的实现联系在一起，达到一种自觉自愿地为企业目标奋斗的状态。

企业的发展不可能一帆风顺，总会有高潮与低谷之分，当企业的价值观得到员工的认同，就会形成巨大的向心力和凝聚力，使员工在企业遭遇低谷时仍然能够与企业"同呼吸、共命运"，共渡难关。

第四，企业文化给企业的扩张冲动以理性约束。企业本质上是个经济组织，但现代企业已经不再单纯以"利润最大化"作为唯一的追求，而是追求企业的可持续成长。以企业领导集体的追求为导向形成的企业核心价值观，牵引着企业的愿景目标，从而在很大程度上决定着企业的战略方向。企业家和投资者通过反思企业核心价值观，理性地思考在战略上"做什么、不做什么"、在理念上"提倡什么、反对什么"、在目标上"追求什么、放弃什么"，进而实现企业的理性成长与扩张。

通过并购获得巨大成功的美国思科公司认为，成功的并购必须具备以下5个条件：①并购双方必须有共同的愿景（文化条件）；②并购后短期内应该获得被并购公司员工的信任（文化条件）；③并购双方应该有文化上的一致性（文化条件）；④双方长期战略应该一致（战略条件）；⑤大宗的收购对象距离上不要太远（空间条件）。如果一宗并购只能满足上述4个条件，那就要再等一等、想一想；如果只能满足其中的3个条件，那就坚决予以放弃。这说明思科公司的文化确实对其经营决策发挥着重要的影响作用。

第二节 医药企业文化理念

医药企业文化是指在医药企业中形成的企业文化。

优秀企业的文化中往往有许多共同的理念，如诚信、团队、合作等；但不同的行业和企业的历史沿革、现实状况、产品风格等不尽相同,甚至存在很大差异,所以企业文化必须是从自己特有的产业或经营管理实践中概括提炼出来的,因而又要突出企业鲜明的个性特点,这样的企业文化才具有生命力、凝聚力和感召力。因此,医药企业的文化既具有一般性,也有其特殊性。

本节首先总结回顾优秀企业所秉持的共同价值观,然后讨论处于医药行业中企业所特有的核心理念。

一、优秀企业的共同价值观

尽管优秀的企业存在于不同的行业当中,采用不同的商业模式和管理模式,但经过研究我们发现,优秀的企业却有一个突出的共同点:它们都有优秀的企业文化,善于运用企业文化来建立一种良性的、可供企业持续成长的机制和平台。进一步研究发现,这些优秀企业的文化当中有着某些共同的价值观,是这样一些价值观推动企业能够不断超越自己、走向卓越。美国兰德公司的专家们花费20余年的时间跟踪了500多家世界级的大型企业,发现那些百年不衰的优秀企业一般遵循以下3条原则。

1. 人的价值高于物的价值 卓越的企业总是把人的价值放在首位,物是第二位的。日本松下公司的老板告诫自己的员工,如果有人问:“你们松下公司是生产什么的?”你们应当这样回答他:“我们松下公司首先制造人才,兼而生产电器。”

2. 共同价值高于个人价值 共同的协作高于独立单干,集体高于个人。卓越的企业所倡导的团队精神、团队文化,其本意就是倡导一种共同价值高于个人价值的企业价值观。辉瑞公司认为,“作为一个成功的公司,我们必须团结协作,不断地超越组织结构上及地域上的限制,来满足客户不断变化的需求”。成立于1926年的美国惠氏公司将“真诚合作、团队合作”视为其核心价值观之一,“我们提倡团队合作”,因为,“达成目标是我们成功的基石”。

3. 社会价值、客户价值高于利润目标 卓越的公司总是将顾客满意、社会价值的实现作为企业价值观不可或缺的内容。每个企业都有自己的价值目标,当自身利润目标与客户和社会目标发生矛盾时,优秀公司毫不犹豫地首选后者的实现——而这种超越利润之上的追求也给他们带来了长久发展的机会。惠普前CEO约翰·杨认为,“利润虽然重要,却不是惠普存在的原因。公司是为了更基本的原因而存在”。正如《基业长青》所描述的那样,高瞻远瞩的公司具有“务实的理想主义”。

1980年前后,第三世界国家有上百万人感染河盲症,这种病是一种由盘尾丝虫传播的疾病,这种寄生虫在人体组织里流动,最后移到眼睛并导致失明。默克公司研制出一种特效药,本想指望政府或第三方会购买药品分发给患者,但当地政府和医疗机构没有足够的资金购买这种药品,于是默克公司做出了一个惊人的决定——免费赠药。为保证把药品能分发到患者手中,他们制定了著名的“美迪善”援助计划并自己负担全部费用。二十几年来,已经有33个国家的数千万患者获救,默克也因此而成为世界上最受尊敬的公司。这仅是默克公司众多崇高行动当中的一个。乔治·默克二世在1950年所说的一段话足以说明默克公司的态度:“我希望……表明本公司同仁所必须遵循的原则……简要地说,就是我们要牢记药品旨在治病救人。我们要始终不忘药品旨在救人,不在求利,但利润会随之而来。如果我们记住这一点,就绝对不会没有利润;我们记得越清楚,利润就越大。”

二、医药企业文化的核心理念

对于医药行业来说，其产品直接与人的生命健康紧密相关，体现的是对人类身心的关注与呵护；由于医药产品的特殊性，对质量要求甚为严格，这决定了医药企业要实现对人类健康的关爱就必须注重责任、信守承诺。因此，许多优秀医药企业的核心理念中都至少包含了健康、关爱、责任与承诺这三组内涵相互关联的关键词。

（一）核心理念之一：健康

这里的“健康”，是一个较为广义的概念，只有形成一个大的健康系统，人类的身心健康才能够得到保证。因此，医药企业所追求的“健康”既包含了人类的身心健康，又包含了保证人类身心健康的社会与自然环境的健康；既包含了消费者的健康，也包含了医药企业员工自身的健康。如强生公司的使命是“推动世界的健康事业前进，并带给所有消费者最为安全、有效的医药产品，通过先进的科学技术不断创新与突破，成为所有消费者的健康第一选择”；辉瑞公司不变的经营理念则是“健康世界，辉瑞使命”；诺华公司的宗旨是“致力于不断研究、开发和推广创新产品，以帮助人类治愈疾病、减轻病痛和提高生活质量”。默沙东公司的事业“是保护人类健康，提高人类生活质量”。

国内优秀的医药企业也有着同样的追求。如哈药集团的企业使命为“用心创造健康生活”，北京同仁堂的使命是“弘扬中华医药文化，领导，绿色医药，潮流，提高人类生命与生活质量”。这些企业不仅在使命陈述中表达了对生命的尊重、对健康的责任，在多年的经营中也一直秉承着这种理念。2003 年北京爆发非典，同仁堂开始生产销售专家开出的抗非典的“八味方”，随后生产“八味方”代煎液。不到 1 个月时间，同仁堂共销售抗非典药约 300 万副。由于当时原材料价格暴涨，金银花从最初的每千克 200 多元涨到 400 多元，抗非典药执行的又是政府指导价，因此平均每销售一副（瓶）药，同仁堂就赔 2 元钱；尽管如此，同仁堂仍然加班加点，尽全力满足市场需求。整个非典期间，同仁堂为此赔了近 600 万元。虽然 600 万元比起同仁堂每年 40 亿的销售收入来讲有点“微不足道”，但这也足以证明同仁堂在面临短期利益与价值观发生冲突的时候会毫不犹豫地选择履行它坚持了 300 余年的“仁德”和“济世”的品牌承诺。

（二）核心理念之二：关爱

正是出于对人类身心健康的责任，优秀的制药公司也大都体现了“人性和博爱”的追求。

以下是雅培公司对核心价值观中“关爱”一词的阐释：

关爱——改善人们的生活

关爱是我们帮助人们拥有更健康生活的核心所在。我们极为尊重公司每位客户的生命，并将这种尊重融入我们的行动与责任。

关爱意味着……

改善生活：

——关注患者和客户的幸福和成功

——对人们的生活产生积极的影响

——帮助患者和客户过上更健康、更充实的生活

世界范围的影响：

——以全世界的健康需求为目标

——全球一致的文化理念，即在疾病的诊断、治疗和预防上产生有意义的影响

服务他人

……

尊重个人

……

关爱意味着对整个社会的关注、爱护和投入，意味着企业要始终保持着对社会公益的关注和高度的社会责任意识，为推动全社会的健康与和谐发展不懈努力。

美国强生就是这样一家公司。公司的网站上赫然几个大字："强生，因爱而生。"关爱他人、救助生命是这家有着百余年历史的公司持之以恒的追求。自进入中国以来，强生先后开展了婴儿抚触项目、全球儿童安全网络项目、新生儿窒息复苏项目以及企业关爱计划和强生家庭健康关爱计划等；通过形象广告片"因爱而生"来传递其"关爱"的核心价值理念："强生相信，在我们的身边，存在着一些巨人，他们以巨大的爱和细小的事，让心灵获得慰藉，让创伤得到安抚，让人们得到关爱。强生，以医疗卫生和个人护理的经验和智慧，与这些巨人并肩，用爱，推动人与人的关爱。"

不仅是强生，其他优秀的医药企业也同样如此。因为他们有着共同的信念：关爱是帮助人们拥有更健康生活的核心所在。广州白云山和记黄埔中药有限公司就是这样一家企业，秉承"爱心白云山、公民白云山"的企业理念，积极参加社会公益活动，承担企业公民责任。2005年，白云山和黄中药全球首创的"家庭过期药品（免费）回收机制"，帮助消费者解决过期药品难题；2006年10月20日，启动"永不过期"药店工程，两年内新增6 600家"永不过期"药店；2008年1月出版了中国医药行业首份企业全面社会责任报告——《做最好的企业公民》。

（三）核心理念之三：责任与承诺

对生命、对健康的责任要求制药企业不仅要有博爱的胸怀，还要信守对顾客、对员工、对股东以及对社会的承诺。这种承诺体现在方方面面，不仅要保证产品有可靠的质量和疗效，还要保证企业和员工个人坚持较高的商业道德操守。信守承诺并非是医药企业所特有的价值观，但是对于医药企业来讲，却有着非同寻常的意义。药是用来治病救人的，在追求崇高理想与现实利益的过程中总会产生这样那样的矛盾，这对医药企业是一个相当艰难的考验。

阿斯利康的核心价值观包括了"正直和高尚的道德标准"、"开放、诚实、彼此信任并相互支持"。默沙东坚持要"恪守诚信，坚持最高标准的商业道德操守"、"致力于前沿科学研究，以我们的研究改善人类的生活质量"，并"相信成功取决于员工的正直、知识、创新、技能、多元化和团队合作"。百时美施贵宝宣誓："对我们的患者和客户、我们的员工和合作伙伴、我们的股东和友邻，以及我们为之服务的整个世界坚守我们的信念：公司的每一件产品中都凝聚着我们的诚信和正直。""忠诚可靠"是惠氏公司的核心价值观之一，"我们为顾客、社会、股东和我们

自己作正确的事情:为自己的行为负责、遵守承诺、用开放、诚实、真诚的态度交流、严守机密”。

面对良莠不齐的中成药质量、激烈的市场竞争,同仁堂人一直恪守“炮制虽繁必不敢省人工,品味虽贵必不敢减物力”的古训,在制药过程中严格依照配方,选用道地药材,从不偷工减料、以次充好,在生产现场以“质量即生命,责任重泰山。一百道工序,一百个放心”、“生产一流品质,同仁堂永恒的信条;创造国际名牌,同仁堂不懈的追求”、“修合无人见,存心有天知”等标语时刻警示员工,严守“下真料、行真功、讲真情”的“三真”信条,确保了同仁堂金字招牌的长盛不衰。

三、医药企业文化理念的表述形式

企业文化理念需要用贴切的语言表述出来,呈现到公众面前的语言实际上是企业高层以及核心人物对于企业发展的深层思考。一种恰当的表述形式会激励人、鼓舞人,特色的语言会使人印象深刻,引起企业员工及其利益相关群体的强烈共鸣。

医药文化理念在表述上大体有如下3种形式。

第一种是短语式,即以简短的词语说明企业的文化理念。如天士力的共同价值观是“以人为本,诚信通达”;吉林华康药业的经营理念为“取材自然,服务健康”;辉瑞中国的核心价值观念则包括“领导人才、革新创造、力争上游、尊重他人、团队精神、客户至上、社区精神、道德观念、追求品质”。

第二种是叙述式,即以完整的一句或几句话进行表述。如深圳金活的核心价值观为“有精神,凡事有可能”;同仁堂的堂训是“同修仁德,亲和敬业;共献仁术,济世养生。求珍品,品味虽贵必不敢减物力;讲堂誉,炮制虽繁必不敢省人工。承同仁堂诚信传统,扬中华医药美名。拳拳仁心代代传;报国为民振堂风”。

第三种是条款式,即通过较长的篇幅、从不同的角度分类对企业文化理念进行解说。比较典型的如强生公司信条(详见强生公司网站):

我们相信我们首先要对医生、护士和病人,对父母亲以及所有使用我们的产品和接受我们服务的人负责。……我们要对世界各地和我们一起共事的男女同仁负责。每一位同仁都应视为独立的个体。……我们要对我们所生活和工作的社会,对整个世界负责。……最后,我们要对全体股东负责。

另外,有些企业除了说明最核心的文化理念外,还围绕核心形成了一系列的理念体系,如哈药集团的理念体系如下。

企业宗旨:做地道药品,做厚道企业。

企业使命:用心创造健康生活。

企业价值观:立信于心,尽责至善。

企业精神:济世救人,兴业报国。

经营理念:以正合,以奇胜,以德存。

管理理念:大文化战略整合,大品牌市场竞争,大手笔创新发展。

企业世界观:做药为民,人和业兴。

企业发展观:敢走天下路,敢为天下先。

企业责任观:以人类的健康为己任,为客户、股东、员工和社会创造价值。

团队精神:和谐、互动、共赢、同济。

行为风范:信任决定发展,忠诚赢得信任,能力创造价值,勤劳获得回报,竞争走向竞合。

工作信条:做人老实、学问扎实、工作踏实、业绩真实。

由于提倡的理念涉及较多方面,为方便记忆和理解,很多企业在表述上非常注重语言的组织形式,如哈药集团中药二厂将企业思想行为准则总结成一个体系,并简称为“一二三四五”,具体如下。

一个目标:以企业发展和腾飞为目标。

两个有利于:有利于企业发展的事情要立即去做,有利于职工利益的事情要立即去办。

三个实在:说实在话,办实在事,做实在人。

四个上来:将我们的思想统一到事业上来,将我们的干劲落实到工作上来,将我们的关系融合到友谊上来,将我们的荣誉体现到效益上来。

五个简单:为人的头脑要简单,办事的程序要简单,相处的关系要简单,汇报的工作要简单,考核的结果要简单。

第三节　医药企业文化建设

企业文化建设是一项复杂的系统工程。只有遵循企业自身及企业文化的发展演变规律,协调好各个方面的建设力量,选准启动时机与切入点,按照科学的原则、程序和方法办事,才能确保工程建设的质量。从严格意义上来讲,企业文化建设工程没有统一的模板,本节仅介绍了一些基本的程序与方法供大家参考。应当说,在医药企业文化建设这个问题上,我们所讲的大部分内容并非医药行业专有,而是不同行业的企业都可以遵循和借鉴的一般规律。

一、医药企业文化建设的层次与误区

(一)企业文化建设的三个层次

企业文化主要指的是企业人共有的一种精神理念,这种理念统驭企业内部与外部的各项工作,并表现在企业的方方面面。正如一个人的言行举止、穿着打扮可以反映其内心世界一样,企业文化理念指导着企业各项规章制度的确立、影响着企业人说话办事的方式以及企业各种设施的配备、环境的营造;反过来,一切制度层面和物质层面的表象又都是企业文化作用的载体。按照传导企业文化的不同载体,我们对企业文化的建设可以通过精神层、制度层和物质层3个层面进行。

从另一个角度来讲,企业形象是企业文化的外在表现。企业形象的塑造主要通过企业形象识别(corporate identity,CI)来完成,包括理念识别(mind identity,MI)、行为识别(behaviour identity,BI)和视觉识别(visual identity,VI)三大部分。企业形象的识别与企业文化建设是一

个内在统一的过程,二者的关系参见图 11-2。

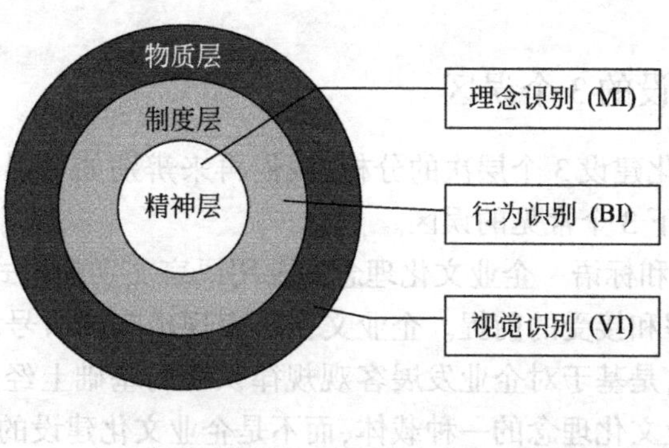

图 11-2 企业文化建设的 3 个层次与企业形象塑造的关系

1. 精神层 企业文化建设的核心,就是要将企业的一系列理念和看法做出准确的定位和表述,也就是进行理念识别(MI)的过程。企业文化的核心集中体现为核心价值观,理念识别就是对其进行准确定位和表述的过程,这一过程是企业文化建设的核心。理念识别的偏差将会影响企业前进的方向。美国哈佛大学几位教授对 80 多家成功日本企业的研究发现,其中三分之一具有清晰独特的理念。托马斯·彼得斯和小罗伯特·沃特曼对美国 43 家优秀企业的调查结果也得出类似的结论,即那些经营好的公司都有一套非常明确的指导信念。因此我们说,符合企业自身发展规律的文化理念是企业存在和运行的精神支柱。

2. 制度层 员工的日常行为往往能够反映出企业倡导什么样的理念。制度层建设的主要任务就是要通过有效的制度安排来达到行为识别(BI)的目的。制度规定了企业成员在共同的生产经营活动中应当遵守的行为准则。只有用企业文化理念去指导制度建设,通过制度来使文化得到固化和合法化,才能使文化真正得到落实。在企业运营管理过程中,真正引导员工行为的是制度,仅依靠口号和人的自觉性很难影响和调动大多数员工。保障企业文化实施的制度建设包括正式制度、企业惯例、行为规范和文化网络等。

3. 物质层 企业文化理念也可以通过一些视觉层面的现象表现出来,如企业品牌、标志、企业标准色、宣传口号及标语的牌子、建筑物外观、员工服装服饰等,因此在企业文化建设过程中,有必要进行视觉识别(VI)的设计。VI 是一种将企业理念具体化、视觉化的传达形式,它以视觉传播为载体,将企业文化、企业规范等抽象语意转换为具体符号、具体可见的识别系统。在这一层面的设计,最重要的是要能够准确传达和表现企业文化理念。只有在企业文化理念指导下所进行的 VI 设计才能称为企业文化建设的一部分。

在上述 3 个层次中,精神层是企业文化建设的核心,对制度层和物质层起着指导作用;而后两个层次则是企业文化理念得以实施的基本途径和保障。通常在企业文化建设中,首先由企业领导层提出核心理念和价值观,然后利用典型的人和事以及其他活动对核心理念和价值观进行充分透彻的解释,最后再通过制度和规则将变化后的行为固化下来。

很多打算开展企业文化建设的企业都并非从零开始,而是已经积累了自身独有的风格,因此,企业文化的建设往往与变革同行。在进行企业文化变革时的一般原则为:先通过洗脑、灌输新的理念来转化员工的思想,一部分先进分子会很快认同和接受;其次,再利用规则的变化,通过影响员工切身利益转变其行为；最后，对于既不认同企业文化又不能遵守规则的员工必须坚决予以撤换。

（二）企业文化建设的3个误区

基于我们对企业文化建设3个层次的分析，我们再来辨别如下误区就容易多了。当前对企业文化建设存在着以下3个常见的误区。

1. 企业文化是口号和标语　企业文化理念需要用语言文字的形式表述出来，这是企业文化被广大员工认识、理解和接受的前提。企业文化所表现出来的口号和标语应当是企业高层管理者深层思想的表达，是基于对企业发展客观规律认识的基础上经过深思熟虑做出的。因此，口号和标语仅是企业文化理念的一种载体，而不是企业文化建设的全部。

2. 企业文化是娱乐活动　有的企业把丰富员工文化生活，组织如歌唱比赛、运动会等文体活动当作搞企业文化建设，这也是一种误区。仅仅是氛围好、关系融洽、员工满意还不够，只有能够帮助企业实现长久发展目标的各项措施和活动才是企业文化建设。当然，企业可以依托这些活动来传播、展现和深化企业文化理念。

3. 企业文化是优秀的社会文化成果　把企业文化与社会文化等同起来也是一种误区。尽管人类历史上的优秀文化成果是所有企业和组织共同的精神财富，企业文化可以从这些财富中汲取营养。但是，由于企业区别于其他组织的重要特征在于它的功利性，因而企业文化与社会文化的重要区别应当在于：企业文化一定要为企业成长、企业功利目标的实现服务。

二、医药企业文化建设的基本程序

建设企业文化的基本程序，一般是在健全领导机构、对企业文化建设做出科学规划的前提下，做好以下3个环节的工作，即诊断与评估当前企业文化，确立目标企业文化理念，制定行动方案、推动文化宣传。当然，随着时间的发展，现行的企业文化也需要不断完善与提升，这样企业文化建设实际上是一个不断往复循环、螺旋上升的过程。

（一）诊断与评估当前企业文化

对企业文化的变革与创新并不是对企业历史的全盘否定，而是对企业历史与未来发展的有机结合。对历史与现状的调查研究，找出需要改进的首要弱点，认清支持和阻碍变革的文化因素，能够为建设适合本企业的文化体系提供有力保障。

调研和评价的主要内容包括：①企业的经营领域及其竞争特点；②消费者及社会公众对企业的评价和期望；③企业管理的成功经验及优良传统；④企业家的个人修养和精神风范；⑤企业员工的素质及需求特点；⑥企业现有文化理念及其适应性；⑦企业发展面临的主要问题；⑧企业所处地区的经济与人文环境。

在企业文化调研中常用的方法主要包括：访谈法、问卷法、资料分析法和现场调查法等。

1. 访谈法　对不同层次人员的访谈能够获得不同的信息。与高层领导者的沟通，能够正确把握企业的发展战略，明确重塑企业文化的方向；与中层管理人员的交流，有助于了解企业管理中的真实问题，确立企业价值观的框架；与基层的访谈及座谈会，则有助于在一线员工当中发现闪光点和先进人物。

2. 问卷法　访谈能够接触的范围是有限的，要对企业文化现状和员工对企业文化的认同度进行一次大范围的评估还需要开展问卷调查。很多企业文化测量与评估问卷是从个体的角度来评估企业文化现状的，如对员工满意度的调查、工作价值观的调查与激励因素的调查等。有些关于价值观的调查，往往会采用一些间接的提问方式，如通过利用其他事物引发相关联想的方法等，以此分析员工的深层想法。

3. 资料分析法　对企业资料的研究包括企业历史沿革、企业发展战略、企业制度、政策、机制以及企业活动等相关资料的研究。每一个企业在其发展过程中都会积淀独特的管理风格与文化内涵，它们散落在企业制度、机制以及政策等方方面面，其中隐含着企业对经营管理和对员工的基本假设，通过对这些资料的研究，能够发现这种基本假设，为企业核心价值观的确立提供依据。

4. 现场调查法　对企业的工作环境与人员工作状态进行现场调查，可以获得对企业的感性认识，通过逐渐深入地观察企业与员工的无意识行为，从而发现企业文化的深层次问题。如现场观察企业的实物设施、考察公司如何接待陌生人、观察员工工作时间的状态等。

企业文化的调研其实也是一次全体员工的总动员。因此，最好在开展工作之前，由公司主要领导组织召开一次动员大会；并在整个调研过程当中，使尽可能多的企业员工（尤其是核心员工）参与进来，使大多数人产生强烈的参与感和责任感。企业文化建设是全体员工的事情，只有员工乐于参与、积极献计献策，企业理念才能被更好地接受。

（二）确立目标企业文化理念

在分析、总结和评价企业现有文化状况的基础上，充分考虑企业内外环境因素的影响，用确切的文字语言，把主导的企业价值观、经营理念以及行为准则等表述出来，形成固定的文化理念体系。不同的企业在理念表述的方法和形式上各有特点。

新的企业文化理念不能脱离实际，既要与企业及员工目前所处的发展阶段和已经形成的行为习惯相适应，利于企业多数员工的认同和接受，又要结合企业未来发展和提升管理水平的需要，反映一定的前瞻性，从而使企业文化保持先进性、体现牵引作用。

在价值观的确立上，要注意如下两个问题：一要注意目标价值观的比例不宜太大，否则员工会感觉企业提倡的离自己太远、太虚，与当前工作联系不大；二要注意对附属价值观应谨慎对待，对公司发展起到积极作用的要大力加以发展，而有损核心价值观的则要坚决予以剔除。

（三）制定行动方案，推动文化宣传

为了使企业文化理念能够在较短时间内得到员工的认同并付诸实践，必须设计一套行之有效的行动方案，通过制度层面的引导以及物质层面的配合，宣贯、强化并固化文化理念，使先进的文化理念变成员工可理解、可执行的规范，进而逐渐形成新的思考、行为习惯，由精神转化为实际行动。推动文化宣传的具体措施有：

1. 编写企业文化手册　企业文化理念体系需要通过文本形式固定下来，编制企业文化手册是比较常见的一种形式。企业文化手册是企业全体员工的精神指南，是企业文化传播的载

体和培训的教材，具有较强的稳定性。企业文化手册的形式各不相同，有的仅有企业文化理念及释义，有的将企业员工的行为准则及规范、企业标识及含义等也包含在内，还有的把体现企业主流文化的典型案例、故事、照片、漫画等也穿插其中。

2. 举办文化理念导入仪式　在企业文化理念确立并编成手册后，公司可在较大范围举办一次导入仪式，颁发及赠送企业文化手册，对企业文化内容进行发布，并借机进行宣传和动员。仪式可以请全体员工（或代表）参加，也可以同时邀请上级领导、重要客户、相关专家及新闻媒体参加。

3. 利用重大事件　适时利用企业发展过程中出现的重大事件（无论是正面的还是负面的），如重大生产、经营、管理等方面的成功事例或责任事故，强调某一事件的积极意义或给企业造成的重大损失，借此给员工带来巨大的心灵震撼，触动其内心深处，使员工产生强烈的印象，从而有利于接受企业所倡导的新的文化理念。

4. 开展文化演讲和传播活动　在企业文化理念的导入阶段，适时举办员工有关企业文化的演讲和辩论活动，使员工结合实际体会现身说法，通过不同角度、不同声音促进员工对企业文化理念的理解。同时，利用各种传播媒体，如企业内刊、网络、电视、会议以及各种社会媒体，广泛持续地传播企业文化理念，营造氛围。

5. 强化精神灌输与文化训导　企业主要领导人应联系实际，通过专题的企业文化报告会形式向全体管理人员和一线员工阐释企业理念的内在含义；企业宣传或培训部门应以企业文化手册为基础编写具体教案，对新员工和在职员工进行培训；举办各种文化讲座，使员工能够在较短时间内理解新的企业文化理念。

同时，企业高层领导人应结合日常工作，经常在各种会议和重要场合倡导企业文化理念，强化员工的理解与记忆；并通过高层领导人的多次强调，使员工深刻感受到企业高层的重视程度。

6. 编写和传播文化故事、树立英雄人物　以企业发展过程中发生的典型事例为基础，编写或演绎文化故事、树立英雄人物。故事和英雄人物是企业文化的特殊载体，往往取材于身边的人或事，容易引起人们的共鸣，是传播企业文化的有效形式。

7. 建立文化沟通网络　通过多种渠道，形成上下畅通的文化沟通网络。正式渠道如各种会议、企业月刊、布告栏、员工座谈会、公告、意见箱等；非正式渠道如内部交流的 BBS，倡导管理层经常深入基层等。

8. 制定员工及干部的行为准则　企业提倡什么样的行为，反对什么样的行为，什么样的行为可以得到比别人更多的赞赏、更快的提拔等，都可以通过行为准则的方式明确地传达给干部及员工。比如前面提到的哈药集团中药二厂的企业思想行为准则，即“一二三四五”。

9. 考核制度、分配制度的调整　企业中的大多数人还是“经济人”，要使企业文化理念能够真正落实到员工实际行动当中、与他们的日常工作建立紧密联系，最有效和直接的办法就是通过考核制度和分配制度的调整，使员工如果不遵从企业提倡的文化理念，就会受到利益上的影响。

10. 典礼和仪式　通过典礼和一些特殊的仪式表明企业对待某类事件的关注程度，使企业理念通过这些活动更丰富生动地展现出来。如某药业公司在每次提升管理者时都要举办正式的宣誓仪式，让新升任者在所有管理者面前郑重地宣读誓词，无论宣誓者还是在场者均会受到极大震撼。

11. 塑造品牌与形象　通过与企业形象识别等方法相结合的方式，把企业抽象的文化理念注入有形的品牌和形象当中。

三、医药企业文化建设的关键时期

企业生命周期一般分为培育期、成长期、成熟期和衰退期4个阶段。由于企业生命周期的四个阶段在组织结构、运行方式等方面都有较大差异，所以企业在4个阶段上的特征有着质的不同。企业生命周期4个阶段之间的转折点本质上是量变积累到质变发生的转折点，尤其是企业由培育期到成长前期以及由成熟期到衰退期之间的转折，是企业能否实现可持续成长的关键点，堪称企业的战略转折点。战略转折点既蕴含着机会，又潜藏着危险，企业在这两个点上最易出现冒进错误和保守错误（图11-3）。在此时进行企业文化建设尤为关键。

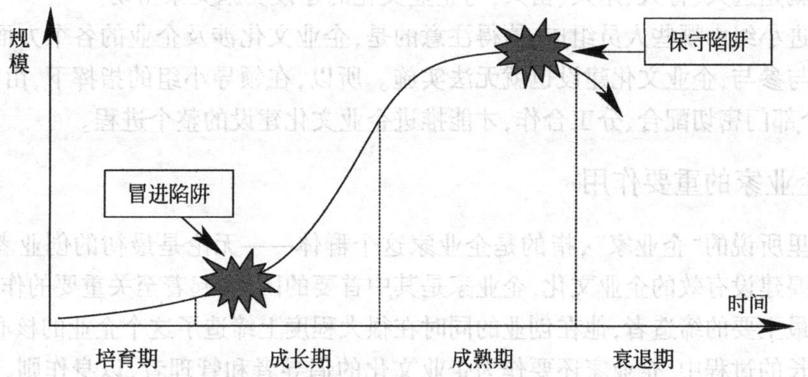

图11-3　建设企业文化的最佳时期

1. 快速成长的前期　当企业成功地渡过培育期进入成长期时，处在一个蒸蒸日上的状态中，以往的成功使企业充满自信，眼前的机会与扩张的实力使企业容易急功近利而掉进冒进陷阱。通过反思和确定企业的核心价值观、对企业文化进行定位，能够避免企业超速扩张和盲目多元化的行为。同时，企业文化的明确对企业未来快速扩张中选人、用人、留人也是强有力的保障。

2. 成熟阶段的中后期　企业在成熟阶段的中后期，市场地位稳固，组织庞大，管理规范；员工收益稳定，对物质刺激表现不敏感，整个企业容易开始不思进取，逐渐失去企业家精神和创造力。如果任由这种状态发展下去，企业就会掉进保守陷阱，开始走向衰退。这时就有必要革新旧文化，创造新文化，进行企业文化的改造。

四、医药企业文化实施的领导与组织保障

（一）企业文化实施的组织保障

在企业文化的实施阶段，领导与组织保障是必不可少的，通常包括领导小组和推进小组。

领导小组通常由企业的高层领导班子担任，作为企业文化实施过程中的最高决策和协调机构，一方面使企业全员认识到领导对企业文化建设的高度重视，另一方面也能够有助于为该项工作扫清障碍，铺平道路。

企业文化建设是一个长期渐进、动态完善的过程。由于领导小组成员的日常工作非常繁重，因此，还需要组织一套班子专门负责企业文化建设的实际操作工作。不同的企业有着不同的做法，常见的可以归结为以下几种。

1. 党政部门　党委原本就承担企业员工的思想政治工作，可以采取"一套人、两块牌子"的做法，同时兼以协调与实施新文化变革。

2. 企业文化部　有些公司成立专门的"企业文化部"或"企业文化中心"，专职承担企业文化建设的工作。

3. 人力资源部　有些公司将企业文化建设的职能放到人力资源部门，人力资源部门本身的主要职责就是选人、育人、用人、留人，与企业文化的建设实施关系密切。

无论推进小组由哪些人员组成，值得注意的是，企业文化涉及企业的各个方面，没有各个部门的配合与参与，企业文化建设也就无法实施。所以，在领导小组的指挥下，由推进小组牵头，其他各个部门密切配合、分工合作，才能推进企业文化建设的整个进程。

(二)企业家的重要作用

我们这里所说的"企业家"，指的是企业家这个群体——无论是最初的创业者，还是后来的领导者。要建设有效的企业文化，企业家是其中首要的因素，起着至关重要的作用。创业者是企业文化最主要的缔造者，他在创业的同时在很大程度上缔造了这个企业的核心价值观；在企业不断成长的过程中，企业家还要作为企业文化的倡导者和管理者，以身作则，通过各种管理手段、协调各方力量将企业文化贯彻实施下去，为企业持续成长打造良好的平台和机制。大体来说，企业家在企业文化建设过程中的重要作用可以从以下3个方面阐述。

1. 企业家是企业文化的缔造者、倡导者和管理者　可以说，企业文化是企业家创造的。企业家的核心价值观，在创建和运营企业的过程中会对企业及其成员带来相当深远的影响。企业文化要形成体系，离不开企业家的总结和提炼——由此可见，那些企业文化建设比较好的企业，往往其企业家都特别善于思考和感悟，总结形成自己的理论。因此，要建设企业文化，企业家自己首先就要有思想，明确自己的核心价值观。美国企业文化专家斯坦雷·M·戴维斯在其著作《企业文化的评估与管理》中指出："无论是企业的缔造者本人最先提出主导信念，还是现任总经理被授权重新解释主导信念或提出新的信念，企业领导者总是文化的源头活水。如果领导者是个有作为的人，他就会把充满生气的新观念注入企业文化之中。如果领导者是个平庸之辈，那么企业的主导信念很可能会逐步退化，变得毫无生气。"美国麻省理工大学斯隆管理学院教授埃德加·H·沙因也曾说过："领导者所要做的唯一重要的事情就是创造和管理文化，领导者最重要的才能就是影响文化的能力。"

企业家作为企业文化的塑造者、倡导者和管理者，一方面要对现有的文化进行总结和提炼，保留积极成分，去除消极因素，并从引导企业未来发展的角度融入必要的新元素；另一方面，又要通过一系列的措施，将其内化为员工的价值观，外化为员工的实际行动。同时，为保证企业的可持续成长,还要在接班人的选择上重视价值观的传承。

2. 企业家的示范作用关系到企业文化建设的成败 《成功之路》一书认为,企业家是"以身教而不是言教来向职工们直接灌输价值观"的,他们"坚持不懈地把自己的见解身体力行,化为行动,必须做到众所瞩目,尽人皆知才行",必须"躬亲实践他想要培植的那些价值观,堂而皇之地、持之以恒地献身于这些价值观",这样,"价值观在职工中便可以扎根发芽了"。从认知的角度来讲,企业文化的形成是群体体验学习的成果。因此,企业家的一言一行,都将成为员工有意或无意效仿的对象;久而久之,这种示范性、引导性的行为将成为企业员工的共识。因此,无论倡导的是什么,员工们都能够通过企业家的实际行动,体会到他真正持有何种价值观,而这种真正的价值观在关键事件、关键时刻面前暴露得更为充分。如果宣称的企业文化与企业家身体力行的不一致,那么设计得再好的企业文化也难以实现。

3. 企业文化建设是"一把手"工程 从前面的阐述中可以得到,企业文化的建设必须由企业领导者从上至下地进行,因为企业文化具有权威性,是企业的理性选择。而企业文化要真正得到实施,就要渗透于企业运作的方方面面:战略的选择,经营方针的确定,干部及骨干员工的选拔,分配原则的导向等。因而,企业文化的建设必须由企业的最高领导层确定基调,给予足够的重视和支持,利用其权力及影响力协调各方并推动传播。从这个意义上说,企业文化建设应当是"一把手"工程。

参考文献

1. 宁德斌. 医药企业管理. 北京:科学出版社,2004.
2. 王捧英. 医药企业经营与管理. 北京:人民卫生出版社,2008.
3. 杨杜. 现代管理理论. 北京:经济管理出版社,2008.
4. 张德,潘文君. 企业文化. 北京:清华大学出版社,2007.
5. 张仁德,霍洪喜. 企业文化概论. 天津:南开大学出版社,2001.
6. 余世维. 企业变革与文化. 北京:北京大学出版社,2005.
7. 刘光明. 企业文化教程. 北京:经济管理出版社,2008.
8. 刘光明. 企业文化案例. 第3版. 北京:经济管理出版社,2007.
9. 特雷斯·迪尔,阿伦·肯尼迪. 企业文化——公司生活的礼仪和仪式. 北京:中国人民大学出版社,2008.
10. 熊军. 用核心价值观指导一切行动. 品质文化,2006(12).
11. 王吉鹏. 企业文化建设. 北京:中国发展出版社,2005.
12. 王成荣,周建波. 企业文化学. 第2版. 北京:经济管理出版社,2007.
13. 因爱而生——强生. 人民网,2007-10-08.
14. 强生公司网址 http://www.jnj.com.cn
15. 雅培公司网址 http://www.abbott.com.cn
16. 戴维斯·M·斯坦雷. 企业文化的评估与管理. 广州:广东高等教育出版社,1991.
17. 托马斯·小彼得斯,小罗伯特·H·沃特曼. 成功之路. 北京:中国对外翻译出版公司,1985.

第十二章 医药企业危机管理

自从有文字记载以来,人类社会始终面临着各种各样的危机,人类文明的发展过程就是回应各种危机的挑战的过程。在经济全球化的今天,企业的经营环境变得更为复杂多变,充满不确定性,危机无时不在觊觎和威胁着企业的生存与发展,企业经营稍有不慎就可能导致危机的发生。当企业面临各种危机时,不同的危机处理方式将会给企业带来截然不同的结果。因此,现代企业要想在一个高度动态、复杂多变的经营环境下找到生存和发展的空间,如何成功地处理危机就成为其不能回避的问题。现实告诉我们,危机管理应该成为企业的必修课。

第一节 企业危机及企业危机管理概述

一、企业危机的概念和特点

(一)企业危机的概念

根据美国公共关系协会的定义,危机(crisis)是指对公司正常运营产生重大影响的破坏性事件;企业危机(enterprise crisis)一般是指能引起潜在负面影响的不确定性事件,这种事件及其后果可能对企业及其员工、产品、服务、资产和声誉造成巨大的损害。

危机与风险是同一范畴的概念,二者既有密切联系,又有很大区别。风险往往是指事件发展的不确定性以及损害性;危机则是给企业造成重大损失或损害的灾难性事故与事件,它既可以从风险发展而来,也可由其他因素造成。虽然发生危机事件要比风险事件的概率少得多,但其危害和后果要严重得多,决不能等同对待。

(二)企业危机的特点

1. 突发性与紧迫性　危机的发生往往都是不期而至,令人措手不及,企业一般很难有准备,难以在短时间内形成应对方案;而正因为危机的突发性,其冲击与破坏力也就更巨大,如果不能对危机进行及时、有效地控制,其对企业造成的危害往往很大。一般来说,控制危机越早,危机造成的危害越小。

2. 威胁性与破坏性　危机一定是对过去的稳定状态构成了一定的威胁,它的出现威胁到企业组织基本目标的实现;危机发作后也会带来比较严重的物质损失和负面影响,管理、控制不好往往会给企业造成重大损失,甚至导致企业破产;有时即便对危机进行了有效的管理与控制,也只能是减少企业损失,挽救企业"生命"而已。

3. 危险性与机会性　危机会带来各种损失,但危机也是机会和转机,如果决策者能够正确面对危机,危机有时可以促进制度的革新和环境的变革,也即所谓危机既代表危险的境地,同时又蕴涵着大量的机会。将危机的危险性与机会性同时考虑,可以使处于危机的企业在危机中积极地面对危机、处理危机,变危险为机会,变坏事为好事。

(三)医药企业危机及其特点

我国医药企业危机从20世纪50年代开始时有发生,此后频率逐渐增加,影响日渐扩大,并广受关注。到本世纪初,危机频发,并最终在2005年衍变成为医药行业的公关危机,导致开展了全行业的涉及质量、假药、价格、广告、欺诈、商业回扣、商业贿赂等近乎全面的整顿、稽查,并引起国家在医疗卫生体制改革中专门涉及药品的专项改革方案与相关法律法规的制定。

所谓医药企业危机(medicine enterprise crisis),是指医药企业面临的危险与机遇。任何危及公众身体健康和生命安全,对医药企业的生存、发展、稳定构成威胁,对企业社会信誉和公众形象构成损害的事件,都属于医药企业危机的范畴。

与一般企业危机相比,除了具有企业危机的一般特点外,医药企业危机还有自己独具的特点,特别应该引起医药企业在处理危机时的高度重视。

1. 严重的危害性　由于医药企业产品与公众的生命健康息息相关,一旦该类产品出现问题,必将引起严重的后果和广泛的影响。甚至企业一点点的失误都会酿成轩然大波,并对企业造成致命打击。如2006年4月齐齐哈尔第二制药有限公司生产假药“亮菌甲素注射液”事件,不仅造成广东省部分用药患者出现严重不良反应,而且直接导致药厂倒闭,并引发全国药业的公共关系危机。

2. 社会的敏感性　医药企业的产品关乎整个社会和消费者的利益,有着广泛的社会性特点。危机发生后,社会和公众舆论对此类事件都极为敏感,相关新闻的传播速度异常快,覆盖面也异常广,发生的危机很容易成为社会舆论、新闻媒体关注的焦点,危机的每一个情况都会被媒体及时的报道和公众及时的获悉,并影响他们对企业的评价。

3. 信息的紧缺性　医药企业危机往往突然降临,决策者必须做出快速决策,但在有限的时间条件下,混乱和惊恐的心理使得获取相关信息的渠道出现瓶颈现象,决策者也很难在众多的信息特别是有关公众信息中准确地捕捉有价值的信息。

二、企业危机的主要成因

企业要有效地进行危机管理,就要对危机产生的原因有深刻的认识。一般来说,危机产生的原因可以从企业内部与外部两方面来分析。

(一)企业内部原因

1. 企业管理混乱　如企业内部的人、财、物、信息等内部管理上出现问题,包括人才流失、产品质量下降、业务量减少、信息资源丢失等,这些情况出现后可能不会使企业立即倒闭,但如果任其发展则可能使企业处于危险境地。特别是在质量管理方面,有些医药企业对于GMP实施不力甚至弄虚作假,导致假药、劣药出现而引发企业危机。

2. 企业经营不善　多是企业在选择投资方向、投资规模等决策时没有对市场进行全面深入的了解分析造成的。企业重要决策失误对企业的生存与发展影响很大，尤其是战略决策方面的失误，将会使企业犯方向性的错误，给企业带来直接利益损失和深远的负面影响，并引起企业危机发生。如企业重大投资、担保失误造成企业出现财务危机，食品、药品生产企业出现质量问题危及人们的生命安全导致企业经营困难、受阻而引发企业危机。

3. 不注重企业信誉　企业信誉是企业在长期的生产经营过程中，公众对其产品和服务的整体印象和评价。由于企业在产品质量、包装、性能、售后服务等方面和消费者产生纠纷，甚至给消费者造成重大损失或伤害，都将使企业整体形象严重受损，信誉降低，进而被提出巨额赔偿甚至被责令停产而使企业陷入危机。

(二)企业外部原因

1. 突发事件　这里是指无法预测和人力不可抗拒的事件，如地震、台风、洪水等自然灾害，以及战争、重大工伤事故、经济危机、交通事故等。这类事件是不以人的意志为转移的，一般来得比较突然，预防较难，对企业的生产经营活动和业务的开展影响严重。

2. 社会环境　社会环境的变化对企业的生存和发展也会产生重大影响，国际环境的改变和经济一体化的发展，使企业的竞争压力加大；而国家宏观政策面的收紧和执法监督力度的加大，会使违规的空间越来越小，而付出的代价则可能越来越大，尤其最近对直接牵涉到老百姓安全和健康的药品、食品行业的监督、检查和执法力度的加强，使得不少企业的问题被暴露出来，企业面临危机的可能性大大增加。

3. 媒体监督　随着媒体自由度的增强、独立性的增加，其社会舆论监督的功能也得到了进一步的放大，已经形成了一种不可忽视的力量，很多企业爆发危机，都是首先由媒体披露出来的。由于媒体的深挖，加之互联网等传播工具的快捷和畅通，从而使企业存在的问题被揭露和放大，危机就爆发了。

4. 监管环境　如药品监督管理部门在监管工作中监管不力甚至失职，药品监管体系存在漏洞，只顾市场准入环节而后续监管薄弱，相关药事管理法律法规建设滞后等，使医药企业外部制约和监督欠缺，企业避免危机发生的可能性被大大降低。

三、企业危机的阶段和类型

(一)企业危机的发展阶段

探索危机管理的策略首先是了解危机形成的基本规律。大多数危机事件是有一定规律可循的，危机的发展过程一般可以划分为4个阶段。

1. 危机潜伏期　危机产生都有一个问题积累过程，使危机处于量变阶段。这是解决危机最容易的时期，但却因没有明显的标志性事件而不易被人察觉。在这个阶段，诱发危机的各种因素渐渐集聚，对危机区域不断施加压力，寻找适当的时机突然爆发，冲击既有的和谐与稳定状态。在此阶段危机已表现出某种前兆和迹象，但尚未形成损害。隐患的因素有的是可以凭借考察和归纳获悉的，如春天是流行病易发的季节，而冬季是我国西北地区灾害频发的时候，但是有许多的隐患是现阶段的技术和观测力量不易察觉的。因此忽视安全管理必然成为培育危机的“温床”。潜伏期是危险与机会共同存在的时期，危机管理的重点是做好预测和监测、采取措施预防危机、转化危机，并为处理好危机做好准备。

2. 危机发展期　我们更习惯称这一阶段为“导火索”。在这一阶段，初期表现影响甚小，危害不大，一般不能引起普遍的关注，信息交换和对策研究仅仅局限在特定的群体和特定的领域。并且由于信息的垄断和传播不广，公共影响力小，可称为“弱效应阶段”。这个阶段持续时间或长或短，不仅苗头开始出现，而且烈度逐渐增强。发展期危机管理的重点应是隔离危机，加强信息流通，控制事态发展。

3. 危机爆发期　这一阶段在危机发展阶段中持续时间最短，但危害最大。如果在危机潜伏期，企业没有及时转化和控制危机隐患，或潜伏期没有表现出明显的迹象，关键性的危机事件就会突然爆发，而且会迅速演变，危机就进入了爆发期。爆发期的特点是进展快、强度大，一般持续时间较短。在危机的爆发期，危机管理的重点是紧急控制或减少危机造成的危害和损失，使其向好的方面转化。

4. 危机善后处理、恢复期　在急风暴雨的爆发期之后，危机进入恢复期。多数危机事件总是会随着危机因素的消除或者短时偃息而在一定程度上得到解决。此时期危机已基本得到控制，危机已不再造成明显的损害，潜在的危害也逐步被认识。公众和媒体平静下来，开始反思和探讨危机。这个时期长短不一，但其重要性不可忽视。如果处理不当，危机恢复期可能成为新的危机发展期。此时工作的重点应转向危机恢复工作，使企业尽早从危机中恢复过来，并利用危机改进工作，促进企业获得发展的契机。

（二）企业危机的类型

以不同的标准可以将企业危机划分为不同的类型，我们一般可将企业危机划分为以下几种：

1. 经营管理危机　是企业管理不善、经营不当而导致的危机，包括企业经营决策失误造成的危机，也包括企业对人、财、物管理的失误或产品质量问题或周围社区投诉环境污染等所造成的危机。

2. 产品危机　企业在生产经营中忽略了产品质量，产品或服务存在质量或性能的问题或缺陷，且不合格产品流入市场，损害了消费者的利益，甚至造成了人身伤亡事故，消费者必然要求追究企业责任而出现的危机。

3. 信誉危机　如前所述，企业信誉是企业在长期的生产经营过程中，公众对其产品和服务的整体印象和评价。如果企业没有履行合同及其对消费者的承诺，并引起一系列纠纷，甚至给合作伙伴及消费者造成重大损失或伤害，就会使企业信誉下降，失去公众的信任和支持而造成危机。

4. 财务危机　如果企业投资决策失误会致使资金周转不灵，而股票市场的波动、贷款利率和汇率的调整、银行拒绝再贷款等因素都将使企业出现资金断流，企业难以正常运转，严重的最终造成企业瘫痪。

5. 媒体危机　因媒体曝光或报道失实使企业美誉度遭受严重打击，并进而引发危机。

6. 人才危机　人才频繁流失作为企业人力资源管理的一个问题日趋严重，尤其是企业核心员工离职所带来的巨大影响也是严重的危机。

7. 法律或政策危机　一方面，企业由于遭遇政策调整或法律上的障碍，从而导致危机发生，如有的国家颁布《直销法》，而导致许多不合规定的直销或传销公司面临生死危机；另一方面，企业高层领导因违法犯法或涉嫌违法犯法，包括合同未履行、涉嫌偷税漏税、以权谋私、上市企业错误披露信息等事件暴露，企业也会陷入危机之中。

8. 灾难危机　包括诸如地震、台风、洪水等自然灾害，战争、重大工伤事故、经济危机、交通事故等事件，都可能给一些企业带来巨额财产损失甚至灭顶之灾，引发严重的企业危机。

四、企业危机管理

（一）危机管理的概念

所谓危机管理(crisis management)，是指在研究危机事件的发生、发展、变化规律的基础上，针对危机不同阶段的特点，有组织、有计划地制定和实施一系列管理措施，采取最切实可行的对策和行为，在最短的时间内以最少的资源来避免或减轻危机所带来的威胁或恶化的一系列管理活动的总称。

危机管理是一种积极、主动、有意识地对危机实行事前、事中和事后控制的连续、动态的过程，包括危机的预警、危机的规避、危机的控制、危机的解决与危机后的恢复和总结等内容。

危机管理奉行“危机不仅意味着威胁、危险，更意味着机遇”的积极行为准则，也就是说危机管理的实质和最高准则是转“危”为“机”。

（二）危机管理的目的和职能

实施危机管理既是维护企业形象的必要举措，也是企业提高敏感性与应变能力，增强企业内部凝聚力的需要。当企业面临各种危机时，不同的危机处理方式将会给企业带来截然不同的后果。成功的危机处理不仅能成功地将企业所面临的危机化解，而且还能够通过危机处理过程中的种种措施增加外界对企业的了解，利用这种机会重塑企业的良好形象，从而化险为夷，为企业创造新的发展机会；而不成功的危机处理或不进行危机处理，则会将企业置于极其不利的位置并因此遭受严重损失。

危机管理的目的就是在危机未发生时发现危机发生的诱因，预防危机的发生；而在危机发生时，掌握处理危机的方法与策略，采取措施避免或减少危机损害；并努力从危机中发现有利因素，尽早从危机中恢复过来，力争将危机转化为发展提高的机遇，使企业进入新的发展时期。

目前，我们把危机管理的职能确定为危机监测、危机预防、危机处理计划、危机处理决策、危机处理实施、危机转化、危机恢复、危机回顾等，这些职能分别在危机管理的不同阶段中实现，实现移转或缩减危机的来源、范围和影响，提高危机初始管理的地位，改进危机冲击的反应管理，完善修复管理，迅速有效地减轻危机造成的损害。

（三）危机管理的基本原则

1. 预防为主，未雨绸缪　危机管理不仅仅是将已发生的危机加以处理和解决。如果危机管理仅局限于此，决不能达到企业危机管理的最佳状态。所谓凡事“预则立，不预则废”，千万不能等到无可挽回的结果出现后，再想办法。因为当危机发生以后，对公众利益的伤害和企业形象的损失往往已经造成，此时无论如何尽力去“补救”，也只是作为“消防员”在挽回损失。因而，事先避免危机的发生是危机管理的最佳途径。管理者应树立未雨绸缪的意识，及早发现危机端倪，防患于未然。企业的危机管理应从事前做起，在机制上避免危机的发生，在危机的诱因还没有演变成危机之前就将其平息。

2. 反应迅速，处理及时　从危机事件本身特点来看，危机事件爆发的突发性和极强的扩散性决定了危机应对必须要迅速、果断。且危机的破坏性往往会随着时间地推移而呈非线性极速增长，因此，越早发现危机并迅速反应控制事态，越有利于危机的妥善解决和降低各方利益损失。

一旦发生危机，企业应该迅速做出反应。首先要在第一时间发现问题，并尽快做出正确决策。其次要在危机发生后应及时表态（一般应控制在 24 小时之内），表明企业对危机事件的积极解决态度。另外，企业必须以最快的速度设立危机处理机构，调集训练有素的专业人员，配备必要的危机处理设备或工具，以便迅速调查、分析危机产生的原因及其影响程度，全面实施危机管理计划。这样做不仅可以平息因信息不透明而产生的虚假谣言，而且可以赢得公众信任，并防止危机的扩大化，加快重塑企业形象的进程。

3. 处变不惊，行胜于言　企业面对突如其来的危机，应做到临危不乱。乱则无法看清危机实质，乱则无法有效地进行危机处理。理智、成熟的危机管理者一定要稳住阵脚，从容应对。

同时，在危机突然降临时，积极的行动要比华丽的辞藻更能够有效的建立起公司的声誉。在当前这种强调企业责任感的大环境中，仅依靠言辞的承诺而没有实际的行动，只能招来消费者更多的怀疑和谴责。他们的态度就有可能将企业推向危机的边缘。

4. 公众至上，勇担责任　在危机处理过程中，应将公众的利益置于首位，以企业长远发展为危机管理的出发点。危机发生后，无论谁是谁非，企业都要勇于承担责任。企业一定要本着诚意、诚恳、诚实的态度，从公众的角度处理问题，这样既能体现企业的社会责任感，又能得到公众的信任。危机事件发生后，公众的关注焦点往往集中在利益和感情这两个方面。对于利益问题，因为利益是消费者关注的焦点，即使受害者在事故发生中有一定责任，企业也不宜首先追究其责任，否则会各执己见，加深矛盾，引起消费者的反感，不利于问题的解决。对于情感问题，因为消费者很注重企业是否在意自己的感受，因此企业应该站在受害者的立场上表示同情和安慰，对公众表示安慰，必要时通过新闻媒体公开道歉，从而解决深层次的心理、情感关系问题，赢得公众的理解和信任。反之，在危机中企业运用各种公关手段不承担责任，即使暂时渡过了危机，但是从长远来看，还是会失掉民心的，难以长久发展。

5. 实事求是，真诚沟通　企业在处理危机过程中，必须坚持实事求是、积极沟通的原则，这是妥善解决危机的最根本原则。危机发生后，企业要尽可能地告知公众事实真相，最大范围内避免揣测的发生。因为当公众或媒体不了解事实真相，也没有正常的渠道获取信息的时候，他们自然会揣测各种可能或结果。事实上,危机发生后大众媒体和社会公众最不能容忍的并非危机本身,而是企业千方百计隐瞒事实真相或故意说谎。因此,企业应尽快与大众媒体取得联系,公布事实真相,否则会欲盖弥彰,不利于控制危机局面。如果由于各种原因企业不能完全讲出有关危机的各种细节,但最起码也应保证所披露的内容是完全真实的。只有坚持实事求是,不回避问题,向公众表现出充分的坦诚,并与公众积极沟通才能获得公众的同情、理解、信任和支持。

6. 控制影响,变"危"为"机" 成功的危机管理一定是在尽可能早的阶段消除危机,尽可能迅速地解决问题、平息冲突。特别应注意的是,危机处理后期,管理者尤其不能放松警惕。对于大多数企业来说,这一阶段是减少危机所造成的影响、化危机为商机的绝佳时刻。此刻,企业应该尽快淡化危机所造成的不良影响,恢复正常运转,并且通过各种公关手段重塑企业形象。成功的危机管理会给公众留下深刻的印象,并且能够提升企业的知名度和美誉度。从这个角度看,一次危机往往会转化为一次宣扬企业文化,树立负责任的企业形象的绝佳商机。

第二节 医药企业危机的防范

一、医药企业危机预防的意义

预防危机是危机管理的首要环节。危机预防阶段的核心目标是预控危机,防止危机的形成,它是危机发展各阶段中最重要最有意义的。如果企业管理人员有敏锐的洞察力,根据日常收集到的各方面信息,能够及时采取有效的防范措施,完全可以避免危机的发生或使危机造成的损害和影响减少到最低程度。

在社会生活中,危机可谓无处不在,无时不有,任何一个组织机构,大到社会、国家、地区、政府,小至部门、机构、企业甚至家庭都有可能受到内外环境中各种不利因素的侵袭和影响,从而引发产生各种各样的危机。

当然,没有人或组织愿意遇到或陷入危机中,但这往往不以人的意志为转移。企业的发展需要人们努力去进行各种各样的开创性工作,其行为可能从主观或客观上违反了事物的客观规律,从而可能触发危机事件的发生。面对危机,如果企业没有科学及时、正确完善的危机防范和处理策略,就不能在危机发生尽可能早的时段对危机发展态势进行有效的掌控。危机在大多数情况下会因为连锁反应而迅速扩展,并失去控制,其结果不仅只是严重的经济损失,甚至造成品牌毁灭,市场消失,企业倒闭。

然而,事实证明,相当多的组织机构,特别是企业,尤其是医药企业,并未真正意识到建立危机意识并且学习危机管理科学知识的重大意义与价值,未能意识到伴随现代社会的快速发展,在高度市场经济体制发展状态下新的变化特点,尤其是对现代市场经济中潜藏的危机特征认识不足。因此,现代企业必须在危机管理方面首先具备危机预防的意识与素质。

二、危机预防的措施

危机预防是一种事前管理,其目标是在危机形成之前遏制、消除其暴发诱因,将其控制在萌芽状态。预防危机不仅需要树立危机意识,更需要预警机制和危机管理组织体系的保障,以预先消除危机发生、发展的可能性和现实性诱因。

(一)树立牢固的危机意识

危机意识是危机预防的起点。一般来说,意识到危机的潜伏期并做出反应是非常困难的事情,只有敏锐的意识,才能发现危机可能即将来临并采取有效措施,防止危机爆发。为此,一方面进行全员危机意识教育。强化危机的宣传教育是提高全体人员危机意识的关键,企业应定期向员工分析企业的内外形势,讲解企业可能面临的危机,提醒员工树立危机意识。可以通过各种形式,强化员工的危机意识,使其警钟长鸣,居安思危,将危机的预防作为日常工作的组成部分;另一方面,开展危机管理培训。危机管理培训的目的不仅在于进一步强化员工的危机意识,更重要的是让员工掌握危机管理知识,提高危机处理技能和面对危机的心理素质,从而提高整个企业的危机管理水平能力。

(二)制订可行的危机预案

制订危机管理预案,在保证企业遇到危机时能控制和迅速化解危机,具有重要作用。危机管理预案是指企业在没有爆发危机前,事先制订的在紧急情况下进行危机预报和处理危机的组织指挥、行动方案、资源的配置、培训演练等方面的工作安排。要做好危机管理工作,必须有一个完整、可行的危机管理预案。危机来临时,企业就可以上下动员,从容应对,将危机带来的危害降到最小。企业在制订预案时既要其所处的环境,又要结合自身实际情况。

危机预案的内容应包括危机管理目标、危机管理组织成员及联系方式、未来可能出现的危机及处理方案和培训计划、紧急情况下的工作程序与工作职责及物资准备、异常情况或危机征兆报告程序等。

(三)组建高效的危机管理机构

组建高效的危机管理机构是企业危机管理有效进行的组织保障,该机构应由企业的领导人以及企业公关、信息、安全、生产、销售、后勤等部门人员组成。其主要职责是全面、清晰地对各种危机情况进行预测;为处理危机制定有关策略和计划;监督有关方针和步骤的正确实施;在危机实际发生时,指导全面工作。

(四)建立灵敏的危机监测与预警系统

预防危机必须建立高度灵敏、准确的危机信息监测与预警系统。危机监测与预警系统就是运用一定的科学技术方法和手段,对企业生产经营过程中的变数进行分析及在可能发生危机的警源上设置警情指标,随时搜集各方面的信息,及时加以分析、研究和处理并捕捉危机征兆,随时对企业的运行状态进行监测,对危害自身生存、发展的问题进行事先预测和分析,以达到防止和控制危机爆发的目的。

危机预警系统主要的内容,一方面是危机监测。信息监测是预警的核心,是指对可能引起危机的各种因素和危机的表象进行严密的监测,搜集有关企业危机发生的信息,预防危机需要重点做好以下信息的收集与监测,包括公众对产品的反馈信息、掌握政策决策信息、竞争对手的现状、实力、潜力及发展趋势信息、本企业内部的信息等。另一方面是预测和预报。即对监测得到的信息进行鉴别、分类和分析,使其更条理、更突出地反映出危机的变化,对未来可能发生的危机类型及其危害程度做出估计,并在必要时发出危机警报。

第三节 医药企业危机的应对

一、医药企业应对危机的策略

在处理危机的过程中,正确掌握处理原则与策略是成功进行危机管理的基本条件,除一般处理策略外,作为医药企业还应特别注意以下几方面:

(一)公众生命健康至上

医药企业的目标首先应是为公众提供维护健康的产品,只有公众的健康得到保障,医药企业的产品才有市场,企业才能安全和发展,医药企业的品牌是建立在维护公众健康的良好效果的基础上的。危机是危害了公众健康的利益引起的,所以危机处理必须首先遵守维护公众健康利益的原则,才能产生效果,这是企业对公众的最基本态度。

(二)直面问题,公开透明

危机发生后,很多医药企业不愿直面现实和问题,或是开始低调、沉默,然后避重就轻、躲躲闪闪,有的甚至颠倒黑白,设法掩盖事实。实际上,大多数危机事件都是在已有相当事实的基础上发生的,但是大多数公众是由传媒公之于众后才知道的,医药企业如果不能实事求是地承担责任,直至最后就算是公布修补措施也只会招致公众对企业的更加不信任,同时误解误传会在无法求证事实的情况下迅速出现,招致更大的损失。

(三)积极防御,权威证实

企业面对危机时,要利用与公众现存的良好信誉基础,积极宣传企业形象中好的、值得信任的方面,以此分解、淡化公众对组织形象不良方面的注意力。这样既可以维持那些仍然信任组织的公众,又可以降低不良印象在公众中的影响程度。

与此同时,鉴于医药产品的高度技术性和专业性,医药企业应积极努力地寻求权威机构的支持,促使其以公正立场发言,消除公众的疑惑、不解和猜测,其作用不可小视。

二、危机应对的措施

危机应对是指企业危机爆发后，为减少危机损害，按照危机管理预案和应急决策对危机采取的直接处理措施。危机处理是医院在危机爆发后被迫进行的紧急管理办法。虽然因为诸多原因企业经常面临各种各样的危机，但是通过科学管理可以使企业摆脱危机并获得新的发展。

危机爆发后应迅速启动危机管理预案，使企业在应对危机反应中做到统一指挥、各行其职、相互协调、全面行动。其工作重点是快速隔离危机、紧急处理危机、消除危机后果。

（一）危机的隔离

企业危机爆发一般是从企业的某个局部或方面开始的，但由于企业各个部门、各项工作相互联系、相互影响，企业某个方面的问题很快就能影响到企业的整体工作。因此，企业危机处理首先是隔离局部危机，阻止危机扩散和蔓延，即将受到危机影响的领域与暂时没有受到危机影响的领域区分开，防止局部问题影响到企业其他工作的正常进行。

另外，医药企业发生危机时，常常会引起患者、公众、媒体和利益相关者的关注，如果企业不能正确对待患者、媒体和利益相关者的需求和情感，危机很可能会向那些本不该受影响的领域和范围扩张，企业会更加陷入危险境况。因此，危机隔离还要考虑将危机的影响控制在企业自身范围内，阻止危机影响到更广泛的领域甚至发展成整个行业危机。

（二）危机的处置

危机发生后，危机管理机构要有效地控制危机。为此，应快速调查事件原因，弄清事实真相，尽可能把真实的、完整的情况公布于众，并保证各部门信息的一致性，避免公众的各种无端猜疑。另外，也要配合有关调查小组的调查，并做好应对有关部门和媒体的解释工作以及事故善后处理工作。

与此同时，企业应迅速拿出解决方案。企业应以最快的速度启动危机处理预案。特别是每次危机各不相同，应该针对具体问题，随时修正和充实危机处理对策。企业应该掌握宣传报道的主动权，通过召开新闻发布会，向公众告知危机发生的具体情况，企业解决问题的措施等内容。发布的信息应该具体、准确，随时接受媒体和有关公众的访问等。还可以利用权威性的机构对解决危机的作用处理危机，最好能够邀请权威人士辅助调查，以赢取公众的信任，这往往对企业危机的处理能够起到决定性的作用。

（三）危机的善后

爆发性危机被基本控制后，危机即进入恢复阶段。但危机平息后，不能有“船到码头车到站”的思想，应该抓紧时间做好善后恢复工作。此时危机管理的主要工作是恢复和维持企业的正常运营、总结危机、吸取经验教训、争取企业新的发展。

首先，要进行危机总结评估，并将评估结果作为修订危机预案的依据。危机评估包括，彻查危机发生原因并彻底解决，即调查危机造成的损失、危机是怎样发生的、查明问题的原因、提出整改措施，以防类似事件发生；评价企业危机管理工作，即反思、检查企业应对处理整个危机的全过程，检查企业在应对危机中所做的决策与采取的行动，从中发现企业危机管理的不足之处；将危机管理中存在的问题综合分类，对处理危机的决策提出整改措施并责成有关部门逐项落实，以便完善医院的危机管理程序与制度。

其次，要努力消除影响。继续积极与媒体、权威部门、执法机构密切含作，搞好正面引导宣传，创造并及时抓住新的机遇。

第三，要搞好内部教育。企业应以认真负责的态度，将危机的真实情况、处置过程、存在问题、整改措施、经验教训等向员工进行说明，展开教育，稳定人心，改进服务，提高质量。

特别应该认识到，危机在给企业造成损失的同时，也会为其发展带来一些新的机会。而企业管理者能否把握住这些机会则是企业发展的关键。对于医药企业而言，这些机会表现为：改革创新的机会，即危机可能充分暴露了企业所存在的问题，这正是企业改革创新的契机；增强凝聚力的机会，即面对危机，企业上下团结一致对付危机，其空前的团结和凝聚力为企业的发展提供了机会；重新认识和反省的机会，即企业在正常运营时，人们常常不会认真思考潜在的问题和所谓的小问题，而危机的巨大冲击迫使人们认真反思并重新认识所存在的问题以便改进工作；展示企业形象的机会，即经受危机的企业会得到公众、媒体以及利益相关群体的更大的关注，但反过来，如果企业在危机中表现良好也同样会给人们留下深刻的印象，并消除人们对企业原有的偏见。

人类经历过许许多多的危机，并在危机中学会了危机管理，危机管理是一门艺术，是企业发展战略中的一项长期规划。企业有危机并不可怕，重要的是将危机变为机遇，使之成为企业发展的催化剂。医药企业也同其他行业和领域一样，时刻面临陷于产生危机的风险之中。所以，加强医药企业的危机管理，提高医药企业应对危机事件的能力，将成为现代医药企业发展的必由之路。

参考文献

1. 薛澜，张强，钟开斌．危机管理．北京：清华大学出版社，2003.
2. 陈洁．医院管理学．北京：人民卫生出版社，2005.
3. 张玉波．危机管理智囊．北京：机械工业出版社，2003.
4. 曹敏，丘家学．医药企业信誉危机管理．上海医药，2008，29（8）：346-347.
5. 刘慧，胡天佑．医药企业应对危机的信息管理．企业管理，2006，15（7）：19-20.
6. 李冠烈．医药企业危机应对与管理策略（一）．中国执业药师，2007，（9）：14-17.
7. 李冠烈．医药企业危机应对与管理策略（二）．中国执业药师，2007，（10）：14-16.

第十三章 医药企业的国际化经营

人类自进入21世纪以来,世界经济正发生着前所未有的变化。古时那种自给自足、互不依赖的生产模式渐渐消失了,当前世界已进入全球经济一体化的进程之中。随着改革开放的日益深入,中国建设社会主义市场经济的步伐也越来越快。尤其在加入WTO后,各项准入规则在中国的实施,中国市场将在更大范围和更深程度上与国际市场接轨,越来越多的国内企业已将眼光从国内市场转向了国际市场。

第一节　医药企业国际化经营的动机和条件

企业的国际化经营,是指企业为了寻求更大的市场、寻找更好的资源、追逐更高的利润,而突破一个国家的界限,在两个或两个以上的国家从事生产、销售、服务等经营活动。国际化经营是面向全球的经营活动,它顺应了现代经济和科技发展的趋势,既是生产国际化及国际分工与合作的必然产物,又是对传统经营方式的突破。同时,它是本国总公司为实现经营目标,经营资源的基本流动而进行的有计划、有组织控制的活动。

全球化是世界经济发展的必然趋势,是我们所处时代的基本趋势和基本特征之一,它正在对整个世界的经济发展产生着深刻的影响。学习和研究医药企业的国际化经营及中国企业的应对策略,对于中国医药企业抓住全球化机遇和迎接全球化挑战、提高国际竞争能力,具有十分重要的现实意义。

一、医药企业国际化经营的动机

国际化经营面临与本国不同的环境,这种不同的环境不仅增加了管理的复杂程度,也增加了企业的风险。但为什么企业还要进行国际化经营呢?

通常,企业要追求利润最大化,是企业国际化经营的根本动机。当本国的生产条件、市场规模等因素限制了企业赚取更大利润的时候,企业国际化经营就具备了可能。对于医药企业来说,由于药品本身的特殊性,如对资源的依赖,易受市场的影响等,决定了医药企业的国际化动机更加强烈。具体地说,医药企业国际化经营的动机有如下几种:

1. 寻找更加充足的药物资源　资源的稀缺性是构成市场的重要条件之一。任何一项生产或服务都不同程度地利用各种资源。即便是在资源丰富的美国,也并不意味着各项资源都十分充足,此时,企业就仍然要依赖境外的资源,以确保生产得以顺利进行。像日本这样的资源缺乏的国家,该国的天然药物在国际市场占有较高的市场份额,其主要药用植物主要依赖进口。因此日本的医药企业很早就从事了国际化经营。

2. 寻求更低的生产成本　成本的高低对企业的利润有直接的影响。当本国虽然不乏某种资源，但获取该资源要付出较大的成本时，企业便会谋求境外的低成本资源。另外，人力资源对总成本有着决定性的影响，许多发展中国家（如中国），往往以人力成本的低廉吸引着无数发达国家的企业来华投资。近年来，世界知名的制药公司纷纷在上海、北京等地设立研发中心，或临床试验基础，为其新药研发审批节约了大量的成本。

3. 为现有的产品和服务寻找新的顾客　高新技术的进步，使得企业有能力以较低成本生产出大量的产品，当本国市场难以满足大量的产品时，去境外销售就成了企业的必然选择。这样企业才能赚取更多的利润。近十几年来，新药研发的速度明显加快，有些药品尚未到达专利保护期，就被新药所取代，或是在本国市场上失去竞争力，而如果该药进入欠发达国家，还可能有大量的需求，因此可赚取利润。从另外角度来讲，大部分药品需要大笔的投资，投资必然要求高回报，而只有达到了规模经济，才能有利润，因此，降低成本追求规模经济的结果，很容易使生产能力超出了本国的需求。这样，企业就必然依赖国外市场，否则难以收回投资。

4. 满足人民健康的需要　医药企业的产品质量好坏，直接关系到人民生命的健康。许多世界知名的跨国公司，掌握着全球领先的制药技术，它们的产品如果只停留在自己国家的市场上，那么发展中国家就难以享用到先进的药品。假如，如果某制药公司在我国市场上推出了一种治疗肿瘤的新药，由于疗效非常好，在其他国家的患者也会产生对这个产品的需求，于是就会有药品出口。当国外市场上的需求增长到一定程度，我国的这家公司就可能直接投资到国外市场，开办工厂，扩大药品的生产，为更多的人民群众解除病痛。

二、医药企业国际化经营的条件

国际化经营的产生是伴随着不同公司间的国际贸易而产生的，它包括国际流动。国际流动主要指货物、劳务、资本、人才、技术、信息等国际的流动。然而，如果不具备一定的条件，这种流动可能会遇到很大的障碍，或是根本无法完成。对一般企业来说，实现国际化经营通常应具备以下条件：

1. 贸易与投资壁垒的减少　当一个企业将其产品或服务出售给其他国家的消费者时，国际贸易就产生了。当一个企业将资源投资于其他国家的商务活动中时，对外直接投资就产生了。然而，这种贸易或投资行为是否容易实现呢？

假设有来自法国的某个公司——甲公司，他们需要和乙公司交换一些产品（或资本、技术、信息等），如果乙公司也在法国，他们的交易很容易达成。但是，如果乙公司不是在法国，而是位于美国的某个城市，通常这种交易就不能轻而易举地实现。因为在国际流动过程当中，要面临一些障碍和阻力，这些障碍和阻力就是贸易和生产要素自由流动的壁垒，包括关税、配额、外汇管制等。

贸易壁垒（trade barrier）又称贸易障碍。主要是指一国对外国商品劳务进口所实行的各种限制措施。通常分关税壁垒和非关税壁垒两类。

就广义而言，凡能使正常贸易受到阻碍，市场竞争机制作用受到干扰的各种人为措施，均属贸易壁垒的范畴。例如，进口税或起同等作用的其他捐税；商品流通的各种数量限制；在生产者之间、购买者之间或使用者之间实行的各种歧视措施或做法（特别是关于价格或交易条件和运费方面)；国家给予的各种补贴或强加的各种特殊负担；以及为划分市场范围或谋取额外利润而实行的各种限制性做法等。

世界贸易组织(前身是关税及贸易总协定)所推行的关税自由化、商品贸易自由化，在降低关税方面取得了较大进展。国际贸易壁垒的减少有利于企业将它们的市场扩展到世界范围，而不局限于一个单一的国家。这种趋势助长了企业的国际化经营。

然而，非关税壁垒的作用也不能低估，近些年正有上升的趋势。最常见的是绿色贸易壁垒。绿色贸易壁垒是指在国际贸易领域里，一些国家以保护有限资源和人体健康为名，通过制定一些繁复的环境公约、法规和标准、标志等，对外来商品和服务的准入加以限制的一种贸易保护行为。这是一种非关税壁垒，当前在国际贸易中比较盛行。中药作为中国的传统医药，由于在生产、加工以及成分鉴定等方面存在一些技术欠缺，就更容易遭遇到绿色壁垒。

另外，发达国家，经常对一些次发达甚至发展中国家越来越多地采用反倾销手段，也是非关税壁垒之一。绿色贸易壁垒使中药产品难以走出国门。

2. 科技进步的作用　第二次世界大战结束后，特别是 20 世纪 70 年代以来，人类在交通运输、通信、信息处理技术上取得了突飞猛进的发展，这使得国际化的经营变得越来越便利。

很难想象，假如没有飞机这样的快速交通运输工具，人们在从事商务活动中该有多么的不便利，即便是在国内城市间往返，也要花费较长的时间。很难想象，假如没有移动电话、电子邮件等现代通讯工具，人们之间的商务交往及信息沟通的效率将多么低下。很难想象，如果没有现代的信息处理技术，仅凭文本印刷等人工手段如何能够满足信息爆炸的时代需求。现代科技的发展，使人们更容易满足在全球范围进行商务活动的需求。

医药企业的跨国经营也利于上述科技进步。我们知道，药品都有有效期，还有的药品需要低温保存，如果横跨大洋运输需要花上几个周的时间，将极大地增加成本，或是降低药物疗效。没有网络时代通畅的信息传播，药物研发及销售也难以做得高效率。

3. 国际机构的出现　贸易壁垒的存在，限制了产品或货物在各国间的流动，所以，国际流动也成为国际化经营当中需要研究解决的重要问题。为了更加快捷、更加自由地实现国际流动，各国的商业界都希望组建一些国际机构，来避开各种贸易壁垒。后来，一些国际机构出现了，这些国际机构主要包括国际货币基金组织和世界银行。他们在解决国际化经营和国际资源流动过程当中的壁垒问题时，起着非常大的作用。企业借助于这些国际机构，就能够更加快捷、更加自由地实现国际资源流动，两个不同国界的公司就能正常开展合作，从而促进国际化经营。

国际货币基金组织(International Monetary Fund，IMF)是世界银行巨头们私有的欧美中央银行以及其他一些掌控了世界经济命脉的银行家们所掌握的国际金融组织。于二战后成立，1947 年 3 月正式运作，11 月成为联合国的专门机构，在经营上有其独立性。总部设在华盛顿。该组织宗旨是通过一个常设机构来促进国际货币合作，为国际货币问题的磋商和协作提供方法；通过国际贸易的扩大和平衡发展，把促进和保持成员国的就业、生产资源的发展、实际收入的高水平，作为经济政策的首要目标；稳定国际汇率，在成员国之间保持有秩序的汇价安排，避免竞争性的汇价贬值；协助成员国建立经常性交易的多边支付制度，消除妨碍世界贸易的外汇管制；在有适当保证的条件下，基金组织向成员国临时提供普通资金，使其有信心利用此机会纠正国际收支的失调,而不采取危害本国或国际繁荣的措施;按照以上目的,缩短成员国国际收支不平衡的时间,减轻不平衡的程度等。国际货币基金组织的主要职能:制定成员国间的汇率政策和经常项目的支付以及货币兑换性方面的规则,并进行监督;对发生国际收支困难的成员国在必要时提供紧急资金融通,避免其他国家受其影响;为成员国提供有关国际货币合作与协商等会议场所;促进国际金融与货币领域的合作;促进国际经济一体化的步伐;维护国际间的汇率秩序;协助成员国之间建立经常性多边支付体系等。

世界银行(the World Bank)是世界银行集体的俗称,"世界银行"这个名称一直是用于指国际复兴开发银行(IBRD)和国际开发协会(IDA)。这些机构联合向发展中国家提供低息贷款、无息信贷和赠款。它是一个国际组织,其一开始的使命是帮助在第二次世界大战中被破坏的国家的重建。今天世界银行的主要帮助对象是发展中国家,帮助它们建设教育、农业和工业设施。它向成员国提供优惠贷款,同时世界银行向受贷国提出一定的要求。

三、我国医药企业从事国际化经营的意义

通过参与国际分工,扩大对外贸易,发展中国家不仅可以为经济发展积累大量资金,提供资本及生产资料,促进经济结构的演变,还可以使企业在国际市场中增强市场经济观念,提高竞争意识,吸取国外先进技术及管理经验。我国医药企业从事国际化经营,最有代表性的形式是国际贸易的开展。

(一)不断增长的医药出口贸易

随着我国融入全球市场,医药类产品的进出口一直保持着强劲的增长势头。

以植物提取物的出口为例,如图13-1所示。从2002年开始,我国植物提取物出口金额连年上升:2002年为1.9亿美元,2003年为2.1亿美元,2004年为2.5亿美元,2005年为3.2亿美元,2006年达4.7亿美元。

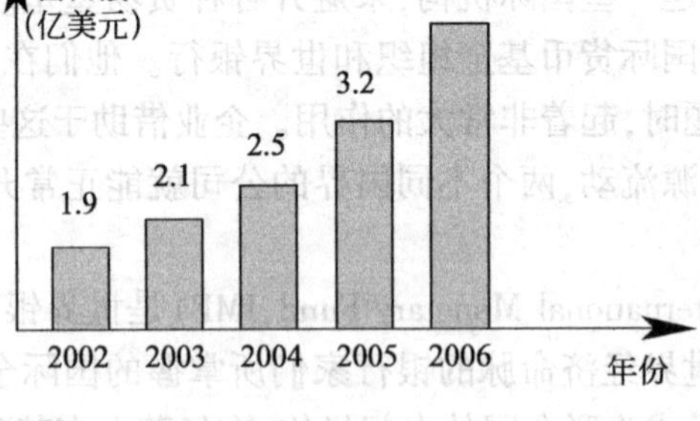

图13-1 我国植物提取物出口金额连年上升

近年来,我国中成药出口继续保持总体平稳增长,2007年上半年,出口额为6890万美元,比上年同期增长11.81%。亚洲是中国中成药的主要出口市场之一,占中国中成药对全球出口的70.69%。

我国大型诊断与治疗设备技术与产能大大提高,近几年更多产品进入国际市场。2008年

1~11月，磁共振成像装置共计出口389台，总额达到1.39亿美元，同比增长78%，比5年前增长了2.9倍；X线断层检查仪出口1 491台，总额2.05亿美元，比增长53.9%，比5年前增长了2.9倍；病员监护仪出口9.35万台，总额1.36亿美元，同比增长25.6%，比5年前增长了13倍。

从以上数据不难算出，我国医药各类产品的出口对国际市场有着较多的依赖。实际上，随着中国的改革开放，与世界各国间的贸易往来逐年递增，那种无论需求什么只能买到本国产品的情形几乎不存在了。

（二）我国医药企业面临的挑战

从以出口贸易为代表的逐年增长的数据上看，我国医药产品正在迅速发展中，然而，我们也不能不看到我国医药企业自身存在的诸多不足。主要表现在：

1. 以出口加工为主，专利高科技产品缺乏　前面那些可观的数据，一个重要的起因是由于我国是一个制造业大国，这源于我们处在发展中，有着较低的人力资本，无论是东南沿海星罗棋布的出口代加工企业，还是上海北京等城市的制药寡头所设立的研发中心，都在印证着这一点。

2. 中成药产品自身原因，难以在国外形成较高占有率　一方面，中医的诊断和技术标准与世界主流的现代医学存在较大的差异使得中药在众多国家尚未得到认可。另一方面，中药由于在生产、加工以及成分鉴定等方面存在一些技术欠缺，更容易遭遇到绿色壁垒。美国食品与药品管理局（FDA）在2000年颁布的《植物药指导原则》中推荐使用的GAP和ISO14000系统以及欧盟在2004年4月30日颁布生效的《欧盟传统药品法案》等，对进口的中药质量提出了严格的规定，其内容涉及剂型、规格、包装、质量标准以及农药残留量限制等方面。我国中医药产品在质量、安全性、有效性等方面与这些标准和要求还有较大的差距，故中医药至今还没有真正进入国际医药主流市场。

3. 研发费用不足、技术含量不高，导致产品竞争力不强　据统计，默沙东1年的研发费用就超过我国任何一家制药企业的年销售额；德国、日本等国每年在中医药研发上的费用占到产品销售额的30%左右。而我国整个医药工业的研发投入，几年来徘徊在总销售额的1%左右。动辄上千万、几亿美元的新药研发费用，对绝大多数国内制药企业来说都难以负担，因而严重制约了创新能力的提高，导致产品在国际市场中没有太强的竞争力。

（三）医药企业从事国际化经营的意义

首先，国内医药企业从事跨国经营有利于实现生产要素在国际范围内的最优配置。我国医药产品的主要优势是中成药（天然药物），在自然资源日益短缺的背景下，企业的经营要充分利用境外资源，以全球战略为出发点，在世界市场范围内进行资源的优化配置和组合。我国在生产要素方面，总的来说，主要是劳动力资源优势，这也是近年来吸引较多跨国制药企业来华投资的重要原因之一。然而，随着国内经济的快速发展，各种能源、自然资源、矿物资源的需求越来越大，而且这种局面只能通过国际经营的途径解决。另外，与跨国制药企业相比，我国企业的技术和管理相对落后，实行跨国经营也有助于企业充分利用国外的人才优势。

其次,国内医药企业从事跨国经营有利于提高我国医药企业的国际市场竞争力。企业国际化要求企业走向国际市场,参与国际市场竞争,必须建立起一整套适应国际市场变化、按照国际惯例和国际通用标准办事的管理办法和生产技术标准。同时,面临国外企业的激烈竞争,我国医药企业要勇于走出国门,参与国际竞争,学习先进经验,不断提高研发能力及管理水平,逐渐提高在国际市场上的竞争力。

第三,国内医药企业跨国经营也有利于促进国内产业结构和企业组织结构的调整。企业国际化使企业直面国际市场,企业要想提高产品的竞争力,必须扬长避短,发展优势产业,跨国医药集团往往就是围绕发展自身优势产业而建立起来的。因此跨国经营对调整国家和地区的产业结构有很大的促进作用;同时,医药企业国际化,还有助于提高资源实力,按照国际惯例,通过控股、参股或其他形式,联合大量中小企业,形成紧密的集团企业,有效改善企业组织结构。

第四,我国医药企业开展国际化经营有利于利用发达国家的资金、尖端技术。发达国家银行业放松管制有利于我国在当地直接融资,全球金融一体化趋势更有利于我国利用国际金融市场实现全球融资。同时,我国技术层次多元化发展与发达国家开展共同开发研究和技术合作,有利于获取高新技术和科技商品化、产业化的诀窍。另外,企业实现国际化经营后,可以在海外直接作为医药人才培训的基地,让一大批有发展前途的医药人才在国际环境中经受锻炼,学习国外先进技术和管理经验,培养出一批具有国际化经营能力的高级管理型人才。

第二节　医药企业国际化经营的形式

企业实现国际化经营战略的模式可分为两大类,即常规模式和非常规模式。常规模式包括出口、许可生产、特许经营、在外国建立合资企业以及建立独资企业;非常规模式包括非股权安排和 BOT 等。

一、常规模式

(一)出口

出口(export)是指将国内的货物或技术输出到国外的贸易行为,是企业进行国际化经营的第一步,适用于任何规模的企业。通过出口,企业可以为自己在国内已处于饱和或衰退阶段的产品重新找到市场,或是使产品的销售条件更为有利。

选择出口途径的好处是风险较低,企业为出口所采取的行动主要集中于营销领域,其他职能活动的改变不大。企业如能通过专业经销商进行出口,不但能获得良好的服务,而且能获得国家完整的市场信息。

选择出口途径的缺点是当出口数量较大,同时出口采用的主要竞争方式是价格竞争时,会引起进口国的配额控制约束或反倾销抵制;当企业主要通过专业经销商出口时,会因为对它们的较大依赖而受制于人;在进口国对产品质量有特殊要求或要求发生变化时,国内的生产能力不一定能及时随之调整。

(二)交钥匙工程

交钥匙工程(turn-key project)是指跨国公司为东道国建造工厂或其他工程项目,一旦设计与建造工程完成,包括设备安装、试车及初步操作顺利运转后,即将该工厂或项目所有权和管理权的"钥匙"依合同完整地"交"给对方,由对方开始经营。因而,交钥匙工程也可以看成是一种特殊形式的管理合同。

交钥匙工程的优点和缺点非常明显。它的优点是在外国直接投资,使被投资国可以从工业基础上收到实际效益。所以中国开始改革开放的时候,基本上都采取了交钥匙工程的方式引进成套设备和生产线。缺点是培养了高效率的竞争对手,无法参与长期战略市场。为什么中国的彩电能够占领国内市场80%的份额,这是交钥匙工程这样的跨国经营所决定的。开始,法国为出口到中国很多生产线和设备而感到高兴,但是当中国自己的产业发展起来以后,他们又感到无法参与中国的长期战略市场。现在中国的企业到国外经营,如果出口生产线成套设备,恐怕也会遇到这种情况。

(三)许可生产

许可生产是指通过签订许可证、收取使用费的方式让其他企业获得使用自己企业发明的、受专利保护的技术生产产品的权利。

许可生产一般有时期限制,在超过专利保护期后,是否维持原许可证条件取决于双方的谈判能力。

采取许可生产的方式将企业的技术卖给外国不但可以使自己企业的专利技术得到更广泛的应用、补偿技术研究开发费用,还可以通过所提供的技术,特别是这些技术的后续发展对许可证接受方的生产经营进行控制。许多企业在以许可证方式将技术出售给外国企业时都附有对使用许可证技术生产的产品返销回母国的限制条款,以防止这些产品对本企业市场的冲击。

(四)特许经营

特许经营(franchising)是指企业同意收取一定的费用让其他企业使用本企业的商标、商誉、产品或服务以及经营方式的权利。

利用特许经营的方式,发出特许的企业一般不但不用支付投资,而且还可以在特许期间从取得特许的一方获取固定收入;由于特许经营中获得特许的一方使用的是发出特许方的商标,在多数情况下甚至连服务地的布置和服务标准都与发出特许方的一样,所以特许经营实在是利用别人的钱来提高自己企业声誉的方法。

(五)在外国建立合资企业

合资企业是由两个或两个以上的企业共同拥有和控制的企业。合资企业的投资方中至少有一方位于合资企业的所在地。

(六)在外国建立独资企业

在外国建立独资企业是指企业(跨国企业)在海外投资并完全控制所投资企业活动的方式。跨国企业可以通过两种方式在海外建立独资企业:

1. 跨国企业在外国建立一个全新的企业实体　采取这个方式,跨国企业可以按照自己的需要安排独资企业的规模、技术、设施和企业所在地,在较小的阻力下将自己的管理方式应用于这个新企业,建立起适合跨国企业的经营战略和目标的企业文化。

2. 跨国企业收买一个当地已经在经营的企业,获得对该企业的所有权　采用这个方式不但能使跨国企业迅速地进入外国市场,而且在进入的同时还至少消灭了一个当地的竞争对手;采取兼并方式,跨国企业还可以利用企业中的留用人员协调两国之间由于社会、文化差异造成的管理矛盾。

二、非常规模式

(一)非股权安排

非股权安排,又称非股权投资或合同安排,是20世纪70年代以来被广泛采用的一种新的国际市场进入方式。企业在东道国的企业中没有股份投资,而是通过非股权投资控制东道国企业的技术、管理、销售渠道等各种资源。同时,进入企业通过签订一系列合同为东道国提供各种服务,并与东道国的企业建立起密切联系,从中获得各种利益。

1. 管理合同　管理合同又称经营合同,在拉美国家称风险合同,是指某国一个企业由于缺乏技术专门人才和管理经验,而以合同形式交由另一个国家某国际企业经营管理。这种经营管理权只限于企业日常的经营管理。而企业的重要问题,如决定新的投资、所有权安排以及基本的政策等仍由董事会决定。签订管理合同后,企业不要投资就可以取得对外国企业的控制权,可以为企业的总体战略服务,风险较小。但这种形式直接收益也较小,而且占用稀缺的经营管理人才。

2. 国际分包合同　国际分包合同是指某个国家的总承包商向其他国家分包商定货,后者负责生产部件或组装成产品,由总承包商负责出售。这种方式基本类似于来料加工、来样加工、来件组装等加工贸易形式,东道国的企业不承担风险,而总承包商可以在一个较长的时期内以低于市场价格购买所生产的一定份额的产品。

3. 工程承包合同　工程承包合同是指企业按照合同要求在东道国从事水利、交通、通信等设施建设或为东道国政府和企业提供成套设备、大型主机设备及其设计、安装、调试和管理。工程完成后由东道国政府或企业验收接管。

(二)BOT

BOT是“build-operate-transfer”的英文缩写,即“建设-运营-转让”的境外投资方式。一般是指企业与当地政府签订特许权协议,在一定期限内,按合同要求对东道国的某一些基础设施项目进行建设和经营,所得收益用于偿还项目债务及投资回报。合同期满后,将该设施无偿移交当地政府。

BOT 有两个特点:一是初始投资大;二是经营周期长。因此,在作出投资决策时,必须对项目的基本条件和风险进行详细的评估和预测。此外,BOT 项目能否成功还受项目发起人自身的经营能力、当地政府项目管理人的行政能力,社会各阶层能否按商业化原则经营基础设施达成共识,是否具有一个相对发达的资本市场作为项目建设的支撑等诸多因素的制约。

三、国际市场进入方式的选择

国际扩张的实现主要通过出口产品、许可协议、战略联盟、收购和建立新的全资子公司等方式。这些进入国际市场的方式和它们的特点如表 13-1 所示。每种方式都有优点和缺点,选择最适合方式进入国际市场对公司在这些市场的财务业绩至关重要。

表 13-1　国际市场进入类型及特点

进入类型	特　点
出口	高成本、低控制
许可协议	低成本、低风险,几乎无风险,低回报
战略联盟	成本分担,资源共享,共同承担风险,整合中的问题(如两种企业文化)
收购	快速进入新市场,高风险,谈判复杂,和本地运作合并
新建全资子公司	复杂,通常成本高,时间长,高风险,最大控制,高于平均的潜在回报

四、跨国公司及其特点

(一)跨国公司的概念

跨国公司(multinational corporation,MNC),又称跨国企业(multinational enterprise,MNE)是指在多个国家或地区有业务,通常规模很大的公司。这些公司在不同的国家或地区设有办事处、工厂或分公司,通常还有一个总部用来协调全球的管理工作。

(二)跨国公司的特点

跨国公司面向多个国家进行商务活动,面临着地理位置、时差、各国法规、民族文化等多方面的不同。因此,从事跨国经营必将呈现一些特点。

1. 重视企业本土化　在海外谋求产品、技术服务的市场,为在世界各地有效地利用资源而重视发展当地的生产、销售与出口,也就是说,多国籍企业在重视国际化的同时,也重视当地化或者叫本土化。

2. 子公司要以总公司为轴心　多国籍企业的经营活动在原则上永久性地以总公司为轴心展开。也就是说,虽然在世界各地的分支机构非常多,但是应该不要忘了以总公司为轴心展开经营。

3. 总公司战略结构发生变化　为了推进这些活动，本国总公司的战略机构也发生了相应的变化。所以，在国际化经营中，总公司的战略，特别是组织战略显得非常重要。

4. 子公司以总公司利益为重　以本国总公司为中心，加强总公司与世界各地的子公司，以及子公司与子公司之间的关系，为总体利益最大化而努力。也就是说，多国籍企业为了整体利益，可以牺牲某些国家的分支机构或者子公司的利益（这一点我们在后面要详细讨论，以引起大家的充分注意）。

（三）全球较知名的跨国制药公司（表 13-2）

表 13-2　　2005 年福布斯制药企业全球十强排名（亿美元）

制药企业排名	公司中文名称	公司英文名称	国家	销售额	利润	资产	市值
1	辉瑞	Pfizer	美国	513	81.1	1 175.70	1 920.50
2	强生	Johnson & Johnson	美国	505.1	104.1	565.7	1 715.10
3	赛诺菲-安万特	Sanofi-Aventis	法国	322.8	74.9	1 024.30	1 193.70
4	葛兰素史克	GlaxoSmithKline	英国	372.2	80.6	429.3	1 474.20
5	诺华	Novartis	瑞士	305.8	58.2	543.3	1 257.30
6	罗氏	Roche	瑞士	269.6	43.9	513.6	1 275.10
7	默克	Merck	美国	220.1	46.3	438.3	766.2
8	惠氏	Wyeth	美国	187.6	36.6	358.4	669
9	阿斯利康	Astrazeneca	英国	226.9	44.6	237.2	727.4
10	百时美施贵宝	Bristol-myers Squibb	美国	192.1	30	256.1	452.1

第三节　医药企业国际化经营的风险及管理

一、医药企业国际化经营的风险

医药企业国际化经营中不可避免地要遇到企业一般经营状况中的风险，这主要体现在以下 4 个方面：

1. 市场风险　市场变数极多，因市场突变、人为分割、竞争加剧、通货膨胀或紧缩、消费者购买力下降、医药原料采购供应等而事先未预测到的风险，导致市场份额急剧下降，或出现反倾销、反垄断指控。

2. 产品风险　如因企业新产品品种开发不对路，产品有质量和缺陷问题，产品陈旧等。医药产品通常要做较长的临床试验，大大延长了产品上市的周期，也很容易遭受更新换代不及时等风险。

3. 经营风险　由于企业内部管理混乱、股东撤资、资产负债率高、资金流转困难、三角债困扰、资金回笼慢、资产沉淀，造成资不抵债或亏损的困境。

4. 投资风险　各类投资项目论证不力、收益低下亏损、股东间不合作或环境变化导致项目失败。

同时，因为国际经营环境及国际管理的复杂性，使得国际化医药企业面对更多、也更为复杂的风险。

首先，随着国际医药企业的发展和规模的扩大，必然带来其地域上的分散性，给国际化医药企业的管理和人、财、物等交流活动的调控增加了困难。一方面，子公司地域分散的多样性，有利于风险的分散；另一方面，管理和调控难度的增加，又带来了更多的经营和管理风险。

其次，国际政治环境和国际经济环境也对国际化医药企业的生产和经营活动带来了影响和制约。国家间的政治、经济和外交关系，地区局势，是否有国家间的战争甚至世界大战或冷战等国际政治因素，直接决定了国际医药企业跨国经营活动的时空条件。另一方面，世界经济形势、国际金融走向和地区间经济差距等国际经济因素，也会对国际医药企业经营的效率与效果构成重要影响。由此可见，国际化医药企业面临众多政治、经济风险挑战。

再次，体制障碍也是制约企业国际化经营的重要因素。国际化医药企业跨越不同的国家开展生产经营活动，由于不同的国家具有不同的政治、经济及法律体制，使得国际企业的经营具有跨体制的特点。诸如绿色壁垒、技术壁垒等，都使得医药企业的国际化道路比起普通制造业更加艰难。

二、医药企业国际化经营的管理

（一）国际化经营的控制手段

国际企业对国际化经营战略的控制手段有以下几种：所有权控制、信息控制、财务控制与评价。通过对上述手段的组合使用可以建立起一套国际企业对国际经营战略的控制机制。控制机制分为 3 个方面：

1. 数据资料的控制机制　主要负责收集和提供与国际经营有关的数据资料。

2. 管理人员的控制机制　负责把管理人员的愿望和自身的利益观念从对子公司的自主权力的要求转变为对国际经营活动的关心。

3. 解决争议的控制机制　负责解决设在各个国家中的子公司实行必要的交易时所引起的争议。

上述三类机制的强度、可选择性、连续性及需要高层管理的支撑各不相同，应根据企业的具体情况采用适合自己的控制机制。

（二）常见的三种国际化战略

1. 本国中心战略　在母公司的利益和价值判断下做出的经营战略，其目的在于以高度一体化的形象和实力在国际竞争中占据主动，获得竞争优势。

这一战略的特点是母公司集中进行产品的设计、开发、生产和销售协调，管理模式高度集中，经营决策权由母公司控制，各国分支机构负责执行。

这种战略的优点是集中管理可以节约大量的成本支出，产品在各国市场上完全标准化，缺点是产品对东道国当地市场的需求适应能力差。

2. 多国中心战略　在统一的经营原则和目标的指导下，按照各东道国当地的实际情况组织生产和经营。

这一战略的特点是母公司主要承担总体战略的制定和经营目标分解，对海外子公司实施目标控制和财务监督；海外的子公司拥有较大的经营决策权，可以根据当地的市场变化做出迅速的反应。在商仁堂的案例中，出口到国外的药品，适合于中国人民的某些传统剂型不得不因地制宜地适应某些国家的品味。

这种战略的优点是产品根据当地市场定制，对东道国当地市场的需求适应能力好，市场反应速度快，缺点是增加了子公司和子公司之间的协调难度。

3. 全球中心战略　是将全球视为一个统一的大市场，在全世界的范围内获取最佳的资源并在全世界销售产品。

采用全球中心战略的企业通过全球决策系统把各个子公司连接起来，通过全球商务网络实现资源获取和产品销售。这种战略既考虑到东道国的具体需求差异，又可以顾及跨国公司的整体利益，已经成为企业国际化战略的主要发展趋势。但是这种战略也有缺陷，对企业管理水平的要求高，管理资金投入大。

(三)发展中国家企业面临的挑战

与发达国家相比，发展中国家由于历史的原因，经济结构相对脆弱，资金匮乏，技术落后，市场发育不成熟，经济全球化加大了对其民族经济的压力和冲击。主要表现在：

1. 企业竞争力不够引起的损失　经济全球化把竞争的舞台从国内扩展到全世界。发展中国家的企业在规模、效率、技术水平和研究开发能力方面都无法与发达国家竞争。跨国公司的品牌和产品充斥着发展中国家的市场。民族品牌面临贸易条件大大恶化、甚至被吞噬的危机。

2. 体制不完善的风险　发展中国家大量引进外资(包括直接投资和外国贷款)导致国内通货膨胀的压力及更大的汇率风险，还债付息的包袱越背越重。更隐蔽的是，发展中国家国内市场发育不全，政治决策缺乏足够的透明度，可能造成贪污腐败现象。

3. 人才外流　跨国公司利用高薪优势，雇佣东道国的现有人才而不注意在当地实施培训计划，从而使发展中国家遭受双重损失：既损失大批教育费用又不能使用经历数十年培养出来的人才。特别是熟练人才和高级技术人才。

(四)中国医药企业国际化面临的主要障碍

中国医药企业的国际化经营虽然进入新的发展机遇期，取得了很大的成绩，但是国际化程度还不高，发展还不成熟，同全球著名跨国制药公司的国际化经营水平相比还存在较大的差距。影响中国医药企业国际化水平提高的主要障碍包括以下方面：

1. 资金障碍　中国医药企业在国际化经营过程中普遍面临资金不足的障碍，导致发展速度低，投资规模小，生产经营不成规模，海外并购对象质量不高等情况长期存在。

2. 人才障碍 国际化企业需要国际化的人才，中国医药企业在国际化过程中面临国际化人才匮乏的突出问题。国内医药企业现有人才不能适应海外市场，这是目前最令企业头疼的问题。由于缺乏具有国际化经营经验的营销人才、国际经营管理人才、法律人才、金融人才，严重限制了中国医药企业的国际化发展。

3. 管理障碍 国际化经营对企业管理提出了更高的要求。目前中国医药企业普遍缺乏跨国管理的经验，组织现有的管理能力很难适应企业国际化的需要。管理障碍突出表现在：一、没有全球化的组织架构；二、缺乏跨文化整合能力；三、不具备全球化思维模式。

4. 品牌障碍 品牌价值是一个企业综合实力的体现。如何让自己的品牌得到海外消费者的认可，是几乎所有中国企业必须跨越的障碍。同仁堂作为中国驰名商标，参加了马德里协约国和巴黎公约国的注册，受到国际组织的保护，并在世界50多个国家和地区办理了注册登记手续。然而，成功注册只是第一步，要成为全球名牌，要走的路还很长。

（五）发展中国家应对经济全球化的策略

对于发展中国家，经济全球化既是严峻挑战，更是巨大机遇。发展中国家能否从经济全球化中获益，关键看它是否能抓住机遇，更好地发挥比较优势，从而增强综合国力和竞争力。

1. 加强制度建设 由于发展中国家在经济全球化中整体处于劣势，故完全以市场为导向的制度安排，往往不适合处于变革和发展过程中的国内经济。国家竞争优势不仅由企业竞争力体现，而且涉及整个国家的方方面面，政府应从宏观上对如何发挥本国产品在国际市场上的竞争优势进行研究，制定政策，并加以规划和指导。具体来说，发展中国家在制定一个时期内国民经济发展计划时，必须首先从本国经济发展的实际情况出发，遵循经济发展的客观规律，注重发展的时序性，不能急于求成。

在经济全球化的条件下，产业结构的调整、转换，往往已经不取决于一个国家本身，而取决于全球经济的发展。因此，政府在制定产业政策时，必须适应经济全球化发展的要求，充分考虑全球化的因素。一方面积极扶植本国的支柱产业，通过WTO的保护幼稚产业条款和保障措施对重点产业给予一定的保护；另一方面抓住全球范围内产业结构调整的机会，加快国内产业结构调整的步伐，从而加快经济的发展，缩小与发达国家之间的差距。

2. 注重科技人才培养 人是生产力中最活跃、最积极的因素。21世纪的全球竞争实质是科技、教育和人才的竞争。随着全球化力量的不断扩大，世界经济正在被推入一个无国界竞争的时代。国际竞争方式除传统的国际贸易外，国际直接投资的影响越来越大。

随着科学技术在全球的高速发展和加速传递，高素质的人力资源成为新的稀缺资源，特别是生命科学等领域的人才出现了世界性的短缺。因此，加大对科技的投入、重视人力资源的开发对发展中国家的长远发展具有重要意义。发展中国家必须树立人是最重要的资源的观念。一方面，有组织地进行人才开发，把对人才的投资看做是使经济真正现代化的投资；另一方面，积极地保护人才，把对人才的保护看作是对民族经济的保护。只有把人才的开发与保护放到重要的战略位置，才能适应经济全球化发展的要求。

3. 积极培育跨国公司 跨国公司是经济全球化的载体，也是国际竞争重要的组织形式。

一国的国际竞争力,甚至一国的国际政治地位,从长期看,取决于他是否拥有世界级的跨国公司和世界级的产品。所以,发展中国家参与全球化的迫切任务之一是按照市场经济的要求,引导和扶持有竞争力的企业组建大型跨国公司,在国内和国际市场开展竞争。通过培育和壮大本国的跨国公司,以全世界为市场来安排投资、开发、生产、销售,并给予资金和技术上的支持,以获取全球化的最大利益。经过跨国公司的国外直接投资行为,把对国内市场的消极保护转变为对全球市场的积极参与,并据此分享经济全球化中国际分工专业化、精细化所带来的利益。

4. 促进地区经济一体化　目前经济全球化的过程中,发展中国家经济力量薄弱,单个发展中国家根本就不具备同发达国家相抗衡的能力。要想在经济全球化时代使本国经济健康稳定地发展,地域相同或情况相似的发展中国家必须团结起来,实行地区经济一体化,彼此开放市场,以求实现更大规模经济和强化在全球范围内进行贸易的能力,共同抵御经济全球化的冲击,探寻经济发展的出路。随着经济全球化的不断深入,发展中国家更深刻地认识到联合自强的重要性。

总之,面对世界经济全球化,发展中国家必须充分利用劳动力和自然资源等比较优势,努力扩大对外商品贸易,积极发展对外服务贸易,以增强综合竞争力。加强制度改革和建设,吸引国内外优秀人才,直接从比较高的起点开始,在技术水平、生产组织形式等方面利用和借鉴一些现代化国家已有的较为成熟的文明成果,并且注重自主吸收与创新,从而实现生产力的跨越。

参考文献

1. 中医药国际地位不断提升,http://www. satcnI.gov. en/news/zyfz/20070108/090402. html
2. 陈巧,马爱霞,潘勤．中成药如何进入欧盟市场．中国药事,2006,(5).
3. 左言富．中医药在世界的发展现状与展望．江苏中医药,2005,(26).
4. 美国中药市场简介,http://www. ris. tom. cn/ijs2/info/387 — 1. hun
5. 袁松范．2007 年跨国制药企业回顾．医药市场,2008,(29).
6. 吴学安．国药现代化离不开知识产权呵护．中国中医药报,2004-09-29.

教材与教学配套用书

新世纪全国高等中医药院校规划教材

注：凡标○号者为"普通高等教育'十五'国家级规划教材"；凡标★号者为"普通高等教育'十一五'国家级规划教材"

（一）中医学类专业

1 中国医学史（常存库主编）○★
2 医古文（段逸山主编）○★
3 中医各家学说（严世芸主编）○★
4 中医基础理论（孙广仁主编）○★
5 中医诊断学（朱文锋主编）○★
6 内经选读（王庆其主编）○★
7 伤寒学（熊曼琪主编）○★
8 金匮要略（范永升主编）★
9 温病学（林培政主编）○★
10 中药学（高学敏主编）○★
11 方剂学（邓中甲主编）○★
12 中医内科学（周仲瑛主编）○★
13 中医外科学（李曰庆主编）★
14 中医妇科学（张玉珍主编）○★
15 中医儿科学（汪受传主编）○★
16 中医骨伤科学（王和鸣主编）○★
17 中医耳鼻咽喉科学（王士贞主编）○★
18 中医眼科学（曾庆华主编）○★
19 中医急诊学（姜良铎主编）○★
20 针灸学（石学敏主编）○★
21 推拿学（严隽陶主编）○★
22 正常人体解剖学（严振国　杨茂有主编）★
23 组织学与胚胎学（蔡玉文主编）○★
24 生理学（施雪筠主编）○★
生理学实验指导（施雪筠主编）
25 病理学（黄玉芳主编）○★
病理学实验指导（黄玉芳主编）
26 药理学（吕圭源主编）
27 生物化学（王继峰主编）○★
28 免疫学基础与病原生物学（杨黎青主编）○★
免疫学基础与病原生物学实验指导（杨黎青主编）
29 诊断学基础（戴万亨主编）★
诊断学基础实习指导（戴万亨主编）
30 西医外科学（李乃卿主编）★
31 内科学（徐蓉娟主编）○

（二）针灸推拿学专业（与中医学专业相同的课程未列）

1 经络腧穴学（沈雪勇主编）○★
2 刺法灸法学（陆寿康主编）★
3 针灸治疗学（王启才主编）
4 实验针灸学（李忠仁主编）○★
5 推拿手法学（王国才主编）○★
6 针灸医籍选读（吴富东主编）★
7 推拿治疗学（王国才）

（三）中药学类专业

1 药用植物学（姚振生主编）○★
药用植物学实验指导（姚振生主编）
2 中医学基础（张登本主编）
3 中药药理学（侯家玉　方泰惠主编）○★
4 中药化学（匡海学主编）○★
5 中药炮制学（龚千锋主编）○★
中药炮制学实验（龚千锋主编）
6 中药鉴定学（康廷国主编）★
中药鉴定学实验指导（吴德康主编）
7 中药药剂学（张兆旺主编）○★
中药药剂学实验
8 中药制剂分析（梁生旺主编）○

9 中药制药工程原理与设备（刘落宪主编）★
10 高等数学（周　喆主编）
11 中医药统计学（周仁郁主编）
12 物理学（余国建主编）
13 无机化学（铁步荣　贾桂芝主编）★
无机化学实验（铁步荣　贾桂芝主编）
14 有机化学（洪筱坤主编）★
有机化学实验（彭松　林辉主编）
15 物理化学（刘幸平主编）
16 分析化学（黄世德　梁生旺主编）
分析化学实验（黄世德　梁生旺主编）
17 医用物理学（余国建主编）

（四）中西医结合专业

1 中外医学史（张大庆　和中浚主编）
2 中西医结合医学导论（陈士奎主编）★
3 中西医结合内科学（蔡光先　赵玉庸主编）★
4 中西医结合外科学（李乃卿主编）★
5 中西医结合儿科学（王雪峰主编）★
6 中西医结合耳鼻咽喉科学（田道法主编）★
7 中西医结合口腔科学（李元聪主编）★
8 中西医结合眼科学（段俊国主编）★
9 中西医结合传染病学（刘金星主编）
10 中西医结合肿瘤病学（刘亚娴主编）
11 中西医结合皮肤性病学（陈德宇主编）
12 中西医结合精神病学（张宏耕主编）★
13 中西医结合妇科学（尤昭玲主编）★
14 中西医结合骨伤科学（石印玉主编）★
15 中西医结合危重病学（熊旭东主编）★
16 中西医结合肛肠病学（陆金根主编）★
17 免疫学与病原生物学（刘燕明主编）
18 中医诊断学（陈家旭主编）
19 局部解剖学（聂绪发主编）
20 诊断学（戴万亨主编）
21 组织学与胚胎学（刘黎青主编）
22 病理生理学（张立克主编）
23 系统解剖学（杨茂有主编）
24 生物化学（温进坤主编）
25 病理学（唐建武主编）
26 医学生物学（王望九主编）
27 药理学（苏云明主编）
28 中医基础理论（王键主编）
29 中药学（陈蔚文主编）
30 方剂学（谢鸣主编）
31 针灸推拿学（梁繁荣主编）
32 中医经典选读（周安方主编）
33 生理学（张志雄主编）
34 中西医结合思路与方法（何清湖主编）（改革教材）

（五）药学类专业

1 分子生物学（唐炳华主编）
2 工业药剂学（胡容峰主编）
3 生物药剂学与药物动力学（林宁主编）
4 生药学（王喜军主编）
5 天然药物化学（董小萍主编）
6 物理药剂学（王玉蓉主编）
7 药剂学（李范珠主编）
8 药物学分析（甄汉深　贾济宇主编）
9 药物合成（吉卯祉主编）
10 药学文献检索（章新友主编）
11 药学专业英语（都晓伟主编）
12 制药工艺学（王沛主编）
13 中成药学（张的凤主编）

（六）管理专业

1 医院管理学（黄明安　袁红霞主编）
2 医药企业管理学（朱文涛主编）
3 卫生统计学（崔相学主编）
4 卫生管理学（景琳主编）★
5 药事管理学（孟锐主编）
6 卫生信息管理（王宇主编）
7 医院财务管理（程薇主编）
8 卫生经济学（黎东生主编）
9 卫生法学（佟子林主编）
10 公共关系学（关晓光主编）
11 医药人力资源管理学（王悦主编）
12 管理学基础（段利忠主编）
13 管理心理学（刘鲁蓉主编）
14 医院管理案例（赵丽娟主编）

（七）护理专业

1 护理学导论（韩丽沙　吴　瑛主编）★
2 护理学基础（吕淑琴　尚少梅主编）★
3 中医护理学基础（刘　虹主编）★
4 健康评估（吕探云　王　琦主编）★
5 护理科研（肖顺贞　申杰主编）
6 护理心理学（胡永年　刘晓虹主编）
7 护理管理学（关永杰　宫玉花主编）
8 护理教育（孙宏玉　简福爱主编）
9 护理美学（林俊华　刘　宇主编）★
10 内科护理学（徐桂华主编）上册★
11 内科护理学（姚景鹏主编）下册★
12 外科护理学（张燕生　路　潜主编）
13 妇产科护理学（郑修霞　李京枝主编）
14 儿科护理学（汪受传　洪黛玲主编）★
15 骨伤科护理学（陆静波主编）
16 五官科护理学（丁淑华　席淑新主编）★
17 急救护理学（牛德群主编）
18 养生康复学（马烈光　李英华主编）★
19 社区护理学（冯正仪　王　珏主编）
20 营养与食疗学（吴翠珍主编）★
21 护理专业英语（黄嘉陵主编）
22 护理伦理学（马家忠　张晨主编）★

（八）七年制

1 中医儿科学（汪受传主编）★
2 临床中药学（张廷模主编）○★
3 中医诊断学（王忆勤主编）○★
4 内经学（王洪图主编）○★
5 中医妇科学（马宝璋主编）○★
6 温病学（杨　进主编）★
7 金匮要略（张家礼主编）○★
8 中医基础理论（曹洪欣主编）○★
9 伤寒论（姜建国主编）★
10 中医养生康复学（王旭东主编）★
11 中医哲学基础（张其成主编）★
12 中医古汉语基础（邵冠勇主编）★
13 针灸学（梁繁荣主编）○★
14 中医骨伤科学（施　杞主编）○★
15 中医医家学说及学术思想史（严世芸主编）○★
16 中医外科学（陈红风主编）○★
17 中医内科学（田德禄主编）○★
18 方剂学（李　冀主编）○★

（九）中医临床技能实训教材（丛书总主编　张伯礼）

1 诊断学基础（蒋梅先主编）★
2 中医诊断学（含病例书写）（陆小左主编）★
3 中医推拿学（金宏柱主编）★
4 中医骨伤科学（褚立希主编）★
5 针灸学（面向中医学专业）（周桂桐主编）★
6 经络腧穴学（面向针灸学专业）（路玫主编）★
7 刺法灸法学（面向针灸学专业）（冯淑兰主编）★
8 临床中药学（于虹主编）★

（十）计算机教材

1 SAS 统计软件（周仁郁主编）
2 医院信息系统教程（施诚主编）
3 多媒体技术与应用（蔡逸仪主编）
4 计算机基础教程（陈素主编）
5 网页制作（李书珍主编）
6 SPSS 统计软件（刘仁权主编）
7 计算机技术在医疗仪器中的应用（潘礼庆主编）
8 计算机网络基础与应用（鲍剑洋主编）
9 计算机医学信息检索（李永强主编）
10 计算机应用教程（李玲娟主编）
11 医学数据仓库与数据挖掘（张承江主编）
12 医学图形图像处理（章新友主编）

（十一）中医、中西医结合执业医师、专业资格考试相关教材

1 医学心理学（邱鸿钟主编）
2 传染病学（陈盛铎主编）
3 卫生法规（田侃主编）
4 医学伦理学（樊民胜　张金钟主编）

新世纪全国高等中医药院校创新（教改）教材

1 病原生物学（伍参荣主编）
2 病原生物学实验指导（伍参荣主编）
3 杵针学（钟枢才主编）
4 茶学概论（周巨根主编）
5 大学生职业生涯规划与就业指导（王宇主编）
6 方剂学（顿宝生主编）
7 分子生药学（黄璐琦 肖培根主编）
8 妇产科实验动物学（尤昭玲主编）
9 国际传统药和天然药物（贾梅如主编）
10 公共营养学（蔡美琴主编）
11 各家针灸学说（魏稼 高希言主编）
12 解剖生理学（严振国 施雪筠主编）
13 局部解剖学（严振国主编）
14 经络美容学（傅杰英主编）
15 金匮辨证法与临床（张家礼主编）
16 临床技能学（蔡建辉 王柳行主编）
17 临床中药炮制学（张振凌主编）
18 临床免疫学（罗晶 袁嘉丽主编）
19 临床医学概论（潘涛、张永涛主编）
20 美容应用技术（丁慧主编）
21 美容皮肤科学（王海棠主编）
22 人体形态学（李伊为主编）
23 人体形态学实验指导（曾鼎昌主编）
24 人体机能学（张克纯主编）
25 人体机能学实验指导（李斌主编）
26 神经解剖学（白丽敏主编）
27 神经系统疾病定位诊断学（五年制、七年制用）（高玲主编）
28 生命科学基础（王蔓莹主编）
29 生命科学基础实验指导（洪振丰主编）
30 伤寒论思维与辨析（张国俊主编）
31 伤寒论学用指要（翟慕东主编）
32 实用美容技术（王海棠主编）
33 实用免疫接种培训教程（王鸣主编）
34 实验中医学（郑小伟、刘涛主编）
35 实验针灸学（郭义主编）
36 推拿学（吕明主编）
37 卫生法学概论（郭进玉主编）
38 卫生管理学（景琳主编）★
39 瘟疫学新编（张之文主编）
40 外感病误治分析（张国骏主编）
41 细胞生物学（赵宗江主编）★
42 组织细胞分子学实验原理与方法（赵宗江主编）
43 西医诊疗学基础（凌锡森主编）
44 线性代数（周仁郁主编）
45 现代中医心理学（王米渠主编）
46 现代临床医学概论（张明雪主编）
47 性医学（毕焕洲主编）
48 医学免疫学与微生物学（顾立刚主编）
49 医用日语阅读与翻译（刘群主编）
50 药事管理学（江海燕主编）
51 药理实验教程（洪缨 张恩户主编）
52 应用药理学（田育望主编）
53 医学分子生物学（唐炳华 王继峰主编）★
54 药用植物生态学（王德群主编）
55 药用植物学野外实习纲要（万德光主编）
56 药用植物组织培养（钱子刚主编）
57 医学遗传学（王望九主编）
58 医学英语（魏凯峰主编）
59 药用植物栽培学（徐良）
60 医学免疫学（刘文泰主编）
61 医学美学教程（李红阳主编）
62 药用辅料学（傅超美）
63 中药炮制学（蔡宝昌主编）★
64 中医基础学科实验教程（谭德福主编）
65 中医医院管理学（赵丽娟主编）（北京市精品教材）
66 中医药膳学（谭兴贵主编）
67 中医文献学（严季澜 顾植山主编）★
68 中医内科急症学（周仲瑛 金妙文主编）★
69 中医统计诊断（张启明 李可建主编）★
70 中医临床护理学（谢华民 杨少雄主编）
71 中医食疗学（倪世美 金国梁主编）
72 中药药效质量学（张秋菊主编）
73 中西医结合康复医学（高根德主编）
74 中药调剂与养护学（杨梓懿主编）
75 中药材鉴定学（李成义）
76 中药材加工学（龙全江主编）★
77 中药成分分析（郭玫主编）
78 中药养护学（张西玲主编）
79 中药拉丁语（刘春生主编）
80 中医临床概论（金国梁主编）
81 中医美容学（王海棠主编）

82 中药化妆品学（刘华钢主编）
83 中医美容学（刘宁主编）
84 中医药数学模型（周仁郁主编）
85 中医药统计学与软件应用（刘明芝 周仁郁主编）
86 中医四诊技能训练规范（张新渝主编）
87 中药材 CAP 与栽培学（李敏 卫莹芳主编）
88 中医误诊学（李灿东主编）
89 诊断学基础实习指导（戴万亨主编）
90 中医药基础理论实验教程（金沈锐主编）
91 针刀医学（上、下）（朱汉章主编）
92 针灸处方学（李志道主编）
93 中医诊断学（袁肇凯）主编（研究生用）
94 针刀刀法手法学（朱汉章主编）
95 针刀医学诊断学（石现主编）
96 针刀医学护理学（吴绪平主编）
97 针刀医学基础理论（朱汉章主编）
98 正常人体解剖学（严振国主编）
99 针刀治疗学（吴绪平主编）
100 中医药论文写作（丛林主编）
101 中医气功学（吕明主编）
102 中医护理学（孙秋华 李建美主编）
103 针刀医学（吴绪平主编）
104 中医临床基础学（熊曼琪主编）
105 中医运气学（苏颖主编）★
106 中医行为医学（江泳主编）
107 中医方剂化学（裴妙荣主编）
108 中医外科特色制剂（艾儒棣主编）
109 中药性状鉴定实训教材（王满恩 裴慧荣主编）
110 中医康复学（刘昭纯 郭海英主编）
111 中医哲学概论（苏培庆 战文翔主编）（供高职高专用）
112 中药材概论（阎玉凝 刘春生主编）
113 中医诊断临床模拟训练（李灿东主编）
114 中医各家学说（秦玉龙主编）
115 中国民族医药学概论（李峰 马淑然主编）
116 人体解剖学（英文）（严振国主编）（七年制）★
117 中医内科学（英文教材）（高天舒主编）
118 中药学（英文教材）（赵爱秋主编）
119 中医诊断学（英文教材）（张庆红主编）
120 方剂学（英文教材）（都广礼主编）
121 中医基础理论（英文教材）（张庆荣主编）

新世纪全国高等中医药院校规划教材配套教学用书

（一）习题集

1 医古文习题集（许敬生主编）
2 中医基础理论习题集（孙广仁主编）
3 中医诊断学习题集（朱文锋主编）
4 中药学习题集（高学敏主编）
5 中医外科学习题集（李曰庆主编）
6 中医妇科学习题集（张玉珍主编）
7 中医儿科学习题集（汪受传主编）
8 中医骨伤科学习题集（王和鸣主编）
9 针灸学习题集（石学敏主编）
10 方剂学习题集（邓中甲主编）
11 中医内科学习题集（周仲瑛主编）
12 中国医学史习题集（常存库主编）
13 内经选读习题集（王庆其主编）
14 伤寒学习题集（熊曼琪主编）
15 金匮要略选读习题集（范永升主编）
16 温病学习题集（林培政主编）
17 中医耳鼻咽喉科学习题集（王士贞主编）
18 中医眼科学习题集（曾庆华主编）
19 中医急诊学习题集（姜良铎主编）
20 正常人体解剖学习题集（严振国主编）
21 组织学与胚胎学习题集（蔡玉文主编）
22 生理学习题集（施雪筠主编）
23 病理学习题集（黄玉芳主编）
24 药理学习题集（吕圭源主编）
25 生物化学习题集（王继峰主编）
26 免疫学基础与病原生物学习题集（杨黎青主编）
27 诊断学基础习题集（戴万亨主编）
28 内科学习题集（徐蓉娟主编）
29 西医外科学习题集（李乃卿主编）
30 中医各家学说习题集（严世芸主编）
31 中药药理学习题集（黄国钧主编）
32 药用植物学习题集（姚振生主编）
33 中药炮制学习题集（龚千锋主编）
34 中药药剂学习题集（张兆旺主编）
35 中药制剂分析习题集（梁生旺主编）
36 中药化学习题集（匡海学主编）

37 中医学基础习题集（张登本主编）
38 中药制药工程原理与设备习题集（刘落宪主编）
39 经络腧穴学习题集（沈雪勇主编）
40 刺法灸法学习题集（陆寿康主编）
41 针灸治疗学习题集（王启才主编）
42 实验针灸学习题集（李忠仁主编）
43 针灸医籍选读习题集（吴富东主编）
44 推拿学习题集（严隽陶主编）
45 推拿手法学习题集（王国才主编）
46 中医药统计学习题集（周仁郁主编）
47 医用物理学习题集（邵建华 侯俊玲主编）
48 有机化学习题集（洪筱坤主编）
49 物理学习题集（章新友 顾柏平主编）
50 无机化学习题集（铁步荣 贾桂芝主编）
51 高等数学习题集（周 喆主编）
52 物理化学习题集（刘幸平主编）
53 中西医结合危重病学习题集（熊旭东主编）

（二）易学助考口袋丛书

1 中医基础理论（姜 惟主编）
2 中医诊断学（吴承玉主编）
3 中药学（马 红主编）
4 方剂学（倪 诚主编）
5 内经选读（唐雪梅主编）
6 伤寒学（周春祥主编）
7 金匮要略（蒋 明主编）
8 温病学（刘 涛主编）
9 中医内科学（薛博瑜主编）
10 中医外科学（何清湖主编）
11 中医妇科学（谈 勇主编）
12 中医儿科学（郁晓维主编）
13 中药制剂分析（张 梅主编）
14 病理学（黄玉芳主编）
15 中药化学（王 栋主编）
16 中药炮制学（丁安伟主编）
17 生物化学（唐炳华主编）
18 中药药剂学（倪 健主编）
19 药用植物学（刘合刚主编）
20 内科学（徐蓉娟主编）
21 诊断学基础（戴万亨主编）
22 针灸学（方剑乔主编）
23 免疫学基础与病原生物学（袁嘉丽 罗 晶主编）
24 西医外科学（曹 羽 刘家放主编）
25 正常人体解剖学（严振国主编）
26 中药药理学（方泰惠主编）

中医执业医师资格考试用书

1 中医、中西医结合执业医师医师资格考试大纲
2 中医、中西医结合执业医师医师资格考试应试指南
3 中医、中西医结合执业医师医师资格考试习题集